Jim Hoskins

IBM

Personal System/2

Jim Hoskins

IBM Personal System/2

Beschreibung
Einsatz
Anwendung
Technische Details

Übersetzt von Dirk und Stefan Petry

Friedr. Vieweg & Sohn Braunschweig/Wiesbaden

Das Buch ist die deutsche Übersetzung von
J. Hoskins, IBM Personal System/2.
A Business Perspective.
John Wiley & Sons, Inc., New York
© 1987
Übersetzt von Dirk und Stefan Petry, Schlangenbad

Die im Buch verwendeten Bilder wurden uns freundlicherweise von der IBM Deutschland überlassen.

Vieweg ist ein Unternehmen der Verlagsgruppe Bertelsmann.

Umschlaggestaltung: Ludwig Markgraf, Wiesbaden

ISBN-13: 978-3-528-04419-0 e-ISBN-13: 978-3-322-85725-5
DOI: 10.1007/978-3-322-85725-5

Für Monica und meine Eltern

Dank

Viele „IBMler“ halfen mir bei den Vorbereitungen für dieses Buch. Einige gaben mir Unterlagen zu den Produkten, mit denen sie sich beschäftigten. Andere lasen das Manuskript und gaben wertvolle Tips. Allen denen, die mir geholfen haben, danke ich. Insbesondere möchte ich Doug Graybill, Vic Kruger, Gerry Merkel, Chuck Pecnik, Bill Rave und Peter Schulz danken. Und Hut ab vor dem gesamten Personal System/2 Entwicklungsteam und -management!

Dank der Übersetzer

Die Übersetzer danken den Herren Parpert und Warnecke von der Firma Henneveld (Wiesbaden) und Herrn Benito Tiede für ihre freundliche Hilfe.
Ebenso muß Herr Jörg Peters, IBM Deutschland GmbH, Presse/Produkte, Stuttgart, für seine prompte und freundliche Unterstützung erwähnt werden.

Vorwort

Am 2. April 1987 hatte eine neue Systemfamilie von IBM Weltpremiere: das Personal System/2. Teil dieser Premiere waren zahlreiche Hardware- und Software-Produkte von den verschiedenen IBM-Niederlassungen und Divisionen. Für uns selbst, die wir als Entwicklungsteam in Boca Raton, Florida verantwortlich waren für die Modelle 50, 60 und 80 (und die zugehörigen Erweiterungen), stellten diese drei Modelle das Herzstück der Premiere dar. Die erfolgreiche Einführung dieses Systems ist das Resultat einer Gemeinschaftsarbeit nicht nur dieses Teams, sondern zahlreicher IBMler auf der ganzen Welt, die direkt zur Konzeption, Entwicklung und Verbreitung dieser neuen Produkte beigetragen haben.

Schon zu Beginn des Projekts vor ungefähr drei Jahren waren die Ziele klar abgesteckt (nicht aber der Umfang der Aufgabe selbst). Es war schon damals offensichtlich, daß der Erfolg der IBM-PC-Familie diese Produkte vom Schreibtisch des reinen Computer-Enthusiasten in jede Art von Unternehmen, in die privaten Haushalte und in die Schulen und andere Lehrinstitutionen befördern würde. Auch für unsere Großkunden wurde es immer deutlicher, daß ein PC zum „Wunsch-Arbeitsplatz" werden könnte. Diese Situation gab in Verbindung mit den Anwendungen, die die Computerindustrie für die IBM-PC-Familie entwickelt hatte, die Entwicklungsrichtung vor. Die Anforderungen an diese sich weiterentwickelnde Produktlinie waren: verbesserte Funktionalität, Zuverlässigkeit, Benutzerfreundlichkeit und – wahrscheinlich als wichtigste – eine neue Rechner-Architektur, die den zukünftigen Anforderungen gerecht werden würde. Ein völlig neues Computer-System war das Ziel, wobei besonderer Wert auf das Wort „System" zu legen ist.

Dies ist eine Aufgabe, die für ein Entwicklungsteam ideal ist: bei Null anzufangen, nur mit einem Blatt Papiers bewaffnet. Wir wußten jedoch, daß wir den Kunden gegenüber verpflichtet waren, deren PC-Investitionen zu schützen. Das bedeutete, daß das System *kompatibel* zum PC werden mußte. Die Grundlage für bereits vorhandene Anwendungen mußte erhalten bleiben, was die Herausforderung für die Entwicklung der Systemarchitektur noch einmal steigerte.

Zu Beginn übten wir uns darin, nicht „PC", sondern „Workstation" zu sagen. Dies mußten wir bald zu „Business Systems" erweitern. Das Ergebnis ist eine Systemlinie, die neue Standards setzt. Die Geräte sind erheblich einfacher anzuwenden und zu warten und verfügen über eine Architektur, die für die Zukunft gerüstet ist. Das System wird durch seine Kompatibilität und das günstige Preis-Leistungs-Verhältnis zum herausragenden „Personal Computer" von heute.

Jim Hoskins war von Anfang an Mitglied des Entwicklungsteams. Als Entwicklungsingenieur arbeitete er unter anderem an der Hauptspeicherkarte, einer zentralen Aufgabe der Architektur-Gruppe, die am gesamten Systemdesign und am Micro Channel arbeitete. Ebenso war er Entwicklungsmanager im 50/60-Team. Durch diese Tätigkeiten hatte Jim Einblick in die internen Systemstrukturen unserer PS/2-Aufgaben. Er äußerte schon frühzeitig den Wunsch, dieses Buch zu schreiben. Seine Arbeit daran begann er in einem frühen Stadium des Projekts. Als ich das Entstehen des Buches verfolgte, wurde mir klar, daß Jims Wunsch, alles verständlich zu erklären, ihn aus seinem eigentlichen Aufgabenbereich herausführen würde. Er setzte sich mit allen Teilen des Teams in Verbindung, einschließlich der wichtigen Bestriebssystem-Entwicklungsgruppe. Durch seine breite Erfahrung wurde die Darstellung im Buch interessant und informativ zugleich.

Ich hoffe, dieses Buch und das Personal System/2 bereiten Ihnen genauso viel Spaß wie uns die Gelegenheit, daran zu arbeiten.

Dennis Andrews
Systems Manager, Personal Systems
IBM Entry Systems Division

Inhaltsverzeichnis

Einleitung

DARUM GEHT ES

Dieses Buch ist der neuen Familie der kleinen IBM Computer gewidmet, den Modellen 50, 60 und 80 des IBM Personal System/2. Es werden erstens die Bestandteile des neuen Personal System/2 vorgestellt und die Fähigkeiten mit denen früherer Personal Computer unter kommerziellen Anwendergesichtspunkten verglichen.

Zweitens begleitet das Buch Sie bei Ihrem ersten Kontakt mit dem Personal System/2 und den Programmen, die jedem System beigefügt sind. Verschiedene Computer-Anwendungen werden vorgestellt, um Ihnen die Kaufentscheidungen für Software zu erleichtern.

Schließlich werden einige Einsatzmöglichkeiten des Personal System/2 beschrieben, um geschäftliche Arbeitsabläufe zu beschleunigen. Es ist unmöglich, die Komponenten des Personal System/2 richtig zusammenzustellen und anzuwenden, wenn man nicht mit deren Funktionsweise und Einsatzmöglichkeiten vertraut ist. Das Buch schlägt spezielle Personal System/2 Hardware- und Software-Konfigurationen für typische Anwendungsfälle vor und weist auf wichtige Punkte bei der Planung von Computer-Lösungen hin.

DARUM GEHT ES NICHT

In vielen Computer-Büchern wird versucht, es allen Lesern recht zu machen. Diese Bücher beginnen bei der Buchführung und beenden die Darstellung mit dem redundanten Flugcomputer-System des Space Shuttle. Das vorliegende Buch zum PS/2 will keinen vollständigen Überblick über die Computer-Szene liefern. Es befaßt sich *ausschließlich* mit dem Personal System/2. Es ist auch kein technisches Handbuch (das erhalten Sie bei IBM), und es beabsichtigt auch nicht, Ihnen Programmierkenntnisse zu vermitteln. Stattdessen handelt es sich bei diesem Buch um eine allgemein verständliche Beschreibung des Personal System/2 und seiner Integration in eine "realistische" Arbeitsumgebung.

Ferner behandelt das Buch seinen Leser nicht so, wie es vielleicht einem Ingenieur oder Informaiker angemessen wäre. Geschäftsleute leiden unter chronischem Zeitmangel und können deshalb nicht immer die nötige Muße bei der Behandlung technischer Einzelheiten aufbringen. An den Stellen, an denen die Behandlung technischer Fragen allerdings unerläßlich war, habe ich mich bemüht, diese Darstellung so kurz und bündig wie möglich zu halten und dabei dennoch nötige und nützliche Informationen zu liefern.

NUTZEN DIESES BUCHES

Kapitel 1 Es wird zunächst einmal die komplette Personal System/2 Familie vorgestellt und ein Überblick über die Modelle 50, 60 und 80 vermittelt. Im zweiten Teil des Kapitels, "Die einzelnen Komponenten", werden die Bestandteile (Diskettenlaufwerke, Mikroprozessoren, usw.) behandelt, aus denen sich ein IBM Personal System/2 Modell 50, 60 bzw. 80 zusammensetzt. Diese Komponenten werden mit denen früherer Personal Computer (PC) verglichen.

Kapitel 2 Hier werden die zahlreichen neuen Peripherie-Geräte behandelt, die für die Modelle 50, 60 und 80 verfügbar sind: Monitore, Drucker, externe Laufwerke und Schnittstellen. Das Kapitel soll in erster Linie als Übersicht dienen, die Ihnen bei der Zusammenstellung Ihres "persönlichen" Modells 50, 60 oder 80 behilflich sein kann.

Kapitel 3 In diesem Kapitel werden Sie bei Ihrem ersten Kontakt mit einem Modell 50, 60 bzw. 80 angeleitet. Die Anwendung der Programme, die mit jedem Modell 50, 60 bzw. 80 ausgeliefert werden, lernen Sie kennen. Im zweiten Teil dieses Kapitels werden Sinn und Zweck der Anwendungsprogramme, des Betriebssystems und des BIOS (Basic Input Output System) beschrieben, den drei Arten von Programmen, die man benötigt, um auf den Computern des Personal System/2 produktiv zu werden.

Kapitel 4 Die fünf Hauptkategorien von Anwendungsprogramme werden beschrieben. Zusätzlich wird die Frage behandelt, wann maßgeschneiderte Programme und wann Standardprodukte von Vorteil sind.

Kapitel 5 In diesem Kapitel wird die Diskussion über die Betriebssysteme aus Kapitel 3 wieder aufgegriffen. Zunächst werden grundlegende Betriebssystem-Konzepte wie "Multi-Tasking" (gleichzeitiges Benutzen mehrerer Programme) im Hinblick auf ihren Nutzen für den Geschäftseinsatz untersucht. Danach werden die verschiedenen Betriebssysteme für das Personal System/2 beschrieben (einschließlich des neuen OS/2), um Ihnen zu helfen, das für Ihre Zwecke beste zu finden.

Kapitel 6 Es wird gezeigt, wie spezielle Modell-50/60/80-Komponenten und Programme bei der Einbindung in die Computer-Kommunikation verwendet werden.

Kapitel 7 In diesem Kapitel befassen wir uns mit der Auswahl und Zusammenstellung der Hard- und Software-Komponenten der Modelle 50/60/80. Der Arbeitseinsatz der Modelle 50, 60 und 80 wird mit Beispielen aus einem Kleinunternehmen, einem mittelständischen Betrieb und einem Konzern ausführlich beschrieben. Dann werden so wichtige Punkte wie Benutzerschulung, Ergonomie, Sicherheit und Wartung angesprochen.

Um das Verständnis des Lesers zu erleichtern, sind Schlüsselbegriffe in diesem Buches *kursiv* gesetzt und werden falls erforderlich kurz erläutert. Die meisten dieser Schlüsselbegriffe werden noch einmal im Sachwortregister am Ende des Buches aufgelistet. Wenn Sie während des Lesens die Bedeutung eines Begriffs vergessen haben sollten, können Sie mit Hilfe dieses Registers die Seiten, auf denen sich die entsprechende Erläuterung befindet, schnell auffinden.

EINE KLEINE ENTWICKLUNGSGESCHICHTE

IBM betrat die Kleincomputer-Szene im August 1981 mit der Ankündigung des *IBM Personal Computer*. Er stellte das untere Ende der IBM-Computer-Palette dar und war in erster Linie für kleine bis mittlere Anwendungen bestimmt. Er verfügte über einen Mikroprozessor 8088, 16 KB Hauptspeicher, 160 KB Diskettenlaufwerke, einen monochromen Textmonitor und einen Anschluß für Kassettenrekorder. Wie genügsam war man doch im Jahre 1981! Heute, nur einige Jahre später, könnte ein Personal Computer mit diesem Leistungsumfang kaum ein PC-geübtes Schulkind zufriedenstellen, geschweige denn einen ernstzunehmenden Geschäftsmann.

Im Laufe der Zeit entwickelte IBM eine ganze Familie von Personal Computern und gründete eine selbständige Abteilung für PCs, die den Namen Entry Systems Divison (Abteilung für Einsteigersysteme) kurz ESD erhielt. IBM veröffentlichte alle technischen Information des PC, um andere Hersteller zu ermuntern, eigene Hardware und Software zu entwickeln und zu vermarkten - was diese auch taten. Diese Veröffentlichungspraxis technischer Details brachte den IBM PCs den Ruf ein, über eine *offene Architektur* zu verfügen. Je mehr das Hardware- und Software-Angebot durch Zweitanbieter wuchs, desto größer wurde die Popularität der PC-Familie und desto größer wurde wiederum die Zahl der Zweitanbieter. Dieser Kreislauf gereichte der IBM, den Zweitanbietern und nicht zuletzt den Endbenutzern zum Vorteil. Der Erfolg der Politik der offenen Architektur veranlaßte IBM dazu, die technischen Informationen aller folgenden Personal-Computer-Systeme einschließlich der Personal System/2 Familie zu veröffentlichen.

Abb.: 1 Der IBM Personal Computer XT.

Die heutige Personal-Computer-Palette umfaßt ein Angebot an Geräten, die sowohl im Preis als auch in der Leistung breit gestaffelt sind. Lassen Sie uns einen kurzen Blick auf zwei zentrale Mitglieder der PC-Familie werfen: den *Personal Computer XT*, zu sehen in Abbildung 1, und den den *Personal Computer AT*, der in Abbildung 2 gezeigt wird.

Der Personal Computer XT basiert auf dem Mikroprozessor 8088, der auch schon im PC Verwendung fand. Er konnte als erster PC eine Festplatte ansteuern. Der Personal Computer AT führte den Mikroprozessor 80286 in die PC-Familie ein. Er bot Verbesserungen auf den Gebieten Geschwindigkeit, Diskettenkapazität und Hauptspeichergröße.

Abb.: 2 Der IBM Personal Computer AT.

Viele andere Mitglieder der PC-Familie, zum Beispiel der IBM 3270, der IBM PC/370 und der IBM Portable PC, wurden auf Basis dieser beiden Geräte entwickelt. Trotz technischer Weiterentwicklungen behielten alle Mitglieder der PC-Familie einen hohen Grad an Software-Kompatibilität (Übertragbarkeit von Programmen und Daten), die auch im neuen Personal System/2 weitgehend realisiert wurde.

1 Das IBM Personal System/2 - ein neuer Anfang

In diesem Kapitel wird Ihnen ein Überblick über die Computer der Personal System/2 Familie gegeben. Im Mittelpunkt stehen dann die Modelle 50, 60 und 80. Zunächst werden die herausragenden Merkmale dieser Computer beschrieben und eingehend erläutert. Die Eigenschaften der Modelle 50, 60 und 80 werden jeweils mit denen der Mitglieder der IBM Personal Computer (PC) Familie verglichen.

1.1 MACHEN SIE SICH MIT DER FAMILIE BEKANNT

Das IBM Personal System/2 ist die zweite Generation kleiner Computersysteme von IBM. Es bietet höhere Arbeitsgeschwindigkeit und Leistungsfähigkeit und behält gleichzeitig ein hohes Maß an Kompatibilität mit den Programmen bei, die für den IBM PC entwickelt wurden. Vier Computersysteme bilden den Kern des Personal System/2: Modell 30, Modell 50, Modell 60 und Modell 80. Wir wollen uns diese vier Modelle kurz ansehen.

Das IBM Personal System/2 Modell 30 (Abbildung 1-1) baut auf dem Mikroprozessor 8086 auf - einem leistungsfähigeren Verwandten des 8088, der im IBM PC Verwendung fand. Das Modell 30 ist ein *Desktop-Computer* (Tischgerät, d.h. die Systemeinheit soll auf dem Arbeitstisch stehen) wie die bisherigen PCs auch. Es bietet bei niedrigen Anschaffungskosten Diskettenlaufwerke mit 720 KB (entspricht ca. 720.000 Bytes (=Zeichen)) Disketten-Speicherkapazität, Grafikfähigkeit und 640 KB Hauptspeicher.

Das IBM Personal System/2 Modell 50 (Abbildung 1-2) bietet 1 MB (entspricht ca. einer Million Bytes) Hauptspeicher, 1,44 MB Diskettenlaufwerke, eine 20 MB Festplatte und eine erweiterte Grafikfähigkeit. Dieser Desktop-Computer ist auf dem Mikroprozessor 80286 aufgebaut.

Im IBM Personal System/2 Modell 60 (Abbildung 1-3) arbeitet ebenfalls der Mikroprozessor 80286. Die Systemeinheit dieses Modells ist jedoch dazu konzipiert, aufrecht auf dem Fußboden unter dem Arbeitstisch des Benutzers zu stehen. Modell 60 bietet standardmäßig unter anderem 1 MB Hauptspeicher, eine 44 oder 70 MB Festplatte und sieben Erweiterungssteckplätze.

Abb.: 1-1 Das Personal System/2 Modell 30.

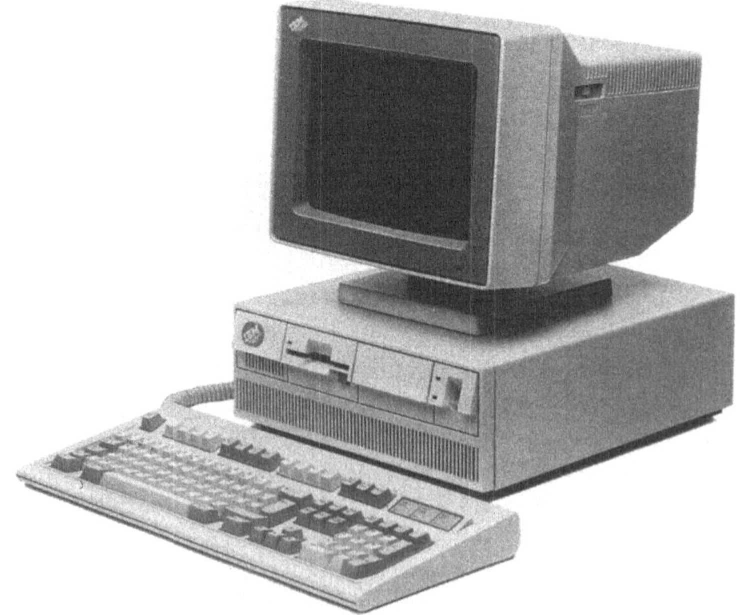

Abb.: 1-2 Das Personal System/2 Modell 50.

Abb.: 1-3 Das Personal System/2 Modell 60.

Das IBM Personal System/2 Modell 80 (Abbildung 1-4) ist das leistungsstärkste Modell der Familie. In ihm arbeitet der Mikroprozessor 80386. Das Modell 80 stimmt in vielen Eigenschaften mit den Modellen 50 und 60 überein, bietet jedoch zusätzlich die höhere Arbeitsgeschwindigkeit und die sonstigen überlegenen Eigenschaften des 80386, zudem Festplatten mit höherer Speicherkapazität.

Der IBM PC Convertible (Abbildung 1-5) ist eigentlich nicht Mitglied der Personal System/2 Familie; die "enge Freundschaft", die ihn mit der Familie verbindet, ist jedoch ein zwingender Grund, ihn hier zu erwähnen. Der IBM PC Convertible kann Disketten mit Computern der Personal System/2 Familie austauschen. Mit anderen Worten: Wenn Sie zum Beispiel auf Geschäftsreisen Daten ihres Personal System/2 mitnehmen oder neu erfassen wollen, können Sie den PC Convertible und Ihre Disketten mitnehmen. Nach ihrer Rückkehr können Sie Ergebnisse und neuerfaßte Daten ihrem Personal System/2 Computer übergeben. Der

IBM PC Convertible kann also als tragbares, fünftes Mitglied der IBM Personal System/2 Familie betrachtet werden.

Die Architektur des Modells 30 stimmt in vielen Beziehungen weitgehend mit der des IBM PC überein. Somit ist es möglich, Programme und Erweiterungskarten, die ursprünglich für den IBM PC entwickelt wurden, auch mit dem Modell 30 zu verwenden. Das Modell 30 ist das preisgünstigste Mitglied der Personal System/2 Familie und dahingehend ausgelegt, die Anforderungen im schulischen und kleingewerblichen Bereich zu erfüllen.

Die Modelle 50, 60 und 80 sind ebenfalls in der Lage die Programme auszuführen, die für die IBM PC Familie entwickelt wurden, ihre Architektur ist jedoch ungleich leistungsfähiger, denn sie basiert auf den Mikroprozessoren 80286 bzw. -386 und der neuen *Micro Channel Architecture*. Diese hochentwickelte Architektur macht es den Modellen 50, 60

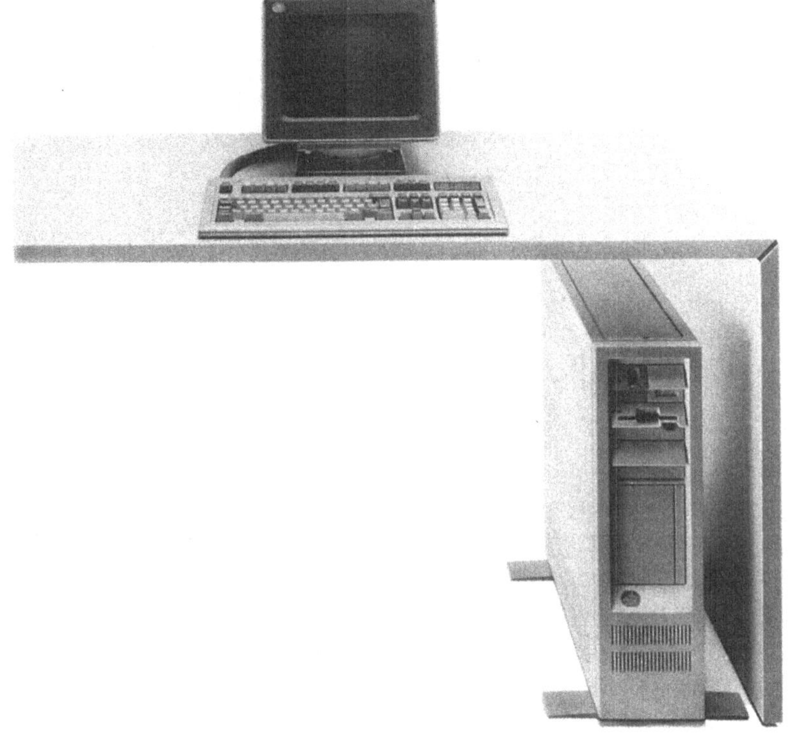

Abb.: 1-4 Das Personal System/2 Modell 80.

Abb.: 1-5 Der IBM PC Convertible

und 80 möglich, eine neue Familie verbesserter Erweiterungskarten und Software zu unterstützen. Die Modelle 50, 60 und 80 erfüllen ein weites Spektrum der Anforderungen im kommerziellen Bereich. Diese Modelle werden näher erläutert.

Wie unterscheiden sich die Personal System/2 Computer von den PCs?

Welche Unterschiede gibt es zwischen den Personal System/2 Computern und denen der IBM PC Familie? Um diese Frage zu beantworten, muß man sich die integrierten Bauteile, die Erweiterungsmöglichkeiten, die Arbeitsgeschwindigkeit und die Bedienungsfreundlichkeit des Personal System/2 ansehen.

Die Modelle des Personal System/2 bieten mehr *integrierte Bauteile* als die PCs. Das heißt, daß im Basis-Modell bereits mehr Standard-Hardware eingebaut ist. Dies ist unter anderem:

> **Eine serielle Schnittstelle** zum Anschluß von externen Modems, Druckern u.ä. Diese Schnittstelle arbeitet mit einer Geschwindigkeit, die dem Doppelten der bei PCs üblichen Übertragungsgeschwindigkeit entspricht.

Eine parallele Schnittstelle, die im allgemeinen zum Anschluß eines Druckers verwendet wird.

Eine Schnittstelle für eine Zeigereinheit zum Anschluß der IBM Maus.

Das Video Graphics Array (VGA), mit dem Bilder in hoher Auflösung auf dem Bildschirm des Computers erzeugt werden können. Mit diesen Grafik-Schaltkreisen der Modelle 50, 60 und 80 ist eine höhere Bildqualität mit mehr Farben möglich, als dies der in PCs verwendete IBM Enhanced Graphics Adapter (EGA-Karte) leistete.

Ein Diskettenlaufwerk-Controller (= -Steuereinheit), der bis zu zwei 1,44 MB Diskettenlaufwerke unterstützt.

Kennwort-Schutz, der das unbefugte Arbeiten mit den Modellen 50, 60 und 80 erschwert, wenn nicht sogar verhindert.

Mehr Hauptspeicherplatz als in den Standardversionen der PCs.

Zusätzlich zu diesen Standard-Merkmalen bieten die Modelle 50, 60 und 80 größere *Erweiterungsmöglichkeiten.* Denn die eben besprochenen Baugruppen und Merkmale sind bereits auf der Systemplatine untergebracht, so daß alle Erweiterungssteckplätze der Modelle 50, 60 und 80 (im Modell 50 stehen drei, in den Modellen 60 und 80 jeweils sieben zur Verfügung) noch unbelegt sind. Um zum Beispiel einen IBM PC AT so weit auszubauen, daß er mit der Standardversion des Modells 50 vergleichbar wird, müßten fünf der acht Erweiterungssteckplätze mit den folgenden Erweiterungskarten belegt werden:

1. Eine Seriell/Parallel Adapter-Karte
2. Eine zweite Serielle Adapter-Karte (zum Anschluß einer Maus)
3. Eine Enhanced Graphics Adapter-Karte
4. Eine Festplatten- und Diskettenlaufwerk-Adapter-Karte
5. Eine Hauptspeichererweiterungskarte

Es wären also nur noch drei der insgesamt acht Erweiterungssteckplätze für den weiteren Ausbau des Systems frei. Weiterhin gehören die Erweiterungskarten, die in die neuen *Micro Channel Erweiterungssteckplätze* der Personal System/2 Modelle 50, 60 und 80 passen, einer neuen Familie von Erweiterungskarten an, die Verbesserungen in Arbeitsgeschwindigkeit und Funktionsvielfalt aufweisen. Die Modelle 50 und 60 können außerdem eine um ein vielfaches größere Festplatten-Kapazität verwalten, als dies mit den PCs möglich ist.

Die *Arbeitsgeschwindigkeit* eines Computers entscheidet darüber, in welcher Zeit er bestimmte Aufgaben erfüllen kann. Dabei gilt natürlich: Je höher die Arbeitsgeschwindigkeit desto besser. Die Arbeitsgeschwindigkeit der Modelle 50, 60 und 80 ist 40 bis 150 Prozent höher als die des schnellsten PC AT. Diese Überlegenheit rührt vor allem von der Kombination schnellerer Mikroprozessoren, schnellerer Hauptspeicherbausteine und schnellerer Disketten- und Festplattenlaufwerke her, die im Personal System/2 verwendet werden. Wir werden uns in diesem Kapitel näher mit der Arbeitsgeschwindigkeit befassen.

Obwohl die Modelle 50, 60 und 80 vielseitiger sind, ist ihre *Bedienungsfreundlichkeit* doch größer als die der PCs: Zum einen kann die Installation und Konfigurierung von Erweiterungen ohne Werkzeug geschehen. Denn die Bolzen und Kreuzschlitzschrauben der PCs wurden durch selbstarretierende Steckverbindungen und Rändelschrauben ersetzt. Zum anderen müssen keine mechanischen Schalterchen (Jumper, DIP-Schalter) mehr vom Benutzer auf den Erweiterungskarten oder der Systemplatine manipuliert werden, wie dies bei den PCs üblich war. Bei den Modellen 50, 60 und 80 wurden diese mechanischen Schalter durch elektronische ersetzt, die von Programmen auf der Referenz-Diskette verwaltet werden. Ebenfalls auf der Referenz-Diskette befinden ein Lehrprogramm, das den Benutzer mit dem System vertraut macht, und ein leicht zu handhabendes Diagnoseprogramm, das dem Benutzer hilft, eventuell auftretende Systemprobleme zu lösen (s. Kapitel 3). Der Netzschalter wurde an die Vorderseite der Systemeinheit verlegt. Zwei Leuchtdioden neben dem Netzschalter zeigen an, ob der Computer angeschaltet ist und ob gerade auf die Festplatte zugegriffen wird. Das Einlegen und das Entnehmen von Disketten ist mit den Diskettenlaufwerken der Modelle 50, 60 und 80 unkomplizierter als mit den Laufwerken der PCs. Die Personal System/2 Diskettenlaufwerke haben keine Klappen, die geöffnet und geschlossen werden müßten; die Disketten werden einfach in den Laufwerksschacht geschoben, bis sie einrasten. Um die Diskette wieder zu entnehmen, wird die Auswurftaste gedrückt, und die Diskette kann herausgezogen werden. Die verbesserte Bildqualität und der Dreh-/Neig-Standfuß der Bildschirme erhöhen weiter den Gebrauchswert der Computer des Personal System/2. Zu guter Letzt sind die Modelle 50, 60 und 80 auch noch kleiner und beanspruchen deshalb weniger Raum auf Ihrem Arbeitstisch als ein PC.

Technische Daten des Modells 50

Abbildung 1-6 zeigt die Systemeinheit des Modells 50. Der Computer basiert auf dem Mikroprozessor 80286, der mit einer Taktfrequenz von

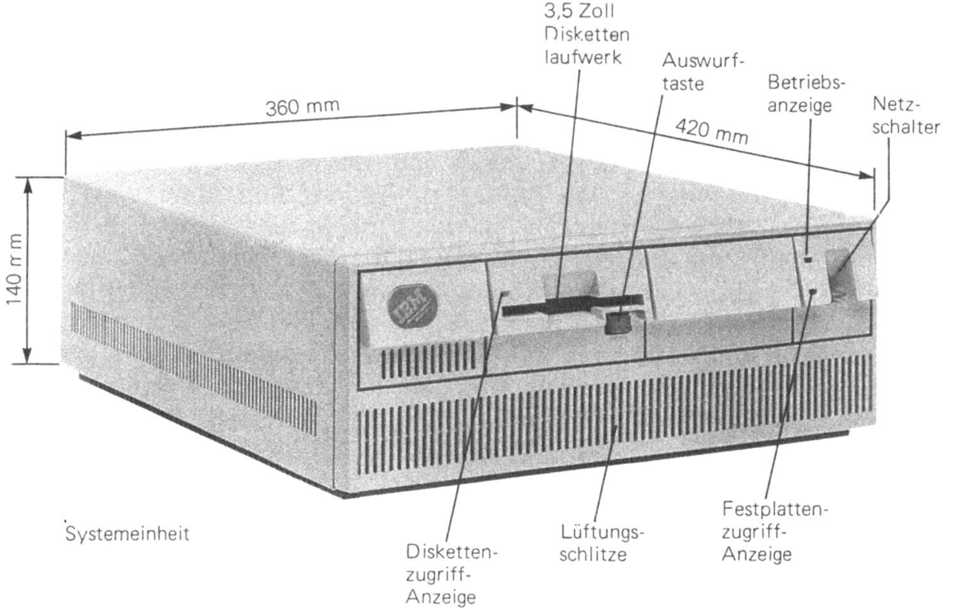

Standard-Ausstattung	Mögliche Erweiterungen
80286 10 MHz	Drei Micro Channel Steckplätze
1 MB Hauptspeicher	Zweites 1,44 MB Diskettenlaufwerk*
128 KB ROM	Externes 5,25 Zoll Diskettenlaufwerk*
Uhr/Kalender	80287 Mathematik-Co-Prozessor
64 Byte CMOS-Speicher	
Ein 1,44 MB Diskettenlaufwerk	
Parallele Schnittstelle	
Serielle Schnittstelle	
Schnittstelle für Zeigereinheit	
Video Graphics Array	
Multi-funktionale Tastatur	
20 MB Festplatte	

*Diese beiden Erweiterungen schließen sich gegenseitig aus.

Abb.: 1-6 Zusammenfassung der technischen Daten des Personal System/2 Modells 50. Das Modell 50 ist dazu gedacht, auf dem Arbeitstisch des Benutzers zu stehen.

10 Mhz betrieben wird. Durch die Lüftungsschlitze an der Vorderseite des Gehäuses saugt ein eingebauter Ventilator Luft zur Kühlung der Bauteile.

Die im Vergleich zu PCs kleineren Bauteile wie zum Beispiel die 3,5 Zoll Diskettenlaufwerke, die 3,5 Zoll Festplatten und die in Surface Mounting Technik (SMT) verarbeiteten Chips verringern insgesamt die Größe des Modells 50. Sie erhöhen gleichzeitig Arbeitsgeschwindigkeit und Leistung. Die kleinen Abmessungen prädestinieren das Modell 50 zum Desktop-Computer.

Standardmäßig ist das Modell 50 mit einem 1,44 MB Diskettenlaufwerk und einem 20 MB Festplattenlaufwerk ausgestattet. Das Gehäuse bietet noch Raum für ein zweites 1,44 MB Diskettenlaufwerk. Auf der Systemplatine befindet sich standardmäßig 1 MB Hauptspeicher, der für Anwendungsprogramme und Daten zur freien Verfügung steht.

Das Modell 50 besitzt drei Micro Channel Erweiterungssteckplätze, die Erweiterungskarten zur Vergrößerung des Hauptspeichers und weiterer Anschlußmöglichkeiten aufnehmen können (s. Kapitel 2).

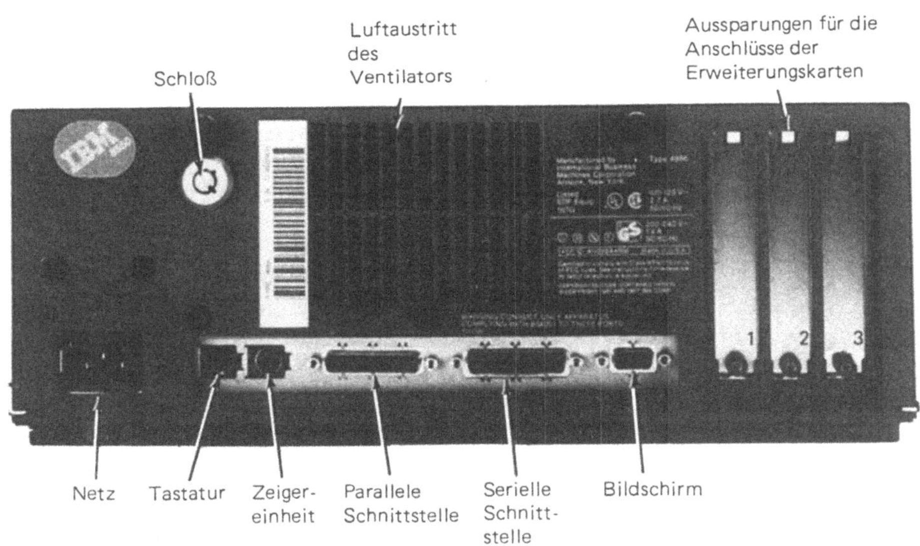

Abb.: 1-7 Die Rückseite der Systemeinheit des Personal System/2 Modells 50 mit den Anschlüssen der verschiedenen Schnittstellen.

In Abbildung 1-7 wird die Rückseite des Modells 50 mit den verschiedenen Anschlüssen der Schnittstellen gezeigt. Ein Schloß verhindert, daß Unbefugte die Abdeckung der Systemeinheit öffnen und sich im Innern zu schaffen machen. Drei Aussparungen im Gehäuse erlauben den Anschluß externer Geräte über Kabel an Erweiterungskarten, die in den Micro Channel Erweiterungssteckplätzen stecken.

Dem Modell 50 kann ein Mathematik-Co-Prozessor 80287 eingebaut werden. Dieser Co-Prozessor vergrößert die mathematischen Fähigkeiten der Mikroprozessors 80286 und steigert damit die Arbeitsgeschwindigkeit des Computers bei rechenintensiven Anwendungen.

Eine Ansicht des Innenlebens des Modells 50 finden Sie im Anhang B.

Technische Daten des Modells 60

Das Modell 60 ist gemeinsam mit einem Überblick über die technischen Daten in der Abbildung 1-8 gezeigt. Es ist wie das Modell 50 auf einem 10 MHz-getakteten 80286 aufgebaut. Das Modell 60 kann jedoch durch sein größeres Gehäuse mehr Festplatten und Erweiterungskarten aufnehmen als das Modell 50.

Das Modell 60 soll auf dem Boden neben oder unter einem Schreibtisch stehen. Nur die Tastatur und der Bildschirm nehmen Ihnen also noch Platz auf dem Schreibtisch weg. Die ausklappbaren Beine an der Unterseite der Systemeinheit schützen das Gerät gegen versehentliches Umstoßen. Die Höhe der Systemeinheit wurde auf knapp 597 mm bemessen, damit sie unter einem Standard-Schreibtisch Platz findet. Durch die Lüftungsschlitze in den Vorder- und Seitenflächen saugt ein Ventilator zur Kühlung Luft durch die Systemeinheit. Ein Schloß sichert die seitliche Abdeckung gegen unbefugtes Öffnen und gegen unbefugte Eingriffe.

Das Modell 60 ist in zwei Ausführungen lieferbar, die sich nur in ihren Festplattenkapazitäten unterscheiden. Die Ausführung 041 ist mit einer 44 MB Festplatte versehen und kann mit einer zweiten 44 MB Festplatte aufgerüstet werden, was eine Gesamt-Festplattenkapazität von 88 MB ergibt. In der Ausführung 071 besitzt das Modell 60 standardmäßig eine 70 MB Festplatte und kann mit einer zweiten Festplatte von 70 MB oder 115 MB Kapazität aufgerüstet werden. Damit wird eine Gesamt-Festplattenkapazität von bis zu 185 MB ermöglicht. Beide Ausführungen des Modells 60 haben standardmäßig 1 MB Hauptspeicher, ein 1,44 MB Diskettenlaufwerk und sieben Micro Channel Erweiterungssteckplätze.

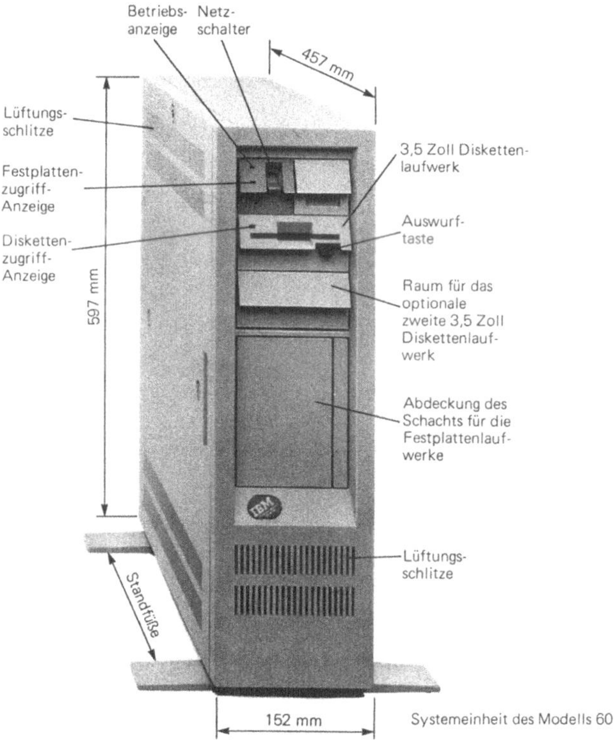

Systemeinheit des Modells 60

Standard-Ausstattung	Mögliche Erweiterungen
80286 10 MHz	Sieben Micro Channel Steckplätze
1 MB Hauptspeicher	Zweites 1,44 MB Diskettenlaufwerk*
128 KB ROM	Externes 5,25 Zoll Diskettenlaufwerk*
Uhr/Kalender	Zweite 44 MB Festplatte[1+]
2 KB CMOS-Speicher	Zweite 70 MB Festplatte[2+]
Ein 1,44 MB Diskettenlaufwerk	115 MB Festplatte[2+]
Parallele Schnittstelle	Interne Optische Platteneinheit[+]
Serielle Schnittstelle	80287 Mathematik-Co-Prozessor
Schnittstelle für Zeigereinheit	
Video Graphics Array	
Multi-funktionale Tastatur	
44 MB Festplatte (Ausführung 041) oder	
70 MB Festplatte (Ausführung 071)	

*Diese beiden Erweiterungen schließen sich gegenseitig aus.
[1]Nur bei Ausführung 041 möglich.
[2]Nur bei Ausführung 071 möglich.
[+]Diese Erweiterungen schließen sich gegenseitig aus.

Abb.: 1-8 Zusammenfassung der technischen Daten des Personal System/2 Modells 60. Das Modell 60 kann auf dem Boden stehen.

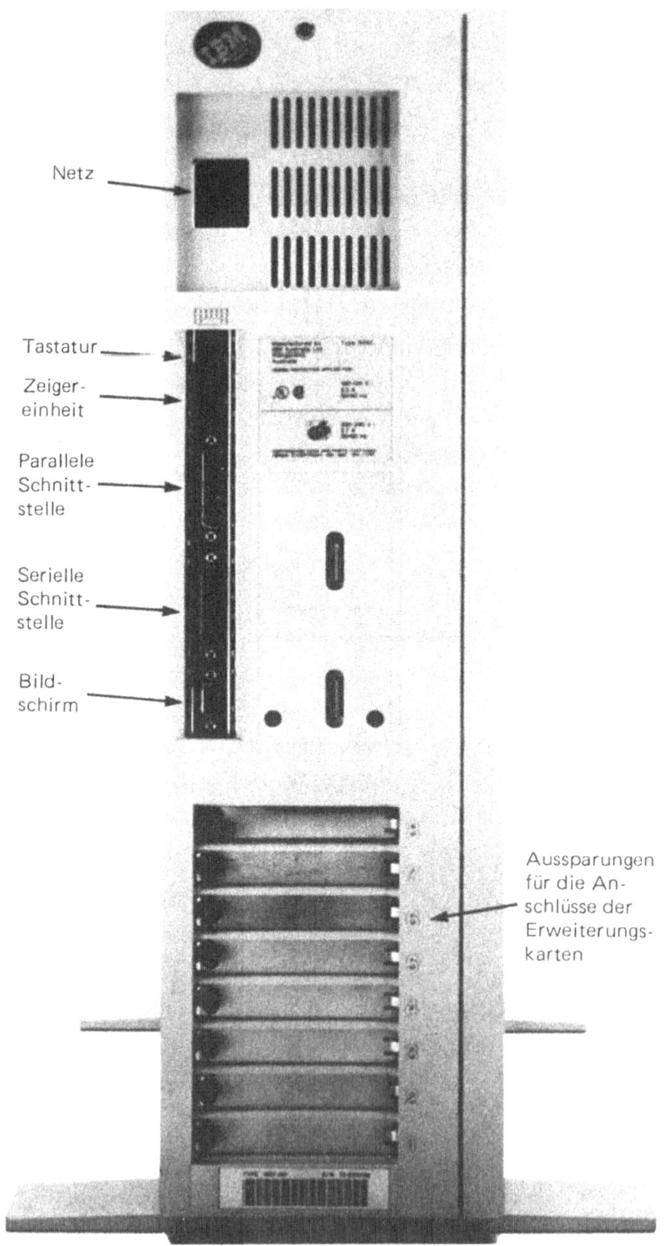

Abb.: 1-9 Die Rückseite der Systemeinheit des Personal System/2 Modell 60 mit verschiedenen Schnittstellenanschlüssen.

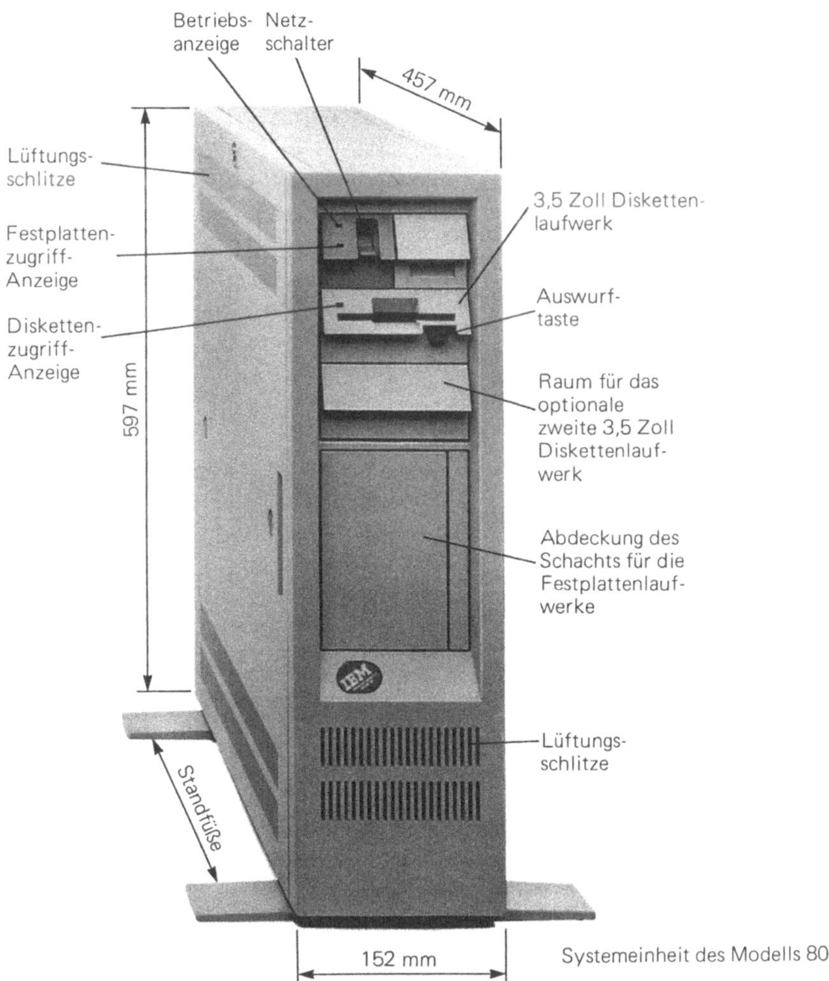

Abb.: 1-10.1 Das Modell 80. Es kann auf dem Boden stehen.

Standard-Ausstattung	Mögliche Erweiterungen
80386 16 MHz (Ausführungen 041 und 071)	Vier 16-Bit Micro Channel Steckplätze
80386 20 MHz (Ausführung 111)	Drei 16/32-Bit Micro Channel Steckplätze
1 MB Hauptspeicher (Ausführung 041)	Zweites 1,44 MB Diskettenlaufwerk*
2 MB Hauptspeicher (Ausführungen 071 und 111)	Externes 5,25 Zoll Diskettenlaufwerk*
128 KB ROM	Zweite 44 MB Festplatte[1+]
Uhr/Kalender	Zweite 70 MB Festplatte[2+]
2 KB CMOS-Speicher	115 MB Festplatte[2+]
Ein 1,44 MB Diskettenlaufwerk	Interne Optische Platteneinheit[+]
Parallele Schnittstelle	80387 Mathematik-Co-Prozessor
Serielle Schnittstelle	Hauptspeichererweiterungssatz[3]
Schnittstelle für Zeigereinheit	
Video Graphics Array	
Multi-funktionale Tastatur	
44 MB Festplatte (Ausführung 041) oder	
70 MB Festplatte (Ausführung 071) oder	
115 MB Festplatte (Ausführung 111)	

*Diese beiden Erweiterungen schließen sich gegenseitig aus.
[1]Nur bei Ausführung 041 möglich.
[2]Nur bei den Ausführung 071 und 111 möglich.
[3]Nur für die Ausführungen 041 und 111.
[+]Diese Erweiterungen schließen sich gegenseitig aus.

Abb.: 1-10.2 Zusammenfassung der technischen Daten des Personal System/2 Modells 80.

Abbildung 1-9 zeigt die Rückseite des Modells 60 und die verschiedenen Anschlüsse. Durch die sieben Aussparungen im Gehäuse können externe Kabel mit den Erweiterungskarten verbunden werden. Dem Modell 60 kann ebenfalls der Mathematik-Co-Prozessor 80287 eingebaut werden.

Technische Daten des Modells 80

Das Modell 80 ist in Abbildung 1-10 gezeigt. Im Modell 80 arbeitet der Mikroprozessor 80386; zusammen mit besonders schnellen Hauptspeicherbausteinen und schnelleren Festplatten gibt er dem Modell 80 einen großen Leistungsvorteil gegenüber den Modellen 50 und 60. Das Modell 80 besitzt das gleiche Gehäuse und Chassis wie Modell 60, es steht ebenfalls auf dem Boden.

Das Modell 80 wird in drei unterschiedlichen Festplatten- und Hauptspeicherkonfigurationen geliefert, die alle standardmäßig mit einem 1,44 MB Diskettenlaufwerk ausgestattet sind. Die Ausführung 041 besitzt standardmäßig eine 44 MB Festplatte und 1 MB Hauptpeicher, die Ausführung 071 hat eine 70 MB Festplatte und 2 MB Hauptspeicher und die Ausführung 111 schließlich ist mit einer 115 MB Festplatte und ebenfalls 2 MB Hauptspeicher ausgestattet. Die Ausführung 111 unterscheidet sich von den anderen beiden außerdem noch durch ihren 20-MHz-taktbaren 80386 - der in den Ausführungen 041 und 071 verwendete kann nur mit 16 MHz betrieben werden - und durch noch schnellere Hauptspeicherbausteine. Alle Ausführungen des Modells 80 können ein zweites Festplattenlaufwerk aufnehmen.

Die Rückseite der Systemeinheit des Modells 80 entspricht der des Modells 60 (Abbildung 1-9). Das Modell 80 bietet wie das Modell 60 sieben Micro Channel Erweiterungssteckplätze. Ein Mathematik-Co-Prozessor - der 80387 - kann ebenfalls eingebaut werden. Der 80387 ist ein leistungsfähigerer Verwandter des 80287, der in den Modellen 50 und 60 eingesetzt wird.

Die Arbeitsgeschwindigkeit

Die Geschwindigkeit, mit der ein Computer ihm gestellte Aufgaben erledigt, - genannt Arbeitsgeschwindigkeit - ist ein wichtiges Kriterium für seine Beurteilung. Je größer die Arbeitsgeschwindigkeit eines Computers, desto weniger Zeit verschwendet der Benutzer damit, auf die Erledigung einer Aufgabe zu warten.

Die Arbeitsgeschwindigkeit ist unter anderem vom verwendeten Mikroprozessor, von den Speicherbausteinen, den Festplatten und der Software abhängig. Um die sich aus diesen und einigen anderen Faktoren ergebende Arbeitsgeschwindigkeit eines Computersystems zu messen, kann man sogenannte *Benchmark-Tests* durchführen. Bei solchen Tests läßt man bestimmte Programme laufen und stoppt die Zeit, die der Computer für die Ausführung der Programme benötigt. Führt man die gleichen Benchmark-Tests auf verschiedenen Computersystemen durch, so kann deren Arbeitsgeschwindigkeit anhand der Meßergebnisse verglichen werden.

Ein unabhängiges Institut hat Benchmark-Tests sowohl mit den Computern des Personal System/2 als auch mit der PC Familie durchgeführt. Die Tests bestanden darin, daß auf jedem Computer einige weitverbreitete Anwendungsprogramme gestartet und verschiedene Arbeiten durchgeführt wurden; die Zeit, die die Computer für die Ausführung dieser Arbeitsgänge benötigten, wurde gemessen.

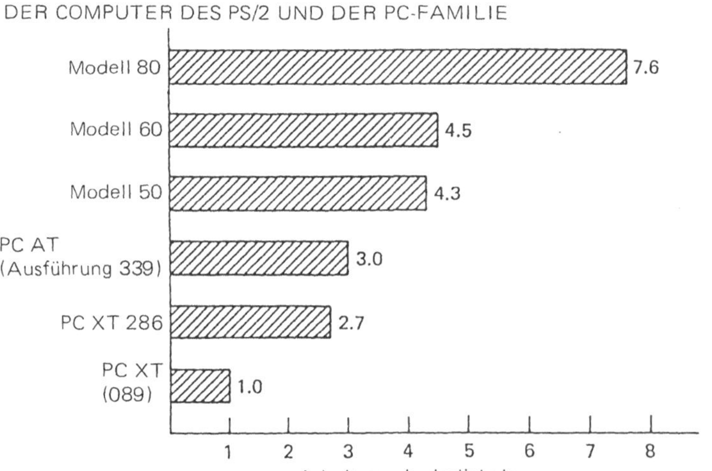

Abb.: 1-11 Vergleich der durchschnittlichen Arbeitsgeschwindigkeiten anhand der Ausführungszeiten verbreiteter Anwendungsprogramme.

Das Diagramm in Abbildung 1-11 zeigt die Gesamtergebnisse dieser Benchmark-Tests, die sich für den einzelnen Computer als Durchschnitt aus den Gesamtergebnissen für die einzelnen Anwendungsprogramme ergaben. Die Arbeitsgeschwindigkeit des IBM PC XT wurde als Maßstab für die anderen Computer benutzt, d.h., die Arbeitsgeschwindigkeiten der anderen Computer wurden als Vielfache der Arbeitsgeschwindigkeit des PC XT ausgedrückt. Die durchschnittliche Arbeitsgeschwindigkeit des Modells 50 und des Modells 60 (Ausführung 041) war zum Beispiel 4,3 bzw. 4,5. Das bedeutet, die beiden Computer waren im Durchschnitt viermal schneller als der PC XT bei der Ausführung derselben Programme. Außerdem schlugen die Modelle 50 und 60 den schnellsten PC AT mit einer über 40 Prozent größeren Arbeitsgeschwindigkeit. Der Vorsprung des Modells 60 vor dem Modell 50 läßt sich auf die kürzere Zufriffszeit der Festplatte zurückführen.

Die Ausführung 071 des Modells 80 übertraf den PC AT um über 150 Prozent und das Modell 60 um über 65 Prozent. Diesen Vorsprung des Modells 80 ist dem Mikroprozessor 80386, den schnelleren Speicherbausteinen und der Festplatte mit kürzerer Zugriffszeit zuzuschreiben. Bis zum Redaktionsschluß dieses Buches standen keine Daten über die Arbeitsgeschwindigkeit der Ausführung 111 des Modells 80 zur Verfügung. Angesichts der verwendeten schnelleren Mikroprozessors und der schnelleren Speicherbausteine kann man jedoch prognostizieren, daß die Ausführung 111 noch um einiges schneller sein wird als die Ausführung 071. *Im Anhang A ist das Original des Arbeitsgeschwindigkeit-Testberichts der IBM USA abgedruckt.*

1.2 DIE EINZELNEN KOMPONENTEN

Es sind mehrere Komponenten, die für die Leistungsfähigkeit und Arbeitsgeschwindigkeit der Personal System/2 Computer verantwortlich sind. Im folgenden werden diese Komponenten der Personal System/2 Modelle 50, 60 und 80 näher erläutert:

- Mikroprozessor und Hauptspeicher
- Massenspeicher
- Micro Channel Erweiterungssteckplätze
- Standardmäßige Schnittstellen
- Multi-funktionale Tastatur
- Die räumliche Anordnung der Komponenten

Mikroprozessor und Hauptspeicher

Aus der Fülle der elektronischen Bauteile und Baugruppen in den Modellen 50, 60 und 80 entscheiden letztlich nur zwei über die Kapazitäten und die Arbeitsgeschwindigkeit des Computers. Dies sind der *Mikroprozessor* und der *Random Access Memory* (*RAM* - Schreib-/Lesespeicher mit wahlfreiem Zugriff) auch genannt *Hauptspeicher*. Der Mikroprozessor und der Hauptspeicher befinden sich zusammen mit anderen Schaltkreisen auf einer großen Platine im Innern der Personal System/2 Computer (siehe Anhang B). Diese Platine wird die *Systemplatine* genannt.

Der Mikroprozessor wird als wichtigstes technisches Datum eines Computers angesehen, denn er kontrolliert annähernd den gesamten Informationsfluß im Innern des Computers. Er ist ein Computerchip, der tausende mikroskopisch kleine Schaltkreise enthält, die zusammen in der Lage sind, Programme auszuführen. Der Mikroprozessor besorgt die Datenmanipulationen oder, wenn man so will, das "Denken", das zur Ausführung der vom Benutzer gegeben Befehle notwendig ist. Die Geschwindigkeit des Mikroprozessors hat einen entscheidenden Einfluß auf die Arbeitsgeschwindigkeit des Computers. Die interne Struktur oder Architektur des Mikroprozessors legt auch die potentiellen Fähigkeiten des Computers, in dem er eingebaut ist, fest. Die Modelle 50 und 60 verwenden den Mikroprozessor 80286. Das Modell 80 verwendet den Mikroprozessor 80386.

Der Hauptspeicher ist ebenfalls ein sehr wichtiger Teil des Computers. Der Hauptspeicher besteht aus einer Gruppe von elektronischen Chips, die quasi einen Arbeitsbereich des Mikroprozessor darstellen (der Hauptspeicher wird daher auch oft *Arbeitsspeicher* genannt). Der Hauptspeicher enthält die Informationen, die der Mikroprozessor verarbeitet. Der Hauptspeicher heißt auch Random Access Memory (Schreib-/Lesespeicher mit wahlfreiem Zugriff), weil in ihm Daten gespeichert und ausgelesen werden können unabhängig von der Reihenfolge in der sie ursprünglich gespeichert wurden.

Es sollen noch zwei andere Speichertypen erwähnt werden, die in den Modellen 50, 60 und 80 verwendet werden: Der *Read Only Memory* (*ROM* - Nurlesespeicher, Festwertspeicher) und der *Complementary Metal Oxide Semiconductor* (*CMOS*) Speicher. Die Modelle 50, 60 und 80 enthalten alle jeweils 128 KB ROM, die dauerhaft einige spezielle Programme zur Verwaltung der internen Arbeitsabläufe des Computers speichern. Dieser Speichertyp wird ROM genannt, weil die in ihm gespeicherten Informationen nicht wie im RAM geändert oder neu geschrieben werden können. Die im ROM gespeicherten Informationen bleiben auch erhalten, wenn der Computer abgeschaltet wird (siehe Kapitel 3).

Der CMOS-Speicher trägt seinen Namen, weil er in der speziellen CMOS-Technik hergestellt wird. Die Informationen im CMOS-Speicher der Modelle 50, 60 und 80 können wie im RAM jederzeit geändert werden. Durch den niedrigen Stromverbrauch, den der Speicher aufgrund der CMOS-Technik besitzt, kann eine Batterie die Informationen im CMOS-Speicher erhalten, wenn der Computer ausgeschaltet wird. Im CMOS-Speicher werden die Systemkonfiguration und einige Diagnoseinformationen gespeichert. Das Modell 50 ist mit 64 Byte CMOS-Speicher ausgestattet, die Modelle 60 und 80 haben 2 KB CMOS-Speicher. Sie können mehr Erweiterungskarten aufnehmen und müssen deshalb auch mehr Konfigurationsinformationen speichern. Der CMOS-Speicherchip enthält auch die *Uhr* und den *Kalender*, Schaltkreise, die, nachdem sie einmal eingestellt wurden, auf Anfrage jederzeit die aktuelle Uhrzeit und das Datum liefern. Uhrzeit und Datum werden vom Computer dazu verwendet, über die Erstellung oder letzte Änderung von Dateien auf Massenspeichern (Diskette, Festplatte) buchzuführen.

Die Beziehung zwischen dem Mikroprozessor, dem Hauptspeicher und der Arbeitsgeschwindigkeit

Die Verarbeitungsgeschwindigkeit des Mikroprozessors und des Hauptspeichers eines Computers haben den größten Einfluß auf die Arbeitsgeschwindigkeit des Computersystems. Der *Taktgeber* ist ein elektronischer Signalgeber, der den Takt angibt, in dem der Mikroprozessor Schritt für Schritt die Befehle eines Programms ausführt. Er ist die Uhr des Mikroprozessors und bestimmt die Länge des Zeitraums zwischen dem Beginn zweier aufeinanderfolgender Arbeitsschritte. Die Geschwindigkeit, mit der der Taktgeber läuft, wird die Taktfrequenz genannt und in Megahertz (Millionen Taktschritten pro Sekunde) abgekürzt *MHz* gemessen. Der 80286 im schnellsten PC AT ist mit 8 MHz (8 Millionen Taktschritte pro Sekunden) getaktet. Der 80286 in den Modellen 50 und 60 ist mit 10 MHz getaktet, und der 80386 im Modell 80 läuft mit einer Taktfrequenz von 16 bzw. 20 MHz, je nach Ausführung.

Obwohl ein Mikroprozessor, der eine höhere Taktfrequenz erlaubt, natürlich ganz direkt die Arbeitsgeschwindigkeit des Computers positiv beeinflußt, ist er es nicht allein, der über die endgültige Arbeitsgeschwindigkeit entscheidet. Eine Hauptbeschäftigung des Mikroprozessors ist es, Daten aus dem Speicher zu lesen und in den Speicher zu schreiben; die Geschwindigkeit, die die Speicherbausteine des Hauptspeichers bei diesen Vorgängen erlauben, spielen also auch eine große Rolle. Warum werden soviele Daten vom Mikroprozessor gelesen und geschrieben? Dafür gibt es vor allem zwei Gründe: Ein Programm, das der Mikroprozessor ausführt, steht im Hauptspeicher. Der Mikroprozessor muß also jeden Befehl, den er ausführt, zuvor aus dem Hauptspeicher lesen. Zum anderen enthält der Hauptspeicher einen Großteil der Daten, die der Mikroprozessor bearbeiten soll. Wenn der Mikroprozessor Informationen zum Speicher sendet bzw. vom Speicher empfängt, nennt man diesen Vorgang einen *Speicher-Zyklus*.

Wenn der Hauptspeicher nicht mit dem Mikroprozessor schritthalten kann, hält er den Mikroprozessor an, bis dieser der vom Mikroprozessor gegebenen Anweisung nachgekommen ist. Diese Wartepause des Mikroprozessors ruft der Hauptspeicher hervor, indem der den Mikroprozessor zur Ausführung eines oder mehrerer *Warte-Zyklen* (engl.: *wait states*) auffordert. Während eines Warte-Zyklus tut der Mikroprozessor nichts außer zu warten. Die Länge eines Warte-Zyklus entspricht einem Taktschritt des Taktgebers. Je höher die Taktfrequenz, desto kürzer die Warte-Zyklen. Je langsamer der Hauptspeicher im Vergleich zum Mikroprozessor, desto mehr Warte-Zyklen muß der Mikroprozessor ausführen. Grundsätzlich "drosselt" der Hauptspeicher also die Geschwindigkeit des Mikroprozessors und beeinflußt damit direkt die Arbeitsgeschwindigkeit des Computers. Der Hauptspeicher der Modelle 50 und 60 und der Hauptspeicher der Ausführungen 041 und 071 des Modells 80 fordern, wie auch der Hauptspeicher des PC AT, einen Warte-Zyklus bei jedem Speicher-Zyklus. Da jedoch die Taktfrequenz der Modelle 50, 60 und 80 höher ist als die des PC AT, sind auch die Warte-Zyklen ihrer Mikroprozessoren kürzer.

Die Ausführung 111 des Modells 80 hat einen in Pages (Seiten) eingeteilten Hauptspeicher, der die Speichergeschwindigkeit im Vergleich zu den anderen Ausführungen des Modells 80 erhöht. Mit diesem *Paged Memory System* ist es möglich, daß Speicher-Zyklen innerhalb derselben 512-Byte-Page ohne Warte-Zyklen ausgeführt werden. Aus Eigengesetzlichkeiten heraus bleiben Computerprogramme meistens mehrere Speicher-Zyklen innerhalb einer Page. Wenn ein Programm die Page ändert, fordert der Hauptspeicher zwei Warte-Zyklen vom Mikroprozessor. Bei den üblichen Programmiertechniken ermöglicht das Paged Memory System insgesamt eine höhere Speichergeschwindigkeit.

Noch in einer weiteren Hinsicht ist der 80386 des Modells 80 dem 80286 der Modelle 50 und 60 überlegen: Der 80386 kann in einem Speicher-Zyklus doppelt so viele Informationseinheiten lesen bzw. schreiben wie der 80286. Die kleinste Informationseinheit, die ein Computer verarbeiten kann, wird *Bit* genannt. Diese Bits werden zu Gruppen zusammengefaßt als *Byte*s (je 8 Bit), *Wort*e (je 16 Bit) und als *Doppelworte* (je 32 Bit), um als interne Darstellungsformen des Computers für Zahlen, Buchstaben und Programmbefehle zu dienen. Abbildung 1-12 zeigt, wieviele Bits in einem Speicher-Zyklus von den beiden betrachteten Mikroprozessoren bewegt werden können. Der 80386 kann in einem Speicher-Zyklus 32 Bits (ein Doppelwort) mit dem Speicher austauschen.

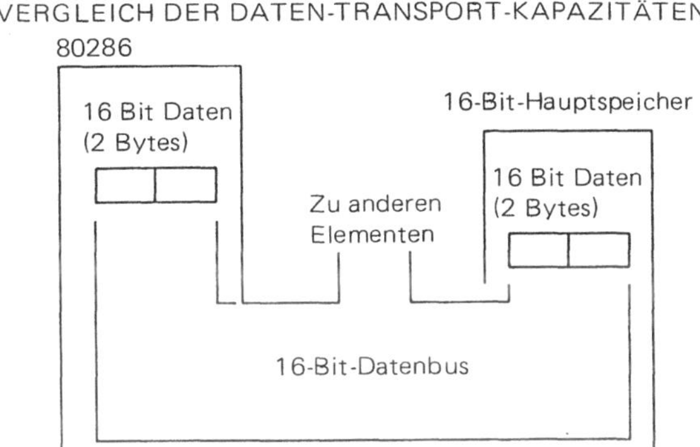

a) Personal System/2 Modelle 50 und 60 (PC AT und XT 286)

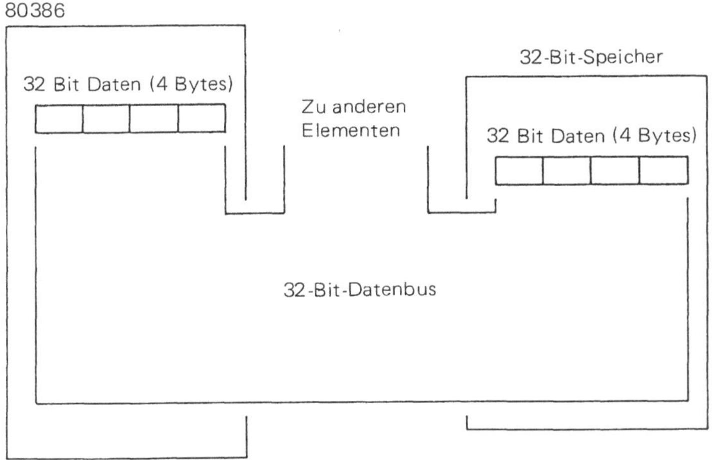

b) Personal System/2 Modell 80

Abb.: 1-12 Vergleich der Daten-Transport-Kapazitäten: (a) Der Mikroprozessor 80286 kann bis zu 16 Bit (ein Wort) gleichzeitig aus dem Speicher lesen bzw. in ihn schreiben. (b) Der Mikroprozessor 80386 kann bis zu 32 Bit (ein Doppelwort) gleichzeitig aus dem Speicher lesen bzw. in ihn schreiben.

Dagegen transportiert der 80286 in einem Speicher-Zyklus nur 16 Bits (ein Wort). Mit anderen Worten, die Leitung, durch die beim 80386 die Daten fließen, - sein *Datenbus* - ist doppelt so breit wie beim 80286.

Zum Vergleich: Der Datentransport zwischen Speicher und Mikroprozessor funktioniert so ähnlich wie der Wassertransport durch einen Schlauch; je dicker der Schlauch, desto mehr Wasser kann im gleichen Zeitraum hindurchfließen. Und da ein Großteil der Operationen des Mikroprozessors darin besteht, Informationseinheiten über den Datenbus zwischen sich und dem Speicher auszutauschen, stellt der breitere Datenbus eine Verbesserung der Arbeitsgeschwindigkeit dar.

Der Mikroprozessor und die Speicherkapazität

Ein Mikroprozessor beeinflußt nicht nur durch seine Arbeitsgeschwindigkeit die Leistung des Computers. Die Prozessoren 80286 und 80386 haben noch weitere Eigenschaften, die besprochen werden sollten. Beide Mikroprozessoren besitzen nämlich die Fähigkeit, in zwei verschiedenen Modes zu arbeiten: im *Real Mode* oder im *Protected Mode*. Arbeiten der 80286 bzw. der 80386 im Real Mode, sind sie nur quasi eine in Hochgeschwindigkeit arbeitende Kopie des Mikroprozessors 8088, der im IBM PC verwendet wird. Dank dieser Einrichtung sind die Personal System/2 Modelle 50, 60 und 80 (und auch der PC AT und der PC XT 286) in der Lage, Programme auszuführen, die ursprünglich für den IBM PC entwickelt wurden. Im Protected Mode verlieren der 80286 und der 80386 diese Fähigkeit, PC-Programme auszuführen. Dafür sind im Protected Mode drei wichtige Möglichkeiten gegeben: Unterstützung eines erweiterten Adreßraums, volle Unterstützung des Multi-Tasking und Unterstützung von virtuellem Speicher.

Die *Unterstützung des erweiterten Adreßraums* bedeutet, daß der Mikroprozessor in der Lage ist, Hauptspeicher über die im 8088 vorgegebene Grenze von 1 MB hinaus zu *adressieren*, d.h. anzusprechen. Im Protected Mode kann der 80286 bis zu 16 MB (16 Millionen Zeichen) Hauptspeicher adressieren, der 80386 sogar 4 GB (*Gigabyte*, also 4 Milliarden Zeichen) Hauptspeicher. In 16 MB Hauptspeicher können über 8000 Seiten mit einfachem Zeilenabstand geschriebenen Texts gespeichert werden. In 4 GB wären es ca. 2 Millionen Seiten bzw. ein 70 Stockwerke hoher Stoß Papier.

Mit dem erweiterten Adreßraum werden viele Probleme gelöst, die auftraten, wenn lange Programme und/oder große Datenmengen verarbeitet werden sollten. Der erweiterte Adreßraum ist besonders in Verbindung mit der Möglichkeit des Multi-Tasking interessant, mit der mehrere Programme gleichzeitig ausgeführt werden können.

Die *Unterstützung von Multi-Tasking* im Protected Mode liegt in einer Art Schutzmechanismus, der Programme daran hindert, sich gegenseitig bei ihrer Ausführung zu stören. Damit wird es möglich mehrere Programme gleichzeitig ausführen zu lassen. Der Protected Mode (engl.:

protect - schützen) erhielt seinen Namen wegen dieses Schutzmechanismus.

Die *Unterstützung eines virtuelln Speichers* versetzt den Computer in die Lage, durch den optimierten Austausch von Dateneinheiten (aus Programmen oder Dateien) zwischen einer Festplatte und dem Hauptspeicher den Hauptspeicher virtuell (d.h. scheinbar) zu vergrößern. Unbenutzte Teile von Programmen werden vorzugsweise auf die Festplatte verlagert statt im Hauptspeicher und werden in den Hauptspeicher zurückgeholt, wenn sie gebraucht werden. Mit virtuellem Speicher ist die Größe eines auszuführenden Programms nur mehr durch die zur Verfügung stehende Festplattenkapazität und nicht mehr durch die Größe des Hauptspeichers begrenzt. Der 80286 unterstützt bis zu 1 GB (ca. eine Milliarde Zeichen) virtuellen Speicher oder anders ausgedrückt bietet er Speicherplatz für ca. 500.000 Schreibmaschinenseiten Text. Der 80386 macht es dem Modell 80 möglich, virtuell einen Hauptspeicher von 64 TB (*Terabytes*, also ca. 64 Billionen Zeichen) anzusteuern. Das entspricht einer Datenmenge von 32 Milliarden Schreibmaschinenseiten Text oder einem Stapel solcher Seiten von 1600 km (!) Höhe.

Abgesehen von den bisher besprochenen Merkmalen hat der 80386 einige nur ihm eigene Fähigkeiten, die dazu beitragen, daß das Modell 80 das bei weitem leistungsfähigste Modell des Personal System/2 ist. Diese sind die Paging-Technik und der Virtual 86 Mode.

Die *Paging-Technik* ist ein dem 80386 eingebautes Verfahren, daß es ermöglicht, den Hauptspeicher als Kette von aneinandergehängten 4-KB-Speicherabschnitten (Pages) zu behandeln. Mit Hilfe dieser Technik lassen sich unter anderem besonders wirkungsvolle Systeme für die Verwaltung von virtuellem Speicher implementieren. Die Paging-Technik, hat nichts mit dem Paged Memory System der Ausführung 111 des Modells 80 zu tun.

Der *Virtual 86 Mode* ist ein dritter Arbeitsmodus des 80386, in dem einerseits die Fähigkeit des Real Mode, PC-Programme auszuführen, gegeben ist, andererseits aber auch sämtliche Multi-Tasking-Unterstützungen erhalten bleiben. Der Name Virtual 86 Mode rührt daher, daß es dem Benutzer in diesem Modus möglich ist, Programme auszuführen, die für den Mikroprozessor 8086 (ein softwarekompatibler Verwandter des 8088 im IBM PC).

Damit der erweiterte Adreßraum, das Multi-Tasking, der virtuelle Speicher, die Paging-Technik und der Virtual 86 Mode genutzt werden können, muß sie das *Betriebssystem* (*operating system*) unterstützen. Dieses Programm verwaltet das Computersystems. Die neuen Betriebssysteme, die es dem Benutzer ermöglichen, alle Vorteile der Mikroprozessoren 80286 und -386 zu nutzen, werden in Kapitel 5 beschrieben.

Massenspeicher

Die Massenspeicher - in erster Linie Disketten und Festplatten -, die üblicherweise in Personal Computern eingesetzt werden, stellen eine relativ kostengünstige Lösung für das Speichern von Daten und Programmen dar. Die auf den Disketten oder Festplatten gespeicherten Informationen können sowohl jederzeit leicht verändert werden als auch über größere Zeiträume unverändert bleiben. Gleichgültig, ob der Computer angeschaltet ist oder nicht, die Informationen bleiben erhalten. Disketten und Festplatten werden deshalb auch als Permanentspeicher bezeichnet. Die Modelle 50, 60 und 80 benutzen sowohl Festplatten als auch Disketten.

Disketten

Disketten sind ein transportables magnetisches Speichermedium, das annähernd beliebig oft das Speichern und Abrufen von Daten mittels eines *Diskettenlaufwerks* zuläßt. Im Gegensatz zu den IBM PCs, die 5,25 Zoll Disketten benutzen, setzen die Personal System/2 Computer 3,5 Zoll Disketten ein. Die beiden Diskettentypen werden in Abbildung 1-13 vergleichend dargestellt. Die Hülle einer 5,25 Zoll Diskette ist biegsam und schützt nicht die gesamten Oberfläche der Magnetscheibe in ihrem Innern, auf der die Daten gespeichert sind. Die Hülle einer 3,5 Zoll Diskette ist aus hartem Kunststoff gefertigt und schützt die empfindliche Oberfläche der Magnetplatte vollständig. Der Zugriff auf die Magnetplattenoberfläche erfolgt durch einen Schlitz, der nur im Innern des Diskettenlaufwerks durch Verschieben einer Metallabdeckung frei gegeben wird. Die 3,5 Zoll Disketten sind daher besser gegen Beschädigungen durch falsche Handhabung geschützt. Durch ihre kleineren Abmessungen lassen sie sich außerdem einfacher transportieren. Ein Schreibschutzschalter (in der Abbildung links unten) erlaubt es, die Diskette gegen versehentliches Be- bzw. Überschreiben zu schützen. Wird der Schieber des Schalters verschoben, daß die quadratische Öffnung in der Diskettenecke offen ist, so ist die Diskette schreibgeschützt. Ist die Öffnung verschlossen oder - wie bei manchen Disketten ohne Schreibschutzschalter - nicht vorhanden, so kann die Diskette beschrieben werden. Manche Disketten haben keinen Schreibschutzschalter, sondern nur eine quadratische Öffnung in der betreffenden Ecke; sie sind daher permanent schreibgeschützt.

Den Transport von Daten zwischen den Computern zu ermöglichen, ist eine der Diskettenhauptfunktionen für die Modelle 50, 60 und 80.

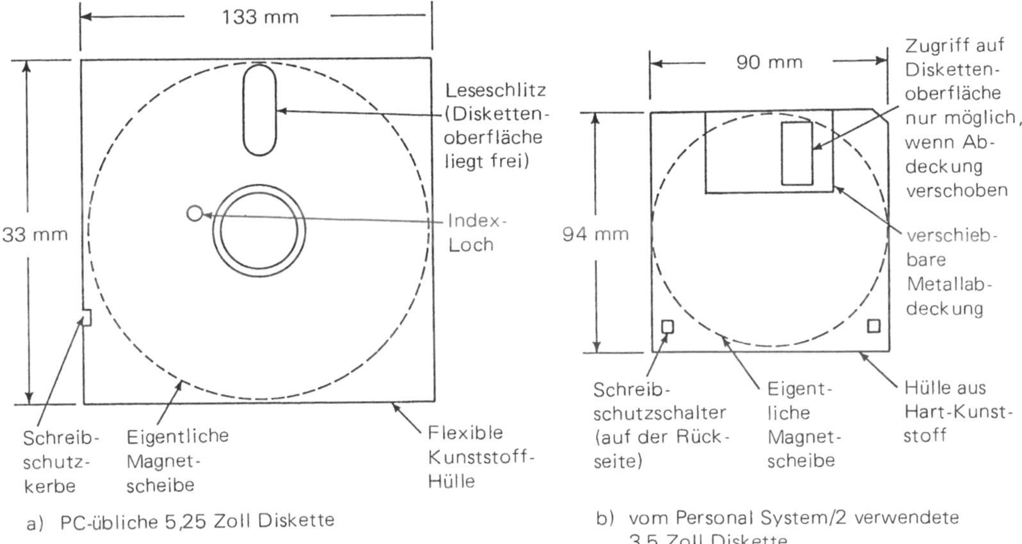

Abb.: 1-13 **Die bei PCs übliche 5,25 Zoll Diskette und die 3,5 Zoll Diskette des Personal System/2.**

Die Modelle 50, 60 und 80 können 3,5 Zoll Disketten mit zwei verschiedenen Schreibdichten verwenden: 720 KB und 1,44 MB. Die 720 KB Disketten entsprechen denen, die auch das Modell 30 und der IBM PC Convertible schreiben und lesen. Für den Benutzer ist es somit möglich, auf einer Reise den PC Convertible zu benutzen und nach der Rückkehr die auf den 720 KB Disketten des Convertible gespeicherten Daten auf dem Modell 50, 60 oder 80 weiterzuverarbeiten.

Die 1,44 MB Disketten können, obwohl sie in ihren Abmessungen kleiner sind, etwa 17 Prozent mehr Daten als die 1,2 MB Disketten des PC AT und 400 Prozent mehr als die 360 KB Disketten des PC und PC XT aufnehmen (siehe Abbildung 1-14).

Die 1,44 MB Disketten können unter den Modellen 50, 60 und 80 ausgetauscht werden und tragen die Buchstaben "HD" für High Density (hohe Schreibdichte) in der oberen rechten Ecke der Diskettenhülle. Die HD-Disketten können nicht als 720 KB Disketten formatiert werden. Umgekehrt können auch die 720 KB Disketten wegen ihrer niedrigeren Schreibdichte nicht auf 1,44 MB formatiert werden. Beachtet man diese Unterschiede nicht, können auf den Disketten gespeicherte Daten verloren gehen.

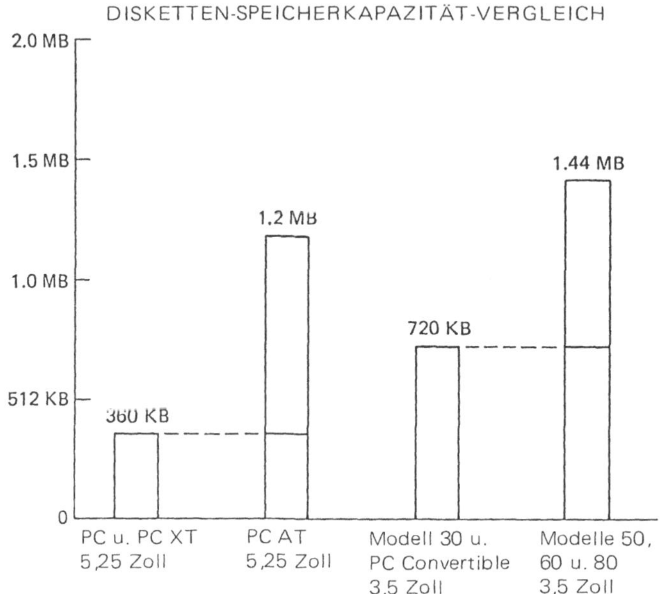

Abb.: 1-14 Die Speicherkapazitäten verschiedener Diskettenformate im Vergleich.

In allen Computern des Personal System/2 ist der Diskettenlaufwerk-Controller (die Elektronik, die das Laufwerk steuert) auf der Systemplatine integriert, so daß nicht wie bei vielen PCs ein Erweiterungssteckplatz für diesen Zweck belegt wird. Mit dem externen 5,25 Zoll Laufwerk und der zugehörigen Adapter-Karte können auch 5,25 Zoll Disketten von den Computern des Personal System/2 gelesen und beschrieben werden (siehe Kapitel 2).

Festplatten

Der zweite standardmäßige Massenspeicher der Modelle 50, 60 und 80 ist die *Festplatte.* Eine Festplatte ist ein magnetischer Massenspeicher mit hoher Speicherkapazität, der sowohl bei Personal Computern als auch bei größeren Rechnern Verwendung findet. Ein *Festplattenlaufwerk* enthält mehrere Metallscheiben, die mit einer ferromagnetischen Beschichtung versehen sind und sich bei angeschaltetem Laufwerk permanent schnell drehen. Solche Laufwerke sind in dem Modellen 50, 60 und 80 eingebaut. In allen Modellen ist eine Leuchtdiode als Betriebsanzeige eingebaut, die anzeigt, wann auf die Festplatte zugegriffen wird. Die Elektronik, die diese Festplatten steuert, ist auf eine spezielle Karte montiert; dieser sogenannte *Festplattenadapter* ist in einen speziellen Sockel auf der Systemplatine gesteckt.

Die Modelle 50, 60 und 80 werden mit verschiedenen Festplattenkonfigurationen geliefert. Das Modell 50 ist standardmäßig mit einer 20 MB Festplatte und dem notwendigen Adapter ausgestattet. Das Modell 60 hat standardmäßig entweder eine 44 oder ein 70 MB Festplatte, das Modell 80 entweder eine 44, eine 70 oder eine 115 MB Festplatte. Alle Ausführungen der Modelle 60 und 80 können mit einem zweiten Festplattenlaufwerk im Gehäuse der Systemeinheit aufgerüstet werden. Der Standard-Festplattenadapter kann zusätzlich zu der ersten auch eine zweite Festpaltte ansteuern. Die Abbildung 1-15 zeigt die möglichen Festplattenkonfigurationen, die von den einzelnen Modellen unterstützt werden. Zum Vergleich sind die Konfigurationen des PC XT und des PC AT aufgeführt.

Die Arbeitsgeschwindigkeit der Festplattenlaufwerke beeinflußt auch unmittelbar die Arbeitsgeschwindigkeit des gesamten Computersystems. Dies trifft insbesondere bei Multi-Tasking-Anwendungen und Anwendungen zu, die virtuellen Speicher benutzen; hierbei wird besonders intensiv auf die Festplatten zugegriffen. Die Arbeitsgeschwindigkeit eines Festplattenlaufwerk ist die Geschwindigkeit, mit der Daten zwischen Festplatte und Hauptspeicher übertragen werden können. Diese Geschwindigkeit hängt davon ab, wie die Datenspeicherung auf der Festplatte organisiert ist, d.h. vom sogenannten *Überlappungsverhältnis* (engl.: *interleave factor*). Das Überlappungsverhältnis der Festplatten der Modelle 50, 60 und 80 ist gegenüber dem der IBM PCs verbessert worden; die Arbeitsgeschwindigkeit der Festplattenlaufwerke konnte dadurch auf das dreifache erhöht werden. Auch der Festplattenadapter beeinflußt die Übertragungsgeschwindigkeit von Festplatten. Das Modell 50 und die Ausführung 041 der Modelle 60 und 80 sind standardmäßig mit einem ST506-Festplattenadapter ausgestattet. ST506 repräsentiert einen Schnittstellen-Standard für die Datenübertragung zwischen Festplatten und Festplattenadaptern. Der Festplattenadapter der Ausführung 071 des Modells 60 und der Ausführungen 071 und 111 des Modells 80 ist ein Adapter im *ESDI* (*Enhanced Small Device Interface*) Standard. Der ESDI-Festplattenadapter bietet eine schnellere Datenübertragung zwischen Festplatte und Adapter als der ST506. Beide Adaptertypen nutzen die Hochgeschwindigkeits-DMA-Einrichtung (*DMA = Direct Memory Access*, direkter Hauptspeicherzugriff) der Micro Channel Erweiterungssteckplätze, um die Arbeitsgeschwindigkeit weiter zu steigern.

Ein weiteres Zubehör der Modelle 50, 60 und 80 zur Steigerung der Festplattengeschwindigkeit ist das *IBM Platten-Cache-Speicher-Programm* (Cache, sprich Käsch), das auf der Referenz-Diskette der Modelle 50, 60 und 80 zu finden ist. Dieses Programm reserviert einen bestimmten Bereich im Hauptspeicher, um dort von der Festplatte gelesene Daten temporär zu speichern. Werden diese Daten dann, wie das norma-

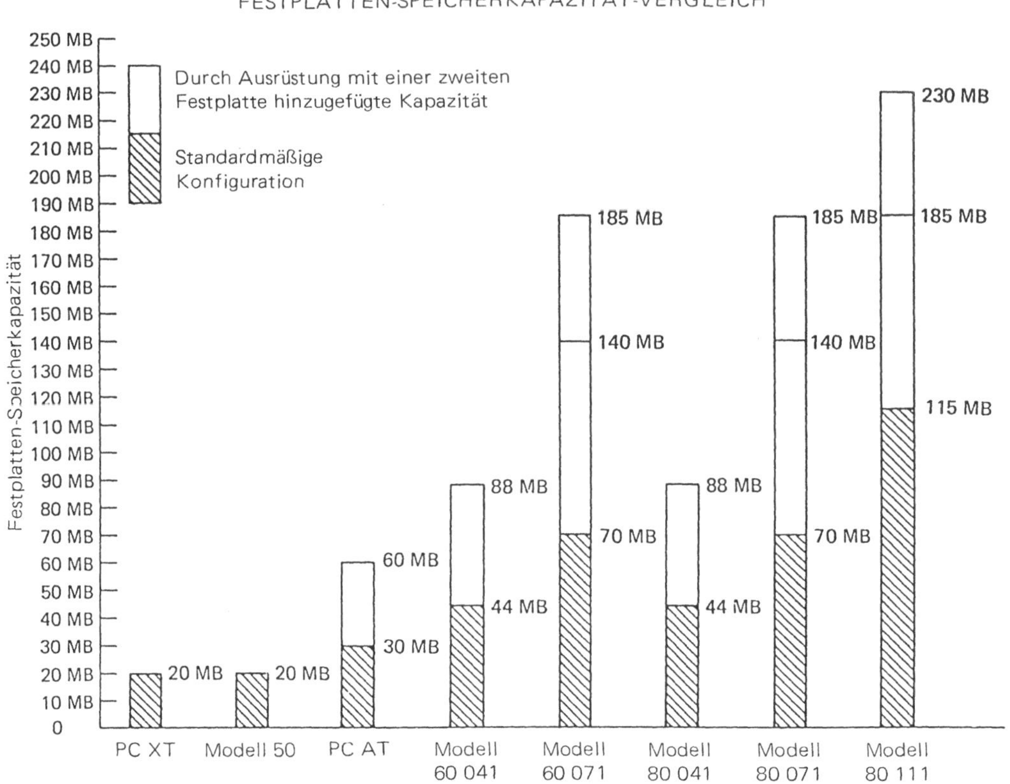

Abb.: 1-15 **Vergleich der Festplatten-Kapazitäten der Modelle 50, 60 und 80 und einiger PCs.**

lerweise der Fall ist, nochmals benötigt, entfällt eine Verzögerung, die dadurch verursacht wird, daß die Daten zuerst auf der Festplatte gefunden und in den Hauptspeicher übertragen werden müssen. Mit anderen Worten, Daten, die normalerweise von der Festplatte gelesen werden, sind bereits im Hauptspeicher und stehen zur Verfügung. Eine Anleitung für die Installation ist den Modellen 50, 60 und 80 beigegeben. Im Anhang A ist das IBM Personal System/2 Guide abgedruckt, das ebenfalls das Cache-Programm beschreibt.

Die Micro Channel Erweiterungssteckplätze

Einen Teil seiner Popularität verdankte der alte IBM PC seinen Erweiterungssteckplätzen, die es ermöglichten, das System durch das Einstecken von Erweiterungskarten auszubauen und an die eigenen Bedürfnisse anzupassen.

Auch die Modelle 50, 60 und 80 haben Erweiterungssteckplätze. Diese Erweiterungssteckplätze wurden jedoch völlig überarbeitet und bieten umfangreichere Erweiterungsmöglichkeiten als sie die PCs jemals besaßen. Sie lassen auch den möglichen weiteren Ausbau des Personal System/2 nicht unberücksichtigt. Diese Erweiterungssteckplätze werden *Micro Channel Erweiterungssteckplätze* genannt. Die Micro Channel Erweiterungssteckplätze sind nicht mehr kompatibel zu denen der PCs oder des Modells 30. In Kapitel 2 werden einige der neuen Micro Channel Erweiterungskarten behandelt.

Worin liegen die Unterschiede der Micro Channel Architecture zur ehemals verwendeten Technik? Zum ersten ist die Datenübertragung zwischen den Erweiterungskarten und dem Mikroprozessor schneller. Die Micro Channel Erweiterungssteckplätze der Modelle 50 und 60 haben zwar wie die Erweiterungssteckplätze des PC AT einen 16-Bit-Datenbus, auf die Steckplätze der Modelle 50 und 60 wird jedoch um 25 Prozent schneller zugegriffen. In Modell 80 findet man einerseits vier 16-Bit-Steckplätze, die denen in den Modellen 50 und 60 gleichen, und andererseits drei 32-Bit Micro Channel Steckplätze, deren Datenbus genauso breit ist wie der des 80386. Diese Micro Channel Erweiterungssteckplätze übertragen Daten doppelt so schnell wie die 16-Bit-Steckplätze (zweieinhalbmal schneller als die Erweiterungssteckplätze des PC AT).

Die 32-Bit-Steckplätze haben außerdem einige Zusatz-Pins (Kontakte) zur Unterstützung der angepaßten Speicher-Zyklen (Matched Memory Cycles), die weiter die Datenübertragungsgeschwindigkeit erhöhen.

Daten sollen oft direkt zwischen Erweiterungskarte und Hauptspeicher übertragen werden und nicht erst den Umweg über den Mikroprozessormachen. Ein besonders günstiger Weg für solche Übertragungen sind *DMA-Kanäle* (DMA = Direct Memory Access). Ein von IBM entworfener DMA-Chip ermöglicht in den Modellen 50, 60 und 80 die direkte Datenübertragung zwischen Erweiterungskarte und Mikroprozessor und setzt damit zusätzliche Mikroprozessor-Kapazität frei. Diese DMA-Einrichtung war zwar auch in den PCs vorhanden, der DMA-Chip der Modelle 50, 60 und 80 arbeitet jedoch eineinhalbmal schneller als der des PC AT. Das wiederum steigert die Arbeitsgeschwindigkeit des Gesamtsystems.

Neben einer Erhöhung der Arbeitsgeschwindigkeit bietet die Micro Channel Architecture noch mehr Verbesserungen. So sind auch die *Interrupt-Signale* des Micro Channel andere als die der PCs. Interupt-Signale werden von den Erweiterungskarten benutzt, um den Mikroprozessor aufzufordern, seine Arbeit zu unterbrechen und sich ihnen zu "widmen". Die Verwaltung der Interrupt-Signale im Micro Channel macht es möglich, daß jedes einzelne Interrupt-Signal unter mehreren Erweiterungskarten aufgeteilt werden kann. Durch diese Aufteilung können mehrere Erweiterungskarten parallel arbeiten, ohne sich gegenseitig zu stören. In den PCs konnten meist Interrupt-Signale nur einer Erweiterungskarte zugeordnet werden. Außer dieser Verbesserung verfügt die Micro Channel Architecture noch über die sogenannte Multi-Device Arbitration, Programmable Option Select (POS), einen Audiosignal-Kanal und einen zusätzlichen Videoanschluß.

Der *Multi-Device-Arbitration-Mechanismus* unterstützt einerseits die DMA-Einrichtung und erlaubt es andererseits, daß besondere Erweiterungskarten, die *Masters* genannt werden, kurzzeitig die Kontrolle über das gesamte System übernehmen und ohne Unterstützung des Mikroprozessors oder des DMA-Chips Daten übertragen. Durch den Mechanismus können bis zu 15 Masters oder auch DMA-Erweiterungskarten zusammen mit dem Mikroprozessor den Computer steuern. Diese Überdimensionierung (die Modelle 50, 60 und 80 haben jeweils nur 3 bzw. 7 Micro Channel Erweiterungssteckplätze) zeigt, in welche Richtung das Wachstum der Personal System/2 Familie ausgelegt ist.

Durch den *Programmable-Option-Select-Mechanismus* (*POS*) werden alle mechanischen Schalter auf den Erweiterungskarten überflüssig und durch elektronische Schalter ersetzt, die von Programmen gesetzt werden können. Bei den Erweiterungskarten ohne POS mußten die Benutzer auf umständliche Art und Weise von Hand die vorgenommenen Erweiterungen durch das Umlegen kleiner Schalter dem Computer mitteilen. Mit POS muß nur die Erweiterungskarte in den Computer gesteckt und dann der Computer angeschaltet werden. Mit dem mitgelieferten Konfigurationsprogramm kann der Benutzer menügeführt die entsprechenden elektronischen Schalter setzen. Die getroffenen Vereinbarungen werden dann im batteriegepufferten CMOS-Speicher festgehalten. Dort bleiben sie auch nach Ausschalten des Computers erhalten, bis sie wieder verändert werden. Der POS-Mechanismus kann außerdem feststellen, ob die einzelnen Steckplätze belegt sind oder nicht. Dies kann beim Testen des Systems hilfreich sein, um Fehler zu finden.

Über den *Audio-Signal-Kanal*, der in jedem Micro Channel Erweiterungssteckplatz vorhandenen ist, können Erweiterungskarten den eingebauten Lautsprecher ansteuern. Das heißt, die Erweiterungskarten können Töne produzieren. Denkbare Anwendungen wären Besetztzeichen bei Telephonmodems, Musik und Sprachausgabe.

Der zusätzliche 20-Pin-Videoanschluß (Auxiliary Video Connector) schließlich gibt den Erweiterungskarten den Zugriff auf spezielle Signale der Grafik-Schaltkreise frei. Damit können Erweiterungskarten entweder die Video-Signale überwachen oder sie übernehmen und über den 15-

Pin-Bildschirmanschluß auf der Rückseite der Modelle 50, 60 und 80 selbst einen Bildschirm ansteuern. Auf diese Weise kann eine Grafik-Erweiterungskarte mit den Standard-Grafik-Schaltkreisen der Modelle 50, 60 und 80 koexistieren und diese in ihrer Funktion ausbauen, ohne sie in ihren Schaltkreisen duplizieren zu müssen. Grafik-Erweiterungskarten werden also in Zukunft weniger kosten. Der IBM Bildschirmadapter 8514/A ist zum Beispiel eine solche Erweiterungskarte. Jeweils einer der Micro Channel Erweiterungssteckplätze in den Modellen 50, 60 und 80 ist mit einem Videoanschluß versehen. Ein Bild der Micro Channel Erweiterungssteckplätze zeigt Anhang B. Im Rahmen ihrer Politik der offenen Architektur publiziert IBM alle Informationen, die für andere Hersteller zum Entwurf von Erweiterungskarten notwendig sind.

Das Video Graphics Array

Der Computerbildschirm dient der Darstellung von Daten für den Benutzer. Eine gute Bildqualität erhöht den Arbeitskomfort und verhindert frühzeitiges Ermüden. Sie beeinflußt also im weiteren Sinne Produktivität und Motivation des Benutzers. In den Modellen 50, 60 und 80 sind zwei Elemente des Computersystems an der Erstellung des Bildschirmbilds beteiligt: der *Bildschirm* und das *Video Graphics Array*. Der Bildschirm oder *Monitor* ist fast wie ein Fernseher aufgebaut, hat jedoch keinen Fernsehempfänger sondern spezielle Elektronik die die elektronischen Video-Signale des Computers zur Ansteuerung von Elektronenstrahlen benutzt, die dann schließlich den Signalen entsprechende Bilder auf dem Bildschirm erscheinen lassen. Die von den Modellen 50, 60 und 80 verwendeten Bildschirme sind sogenannte *analoge Bildschirme* im Gegensatz zu den üblichen *digitalen Bildschirmen* der PCs. Die analogen Bildschirme haben den Vorteil, daß sie im Gegensatz zu den digitalen nicht in der Anzahl der darstellbaren Farben und Graustufen begrenzt sind. Die Bildschirme des Personal System/2 werden in Kapitel 2 behandelt.

Das Herz der Grafik-Steuerung der Modelle 50, 60 und 80 ist das *Video Graphics Array* (*VGA*). Mit anderen Schaltkreisen zusammen generiert dieser von IBM entwickelte Chip die Bildschirmdarstellung. Der VGA-Chip ist auf den Systemplatinen der Modelle 50, 60 und 80 integriert. Mit diesem Schritt ändert die Firma IBM ihre Haltung, grafik-unterstützende Elektronik nur auf Erweiterungskarten anzubieten. Durch die Integration auf der Systemplatine muß der Benutzer keinen Micro Channel Erweiterungssteckplatz für die Grafik opfern. Außerdem ist abzusehen, daß durch diese standardmäßige Ausrüstung der Modelle 50, 60 und 80 die verbesserte Grafikfähigkeit sich als ein Standard auf dem Markt durchsetzen wird.

Die vom VGA generierten Bilder setzen sich aus vielen einzelnen Punkten auf dem Bildschirm zusammen. Diese Punkte heißen *Pixels* (engl. picture elements - Bildelemente). Die Farben der einzelnen Pixels und damit das Bildschirmbild werden durch die Werte bestimmt, die im Grafikspeicher des Computers stehen. Dieser spezielle Speicher wird vom VGA kontrolliert und dient nur dem Zweck, die Daten zu speichern, die direkt in Bilder auf dem Bildschirm umgesetzt werden sollen.

Mit der Pixel-Technik können zwei Grundtypen der Bildschirmdarstellung erzeugt werden. Der erste Grundtyp ist die Text-Darstellung. Bei dieser Darstellungsform werden die Pixelmuster der einzelnen darzustellenden Zeichen aus fest vorgegebenen Tabellen, den sogenannten *Zeichensätzen*, gelesen. Diese Zeichensätze enthalten die Groß- und Kleinbuchstaben, die Ziffern, die Interpunktionszeichen und einige Sonderzeichen wie zum Beispiel die Zeichen ">", "<", "+", "*" und "§". Die Darstellungstechnik der Textdarstellung ist in Abbildung 1-16 angedeutet. Im ROM der Modelle 50, 60 und 80 sind drei verschiedene Zeichensätze mit je 256 Zeichen gespeichert. Zwei davon stimmen mit dem Zeichensatz des monochromen Bildschirm/Drucker Adapters, des Color Graphics Adapters (CGA) und des Enhanced Graphics Adapters (EGA) des IBM PC überein. Der dritte Zeichensatz bietet eine etwas andere Zeichendarstellung. Softwaremäßig können fünf *Benutzer-Zeichensätze* geladen werden.

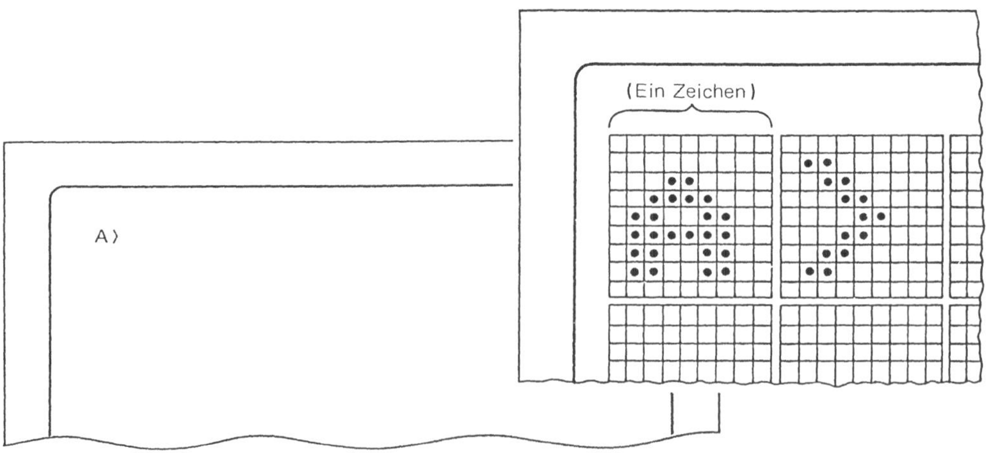

Abb.: 1-16 Der Aufbau einer Textdarstellung.

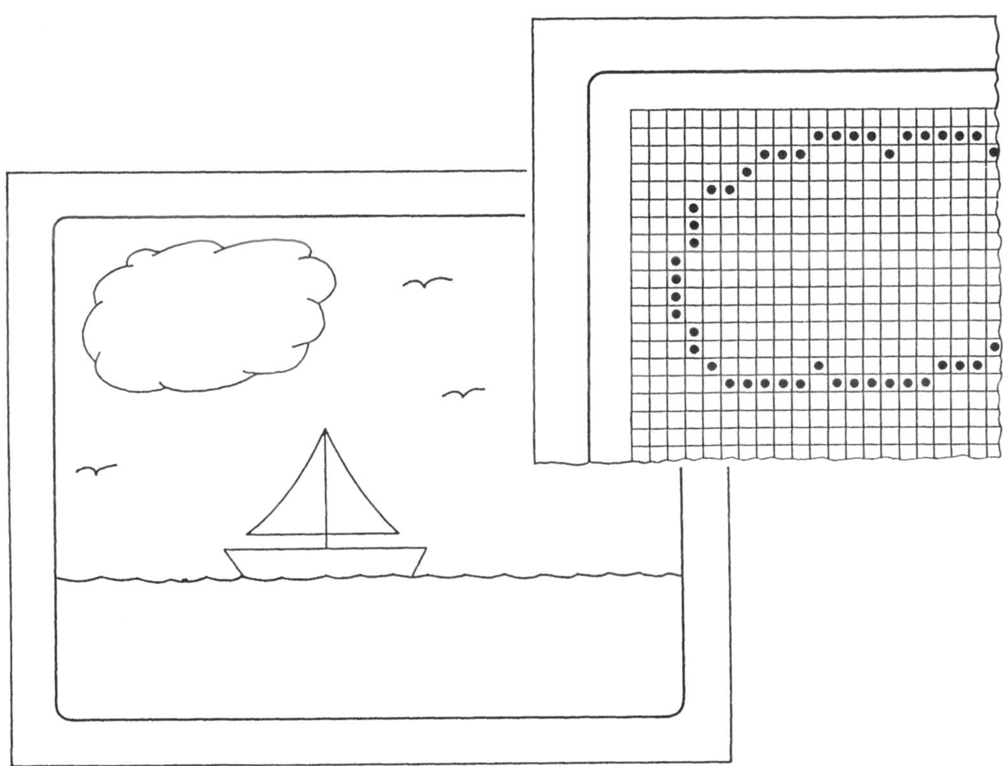

Abb.: 1-17 Der Aufbau eines Bildes in APA-Darstellung.

Die zweite Darstellungsform, die das VGA bietet, ist die *All-Points-Addressable-Darstellungsform* (alle Bildschirmpunkte sind adressierbar, abgekürzt *APA*). In der APA-Darstellung gibt es keine vorgegebenen Zeichensätze. Jedem einzelnen Pixel kann eine separate Farbe gegeben werden, indem das geeignete Bitmuster in den Grafikspeicher geschrieben wird (s. Abbildung 1-17). Bei einem APA-Bild wird nicht wie bei der Textdarstellung das einzelne Zeichen gespeichert, sondern das einzelne Pixel (!); die APA-Darstellung benötigt daher mehr Grafikspeicher als die Textdarstellung.

In Abbildung 1-18 werden die technischen Daten des VGA mit denen älterer Grafik-Karten verglichen. Dabei werden die Begriffe *Anzahl der möglichen Farben* und *höchstmögliche Auflösung* gebraucht. Die Anzahl der möglichen Farben, die ein Computer auf dem Bildschirm gleichzeitig erzeugen kann, entscheidet darüber, wie übersichtlich eine Datendarstellung auf dem Bildschirm gegliedert werden kann und wie angenehm die Darstellung für den Betrachter ist. Die Auflösung der Bilddarstellung wächst mit der Zahl der Pixels, aus denen sich das Bild zusammensetzt. Je höher die Auflösung, desto mehr Details können auf dem Bildschirm dargestellt werden und desto schärfer ist das Bild. Oder anders gesagt: Eine höhere Auflösung ist besser für die Augen.

VERGLEICH DER GRAFIK-ADAPTER

	Monochrome-Adapter (PC-Familie)	Color Graphics Adapter (PC-Familie)	Enhanced Graphics Adapter (PC-Familie)	Video Graphics Array (PS/2 Familie)
Grafik-speicher	4 KB	16 KB	256 KB*	256 KB
Text-darstellung				
Höchste Auf-lösung	720 x 350	640 x 200	640 x 350	720 x 400
Maximale Anzahl von Farben	2	16	16	16
APA-Darstellung				
Höchste Auf-lösung	nicht unterstützt	640 x 200 (2 Farben)	640 x 350	640 x 480 (16 Farben)
Maximale Anzahl von Farben	nicht unterstützt	4 (320 x 200)	16	256 (320 x 200)

Die höchste Auflösung und die maximale Anzahl der möglichen Farben werden gleichzeitig unterstützt, wenn dies nicht vermerkt ist.

*Die EGA-Karte hat standardmäßig einen Grafikspeicher von 64 KB, kann aber bis auf 256 KB ausgebaut werden.

Abb.: 1-18 Vergleich der PC-Grafik-Erweiterungskarten und der standardmäßigen Grafikfähigkeit der Modelle 50, 60 und 80.

Die Tabelle in Abbildung 1-18 zeigt, daß das VGA bei Textdarstellung die höchste Auflösung und gleichzeitig 16 Farben bietet (auf einem monochromen Bildschirm erscheinen diese als 16 Graustufen). Die verbesserte Textdarstellung macht sich besonders bei Textverarbeitung und Tabellenkalkulation positiv bemerkbar.

Durch den großen Bildschirmspeicher von 256 KB kann das VGA in den Modellen 50, 60 und 80 auch in der APA-Darstellungsform mehrfarbige Grafiken in hoher Auflösung erzeugen. Der APA-Modus mit der höchsten Auflösung stellt 640 mal 480 einzelne Pixel in 16 verschiedenen Farben dar. Ein APA-Modus des VGA mit niedrigerer Auflösung bietet 320 mal 200 Pixel und bis zu 256 Farben. Die gewünschten 256 Farben können aus einer Farbbibliothek von über 256.000 Farben (der sogenannten *Palette*) gewählt werden. Auch dieser APA-Modus ist denen der PC-Grafik-Adapter überlegen. Um die überlegenen Fähigkeiten des VGA nutzen zu können, muß allerdings die verwendete Software die Neuerungen unterstützen. Programme, die ursprünglich für den PC entwickelt wurden, werden also in ihren Leistungen nicht durch das VGA verbessert. Sie werden andererseits aber auch nichts einbüßen, denn das VGA ist aufwärtskompatibel zu den genannten PC-Grafik-Adaptern.

Die standardmäßigen Schnittstellen

Außer dem eben besprochenen VGA-Bildschirmanschluß haben die Modelle 50, 60 und 80 vier weitere *Schnittstellen.* Über Schnittstellen werden externe Geräte wie zum Beispiel ein Drucker, eine Maus oder ein Telefonmodem an einen Computer angeschlossen. Die in der Standardausrüstung der Modelle 50, 60 und 80 enthaltenen Schnittstellen sind eine serielle Schnittstelle, eine parallele Schnittstelle, ein Tastatur-Schnittstelle und eine Maus-Schnittstelle. Die für die Übertragung an externe Geräte bestimmten elektronischen Signale werden vom Computer auf die entsprechenden Anschlüsse auf der Rückseite der Systemeinheit gelegt, an die über Kabel die entsprechenden externen Geräte angeschlossen sind; bzw. der Computer empfängt über die genannten Anschlüsse Signale von den externen Geräten. Einige der vier Standardschnittstellen der Modelle 50, 60 und 80 wurden bei den PCs über gesonderte Erweiterungskarten implementiert.

Auf die *serielle (asynchrone) Schnittstelle* wird über einen sogenannten 25-Pin-D-Shell-Anschluß zugegriffen. Die serielle Schnittstelle überträgt (bitweise) Daten nach dem asynchronen Kommunikationsprotokoll mit einer Übertragungsgeschwindigkeit von bis zu 19,2 KBit/Sekunde (19.200 Bits pro Sekunde). Dies ist das Doppelte der Geschwindigkeit der seriellen Schnittstellen von PCs. Über die serielle Schnittstelle können viele verschiedene Geräte an die Modelle 50, 60 und 80 angeschlossen werden, so zum Beispiel Drucker, Plotter, Telefonmodems und Terminals. Über diese Schnittstelle können auch Daten zu anderen Computern übertragen werden.

Die *parallele Schnittstelle* besitzt ebenfalls einen 25-Pin-D-Shell-Anschluß. Sie heißt deshalb "parallel", weil sie Daten byteweise, also acht Bit parallel, sendet bzw. empfängt. Diese Schnittstelle entspricht einer erweiterten Version einer weit verbreiteten Schnittstelle, die häufig zum Anschluß von Druckern verwendet wird. Mit der *Datenumlagerungseinrichtung* (*Data Migration Facility*, siehe Kapitel 2) können aber auch Daten zu anderen Computersystemen übertragen werden.

Die *Tastatur- und* die *Maus-Schnittstelle* dienen dem Anschluß der standardmäßigen IBM MF-Tastatur und der Maus, die im Kapitel 2 näher behandelt wird.

Die Multi-funktionale Tastatur

Die Modelle 50, 60 und 80 sind standardmäßig mit der sogenannten Multi-funktionalen Tastatur ausgestattet (Abbildung 1-19). Diese Tastatur entspricht der MF-Tastatur des IBM PC AT und wurde schon bei vielen anderen Produkten der IBM verwendet. Die MF-Tastatur wird in mehreren Versionen für verschiedene Sprachen angeboten; die deutsche Version entspricht dem neuesten deutschen Normentwurf.

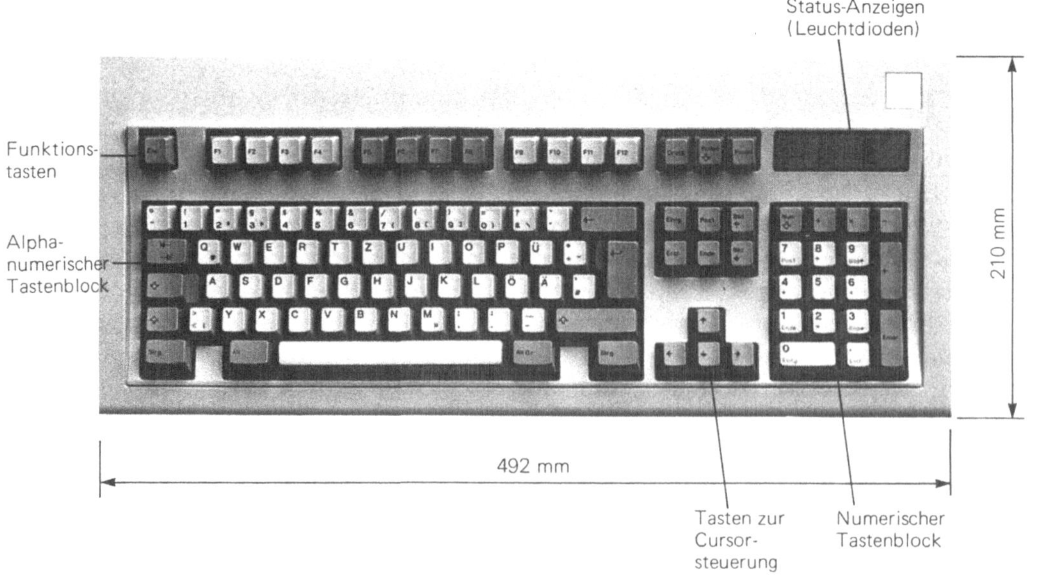

Abb.: 1-19 Die IBM MF-Tastatur,die alle Modelle des Personal System/2 unterstützen.

Das Tastatur-Anschlußkabel wird in den Tastaturanschluß an der Rückseite der Systemeinheit gesteckt. Durch kleine ausklappbare Füße kann der Neigungswinkel des Tastatur verändert werden. Die früheren Tastaturen der PCs können nicht an die Modelle 50, 60 und 80 angeschlossen werden, die MF-Tastatur ist vielmehr der neue Standard auch für die PCs.

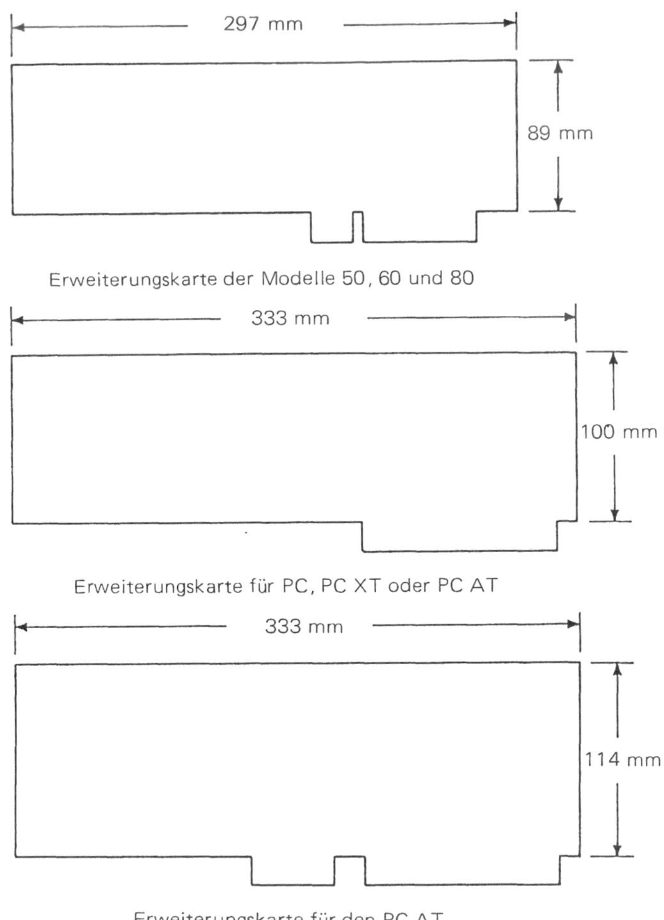

Abb.: 1-20 Die Abmessungen der Micro Channel Erweiterungskarten der Modelle 50, 60 und 80, der Erweiterungskarten der PCs und der speziellen PC-AT-Erweiterungskarten.

Die räumliche Anordnung der Komponenten

Insgesamt wurden die Gehäuseabmessungen der Personal System/2 Computer so klein wie möglich gehalten. Die relativ kleinen Gehäuse wurden durch verschiedene Faktoren möglich: Wie schon erwähnt sind die Disketten- und Festplattenlaufwerke kleiner als die der PCs. Auch die Micro Channel Erweiterungskarten sind um einiges kleiner. In Abbildung 1-20 wird die Größe der Erweiterungskarten der PCs und der Micro Channel Erweiterungskarten verglichen. Weiterhin wurden *VLSI-Chips* (*VLSI - Very Large Scale Integration*, Technik zur Zusammenfassung elektronischer Bauteile auf besonders kleinem Raum) verwendet, die in der *Surface Mount Technik* (*SMT*) montiert wurden.

SMT ist eine Gehäuseform von Chips, die es ermöglicht, den Chip direkt mit der Oberfläche der Platine zu verbinden. SMT-Gehäuse sind kleiner als die normalen DIP-Gehäuse (DIP - Dual Inline Package), die in den früheren PCs Verwendung fanden. In Abbildung 1-21 werden die beiden Gehäusetypen zum Größenvergleich gezeigt.

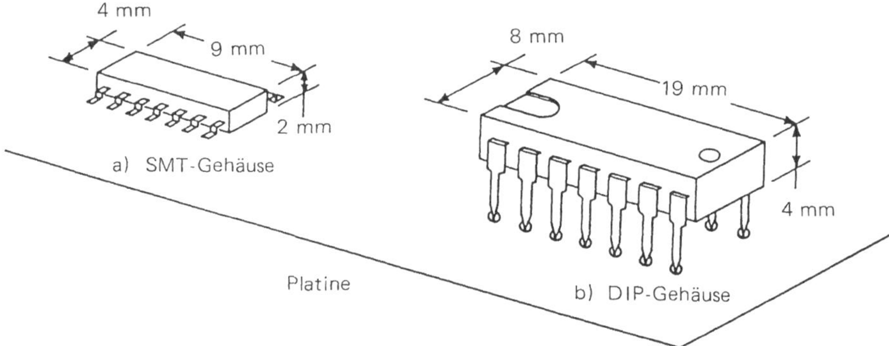

Abb.: 1-21 Größenvergleich der SMT- und der DIP-Gehäuse von Chips: (a) ein SMT-Gehäuse, wie es in den meisten Fällen in den Personal System/2 Computern verwendet wird. (b) Ein entsprechendes DIP-Gehäuse, wie man es von den PCs kennt.

Schließlich soll noch erwähnt werden, daß die Personal System/2 Computer leiser arbeiten als die PCs.

2 Mögliche Erweiterungen und Peripheriegeräte der Modelle 50, 60 und 80

Die Modelle 50, 60 und 80 sind auf keine spezielle Arbeitsumgebung festgelegt. Man wird sie wahrscheinlich genauso auf dem Schreibtisch eines Firmenchefs wie im Labor eines Physikers finden. So unterschiedlich wie die Berufsbilder der Benutzer sind, so unterschiedlich sind auch die Anforderungen an einen Computer. Die Modelle 50, 60 und 80 können durch die Wahl der richtigen *Erweiterungskarten* und *Peripheriegeräte* an diese unterschiedlichen Anforderungen angepaßt werden. Erweiterungskarten sind Platinen mit montierten elektronischen Bauteilen, die die Fähigkeiten des Computers erweitern. Sie können in die Micro Channel Erweiterungssteckplätze gesteckt werden, die in allen Modellen 50, 60 und 80 vorhanden sind. Peripheriegeräte sind mehr oder weniger eigenständige Geräte, die meistens über ein Kabel an den betreffenden Computer angeschlossen werden und die unter der Kontrolle des Computers bestimmte Funktionen ausführen. Außer diesem Zubehör gibt es noch weitere Optionen zum Außbau der Modelle 50, 60 und 80, wie Diskettenlaufwerke zum Einbau in den Computer und Mathematik-Co-Prozessoren. In diesem Kapitel werden folgende Erweiterungen vorgestellt:

- Bildschirme
- Drucker
- Hauptspeichererweiterungen
- Zusätzliche Massenspeicher
- Erweiterungen zur Datenkommunikation
- Weitere Optionen

In diesem Kapitel werden bei weitem nicht alle Geräte und Optionen behandelt, die im Zusammenhang mir den Modellen 50, 60 und 80 eingesetzt werden können, es werden jedoch alle für den geschäftlichen Arbeitsbereich wichtigen Geräte und Aspekte exemplarisch angesprochen.

Hardware, die bis zum Zeitpunkt der Übersetzung dieses Buches nicht auf dem deutschen Markt eingeführt war, ist mit einem "*" gekennzeichnet. Dies bezieht sich nicht auf die zuweilen in den Abbildungen verwendeten "*"-Zeichen.

2.1 BILDSCHIRME

Der Bildschirm eines Computers hat in erster Linie die Aufgabe, elektronische Signale des Computers in für den Benutzer sichtbare Bilder umzusetzen. Die elektronischen Signale, die den Bildschirm ansteuern, werden in den Modellen 50, 60 und 80 von einem Grafik-Chip erzeugt, der allen Modellen 50, 60 und 80 eingebaut ist.

Für den Betrieb mit dem Personal System/2 ist nur eine bestimmte Art von Bildschirmen geeignet. Der Benutzer kann z.Zt. zwischen folgenden Bildschirmen wählen:

- IBM Personal System/2 Monochrom-Bildschirm 8503
- IBM Personal System/2 Farbbildschirm 8512
- IBM Personal System/2 Farbbildschirm 8513
- IBM Personal System/2 Farbbildschirm 8514 mit Adapter

Alle vier Bildschirme können mit dem Video Graphics Array (VGA), das die Modelle 50, 60 und 80 besitzen, angesteuert werden. Die besonderen Eigenschaften des Farbbildschirms 8514 werden jedoch erst mit der erweiterten Grafikfähigkeit des IBM Personal System/2 Bildschirmadapters 8514/A voll ausgenutzt.

Diese Bildschirme sind *analoge* Bildschirme im Gegensatz zu den *digitalen* Bildschirmen der meisten PCs. Digitale und analoge Bildschirme unterscheiden sich im Hinblick auf die elektronischen Signale, mit denen sie von Computern angesteuert werden müssen. Die digitalen Bildschirme, die im allgemeinen bei PCs Verwendung finden, sind durch die digitale Form ihrer Steuersignale auf eine maximale Anzahl von 16 bis 64 gleichzeitig darstellbaren Farben begrenzt. Durch die analoge Auslegung der Bildschirme für das Personal System/2 können theoretisch gleichzeitig beliebig viele verschiedene Farben dargestellt werden. Das VGA kann Bilder mit bis zu 256 verschiedenen, gleichzeitig sichtbaren Farben auf den analogen Bildschirmen generieren. Das bietet die Möglichkeit, Informationen auf dem Bildschirm übersichtlicher darzustellen.

Der Monochrom-Bildschirm 8503

Der Personal System/2 Monochrom-Bildschirm 8503 hat eine Bildschirm-Diagonale von 12 Zoll und erzeugt ein Weiß-auf-Schwarz-Bild. Das Gerät ist in Abbildung 2-1 gezeigt. Der Bildschirm kann keine Farben darstellen, wohl aber bis zu 64 verschiedene *Graustufen*, so daß Bilder erzeugt werden können, die denen eines Schwaz-Weiß-Fernsehers ähneln.

Der Monochrom-Bildschirm 8503 hat einen eigenen Netzschalter und zwei Regler für Kontrast und Helligkeit. Diese drei Bedienungselemente sind an den Seitenflächen angebracht, um das Gehäuse schmal zu halten. Der Standfuß erlaubt es, den Bildschirm leichtgängig zu drehen und zu neigen.

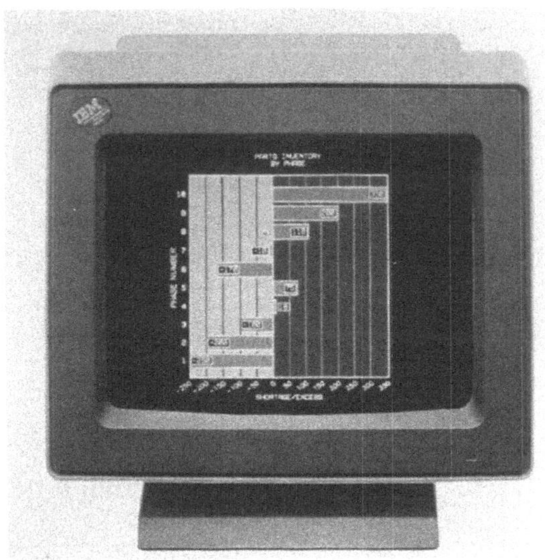

Bildschirmgröße:	12 Zoll (diagonal)
Typ:	Weiß auf Schwarz (max. 64 Graustufen)
Dreh-/Neig-Standfuß:	Standard

Abb.: 2-1 Der Monochrom-Bildschirm 8503. Informationen werden Weiß auf Schwarz dargestellt.

Der Farbbildschirm 8512

Dieses Gerät ist in Abbildung 2-2 gezeigt. Es bietet volle Farbdarstellung auf einem 14-Zoll-Bildschirm.

Farben werden auf Bildschirmen durch selektiven Beschuß von Streifen verschiedenfarbigen Phosphors auf der Bildschirminnenfläche mit Elektronen erzeugt. Je feiner diese Phosphorstreifen sind, desto feiner können die Punkte sein, aus denen sich das Bildschirmbild zusammensetzt. Die *Streifenbreite* ist ein Kriterium für den Vergleich von Farbbildschirmen. Der 8512 hat mit einer *Streifenbreite* von 0,41 mm, eine für seinen Preis gute Bildqualität wird erreicht. Das Gerät besitzt einen eigenen Netzschalter und Regler für Kontrast und Helligkeit. Der Dreh-/Neig-Standfuß muß für diesen Bildschirm gesondert erworben werden.

Bildschirmgröße:	14 Zoll (diagonal)
Typ:	Farbbildschirm
Streifenbreite:	0,41 mm
Dreh-/Neig-Standfuß:	Optional

Abb.: 2-2 Der Farbbildschirm 8512. Preiswerter Farbbildschirm mit mittlerer Auflösung.

Der Farbbildschirm 8513

Der IBM Personal System/2 Farbbildschirm 8513 bietet volle Farbdarstellung auf einem 12-Zoll-Bildschirm. Das Gerät ist in Abbildung 2-3 gezeigt. Durch die im Vergleich zum 8512 geringere Streifenbreite von 0,28 mm in Kombination mit den geringeren Bildschirmabmessungen wird das Bild des Farbbildschirms 8513 schärfer und gleichzeitig der Platzverbrauch auf dem Schreibtisch geringer. Die Bildschärfe ist besonders bei Grafiken und bei längeren Arbeitssitzungen am Bildschirm angenehm. Auch dieser Bildschirm hat einen eigenen Netzschalter und zwei Regler für Kontrast und Helligkeit. Der Dreh-/Neig-Standfuß ist Standardausrüstung.

Bildschirmgröße:	12 Zoll (diagonal)
Typ:	Farbbildschirm
Streifenbreite:	0,28 mm
Dreh-/Neig-Standfuß:	Standard

Abb.: 2-3 Der Farbbildschirm 8513. Dieser Bildschirm bietet eine bessere Bildqualität als der Farbbildschirm 8512.

Der Farbbildschirm 8514 und der Bildschirm-Adapter 8514/A

Der IBM Personal System/2 Farbbildschirm 8514 (Abbildung 2-4) ist der leistungsstärkste der in diesem Kapitel behandelten Monitore. Er verwirklicht volle Farbdarstellung auf einem 16-Zoll-Bildschirm. Der Bildschirm kann zwar ohne weiteres mit dem standardmäßigen VGA der Modelle 50, 60 und 80 angesteuert werden, sein voller Leistungsumfang wird aber erst mit der erweiterten Grafikfähigkeit des IBM Personal System/2 Bildschirm-Adapters 8514/A ausgeschöpft. Der Adapter kann in einem der Micro Channel Erweiterungssteckplätze in den Modellen 50, 60 und 80 installiert werden. Er baut die APA-Grafikfähigkeit des VGA mit einem eigenen standardmäßigen Grafikspeicher von 512 KB aus und kann so ein Bildschirmbild in einer Auflösung von 1024 x 768 Pixels in maximal 16 Farben erzeugen. Fügt man den IBM Personal System/2 8514 Speichererweiterungssatz hinzu, kann der Adapter bei einer gleichbleibenden Auflösung von 1024 x 768 bis zu 256 Farben gleichzeitig darstellen. Die Tabelle in Abbildung 2-5 vergleicht die Leistung des Bildschirm-Adapters 8514/A mit der des VGA und des IBM PC Professional Bildschirmadapters (in Verbindung mit dem Professional Bildschirm). Die maximale Auflösung des 8514/A ist selbst bei gleichzeitiger Darstellung der maximalen Anzahl von Farben höher als die des VGA und des IBM PC Professional Adapters. Der Farbbildschirm 8514 in Verbindung mit dem Bildschirm-Adapter 8514/A bietet die notwendige Bildqualität für die repräsentative Darstellung von Diagrammen und Grafiken, für Desktop-Publishing und CAD (Computer Aided Design).

Bildschirmgröße:	16 Zoll (diagonal)
Typ:	Farbbildschirm
Streifenbreite:	0,31 mm
Dreh-/Neig-Standfuß:	Standard

Abb.: 2-4 Der Farbbildschirm 8514.

Der Bildschirmadapter 8514/A greift auf den Auxiliary Video Connector (siehe Kapitel 1) zu; daher kann der Benutzer immer noch das VGA betreiben, auch wenn der Bildschirmadapter 8514/A angschlossen ist. Somit kann man zwei voneinander unabhängige Bildschirme an die Modelle 50, 60 und 80 anschließen: einen über das VGA und einen über den Bildschirm-Adapter. Der zweite Bildschirm kann dann Bilder in einer Auflösung von 1024 x 768 Pixels erzeugen. Ein solcher Systemaufbau kann besonders bei Grafik-Anwendungen nützlich sein, wenn gleichzeitig auf dem einen Bildschirm die Menüführung und auf dem anderen das in der Konstruktion befindliche Bild erscheinen soll. Da der Bildschirm-Adapter 8514/A auf den Auxiliary Video Connector zugreift, müssen in ihm nicht die Funktionen des VGA wiederholt werden, was den Preis des Adapters senkt. In den Grafik-Karten der PC-Familie mußte jeweils eine Kopie der vorangegangenen Karten eingebaut werden, um die Software-Kompatibilität zu gewährleisten. Der Bildschirm-Adapter 8514/A kann alle Personal System/2 Bildschirme ansteuern; es wird dann allerdings nur die VGA-Grafikfähigkeit unterstützt.

	Video Graphics Array (VGA) (PS/2 50/60/80)	Professional Bildschirm und Adapter (PC-Familie)	Bildschirm 8514 mit Adapter 8514/A (PS/2 50/60/80)
Grafikspeicher	256 KB	320 KB	1024 KB*
Textdarstellung			
Höchste Auflösung	720 x 400	640 x 400	(wie VGA)
Maximale Anzahl von Farben	16	16	(wie VGA)
APA-Darstellung			
Höchste Auflösung	640 x 480 (16 Farben)	640 x 480	1024 x 768
Maximale Anzahl von Farben	256 (320 x 200)	256	256

Die höchste Auflösung und die maximale Anzahl von Farben werden, wo nicht anders angegeben, gleichzeitig unterstützt.

*Der Bildschirm-Adapter 8514/A hat standardmäßig 512 KB und kann auf 1024 KB (1 MB) erweitert werden.

Abb.: 2-5 Vergleich der Leistung des Bildschirm-Adapters 8514/A mit dem VGA und dem Professional Bildschirm-Adapter, der bei PCs eingesetzt wird.

Programme, die ursprünglich für das IBM Graphics Development Toolkit 1.10 entwickelt wurden, sind mit spezieller Software auch mit dem Bildschirm 8514 und Adapter 8514/A lauffähig. Durch ein neues Adapter-Schnittstellen-Programm kann der Programmierer gezielt die Hardware des Adapters ansteuern. Außerdem bietet der Adapter erweiterte Grafikfunktionen, wie zum Beispiel Mischen von Text und Grafik und hardware-unterstützte Bit-Block-Übertragung (dient dem schnellen Ändern von Bildern).

Drucker sind elektronisch gesteuerte mechanische Geräte, die dazu dienen, Daten auf Papier oder ähnlichen Medien darzustellen und festzuhalten. Viele verschiedene Drucker können an die Modelle 50, 60 und 80 angeschlossen werden, so daß eine erschöpfende Behandlung aller Hersteller und Modelle über den Rahmen dieses Buches hinausginge. Zwei Drucker, die für die für den geschäftlichen Bereich als repräsentativ gelten können, sind:

- der Grafikdrucker II IBM 4201 (IBM Proprinter II)
- der Thermodrucker IBM 5202 (IBM Quietwriter III)

Eine Liste weiterer Drucker, die in Verbindung mit den Modellen 50, 60 und 80 getestet wurden, finden Sie in Anhang E. Da die serielle und die parallele Schnittstelle der Modelle 50, 60 und 80 mit denen der PCs kompatibel sind, können auch die meisten anderen auf dem Markt erhältlichen Drucker angesteuert werden.

Der Grafikdrucker II IBM 4201 (IBM Proprinter II)

Der Grafikdrucker II IBM 4201 (Abbildung 2-6) kann je nach Breite der zu druckenden Zeichen (*Zeichendichte*) 200 bis 240 Zeichen pro Sekunde in Listenqualität drucken. Im Textqualität-Modus (*Near Letter Quality Mode*) wächst die Darstellungsqualität der Zeichen auf Kosten der Druckgeschwindigkeit. In Abbildung 2-7 sind Beispielausdrucke beider Druck-Modi gezeigt.

Der Grafikdrucker II arbeitet mit der *Nadel-Matrix*-Drucktechnik. Einzelne kleine im *Druckkopf* übereinander angeordnete Nadeln schlagen bei dieser Technik über ein Farbband auf das Papier und erzeugen so aus kleinen Punkten zusammengesetzte Ausdrucke. Je feiner die Nadeln, desto feiner das Punktraster, in dem Zeichen dargestellt werden können. Durch das begrenzte Auflösungsvermögen des menschlichen Auges verschwinden ab einer bestimmten Feinheit des Punktrasters scheinbar die Zwischenräume zwischen den Punkten, und das Zeichen erscheint abgerundet. Dieser Effekt wird auch für die Bildschirmdarstellung genutzt.

Druckqualität:	Text (Near Letter)
Technik:	9-Nadel-Matrix
Druckgeschwindigkeit:	200 Zeichen/Sekunde (Listenqualität)
(bei 10 Zeichen/Zoll)	100 Zeichen/Sekunde (Verstärkt-Modus)
	40 Zeichen/Sekunde (Textqualität)
APA-Auflösung:	Bis zu 144 x 144 Pixels/Quadratzoll
Maximale Zeilenlänge:	203 mm (8 Zoll)
Schnittstelle:	Parallel oder Seriell
Druckpuffer:	standardmäßig 12 KB

Abb.: 2-6 Der Grafikdrucker II IBM 4201. Dieser Nadel-Matrix-Drucker kann in Listen- und Textqualität (Near Letter Quality) ausgeben.

Der Grafikdrucker II kann entweder im *Alphanumeric Mode* oder im *All Points Addressable Mode* (APA-Modus) arbeiten. Diese beiden Arbeitsmodi unterscheiden sich in der Art und Weise, in der das Druckbild generiert wird. Vergleichen Sie hierzu die Text- und APA-Darstellung des VGA, die in Kapitel 1 beschrieben wird. Im Alphanumeric Mode erzeugt der Drucker die Muster der zu druckenden Zeichen, in dem er sie aus einer zuvor definierten Tabelle, dem Zeichensatz, liest. Im APA-Modus können durch die Ansteuerung jedes einzelnen Bildpunkts beliebige Bilder erzeugt werden.

(a) Ausdruck in Listenqualität

J. M. Hoskins
123 Smalley St.
Anywhere, Fl 12345

R. H. Funke
Melissenstr. 43

6200 Wiesbaden

10. Juli 1987

Sehr geehrter Herr Funke,

hier ein Beispiel für die Schriftqualität des Grafikdrucker II IBM 4201 im "Datenverarbeitungsmodus". In diesem Druckmodus werden 200 Zeichen/Sekunde - also über drei Seiten pro Minute - gedruckt.

Mit freundlichen Grüßen

J. M. Hoskins

(b) Ausdruck in Textqualität (Near Letter Quality)

J. M. Hoskins
123 Smalley St.
Anywhere, Fl 12345

R. H. Funke
Melissenstr. 43

6200 Wiesbaden

10. Juli 1987

Sehr geehrter Herr Funke,

hier ein Beispiel für die Schriftqualität des Grafikdrucker II IBM 4201 im "Textqualitätmodus". In diesem Druckmodus werden 40 Zeichen/Sekunde - also ca. eine Dreiviertelseite pro Minute - gedruckt.

Mit freundlichen Grüßen

J. M. Hoskins

Abb.: 2-7 Beispielausdrucke des Grafikdruckers II IBM 4201. (a) Ausdruck im Datenverarbeitungsmodus in Listenqualität mit 200 Zeichen/Sekunde. (b) Ausdruck in Textqualität (Near Letter Quality) mit 40 Zeichen/Sekunde. (Die Ausdrucke sind auf etwa 60 Prozent ihrer Originalgröße verkleinert.)

Der Grafikdrucker II ist mit den bisherigen PC-Druckern kompatibel und hat standardmäßig zwei verschiedenen Schriftarten eingebaut. Mit einem speziellen Programm kann eine dritte Schriftart hinzugeladen werden. Außerdem kann der Grafikdrucker II *Proportionalschrift* drucken. Beim Drucken in Proportionalschrift wird der Vorschub des Druckkopfes beim Drucken eines einzelnen Zeichens der Breite des Zeichens angepaßt, wodurch ein homogeneres Schriftbild entsteht. Schriftart, Zeichendichte und Druckgeschwindigkeit können manuell an der Bedienerkonsole des Druckers oder von einem den Drucker ansteuernden Programm eingestellt werden. Der Drucker kann standardmäßig Einzelblätter und Endlospapier verarbeiten. Ein *Druckpuffer* dient dem Zwischenspeichern der zu druckenden Daten und damit auch zur Beschleunigung der Datenübertragung zwischen Computer und Drucker. Der Grafikdrucker II besitzt einen Druckpuffer von 12 KB.

Der Thermodrucker IBM 5202 (IBM Quietwriter III)

Der Thermodrucker IBM 5202 (Abbildung 2-8) bietet drei verschiedene Druckqualitäten: Normalqualität, Korrespondenzqualität (Letter Quality) und eine verstärkte Korrepondenzqualität. Im Normalqualität-Modus wird je nach Zeichendichte mit 160 bis 274 Zeichen pro Sekunde ein Schriftbild erzeugt, das eine etwas bessere Qualität als die Textqualität (Near Letter Quality) des Grafikdruckers II aufweist. Im Korrespondenzqualität-Modus wird eine Druckgeschwindigkeit von 100 bis 171 Zeichen pro Sekunde erreicht. Die verstärkte Korrespondenzqualität kann eingesetzt werden, wenn unter besonderen Bedingungen, zum Beispiel bei hoher Luftfeuchte oder strukturiertem und rauhen Papier, eine hohe Druckqualität erhalten bleiben soll. Die Druckgeschwindigkeit reduziert sich in diesem Modus auf 136 bis 80 Zeichen pro Sekunde. Abbildung 2-9 zeigt zwei Beispielausdrucke.

Der Thermodrucker IBM 5202 arbeitet mit der *Resistive Ribbon Thermal Transfer Technik* (*R2T2-Technik*). Im Gegensatz zum "Anschlag-Verfahren" der Nadel-Matrix-Drucker, werden bei dieser Technik kleine Portionen des Farbband-Materials elektrisch auf das Papier geschmolzen. Dadurch wird ein geschlossenes Schriftbild bei sehr geringer Lautstärke erzeugt.

Der Thermodrucker IBM 5202 kennt standardmäßig vier Schriftarten. Mit einem zusätzlichen Schriftarten-Steckmodul (Font Cartridge) stehen vier weitere Schriftarten in Proportionalschrift zur Verfügung. Ein ebenfalls zusätzlich zu erwerbendes Download-Steckmodul ermöglicht es, mehr als 30 weitere Schriftarten von Diskette zu laden. Die Schriftarten (Fonts) können über Programme oder direkt an der Bedienerkonsole des Druckers manuell angewählt werden.

Der Thermodrucker IBM 5202 unterstützt mit dem Grafikdrucker II IBM 4201 kompatible APA-Grafik-Befehle. Im APA-Modus sind Auflösungen von bis zu 240 x 240 Bildpunkten pro Quadratzoll möglich.

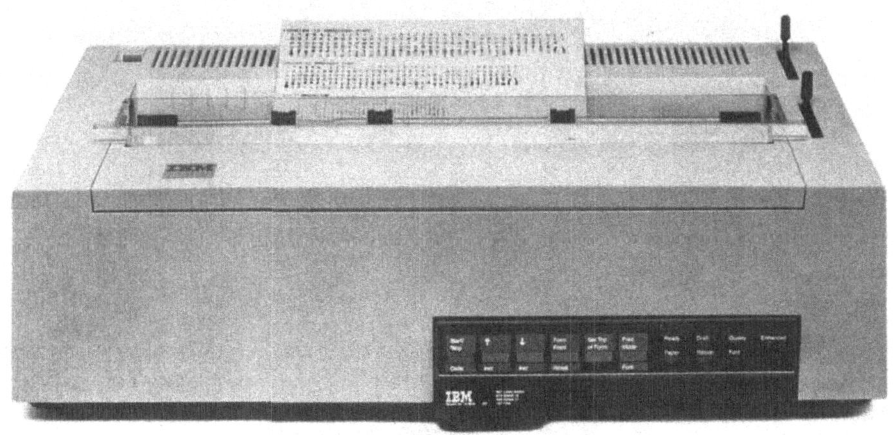

Druckqualität:	Korrespondenz
Technik:	R2T2
Druckgeschwindigkeit: (bei 10 Zeichen/Zoll)	160 Zeichen/Sekunde (Normalqualität) 100 Zeichen/Sekunde (Korrespondenz-qualität) 80 Zeichen/Sekunde (Korrespondenz-qualität, verstärkt)
APA-Auflösung:	Bis zu 240 x 240 Pixels/Quadratzoll
Maximale Zeilenlänge:	335 mm (13,2 Zoll)
Schnittstelle:	nur Parallel
Druckpuffer:	standardmäßig 3,6 KB

Abb.: 2-8 Der Thermodrucker IBM 5202. Dieser Drucker erzeugt unter besonders geringer Geräuschentwicklung ein hochwertiges Schriftbild.

a) Ausdruck in Normalqualität

J. M. Hoskins
123 Smalley St.
Anywhere, Fl 12345

R. H. Funke
Melissenstr. 43

6200 Wiesbaden

10. Juli 1987

Sehr geehrter Herr Funke,

hier ein Beispiel für die Schriftqualität des Thermodruckers IBM 5202 in "Qualität 1". In diesem Druckmodus werden 160 Zeichen/Sekunde - also fast drei Seiten pro Minute - gedruckt.

Mit freundlichen Grüßen

J. M. Hoskins

(b) Ausdruck in Korrespondenzqualität

J. M. Hoskins
123 Smalley St.
Anywhere, Fl 12345

R. H. Funke
Melissenstr. 43

6200 Wiesbaden

10. Juli 1987

Sehr geehrter Herr Funke,

hier ein Beispiel für die Schriftqualität des Thermodruckers IBM 5202 in "Qualität 3". In diesem Druckmodus werden 80 Zeichen/Sekunde - also etwas über eine Seite pro Minute - gedruckt.

Mit freundlichen Grüßen

J. M. Hoskins

Abb.: 2-9 Beispielausdrucke des Thermodruckers IBM 5202. (a) Ausdruck in Normalqualität (Qualität 1) mit 160 Zeichen/Sekunde. (b) Ausdruck in Korrespondenzqualität (Qualität 3) mit 80 Zeichen/Sekunde. (Die Ausdrucke sind auf etwa 60 Prozent ihrer Originalgröße verkleinert.)

In der Standardausführung kann der Drucker nur manuell eingespannte Einzelblätter verarbeiten. Mit verschiedenen Zusätzen kann Endlospapier eingespannt werden. Auch Einzelblätter und Briefumschläge können automatisch zugeführt werden. Durch die R2T2-Technik (siehe oben) können auch Folien für Overhead-Projektoren bedruckt werden. Der Drukker besitzt einen Druckpuffer von 3,6 KB.

2.3 HAUPTSPEICHERERWEITERUNGEN

Die möglichen Gründe für die Notwendigkeit, den Hauptspeicher eines Computers erweitern zu müssen, sind vielfältig und sollen an dieser Stelle nicht weiter erörtert werden. Bei den Personal System/2 Modellen 50, 60 und 80 kann der Hauptspeicher problemlos vergrößert werden. Dabei gilt jeweils die Einschränkung, daß die Hauptspeichererweiterungen der Modelle 50 und 60 nicht mit denen des Modells 80 kompatibel sind, da der Datenbus des Modells 80 mit 32 Bit doppelt so breit ist wie der der Modelle 50 und 60.

Hauptspeichererweiterungen für die Modelle 50 und 60

Es gibt zwei Erweiterungskarten, mit denen sich der auf der Hauptplatine befindliche 1-MB-Hauptspeicher der Modelle 50 und 60 ausbauen läßt: Diese sind zum einen die IBM Personal System/2 512KB/2MB-Hauptspeichererweiterungskarte und zum anderen die IBM Personal System/2 2MB-Hauptspeichererweiterungskarte.

Mit einer *IBM Personal System/2 512KB/2MB-Hauptspeichererweiterungskarte* (Abbildung 2-10) kann der Benutzer den Hauptspeicher seines Modells 50 oder 60 von 1 MB in 512-KB-Schritten um bis zu 2 MB erweitern. Mit mehreren solcher Karten können entsprechend größere Ausbaustufen erreicht werden.

Die eigentlichen Speicherbausteine sitzen bei dieser Erweiterungskarte auf sogenannten *SIPs* (*Single In-line Packages*, siehe Abbildung 2-10). Jedes SIP ist eine eigenständige Platine, die in die 512KB/2MB-Hauptspeichererweiterungskarte gesteckt werden kann. Auf ein SIP ist insgesamt 256 KB Speicher montiert. Die 512KB/2MB-Hauptspeichererweiterungskarte ist mit zwei SIPs bestückt, also mit 512 KB. Als sogenannte *IBM 512KB-Hauptspeichererweiterungsmodule* können weitere SIP-Paare erworben und in die 512KB/2MB-Hauptspeichererweiterungskarte gesteckt werden. Somit wird dann eine Hauptspeichererweiterung von 1 MB, 1,5 MB oder 2 MB erzielt.

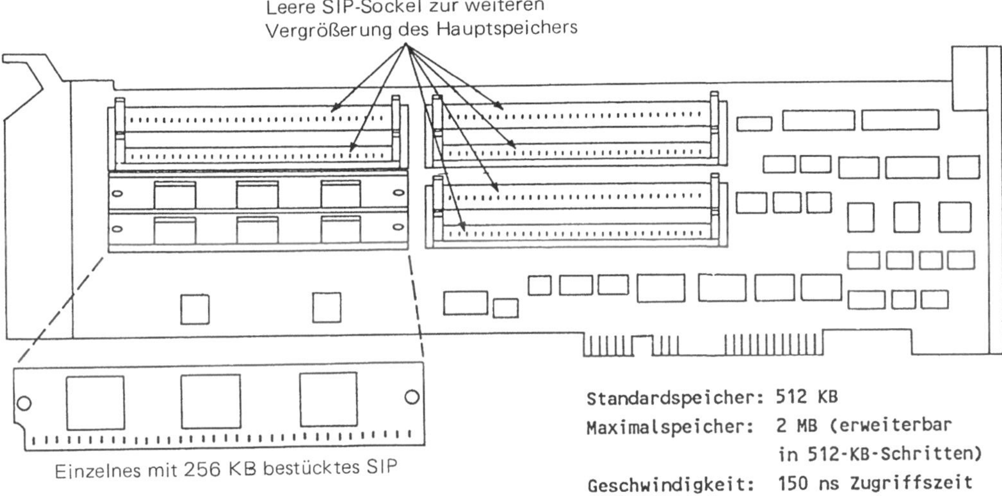

Abb.: 2-10 **Die IBM 512KB/2MB-Hauptspeichererweiterungskarte. Mittels dieser Erweiterungskarte kann der Hauptspeicher der Modelle 50 und 60 erweitert werden. Die Karte wird mit 512 KB an montierten Speichermodulen (SIPs) geliefert und kann mit weiteren Paaren dieser SIPs 512-KB-weise auf bis zu 2 MB aufgerüstet werden.**

Die 512KB/2MB-Hauptspeichererweiterungskarte beherrscht das neue Verfahren des *Dynamic Memory Relocation*. Damit ist es ihr möglich den Speicherbereich der Erweiterungskarte in Abschnitte zu je 16 KB aufzuteilen und diese in ihrer Adreßreihenfolge beliebig zu vertauschen. Eine nützliche Anwendung die Aussonderung defekter Speicherabschnitte: In den bisherigen PCs würde ein Hauptspeicherdefekt den gesamten Computer lahmlegen und eine Wartung erzwingen. Wenn ein kleiner Teil des Speichers auf der 512KB/2MB-Hauptspeichererweiterungskarte ausfällt, kann der Benutzer diesen Teil quasi aus dem Verkehr ziehen, den übrigen intakten Hauptspeicher neu ordnen und mit etwas weniger Hauptspeicher weiterarbeiten. Der Speicher muß natürlich irgendwann doch instandgesetzt werden; es geht für den Benutzer aber keine Zeit damit verloren, daß er warten muß, bis die Reparatur arrangiert und durchgeführt ist.

Alternativ zu den 512KB/2MB-Hauptspeichererweiterungskarten kann eine IBM 2MB-Hauptspeichererweiterungskarte in einem Erweiterungssteckplatz der Modelle 50 und 60 installiert werden. Diese Karte ist vor allem für die Arbeit mit dem IBM 3270 Workstation Programm (s. Kapitel 5) gedacht. Sie unterstützt das *Bank Switching*, damit wird die 640-KB-Hauptspeichergrenze des alten IBM-PC überwunden. Mit anderen Betriebssystemen kann die 2MB-Hauptspeichererweiterungskarte als normale 2-MB-Speichererweiterung benutzt werden.

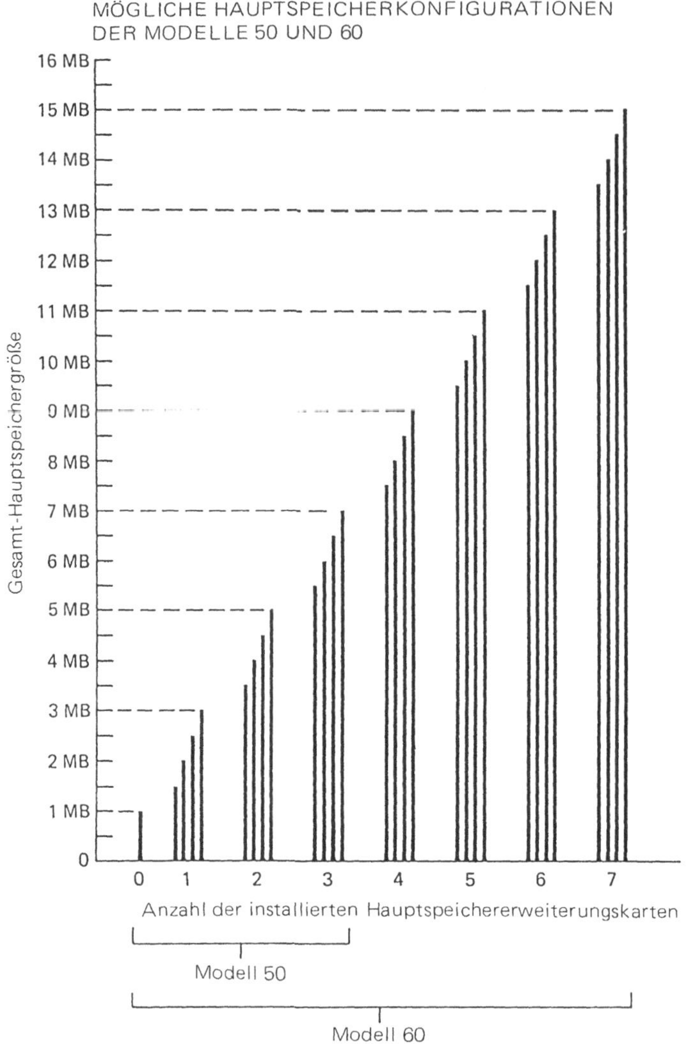

Abb.: 2-11 **Hauptspeichererweiterung bei den Modellen 50 und 60. Das Diagramm zeigt die möglichen Ausbaustufen, die durch den Einbau von 512KB/2MB-Hauptspeichererweiterungskarten und die Aufrüstung dieser Karten mit 512KB-Hauptspeichererweiterungsmodulen erreicht werden können.**

Abbildung 2-11 zeigt die mit den Personal System/2 512KB/2MB-Hauptspeichererweiterungskarten erreichbaren Hauptspeichergrößen. Das Modell 50 kann bis zu drei dieser Karten aufnehmen - maximale Hauptspeichergröße ist also 7 MB. Das Modell 60 kann bis zu sieben Erweiterungskarten aufnehmen - ein maximal ausgebauter Hauptspeicher hat also ein Größe von 15 MB.

Hauptspeichererweiterungen für das Modell 80

Der standardmäßige Hauptspeicher des Modells 80 kann je nach Ausführung auf bis zu zwei verschiedene Weisen ausgebaut werden: mit einem Hauptspeichererweiterungssatz und/oder mit Hauptspeichererweiterungskarten.

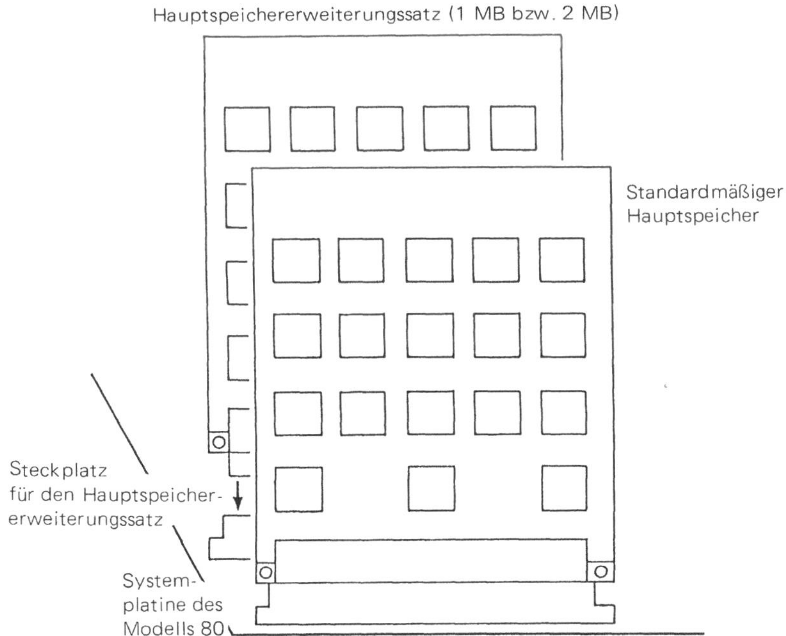

Hauptspeichererweiterungssatz für Modell 80 Ausführung 041*:	Erweitert den Hauptspeicher um 1 MB auf 2 MB auf der Systemplatine.
Hauptspeichererweiterungssatz für Modell 80 Ausführung 111:	Erweitert den Hauptspeicher um 2 MB auf 4 MB auf der Systemplatine.
Hauptspeicherzugriffszeit:	80 ns

*Die Ausführung 071 des Modells 80 hat diese Hauptspeichererweiterung und somit 2 MB standardmäßig auf der Systemplatine. Es kann nur mit der 2MB/6MB-Hauptspeichererweiterungskarte erweitert werden.

Abb.: 2-12 Die Hauptpspeichererweiterungssätze des Modells 80.

Den *Hauptspeichererweiterungssatz* (Abbildung 2-12) gibt es in zwei verschiedenen Versionen: Der Hauptspeichererweiterungssatz für das Modell 80 Ausführung 041 ist eine Platine, die mit insgesamt 1 MB Speicher bestückt ist. Sie wird in einen zweiten speziellen Hauptspeicher-Sockel der Systemplatine der Ausführung 041 gesteckt und macht es so möglich, den Hauptspeicher der Ausführung 041 auf 2 MB zu erweitern, ohne einen der Micro Channel Erweiterungssteckplätze zu belegen. Bei der Ausführung 071 des Modells 80 ist dieser Hauptspeichererweiterungssatz schon in der Standardausrüstung enthalten.

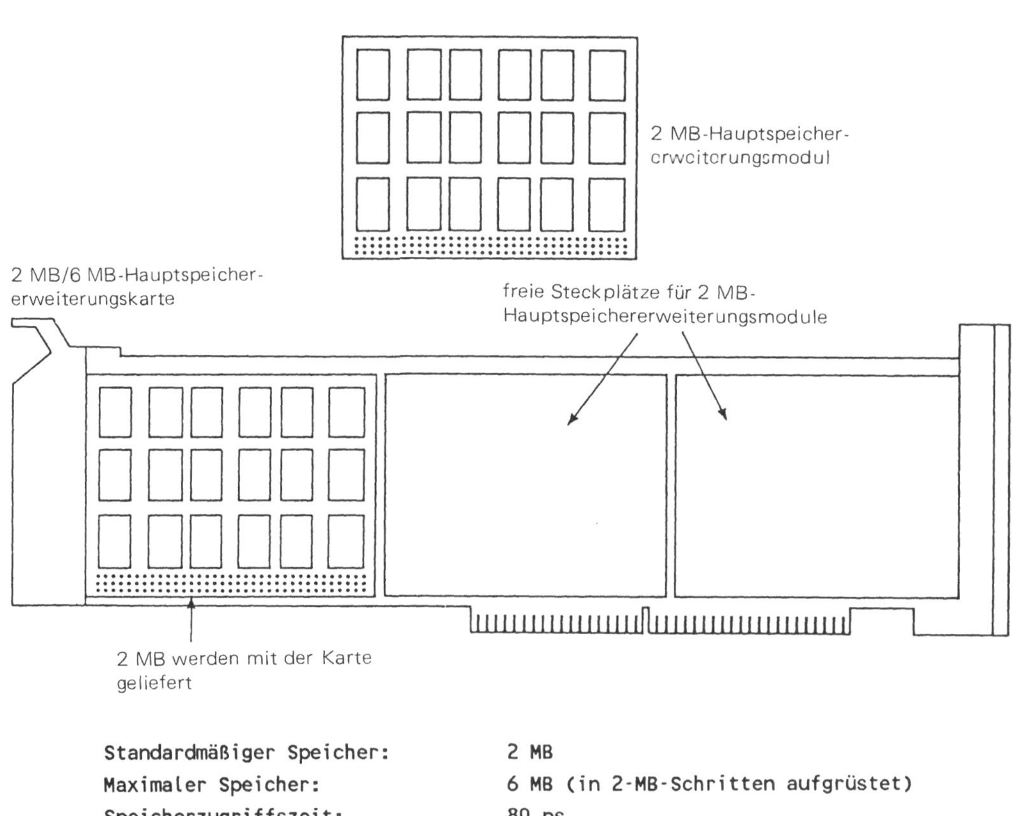

Abb.: 2-13 Die 2MB/6MB-Hauptspeichererweiterungskarte zum Modell 80. Diese Erweiterungskarte kann in einen beliebigen der drei 32-Bit Micro Channel Erweiterungssteckplätze im Modell 80 gesteckt werden. Die Karte wird mit 2 MB bestückt geliefert und kann auf 6 MB erweitert werden.

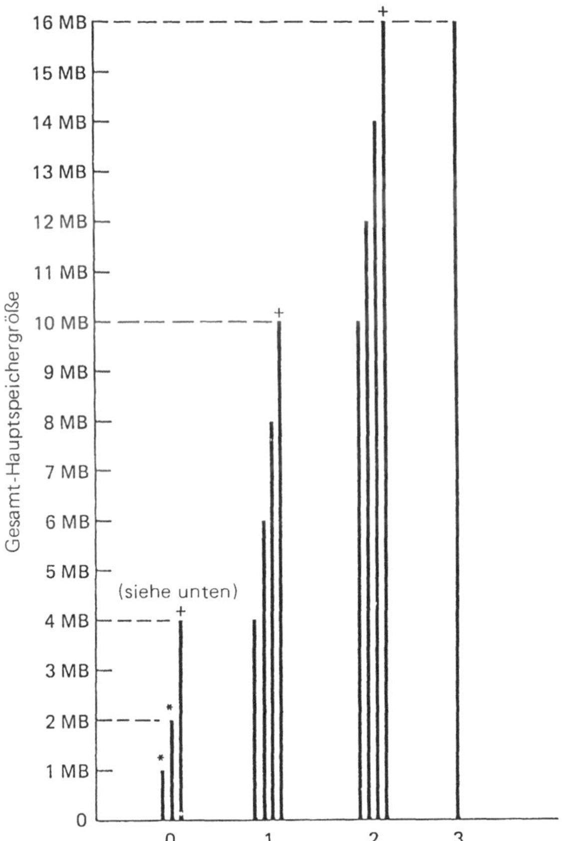

* Der erste Strich bedeutet die Standard-Konfiguration der Ausführung 041 des Modells 80 mit ihren 1 MB Hauptspeicher, der mit dem 1MB-Hauptspeichererweiterungssatz auf 2 MB (zweiter Strich) ausgebaut werden kann. Die Ausführung 071 ist standardmäßig mit diesem Erweiterungssatz ausgerüstet

\+ Diese Konfigurationen sind nur bei der Ausführung 111 möglich. Die Ausführung 111 umfaßt einen Hauptspeicher von 2 MB und kann mit einem 2MB-Hauptspeichererweiterungssatz auf der Systemplatine auf 4 MB erweitert werden.

++ Bei allen Ausführungen des Modells 80 können bis zu 3 2MB/6MB-Hauptspei-chererweiterungskarten installiert werden.

Abb.: 2-14 Die möglichen Hauptspeicher-Konfigurationen bis zur Adressierungsgrenze des Betriebssystems/2 (16 MB). Der Ausbau des Hauptspeichers des Modells 80 erfolgt über Hauptspeichererweiterungssätze und -karten (mit zugehörigen -modulen).

Der Hauptspeichererweiterungssatz für das Modell 80 Ausführung 111 ist eine Platine mit 2 MB Speicher, die in den zweiten Hauptspeicher-Sockel der Systemplatine gesteckt werden kann. Mit dieser Erweiterung vergrößert sich der Gesamthauptspeicherplatz der Ausführung 111 auf 4 MB.

Die zweite Möglichkeit, den Hauptspeicher des Modells 80 auszubauen, ist die *2MB/6MB-Hauptspeichererweiterungskarte* (Abbildung 2-13). Diese normale Micro Channel Erweiterungskarte kann in einen der drei 32-Bit Micro Channel Erweiterungssteckplätze des Modells 80 gesteckt werden. Die eigentlichen Speicherbausteine befinden sich nicht direkt auf der Karte, sondern auf eigenen Platinen, den sogenannten Tochterkarten, von denen jede mit 2 MB Speicher bestückt ist. Die 2MB/6MB-Hauptspeichererweiterungskarte ist mit einer solchen Tochterkarte ausgerüstet und bietet Platz für weitere zwei Tochterkarten. Der Benutzer kann zum weiteren Ausbau des Speichers zusätzliche Tochterkarten, sogenannte *2MB-Hauptspeichererweiterungsmodule*, erwerben und auf der 2MB/6MB-Hauptspeichererweiterungskarte installieren. Mit einer 2MB/6MB-Hauptspeichererweiterungskarte läßt sich also der Hauptspeicher in Schritten à 2 MB um bis zu 6 MB vergrößern. Mit den bis zu drei 2MB/6MB-Hauptspeichererweiterungskarten, die in die drei 32-Bit-Steckplätze des Modells 80 gesteckt werden können, wird der Hauptspeicher demnach um bis zu 18 MB erweitert. Bei den Ausführungen 041 und 071 ist zusammen mit dem voll aufgerüsteten Systemplatinen-Hauptspeicher von 2 MB somit eine maximale Hauptspeichergröße von 20 MB, bei der Ausführung 111 mit ihrem maximalen Systemplatinen-Hauptspeicher von 4 MB ist die maximale Hauptspeichergröße 22 MB. Ein solcher Ausbau erscheint allerdings beim momentanen Stand der Entwicklung noch wenig sinnvoll, da das neue Betriebssystem/2 "nur" bis zu 16 MB Hauptspeicher adressieren kann. In Abbildung 2-14 sind die möglichen Ausbaustufen bis zur 16-MB-Grenze in einem Diagramm dargestellt.

2.4 ZUSÄTZLICHE MASSENSPEICHER

Alle Personal System/2 Modelle 50, 60 und 80 haben ein 3,5 Zoll 1,44 MB Diskettenlaufwerk und eine Festplatte, die je nach Modell und Ausführung eine unterschiedliche Größe besitzt. Die folgenden Optionen dienen dem Ausbau dieser Massenspeicher-Kapazitäten:

- Zweites 3,5 Zoll Diskettenlaufwerk
- Externes 5,25 Zoll Diskettenlaufwerk mit Adapter
- Zweite 44 MB Festplatte

- Zweite 70 MB Festplatte
- Zweite 115 MB Festplatte
- Streaming-Laufwerk IBM 6157*
- Optische Platteneinheiten

Das Streaming-Laufwerk ist kein Massenspeicher im eigentlichen Sinne, es dient nur der Datensicherung. Da jedoch der professionelle Betrieb von Festplatten nicht ohne Datensicherung möglich ist, soll auch das Streaming-Laufwerk hier behandelt werden.

Ein zweites 3,5 Zoll Diskettenlaufwerk

Das zweite 3,5 Zoll Diskettenlaufwerk kann in alle Personal System/2 Modelle eingebaut werden. Es entspricht exakt dem bereits standardmäßig vorhandenen 3,5 Zoll Diskettenlaufwerk und wird rechts neben (Modell 50) bzw. unter diesem (Modelle 60 und 70) in dem dafür vorgesehenen Schacht der Systemeinheit installiert. Das Laufwerk kann das 1,44-MB- ebenso wie das 720-KB-Format lesen und schreiben, das von einigen PCs (zum Beispiel dem PC Convertible) und dem Personal System/2 Modell 30 unterstützt wird. Es ist kein zusätzlicher Adapter nötig, da der notwendige Diskettenlaufwerk-Controller bereits auf der Systemplatine integriert ist.

Ein externes 5,25 Zoll Diskettenlaufwerk

Der größte Teil der bisherigen PCs arbeitet mit 5,25 Zoll Disketten. Den Benutzern der neuen Personal System/2 Modelle muß also die Möglichkeit gegeben werden, PC-Programme und -Daten auf das 3,5-Zoll-Disketten-Format des Personal System/2 umzulagern. Das externe 5,25 Zoll Diskettenlaufwerk ist ein Weg, diese Umlagerung durchzuführen (weitere Methoden werden in Kapitel 7 behandelt). Wird das externe 5,25 Zoll Laufwerk installiert, kann auf es als Laufwerk "B" mit denselben BIOS- und DOS-Funktionen zugegriffen werden wie auf jedes andere Diskettenlaufwerk. Damit hat der Benutzer keine Probleme, Daten von 5,25 Zoll Disketten auf 3,5 Zoll Disketten oder Festplatten oder oder umgekehrt zu kopieren. Außerdem können Programme und/oder Daten auf 5,25 Zoll Disketten natürlich auch direkt ausgeführt bzw. verarbeitet werden, soweit sich die Programme von Laufwerk "B" aus starten lassen. Das externe Laufwerk unterstützt Schreibdichten von 160 bis 360 KB; das 1,2-MB-Format der Laufwerke des PC AT wird nicht unterstützt.

Das externe 5,25 Zoll Laufwerk (Abbildung 2-15) ist dazu gedacht, in der Nähe der Systemeinheit des Modells 50, 60 oder 80 auf dem Arbeitstisch zu stehen. Es hat ein eigenes, eingebautes Netzteil. In einen der Micro Channel Erweiterungssteckplätze des Modells 50, 60 oder 80 wird der *IBM Personal System/2 Adapter für das externe 5,25 Zoll Laufwerk* gesteckt und das fest mit dem Laufwerk verbundene Kabel mit dem 37-Pin-D-Shell-Anschluß des Adapters verbunden. Das externe 5,25 Zoll Laufwerk und das zweite (interne) 3,5 Zoll Laufwerk schließen sich gegenseitig aus.

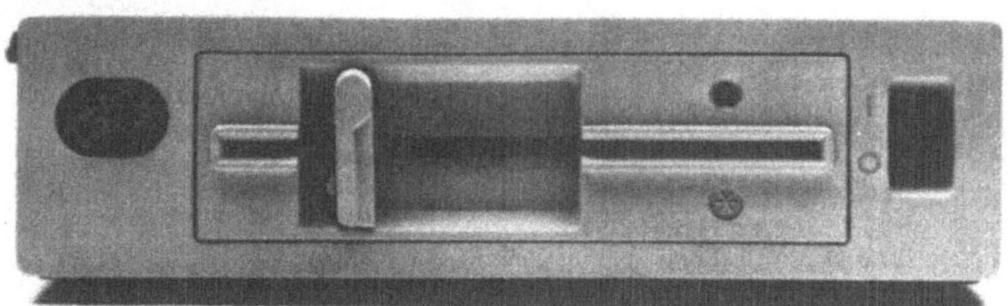

Diskettentyp: 5,25 Zoll (zwischen 160 und 360 KB)
Konfiguration: Laufwerk "B>"

Abb.: 2-15 **Mit dem externen 5,25 Zoll Diskettenlaufwerk können die Modelle 50, 60 und 80 die 5,25 Zoll Disketten der PC-Familie lesen. Das 5,25 Zoll Laufwerk und das zweite 3,5 Zoll Laufwerk schließen sich gegenseitig aus.**

Eine zweite 44 MB Festplatte

Die Ausführungen 041 der Modelle 60 und 80 haben jeweils eine 44 MB Festplatte mit Adapter standardmäßig eingebaut. Zur Erweiterung der Festplattenkapazität kann ein zweites Personal System/2 44 MB Festplattenlaufwerk eingebaut werden, wodurch die Festplattenkapazität auf 88 MB erhöht wird. Das zweite Festplattenlaufwerk wird vor dem Standard-Festplattenlaufwerk in der Systemeinheit montiert. Der bei den Ausführungen 041 standardmäßige Festplattenadapter ST506 unterstützt auch die zweite Festplatte, so daß keine Erweiterungssteckplätze mit Adaptern belegt werden müssen.

Eine zweite 70 MB Festplatte

Dieses zusätzliche Festplattenlaufwerk kann in die Ausführung 071 des Modells 60 und in die Ausführungen 071 und 111 des Modells 80 eingebaut werden. Das Modell 60 wird dabei auf 140 MB Festplattenkapazität erweitert, das Modell 80 auf ebenfalls 140 oder auf 185 MB, je nach Ausführung. Der standardmäßige ESDI-Festplattenadapter der aufgeführten Systeme unterstützt die zweite 70 MB Festplatte (und auch die weiter unten beschriebene zweite 115 MB Festplatte) in vollem Umfang.

Eine zweite 115 MB Festplatte

Das IBM Personal System/2 115 MB Festplattenlaufwerk kann wie die 70 MB Festplatte in der Ausführung 071 des Modells 60 und in den Ausführungen 071 und 111 des Modells 80 installiert werden. Die maximale Festplattenkapazität beim Modell 60 Ausführung 071 beträgt somit 185 MB, die maximale Festplattenkapazität bei Modell 80 beträgt bei Ausführung 071 185 MB, bei Ausführung 111 230 MB.

Das Streaming-Laufwerk IBM 6157*

Die verschiedenen Modelle des Personal System/2 können zwischen 20 und 230 MB Daten und Programme auf ihren Festplatten speichern. Da ein Computersystem zur Datenverarbeitung bzw. zur Ausführung der Programme angeschafft wurde, kann man davon ausgehen, daß die Daten und Programme einen hohen Wert für den Benutzer darstellen. Wie auch noch näher in Kapitel 7 beschrieben wird, empfiehlt sich die regelmäßige Anfertigung von *Sicherungskopien* (*Backups*) der wertvollen Daten, um ihren Verlust durch technisches Versagen der Festplatte oder einen Bedienungsfehler zu vermeiden. Eine Form der Sicherungskopie ist das Aufzeichnen der Daten auf speziellen *Streaming-Band-Kassetten* mit einem Streaming-Laufwerk. Dieses Speicherverfahren ist relativ schnell und preiswert. Beim Streaming-Laufwerk IBM 6157 kann eine Band-Kassette bis zu 55 MB an Daten aufnehmen. Die Daten werden in großen zusammenhängenden Blocks quasi "dahinfließend" auf das Band geschrieben, daher der Name "Streaming" (engl.: stream - Fluß, Strom). Dabei können Schreibgeschwindigkeiten von bis zu 5 MB/Minute erreicht werden. Mit dem SY-TOS Hilfsprogramm kann der Benutzer einzelne Dateien, einzelne Festplatten-Partitions oder den gesamten Festplatteninhalt sichern. Bei Datenverlust auf der Festplatte werden die Daten ebenfalls mit diesem Hilfsprogramm wiederhergestellt. Außer zur Datensicherung kann das Streaming-Laufwerk natürlich auch zur Datenumlagerung zwischen den Festplatten zweier Computersysteme verwendet werden (zum Beispiel vom PC AT zu einem Modell 50, 60 oder 80). Darauf werden wir in Kapitel 7 noch näher eingehen.

Zum Betrieb des Streaming-Laufwerks IBM 6157 mit den Modellen 50, 60 und 80 wird ein gesonderter Adapter (das *IBM 6157 Tape Attachment Feature*) benötigt. Dieser Adapter nutzt die DMA-Technik (siehe Kapitel 1), um die Datenübertragung innerhalb des Computers zu beschleunigen. Außerdem führt er eine Fehlerkontrolle durch, um die fehlerfreie Datenübertragung zwischen Adapter und Streaming-Laufwerk zu gewährleisten. Das Laufwerk wird über ein Kabel an den 37-Pin-D-Shell-Anschluß des Adapters angeschlossen.

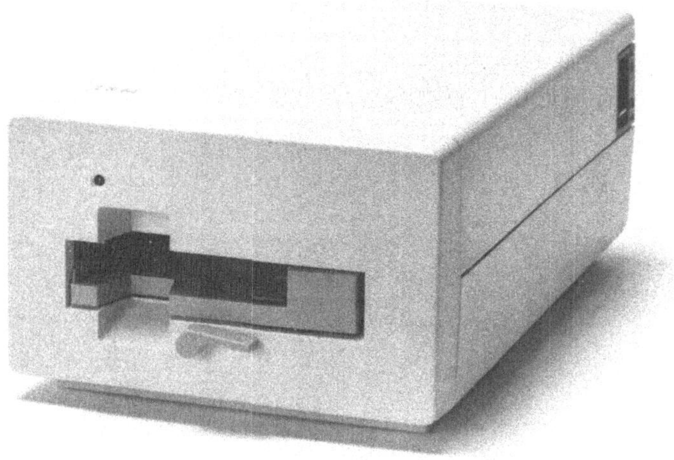

Abb.: 2-16 Das Streaming-Laufwerk IBM 6157*. Dieses Gerät kann über einen Adapter an die Modelle 50, 60 und 80 angschlossen werden und zur Sicherung der auf den Festplatten dieser Systeme gespeicherten Daten dienen.

Die optische Platteneinheiten

An die Modelle 50, 60 und 80 können zwei verschiedene optische Platteneinheiten angeschlossen werden: die interne optische Platteneinheit* und die Optische Platteneinheit IBM 3363 (Abbildung 2-17). Optische Platten sind besonders bei Anwendungen mit extrem hohem Massenspeicherbedarf willkommen. In die optischen Platteneinheiten von IBM werden die optischen Platten in Form von Wechselplatten in Kassetten eingelegt. Eine optische Wechselplatte kann bis zu 200 MB Daten aufnehmen; das entspricht ca. 100.000 beschriebenen Schreibmaschinenseiten oder einem über zehn Meter hohen Stoß dieser Seiten. Eine optische Wechselplatte kann nur einmal beschrieben, nicht gelöscht aber beliebig oft gelesen werden.

Auf der optischen Platte werden Informationen gespeichert, indem Punkte auf der reflektierenden Oberfläche der Platte mit einem Laserstrahl angeschmolzen werden. Das Lesen der Platte erfolgt ebenfalls mit einem Laserstrahl, der allerdings mit geringerer Energiezufuhr betrieben wird. Sind die Informationen einmal "eingebrannt", können sie beliebig oft gelesen werden. Da die Informationen jedoch nicht wieder "herausgebrannt" werden können, ist es unmöglich, auf einen beschriebenen Teil der optischen Platte noch einmal zu schreiben. Dieser Typ der optischen Platte wird daher *WORM* (Write Once Read Many, einmal schreiben, viele Male lesen) genannt.

Mit dem im Lieferumfang enthaltenen "File Systems Driver"-Programm kann die optische Platteneinheit zur Erstellung von Sicherungskopien der Festplatten genutzt werden; sie bietet somit eine Alternative zum Streaming-Laufwerk. Optische Platten haben noch zusätzliche Anwendungen: Auf den optischen Wechselplatten können Programm-Bibliotheken oder spezielle Text-Dokumente (z.B. Jahresberichte und technische Handbücher) vertrieben bzw. verbreitet werden. Außerdem können auf optischen Platten digitalisierte Abbildungen und Töne (z.B. Sprache) und große Datenbanken gespeichert werden. Die beigefügte Software kann unter DOS betrieben werden und erlaubt es, für die PC-Familie entwickelten Anwendungsprogrammen auf die optische Platteneinheit wie auf ein normales Disketten- oder Festplattenlaufwerk zuzugreifen. Zudem bietet diese Software einige über die Fähigkeiten des DOS hinausführende Möglichkeiten, wie zum Beispiel die Verwaltung mehrerer Versionen der gleichen Datei und die Verwaltung von Dateien, die größer als 32 MB sind.

Die interne optische Platteneinheit* kann nur in die Modelle 60 und 80 eingebaut werden. Dort nimmt sie den für die zweite Festplatte vorgesehenen Platz ein. Wegen des fehlenden Platzes und fehlender Stromversorgungskapazitäten kann das Modell 50 die interne optische Platteneinheit nicht aufnehmen. Die (externe) optische Platteneinheit IBM 3363 gibt es in drei Ausführungen: Sie kann in Ausführung A11 mit jedem der Modelle 50, 60 und 80 betrieben werden; in Ausführung A01 kann sie an das Modell 30 und alle IBM PCs mit Außnahme des PC Convertible angeschlossen werden. Bei allen optischen Platteneinheiten wird ein Adapter mitgeliefert, der in einem Erweiterungssteckplatz installiert werden muß.

Reicht die Speicherkapazität von 200 MB nicht aus, so kann an den bei den Ausführungen A01 und A11 mitgelieferten Adapter noch eine zweite Platteneinheit (Ausführung B01) angeschlossen werden. In den Modellen 50, 60 und 80 können jeweils bis zu vier Adapter für optische Platteneinheiten installiert werden, was mit zwei 200-MB-Einheiten pro Adapter eine maximale Speicherkapazität von 1600 MB für einen Computer ergibt (ca. 800.000 Schreibmaschinenseiten).

Kapazität der Wechselplatten: 200 MB

Abb.: 2-17 Die optische Platteneinheit IBM 3363. In der Ausführung A11 kann sie an alle Modelle 50, 60 und 80 angeschlossen werden.

2.5 ERWEITERUNGEN ZUR DATENKOMMUNIKATION

Immer mehr kommerzielle Benutzer legen heute Wert auf Datenkommunikation. Dieser Abschnitt bietet einen Überblick über die Erweiterungskarten, die den Modellen 50, 60 und 80 Datenkommunikation ermöglichen. In Kapitel 6 werden die verschiedenen Einsatzmöglichkeiten der Erweiterungskarten zur Datenkommunikation der Modelle 50, 60 und 80 untereinander und mit anderen Geräten beschrieben. Wenn Sie sich weniger für die Kommunikationsadapter als für die Kommunikationsmöglichkeiten selbst interessieren, sollten Sie direkt in Kapitel 6 weiterlesen.

In diesem Abschnitt werden folgende Erweiterungskarten vorgestellt:

- IBM Personal System/2 Dual Async Adapter
- IBM PC-Netzwerk Adapter
- IBM Personal System/2 Token-Ring-Netzwerk Adapter
- IBM Personal System/2 Multi-Protokoll Adapter
- IBM Personal System/2 3270-Emulationsadapter
- IBM Personal System/2 /3X-Emulationsadapter

Alle aufgeführten Erweiterungskarten können in alle Modelle 50, 60 und 80 installiert werden.

Der Dual Async Adapter

Mit dem IBM Personal System/2 Dual Async Adapter werden zwei unabhängige, serielle (asynchrone) Schnittstellen in den Computer eingebaut, zusätzlich zur bereits standardmäßig vorhandenen seriellen Schnittstelle. Die beiden Schnittstellen des Adapters stimmen in ihrer Funktionsweise mit der standardmäßigen überein und erlauben wie diese den Anschluß der unterschiedlichsten externen Geräte (nicht nur von IBM). Angeschlossen werden können zum Beispiel Hochqualitätsdrucker, Plotter, Modems, "dumme" Datenendgeräte, ein zweiter Computer usw. Die Geschwindigkeit, mit der Daten über die serielle Schnittstelle übertragen werden können, wird in Bit/Sekunde gemessen. Beim Dual Async Adapter beträgt die maximale Übertragungsgeschwindigkeit 19.200 Bit/Sekunde; bei den PCs wurden nur bis zu 9600 Bit/Sekunde erreicht.

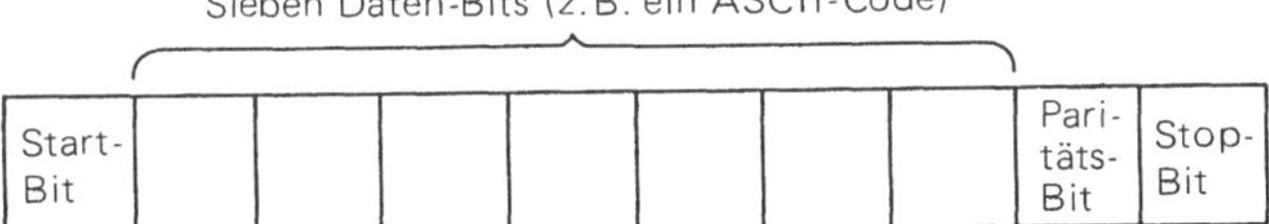

Abb.: 2-18 Beispiel für die Reihenfolge von Bits, die für die Übertragung eines Bytes über die serielle (asynchrone) Schnittstelle gesendet wird. Der Benutzer definiert die Anzahl der Daten-, Paritäts- und Stop-Bits.

Die Bezeichnung der seriellen Schnittstelle als *asynchron*, hängt mit der Datentransport-Methode, dem *Protokoll* zusammen, das für die Datenübertragung mit dieser Schnittstelle verwendet wird: Es werden einzelne Bytes gesendet und empfangen, wobei einerseits ein Bit nach dem anderen gesendet wird und andererseits kein festgelegter Zusammenhang zwischen den so gesendeten Bytes besteht. Abbildung 2-18 zeigt, wie der Benutzer die Bit-Reihenfolge für die Übertragung eines Bytes definieren könnte: Das Start-Bit gibt der seriellen Empfänger-Schnittstelle zu erkennen, daß nun die Übertragung eines neuen Bytes beginnt. Direkt im Anschluß werden die Bits des Daten-Bytes gesendet (im Beispiel wird das achte Bit weggelassen, da zur Übertragung des ASCII-Codes nur sieben Bit notwendig sind). Das Paritätsbit wird zur Überprüfung des empfangenen Bytes auf Übertragungsfehler benutzt, und das Stop-Bit schließlich zeigt das Ende der Übertragung des Bytes an. Dies ist aber nur ein Beispiel. Der Benutzer kann auch andere serielle, asynchrone Protokolle definieren, und zum Beispiel acht Daten-Bits, kein Paritätsbit und zwei Stop-Bits senden. Die verschiedenen seriellen, asynchronen Protokolle sind vor allem deshalb entstanden, weil so viele verschiedene Hersteller seit längerer Zeit ihre Produkte mit dieser Schnittstelle versehen. Um diese Vielfalt ausnutzen zu können, muß der Benutzer in der Lage sein, das Protokoll der Schnittstelle seines Computers zu variieren, denn Sender und Empfänger müssen mit demselben Protokoll arbeiten, damit eine Kommunikation stattfinden kann.

Der Dual Async Adapter folgt in seinen technischen Eigenschaften (Spannungswerte, Signaldefinitionen u.ä.) dem weit verbreiteten RS-232C-Standard. Er besitzt zwei 9-Pin-D-Shell-Anschlüsse (Männchen).

Die IBM PC-Netzwerk Adapter

Die IBM PC-Netzwerke sind *Local Area Networks* (*LANs*), in die auch Personal System/2 Computer eingebunden werden können. In einem LAN können sich nah beieinander installierte Computer (z.B. im selben Gebäude oder auf demselben Firmengelände) Daten, Software und Hardware auf einfache Weise teilen. Die Modelle 50, 60 und 80 können mit Hilfe von PC-Netzwerk Adaptern an die verschiedenen PC-Netzwerke angeschlossen werden. Entsprechend den beiden PC-Netzwerk-Systemen sind auch zwei Adapter-Karten verfügbar: der IBM PC Breitband-Netzwerk Adapter II und der IBM PC Basisband-Netzwerk Adapter.

Der *IBM PC Breitband-Netzwerk Adapter II* (Abbildung 2-19) dient dem Anschluß eines Modells 50, 60 oder 80 an das schon längere Zeit eingeführte *IBM PC Breitband-Netzwerk* (*Broadband Network*). Die Bezeichnung "Breitband" bedeutet, daß sich viele Informationssender und -empfänger ein und dasselbe Koaxialkabel zur Informationsübertragung teilen können. Das zur Verbindung der einzelnen Stationen des Breitband-Netzwerks eingesetzte Koaxialkabel kann also gleichzeitig zur Übertragung von Daten, Video-Signalen, Sprach-Signalen und anderem ohne gegenseitige Beeinträchtigung der Übertragungsqualität genutzt werden.

Übertragungsgeschwindigkeit:	2 MBit/Sekunde
Typ:	Breitband

Abb.: 2-19 Der IBM PC Breitband-Netzwerk Adapter II. Nach der Installation dieses Adapters kann ein Modell 50, 60 oder 80 an das IBM PC Basisband-Netzwerk angeschlossen werden.

Der *IBM Network Protocol Driver* unterstützt eine softwaremäßige Schnittstelle, die zu der des Original PC Breitband-Netzwerk Adapters (NETBIOS) kompatibel ist. Das *IBM LAN-Unterstützungsprogramm* (*Network Support Program*) unterstützt höherentwickelte Schnittstellen, wie zum Beispiel die IEEE 802.2 und die APPC/PC.

Der *IBM PC Basisband-Netzwerk Adapter* (Abbildung 2-20) dient der Einbindung eines Modells 50, 60 oder 80 in das neue *IBM PC Basisband-Netzwerk* (*Baseband Network*), das seine Stationen mit einem preisgünstigeren Kabel aus verdrillten Doppeladern verbindet. "Basisband" bedeutet, daß in diesem Netzwerk im Gegensatz zum Breitband-Netzwerk nur ein einziges Signal gleichzeitig übertragen werden kann. Das IBM PC LAN-Unterstützungsprogramm bietet eine softwaremäßige Schnittstelle, die mit der des Original PC-Netzwerk Adapters (NETBIOS) kompatibel ist, sowie weitere Schnittstellen. So können mit dem PC Basisband-Netzwerk Adapter einerseits Programme gefahren werden, die ursprünglich für einen PC im PC Breitband-Netzwerk entwickelt wurden, und andererseits auch Programme, die man noch für die neuen Schnittstellen entwickeln wird. Näheres über PC-Netzwerke in Kapitel 6.

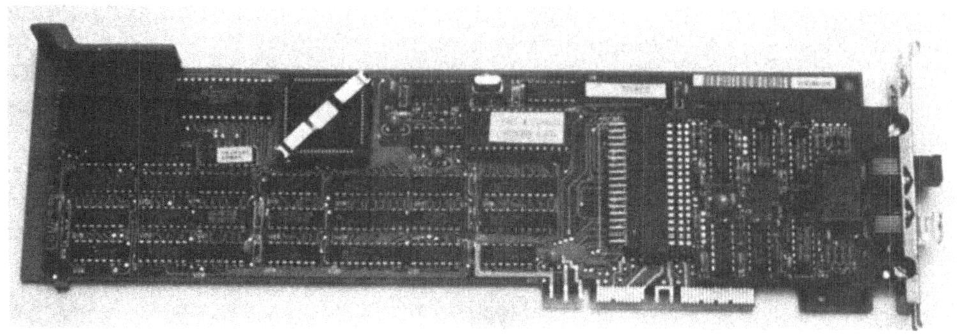

Übertragungsgeschwindigkeit:	2 MBit/Sekunde
Typ:	Basisband

Abb.: 2-20 Der IBM PC Basisband-Netzwerk Adapter. Nach der Installation dieses Adapters kann ein Modell 50, 60 oder 80 an ein IBM PC Basisband-Netzwerk angeschlossen werden.

Der Token-Ring-Netzwerk Adapter

Mit dem IBM Personal System/2 Token-Ring-Netzwerk Adapter (Abbildung 2-21) können die Modelle 50, 60 und 80 an das IBM Token-Ring-Netzwerk angeschlossen werden. Das Token-Ring-Netzwerk ist ein spezielles Local Area Network (LAN) in Basisband-Technik. Computer unterschiedlicher Kapazität und Leistung können an dieses Netzwerk angeschlossen werden.

Der Adapter unterstützt die im Token-Ring-Netzwerk übliche Übertragungsgeschwindigkeit von 4 MBit/Sekunde. Ein von IBM entworfener Mikroprozessor steuert zusammen mit einigen weiteren ebenfalls von IBM entworfenen Chips die Datenübertragung zwischen Computer, Adapter und Netzwerk. Die Anbindung an das Netzwerk erfolgt über einen 9-Pin-D-Shell-Anschluß am Adapter. Näheres zum Token-Ring-Netzwerk siehe Kapitel 6.

Der Multi-Protokoll Adapter

Der Trend zum Einsatz von immer mehr Personal Computern neben größeren Systemen bringt auch die Forderung nach einer Möglichkeit zur Datenübertragung zwischen Personal Computern und jenen größeren Computersystemen mit sich. Ein größeres Computersystem wird, wenn eine Anbindung kleinerer Systeme stattgefunden hat, auch *Host* (engl.: Gastgeber) genannt, denn es stellt seine Kapazitäten mehreren Benutzern zur Verfügung. Die Kommunikation zwischen einem Personal System/2

Modell und einem Host kann, wie wir noch in Kapitel 6 sehen werden, auf verschiedene Weisen erfolgen. Mit dem Multi-Protokoll Adapter können die Modelle 50, 60 und 80 wahlweise in vier verschiedenen Protokollen mit einem Host kommunizieren: asynchron, in BSC, in SDLC oder in HDLC.

Wurde softwaremäßig das *asynchrone Protokoll* angewählt, so stellt der Multi-Protokoll Adapter eine serielle Schnittstelle dar, die mit der auf der Systemplatine und den beiden Schnittstellen des Dual Async Adapters identisch ist.

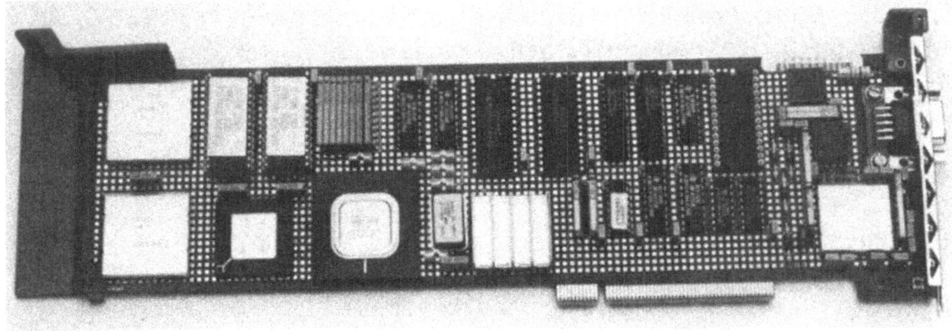

Abb.: 2-21 Der IBM Personal System/2 Token-Ring-Netzwerk Adapter. Mit diesem Adapter kann ein Modell 50, 60 oder 80 in ein IBM Token-Ring-Netzwerk eingebunden werden.

Auf BSC programmiert, kann der Multi-Protokoll Adapter im *Binary Synchronous Communications* (*BSC*) Protokoll kommunizieren. Hierbei bedeutet "synchron" (synchronous), daß beim BSC-Protokoll im Gegensatz zum asynchronen Protokoll die zu übertragenden Bytes zwar ebenfalls seriell (also Bit für Bit) aber in einem festgelegten Takt gesendet werden. Zur deshalb notwendigen *Synchronisierung* von Sender und Empfänger werden dem Block der eigentlichen Daten-Bytes spezielle Zeichen vorausgeschickt, die den Beginn der Übertragung signalisieren. Da so die Start- und Stop-Bits bei den Daten-Bytes entfallen können, werden mit dem BSC-Protokoll theoretisch höhere Übertragungsgeschwindigkeiten als mit dem asynchronen Protokoll erreicht. Der Multi-Protokoll Adapter unterstützt Geschwindigkeiten bis zu 9600 Bit/Sekunde. BSC ist ein älteres Protokoll, das zur Kommunikation von Datenendgeräten (Datensichtgeräten, Druckern u.ä.) mit Großcomputern wie dem IBM System 360/370 eingesetzt wurde. Weil es altbewährt ist, wird es auch heute noch von vielen Host-Computern benutzt.

Synchronous Data Link Control (*SDLC*) und *High-level Data Link Control* (*HDLC*) sind die beiden übrigen Protokolle, die der Multi-Protokoll Adapter unterstützt. Diese beiden Protokolle weichen nur in kleinen Details voneinander ab. Wie BSC sind auch SDLC und HDLC synchrone, serielle Protokolle. SDLC und HDLC sind jedoch jüngeren Ursprungs und im allgemeinen flexibler; sie werden auch in der *IBM Systems Network Architecture* (*SNA*) verwendet, die in Kapitel 6 näher besprochen wird. Der Adapter kann in SDLC bzw. HDLC mit Übertragungsgeschwindigkeiten bis zu 9600 Bit/Sekunde senden und empfangen.

Beim Einsatz mit den SDLC-/HDLC-Protokollen kann der Multi-Protokoll Adapter darauf programmiert werden, die DMA-Möglichkeit (Direct Memory Access) der Micro Channel Erweiterungssteckplätze der Modelle 50, 60 und 80 (siehe Kapitel 1) zu nutzen. Nur durch diese Einrichtung kann der Multi-Protokoll Adapter Übertragungsgeschwindigkeiten von bis zu 9600 Bit/Sekunde erreichen. Das jeweils notwendige Kabel wird an den 25-Pin-D-Shell-Anschluß des Adapters angeschlossen.

Der 3278/79-Emulationsadapter

Mit dem 3278/79-Emulationsadapter des IBM Personal System/2 wird es den Modellen 50, 60 und 80 möglich, ein IBM 3278/79 Datensichtgerät zu *emulieren*, das heißt sich gegenüber angeschlossenen Systemen wie

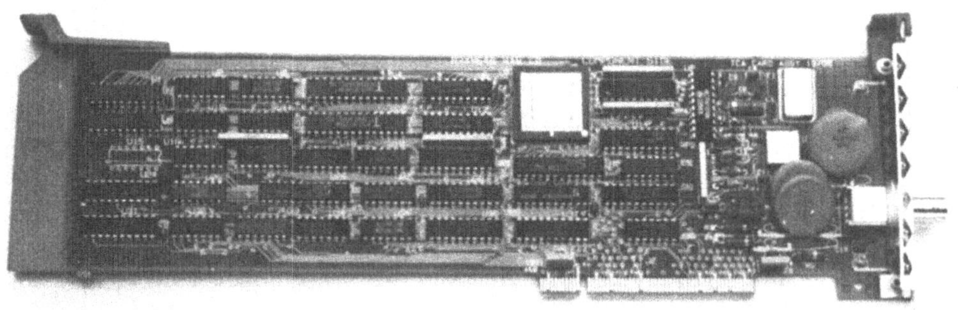

Emulierte Geräte:	Datensichtgerät 3278 und -79, Drucker 3287
Kabeltyp:	Koaxial

Abb.: 2-22 Der IBM Personal System/2 3270-Emulationsadapter. Diese Erweiterungskarte ermöglicht es den Modellen 50, 60 und 80, sich wie ein Datensichtgerät 3278 oder -79 zu verhalten. Diese Geräte werden allgemein zur Kommunikation mit den IBM Mainframe Computern eingesetzt.

eines der genannten Geräte zu verhalten. Die Geräte werden zur Kommunikation mit größeren IBM Computersystemen eingesetzt, zum Beispiel mit dem System/370. Die in Abbildung 2-22 gezeigte Erweiterungskarte ermöglicht die Anbindung der Modelle 50, 60 und 80 über ein Koaxialkabel an größere Hosts. Mit der geeigneten Software können die Modelle 50, 60 und 80 dann mit dem Host wie Datenendgeräte kommunizieren.

Der /3X-Emulationsadapter

Der IBM Personal System/2 /3X Emulationsadapter läßt die Modelle 50, 60 und 80 ein IBM 5250 Datenendgerät emulieren. Die 5250 Datenendgerät-Familie wird für die Kommunikation mit den mittelgroßen IBM Computersystemen /36 und /38 verwendet. Mit dem Emulationsadapter können die Modelle 50, 60 und 80 intelligente Datenendgeräte für diese Computersysteme werden. Der Adapter unterstützt bis zu vier voneinander unabhängige Dialoge oder *Sessions* mit dem Host. Der 15-Pin-Anschluß am Adapter erlaubt den direkten Anschluß des Twinaxkabels, das bei den Systemen /3X verwendet wird.

Außer dem Emulationsadapter selbst wird noch das IBM System 36/38 Emulationsprogramm und das IBM System 36/38 Emulationsadapter-Kabel benötigt.

2.6 WEITERE OPTIONEN

Zum Abschluß dieses Kapitels sollen noch vier weitere Optionen der Personal System/2 Modelle 50, 60 und 80 behandelt werden:

- die IBM Personal System/2 Maus
- die IBM Personal System/2 Datenumlagerungseinrichtung (Data Migration Facility)
- der Mathematik-Co-Prozessor 80287
- der Mathematik-Co-Prozessor 80387.

Die Maus

Die IBM Personal System/2 Maus (Abbildung 2-23) ist ein Eingabegerät, das an den "Anschluß für die Zeigereinheit" an der Rückseite aller Modelle 50, 60 und 80 angeschlossen werden kann. Der Benutzer kann mit der Maus den Cursor bewegen oder Grafiken zeichnen, indem er die Maus auf einer ebenen Oberfläche (Tischplatte) verschiebt. Die zwei Tasten der Maus werden normalerweise dazu verwendet, Menüpunkte auszuwählen oder eine Funktion zu starten, nachdem der Cursor entsprechend auf dem Bildschirm positioniert wurde. Die Maus stellt eine Erweiterung der Tastatur dar, die der komfortableren Bedienung des Computers bei bestimmten Problemstellungen dient. Da die IBM Maus mit der Microsoft Maus kompatibel ist, können alle für diese Maus entwickelten Programme auch mit der IBM Maus betrieben werden.

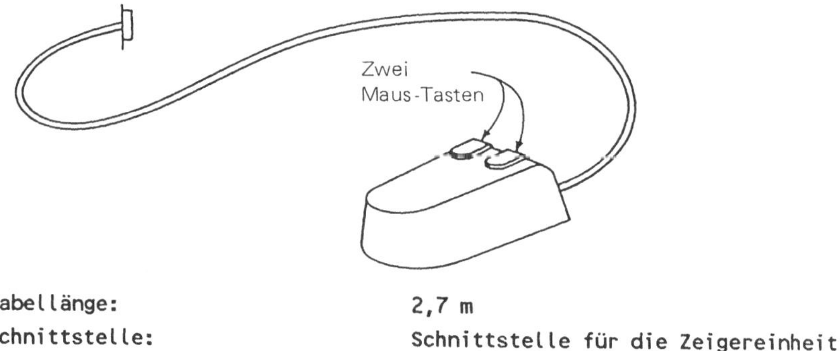

Kabellänge:	2,7 m
Schnittstelle:	Schnittstelle für die Zeigereinheit

Abb.: 2-23 Die IBM Maus. Mit der Maus wird dem Benutzter eine zusätzliche Form der Eingabe zur Verfügung gestellt. Sie wird zusammen mit der Tastatur eingesetzt.

Die Datenumlagerungseinrichtung

Bei der Umstellung auf das Personal System/2 wird der heutige PC-Benutzer seine Daten und Programme von seinen PC-Festplatten und -Disketten auf Datenträger des Personal System/2 umlagern wollen. Die IBM Personal System/2 Datenumlagerungseinrichtung (Data Migration Facility) verwirklicht dies durch Datenübertagung von der parallelen Schnittstelle des PC zur parallelen Schnittstelle des Personal System/2 Computers. Die Datenumlagerungseinrichtung besteht aus einem Kabeladapter und einem *Sendeprogramm*, das unter DOS arbeitet. Um mit diesem Zubehör Daten umzulagern, wird ein gewöhnliches Parallel-Drucker-Kabel mit dem einen Ende an den PC und über den Kabeladapter mit dem anderen Ende an das Personal System/2 Modell angeschlossen. Das auf der Referenzdiskette des Personal System/2 Modells bereits vorhandene *Empfangsprogramm* wird daraufhin geladen. Das Sendeprogramm (wird auf einer 5,25 Zoll Diskette geliefert) wird in den PC geladen. Die Befehle des Sendeprogramms ähneln dem DOS-Befehl COPY. Die Datenumlagerung von Personal System/2 Modell nach PC wird nicht unterstützt.

Die Übertragungsgeschwindigkeit der Datenumlagerungseinrichtung hängt stark von der Arbeitsgeschwindigkeit der beteiligten Computer und davon ab, ob Disketten oder Festplattenlaufwerke bei Sender und Empfänger eingesetzt werden. Als Anhaltspunkt: Die Umlagerung von 5 MB Daten von der Festplatte eines PC XT auf die Festplatte eines Modells 50 dauert ca. 25 Minuten.

DOS-fremde oder kopiergeschützte Dateien können mit dieser Option nicht umgelagert werden. In Kapitel 7 wird der Gebrauch und der Nutzen der Datenumlagerungseinrichtung zusammen mit anderen Umlagerungsmöglichkeiten von PC nach Personal System/2 Computer näher besprochen.

Der Mathematik-Co-Prozessor 80287

Der IBM Mathematik-Co-Prozessor 80287 arbeitet mit 10 MHz und kann in einem speziell dafür vorgesehenen Sockel auf der Systemplatine der Modelle 50 und 60 installiert werden. Er führt Funktionen der Fließkomma-Arithmetik besonders schnell aus und dient dazu, dem Mikroprozessor 80286 "Arbeit abzunehmen" und so die Arbeitsgeschwindigkeit des Computersystems zu steigern. Diese Steigerung wird jedoch nur erreicht, wenn die Programme die durch den Co-Prozessor hinzukommenden Fähigkeiten nutzen. Da der PC AT ebenfalls den 80287 unterstützt, ist das bei vielen existierenden Programmen der Fall. Das Personal System/2 Modell 80 unterstützt den 80287 nicht.

Der Mathematik-Co-Prozessor 80387

Dieser nur vom Modell 80 unterstützte Co-Prozessor wird in zwei Versionen geliefert, einer 16-MHz-taktbaren Version für die Ausführungen 041 und 071 des Modells 80 und einer 20-MHz-taktbaren Version für die Ausführung 111 des Modells 80. Der Mathematik-Co-Prozessor 80387 dient ebenfalls der Systembeschleunigung durch Verbesserung der fließkomma-arithmetischen Fähigkeiten des Mikroprozessors. Wie der 80386 zum 80286 so ist auch der 80387 software-kompatibel zum 80287 und versetzt daher das Modell 80 in die Lage, ursprünglich für den 80287 entwickelte Programme auszuführen. Der 80387 wird von den Modellen 50 und 60 nicht unterstützt.

ÜBERSICHT ÜBER MÖGLICHE PERIPHERIGERÄTE UND OPTIONEN DER MODELLE 50, 60 UND 80

	unterstützt durch		
	Modell 50	Modell 60	Modell 80
Monochrom-Bildschirm 8503	ja	ja	ja
Farbbildschirm 8512	ja	ja	ja
Farbbildschirm 8513	ja	ja	ja
Farbbildschirm 8514	ja	ja	ja
Grafikdrucker II IBM 4201	ja	ja	ja
Thermodrucker IBM 5202	ja	ja	ja
512KB/2MB-Hauptspeichererw.-Karte	ja	ja	nein
512KB-Hauptspeichererw.-Module	ja	ja	nein
2MB-Hauptspeichererw. Karte	ja	ja	nein
Hauptspeichererweiterungssatz (1 MB)	nein	nein	Ausf. 041
Haptspeichererweiterungssatz (2 MB)	nein	nein	Ausf. 111
2MB/6MB-Hauptspeichererw.-Karten	nein	nein	ja
2MB-Hauptspeichererw.-Module	nein	nein	ja
Zweites 3,5 Zoll Diskettenlaufwerk	ja	ja	ja
Externes 5,25 Zoll Diskettenlaufwerk	ja	ja	ja
Zweite 44 MB Festplatte	nein	Ausf. 041	Ausf. 041
Zweite 70 MB Festplatte	nein	Ausf. 071	Ausf. 071 u. 111
Zweite 115 MB Festplatte	nein	Ausf. 071	Ausf. 071 u. 111
Streaming-Laufwerk IBM 6157*	ja	ja	ja
Interne optische Platteneinheit*	nein	ja	ja
Optische Platteneinheit IBM 3363	ja	ja	ja
Dual Async Adapter	ja	ja	ja
PC-Netzwerk Adapter	ja	ja	ja
Token-Ring-Netzwerk Adapter	ja	ja	ja
Multi-Protokoll Adapter	ja	ja	ja
3270-Emulationsadapter	ja	ja	ja
/3X-Emulationsadapter	ja	ja	ja
Maus	ja	ja	ja
Datenumlagerungseinrichtung	ja	ja	ja
Math.-Co-Prozessor 80287	ja	ja	nein
Math.-Co-Prozessor 80387 (16 MHz)	nein	nein	Ausf. 041 u. 071
Math.-Co-Prozessor 80387 (20 MHz)	nein	nein	Ausf. 111

* Diese Optionen bzw. Peripherigeräte waren bis zum Zeitpunkt der Übersetzung dieses Buches nicht auf dem deutschen Markt eingeführt.

Abb.: 2-24 Tabellarische Übersicht über die im Kapitel 2 behandelten Peripherigeräte und Optionen für die Modelle 50, 60 und 80 des Personal System/2. Wo nur bestimmte Ausführungen der Modelle die jeweiligen Optionen unterstützen, ist dies mit den Nummern der Ausführungen vermerkt.

2.7 ÜBERSICHT ÜBER DIE BEHANDELTEN PERIPHERIEGERÄTE UND OPTIONEN

Die in Abbildung 2-24 gezeigte Tabelle faßt die in diesem Kapitel behandelten Peripherigeräte und Optionen und ihre Unterstützung durch die Personal System/2 Modelle 50, 60 und 80 zusammen.

3 Einsatz Ihres Modells 50, 60 oder 80

Die vorangegangenen Kapitel behandelten die Systemeinheit und die Erweiterungen der Modelle 50, 60 und 80 ausführlich. In diesem Kapitel werden wir erfahren, wie diese Hardware zum Leben erweckt wird, nämlich durch die nicht minder wichtige *Software*. Software ist der Oberbegriff für die zahlreichen Programme, die im Inneren eines Computers ablaufen. Erst durch die Software wird die Rechenleistung der Modelle 50, 60 und 80 für den Benutzer erkennbar. Sie ist es auch, die einen Computer zu einem so vielseitig einsetzbaren Werkzeug macht. Das Kapitel beginnt damit, Sie schrittweise in die zu den Modellen 50, 60 und 80 mitgelieferten Programme einzuweisen. Auf diese Weise erhalten auch Erstanwender eines Computers eine gute Einführung.

Danach werden Sie mit den verschiedenen Kategorien von Software und den Einsatzgebieten vertraut gemacht. Wir werden eine Einteilung in drei Kategorien vornehmen und untersuchen, welche Aufgaben jeder Kategorie zufallen. Abschließend werden wir die Software-Kompatibilität der Modelle 50, 60 und 80 zu früheren PCs ausführlich eingehen.

3.1 ES GEHT LOS

Jedes Modell 50, 60 oder 80 wird mit einer Reihe Programme ausgeliefert. Einige dieser Programme sind permanent im ROM (Read Only Memory, Nur-Lese-Speicher) auf der Systemplatine gespeichert. Andere Programme befinden sich auf der *Referenzdiskette*, die jedem System beigelegt ist. Der einfachste Weg, diese Programme kennenzulernen, ist, sie zu starten. Die folgenden Schritte werden Ihnen erklären, was Sie zu tun haben. Wenn Sie Ihr Personal System/2 noch nicht ausgepackt und aufgebaut haben, wäre das jetzt der richtige Moment dafür. Folgen Sie den Anweisungen für die Installation, die Sie bitte dem mitgelieferten *Bedienerhandbuch* entnehmen. Dies sollte nur einige Minuten in Anspruch nehmen. Halten Sie die Referenzdiskette bereit. Wenn Sie kein Modell 50, 60 oder 80 in der Nähe haben, lesen Sie einfach weiter. Zum besseren Verständnis werden alle im folgenden behandelten Computer-Elemente in Abbildung 3-1 bezeichnet. Wenn sich Ihr Computer nicht so verhält, wie im folgenden beschrieben, ziehen Sie die entsprechenden Kapitel des *Bedienerhandbuchs* zu Rate.

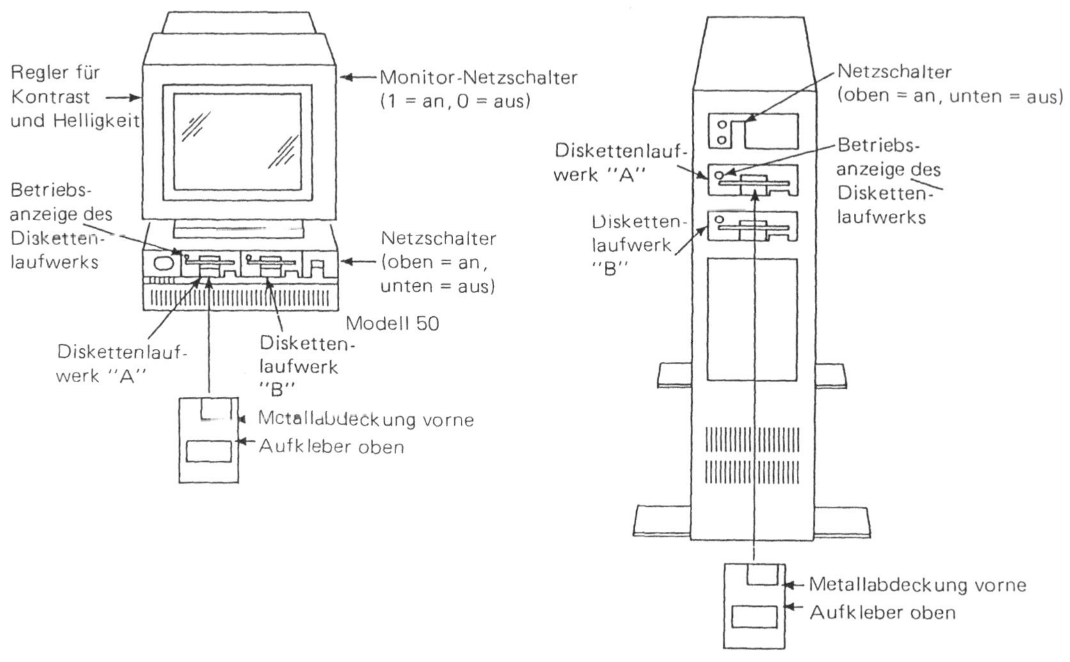

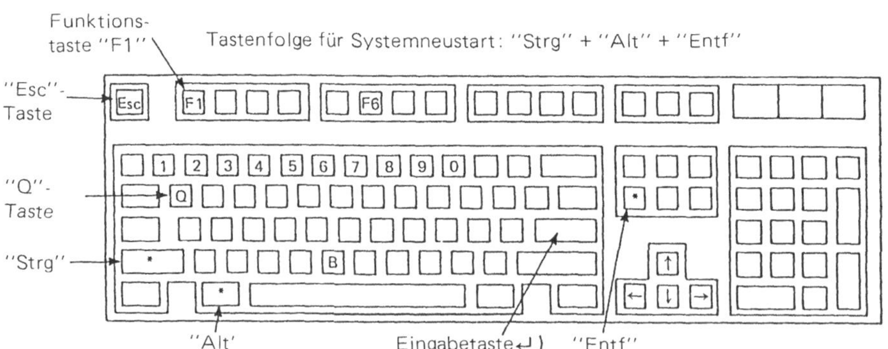

Abb.: 3-1 Die Komponenten eines Personal System/2 und ihre Bezeichnungen

Der Selbsttest

Das erste Programm, dem unser Interesse gilt, wird automatisch nach jedem Einschalten des Computers gestartet. Es heißt *Power-On Self Test* (POST, Einschaltselbsttest) und ist permanent im Computer gespeichert. Als erstes überprüft POST den "Gesundheitszustand" Ihres Computersystems. Es untersucht den Mikroprozessor und die Hilfschips, das Diskettenlaufwerk, die Grafik-Schaltkreise, die Schnittstellen, den Hauptspeicher, etc. Das ganze ist ungefähr so, als hätten Sie einen privaten Service-Techniker, der Ihren Computer jeden Tag auf Herz und Nieren prüft. Das einzige, was Sie als Außenstehender von diesem Diagnoselauf mitbekommen, ist der Speichertest, der die meiste Zeit benötigt. Je größer der im System installierte Arbeitsspeicher ist, desto länger dauert der Selbsttest, da jede einzelne Speicherzelle überprüft wird. Während des Tests wird in der linken oberen Bildschirmecke der bereits getestete Speicherplatz hochgezählt. Wenn Sie den Speichertest sehen wollen, befolgen Sie die diese Schritte:

- Wenn sich im Diskettenlaufwerk "A" eine Diskette befindet, nehmen Sie sie heraus.
- Schalten Sie den Bildschirm ein (Position "1").
- Wenn der Computer noch nicht eingeschaltet ist, schalten Sie ihn ein (Schalterposition "oben").
- Wenn Ihr Computer bereits eingeschaltet ist, schalten Sie ihn aus, warten Sie fünf Sekunden und schalten Sie ihn dann wieder ein.

Abbildung 3-2 zeigt eine Beispieldarstellung des Speichertests.

Abb.: 3-2 Während des Speichertests wird ein Zähler hochgezählt, der Auskunft über den bereits getesteten Speicherplatz gibt.

Nachdem POST den Gesundheitszustand des Computersystems überprüft hat, nimmt es die *System-Konfiguration* gemäß den Informationen im batteriegepufferten CMOS-Speicher vor. Unter der System-Konfiguration versteht man die Standard-Einstellungen der internen Computer-Kompo-

Abb.: 3-3 Es besteht Kennwort-Schutz. Wenn dieser Schlüssel auf dem Bildschirm erscheint, können Sie nicht mit Ihrem Computer arbeiten, bis Sie das richtige Kennwort eingegeben haben.

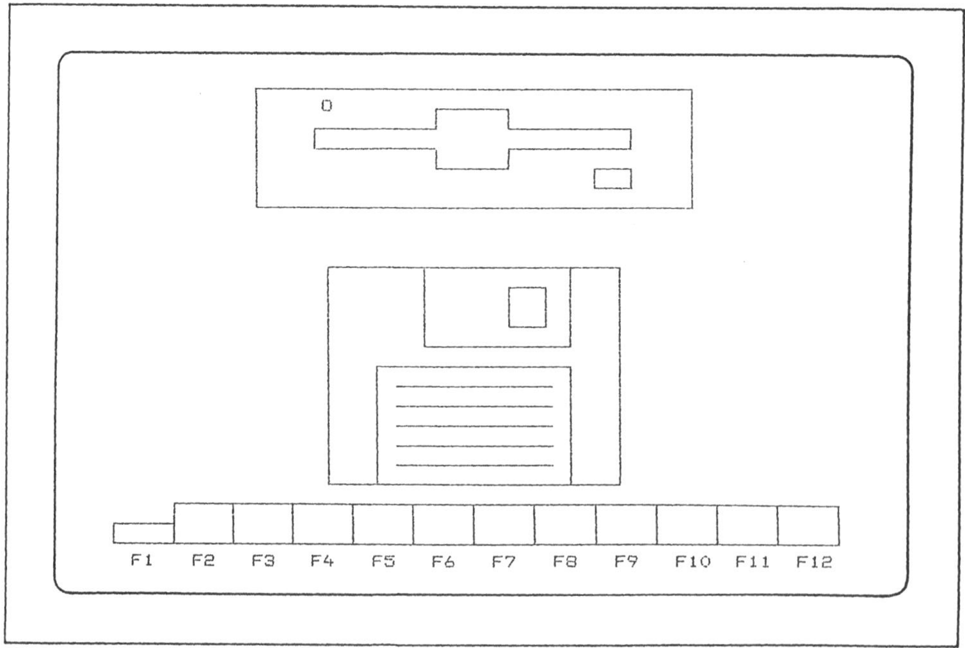

Abb.: 3-4 Bildschirmdarstellung, wenn sich weder auf der Festplatte ein Programm befindet, noch eine Diskette in Diskettenlaufwerk "A" eingelegt ist. Sie werden aufgefordert, eine Diskette in das Laufwerk "A" zu legen und dann die Funktionstaste "F1" zu drücken.

nenten. Dazu gehören unter anderem der Programmable Option Select (POS), Einstellungen auf der Systemplatine und auf Erweiterungskarten (POS wurde in Kapitel 1 behandelt). Diese Vorgänge sind für den Benutzer nicht erkennbar. Wenn sie erfolgreich durchgeführt worden sind, ertönt ein Piep-Ton, der signalisiert, daß alles in Ordnung ist. Nun kann es weitergehen. Daraufhin prüft POST, ob ein Kennwort-Schutz besteht. Wenn dem so ist, erscheint das Bild eines kleinen Schlüssels links oben am Monitor (siehe Abbildung 3-3). Das bedeutet, daß der Benutzer erst das Kennwort eingeben muß, bevor er weitermachen kann. Wenn kein Kennwort-Schutz besteht oder der Benutzer das richtige Kennwort eingibt, ist POST beendet, und die Kontrolle wird an ein anderes Programm übergeben.

Dieses Programm kann sich entweder auf Ihrer Festplatte befinden (z.B. das Betriebssystem) oder auf einer Diskette (z.B. der Referenzdiskette), die in Diskettenlaufwerk "A" eingelegt ist. Wenn sich weder auf der Festplatte noch auf der Diskette in Diskettenlaufwerk "A" ein Programm befindet, erscheint das in Abbildung 3-4 gezeigte Bild. Sie werden aufgefordert, die Referenzdiskette in das Diskettenlaufwerk "A" zu legen und die Funktionstaste "F1" zu betätigen. Tun Sie dies jetzt *nicht*; zu der Referenzdiskette kommen wir später.

POST findet einen Fehler

In der eben gegebenen Beschreibung wird davon ausgegangen, daß POST keine Probleme an Ihrem Computer entdecken kann, wie das für gewöhnlich auch der Fall sein wird. Was passiert aber, wenn doch ein Problem auftritt? Wenn Sie zum Beispiel der erste sind, der Ihre Computeranlage in Betrieb nimmt, macht POST Sie darauf aufmerksam, daß das System noch nicht konfiguriert wurde und Zeit und Datum noch eingestellt werden müssen. Wir wollen absichtlich ein harmloses Problem verursachen und sehen, wie POST darauf reagiert. Die folgenden Schritte simulieren eine festgeklemmte Taste auf der Tastatur:

- Schalten Sie den Computer aus.
- Wenn eine Diskette im Laufwerk liegt, entfernen Sie sie.
- Drücken Sie die Taste "Q" auf der Tastatur und halten Sie sie gedrückt.
- Schalten Sie den Computer wieder ein. (Halten Sie dabei die "Q"-Taste gedrückt, bis Sie zwei Piep-Töne hören; lassen Sie die Taste los.)

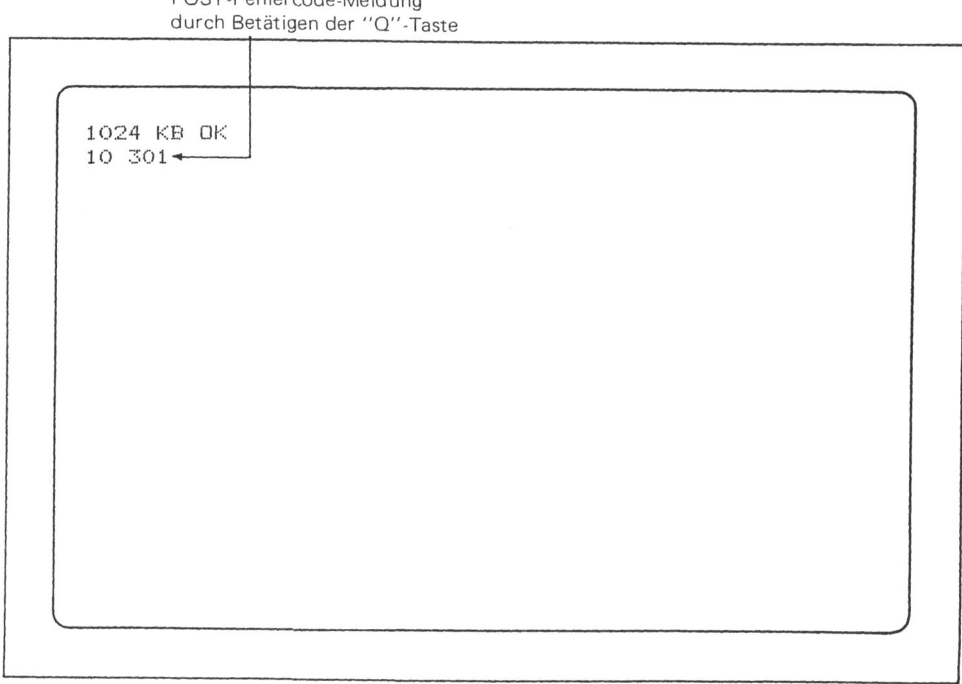

Abb.: 3-5 Fehlercode-Meldung von POST, wenn eine Taste auf der Tastatur klemmt. Bemerkung: Der gezählte Speicherplatz hängt vom installierten Hauptspeicher ab. Der hier gezeigte Wert muß nicht mit Ihrer Bildschirmdarstellung identisch sein.

POST beginnt wie immer mit der routinemäßigen Prüfung des Computersystems. Der Speichertest sollte wie oben beschrieben ablaufen. Bei der Überprüfung der Tastatur erkennt POST jedoch, daß die "Q"-Taste klemmt. Das Programm meldet sich mit einem "301"-*Fehlercode* (siehe Abbildung 3-5) und zwei Piep-Tönen. Die zwei Piep-Töne signalisieren, daß ein Fehler aufgetreten ist. Wenn Ihr Computer noch nie zuvor eingeschaltet worden ist, werden Ihnen andere Fehlercodes gemeldet - seien Sie unbesorgt. Im folgenden erfahren Sie, wie man auf einen auftretenden Fehlercode reagieren kann, ohne seine Bedeutung zu kennen:

- Legen Sie die Referenzdiskette wie in Abbildung 3-4 gezeigt in das Laufwerk "A" ein.
- Drücken Sie die Funktionstaste "F1".

- Wenn auf dem Bildschirm ein kleiner Schlüssel erscheint, heißt das, daß der Kennwort-Schutz aktiviert ist. Geben Sie Ihr Kennwort ein und drücken Sie die Eingabe-Taste. Sollte der Schlüssel nicht zu sehen sein, übergehen Sie diesen Schritt.

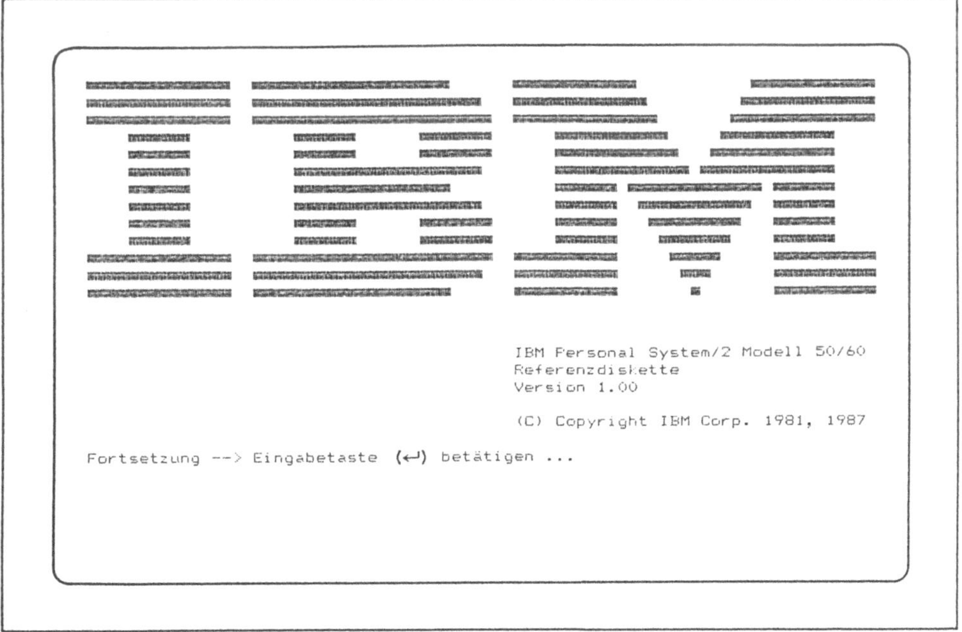

Abb.: 3-6 Titelbild der Referenzdiskette

Zunächst einmal teilen Ihnen die Programme der Referenzdiskette mit, daß sie jetzt die weitere Kontrolle übernommen haben; dies geschieht durch das in Abbildung 3-6 gezeigte Titelbild der Referenzdiskette. Wenn dieses Titelbild erscheint, wissen Sie, daß der Computer jetzt bereit ist, Ihnen bei der Lösung der von POST oder von anderen Diagnoseprogrammen (zu denen wir gleich noch kommen werden) entdeckten Probleme zu helfen. Sollte dieses Titelbild nicht erscheinen, wenden Sie sich bitte an die Kapitel des Bedienerhandbuchs, die sich mit der Aufdeckung und Beseitigung von Fehlern befassen.

- Drücken Sie die Eingabetaste.
- Wählen Sie die landesspezifische Tastatur aus: Sie haben die Wahl zwischen einer deutschen und einer schweizerischen Tastatur. Treffen Sie Ihre Wahl, indem Sie die "1" oder die "2" drücken.

Der gemeldete POST-Fehlercode wird jetzt an ein *Fehlerbehandlungsprogramm* auf der Referenzdiskette übergeben. Das Fehlerbehandlungsprogramm analysiert den Fehler und gibt die entsprechende Fehlermeldung aus. Diese Fehlermeldung erläutert Art und mögliche Ursache des Fehlers und gibt Hinweise zu dessen Beseitigung. Abbildung 3-7 zeigt die Fehlermeldung, die für den "301"-Fehlercode erscheint, den wir durch das Drücken der "Q"-Taste während des Einschaltens erzeugt hatten. Die Meldung informiert Sie darüber, daß der interne Selbsttest einen Tastaturfehler entdeckt hat. Es wird Ihnen empfohlen zu überprüfen, ob etwas die Tastatur blockiert. Da wir das Problem bereits beseitigt haben (Sie haben Ihren Finger von der "Q"-Taste genommen), können wir fortfahren.

- Drücken Sie die Eingabetaste.

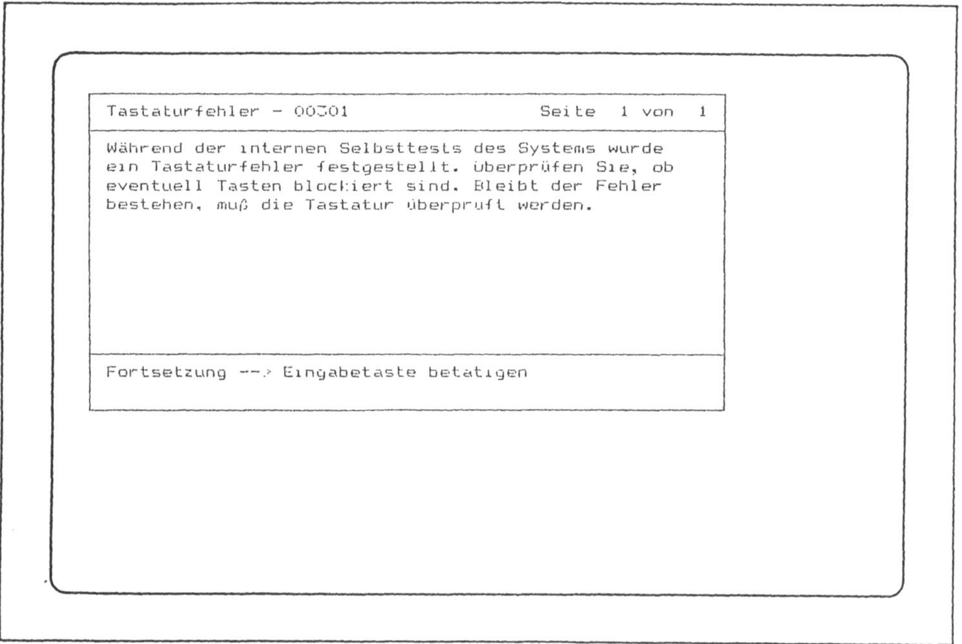

Abb.: 3-7 Fehlermeldung des Fehlerbehandlungsprogramms. Es wird vermutet, daß die Tastatur blockiert ist. Sollte dies nicht die Ursache sein, müssen Sie die Tastatur von Ihrem Händler warten lassen.

Wenn POST mehr als einen Fehlercode ausgegeben hat, werden jetzt noch die zusätzlichen Fehlermeldungen der Reihe nach ausgegeben. Wenn Sie sich an die auf dem Bildschirm erscheinenden Hinweise halten, sollten

Sie in der Lage sein, jeden auftretenden POST-Fehler zu behandeln. Nachdem alle Probleme beseitigt sind, erscheint das in Abbildung 5-8 gezeigte Hauptmenü der Referenzdiskette.

Warum wurden die Fehlermeldungen auf einer gesonderten Referenzdiskette abgelegt und nicht einfach wie das POST-Programm auch im ROM? Das ist leicht verständlich, wenn man bedenkt, daß das Personal System/2 für weltweiten Gebrauch konzipiert ist. Wenn nun die Fehlermeldung automatisch in Englisch erscheint, wäre sie unter Umständen nicht sonderlich informativ für jemanden, der nur Französisch oder Spanisch spricht. Einen speziellen Satz ROMs für jede Landessprache zu produzieren, wäre aber unter logistischen Gesichtspunkten für IBM nicht sehr lohnend. Da die Referenzdiskette sowieso in jede Landessprache übersetzt wird, bietet sie sich als Datenträger der Fehlermeldungen an.

Grundsätzliches über die Referenzdiskette

Jedem Modell 50, 60 und 80 liegt eine Referenzdiskette bei. Diese Diskette enthält zahlreiche Programme, die Sie in die Benutzung Ihres Computers einweisen und bei seiner Bedienung behilflich sind. Der einfachste und effektivste Weg, die Programme kennenzulernen, ist, sie anzuwenden. Die folgenden Schritte sollen Ihnen zeigen, wie man die Programme der Referenzdiskette benutzt. Die Original-Referenzdiskette ist permanent *schreibgeschützt*, d.h., Sie können die auf ihr gespeicherten Programme weder absichtlich noch durch Zufall ändern oder löschen. Da die Informationen einer Diskette jedoch auch auf andere Art und Weise verloren gehen können (z.B. mechanische Beschädigung, magnetische Felder, etc.), ist es zu empfehlen, bald eine Sicherungskopie anzufertigen. Wenn Sie dies sofort tun möchten, nehmen Sie sich eine leere 1,44 MB Diskette, starten Sie die Referenzdiskette, und wählen Sie aus dem Hauptmenü den Menüpunkt 2 "Sichern der Referenzdiskette".

Wir wollen jetzt mit der Untersuchung der Referenzdiskette beginnen. Wenn Sie der oben beschriebenen POST-Prozedur gefolgt sind, befinden Sie sich im in Abbildung 3-8 gezeigten Hauptmenü und können bei der übernächsten Überschrift weiterlesen, wenn Sie dies wünschen.

Starten der Referenzdiskette

Wenn der Computer bereits eingeschaltet ist:

- Legen Sie die Referenzdiskette in das Diskettenlaufwerk "A".

- **Starten Sie das System neu, indem Sie die Tasten "Strg" und "Alt" gedrückt halten und dann gleichzeitig die Taste "Entf" betätigen.**

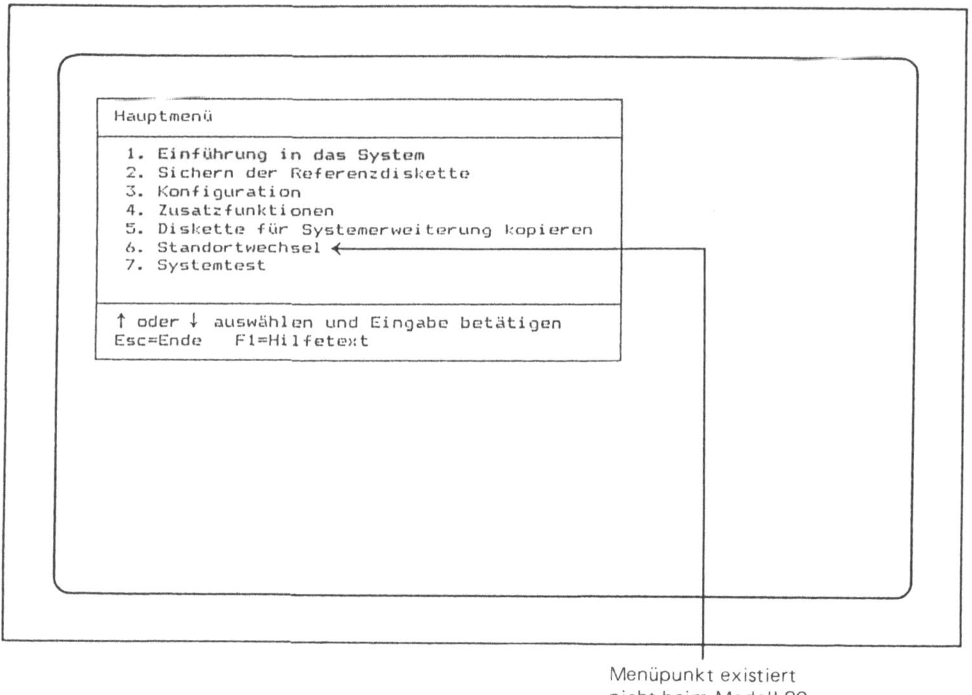

Abb.: 3-8 Das Hauptmenü der Referenzdiskette.

Wenn der Computer noch ausgeschaltet ist:

- Legen Sie die Referenzdiskette in das Diskettenlaufwerk "A".
- Schalten Sie die den Monitor ein (Schalterposition "1").
- Schalten Sie den Computer ein (Hebel nach oben).
- Wenn auf dem Bildschirm ein kleiner Schlüssel erscheint, heißt das, daß der Kennwort-Schutz aktiviert ist. Geben Sie Ihr Kennwort ein und drücken Sie die Eingabe-Taste. Sollte der Schlüssel nicht zu sehen sein, übergehen Sie diesen Schritt.

Daraufhin leuchtet die Betriebsanzeige auf, und die Referenzdiskette wird geladen. Kurz darauf sollte das in Abbildung 3-6 gezeigte Titelbild der Referenzdiskette erscheinen. Ihm können Sie entnehmen, um welche

Version der Referenzdiskette es sich handelt und für welches Modell des Personal System/2 sie bestimmt ist.

- Drücken Sie die Eingabetaste.

Das in Abbildung 3-8 gezeigte Hauptmenü der Referenzdiskette erscheint auf dem Bildschirm.

Das Hauptmenü

Im Hauptmenü der Referenzdiskette stehen, je nachdem welches Modell des Personal System/2 Sie einsetzen, entweder sechs oder sieben Menüpunkte zur Wahl. Die Modelle 50 und 60 verwenden eine fast identische Referenzdiskette, die wie in Abbildung 3-8 gezeigt sieben Menüpunkte anbietet. Der einzige Unterschied zur Referenzdiskette des Modell 80 besteht darin, daß hier der Menüpunkt "6. Standortwechsel" nicht vorhanden ist. Da diese Option beim Modell 80 nicht benötigt wird, wurde sie weggelassen.

Ein Menüpunkt wird ausgewählt, indem die entsprechende Zahlentaste gedrückt wird oder der Leuchtbalken mit den Tasten zur Cursorsteuerung (Pfeiltasten) zum gewünschten Menüpunkt bewegt und die Eingabetaste gedrückt wird. Nach der Anwahl eines Menüpunktes wird entweder die gewünschte Funktion ausgeführt oder ein Untermenü erscheint, in dem Sie Ihre Wünsche weiter präzisieren müssen. Der Einfachheit halber wird in den folgenden Erklärungen ein Menüpunkt immer nur über seine Nummer angewählt. Sollten Sie sich versehentlich einmal im falschen Menü wiederfinden, drücken Sie solange die "Esc"-Taste, bis das Hauptmenü aus Abbildung 3-8 wieder erscheint, und beginnen noch einmal von vorne. Wenn Sie die "Esc"-Taste zu oft betätigt haben, erscheint die Meldung aus Abbildung 3-9. Durch erneutes Betätigen der "Esc"-Taste verschwindet das Fenster wieder, und das Hauptmenü der Referenzdiskette bleibt zurück.

Fast überall in den Programmen der Referenzdiskette können Sie über die Funktionstaste "F1" kontextbezogene Hilfstexte abrufen. Diese Texte enthalten weiterführende Erklärungen oder Hinweise zu dem jeweiligen Arbeitsschritt innerhalb des Programms. Sollte einmal kein Hilfetext zu einem bestimmten Programmteil zur Verfügung stehen, reagiert der Computer mit einem Piep-Ton, wenn Sie die "F1"-Taste drücken. Sie können bei den folgenden Erklärungen jederzeit die "F1"-Taste drücken und sich die Hilfstexte durchlesen. Durch Betätigen der "Esc"-Taste verschwindet der Hilfstext wieder, und Sie befinden sich wieder an derselben Stelle, an der Sie "F1" gedrückt haben. Anhand der Informationen der kontextbezogenen Hilfstexte können Sie die Programme der Referenzdiskette auch auf eigene Faust untersuchen. Die folgenden Absätze sollen als Einweisung dienen und Ihnen den Einstieg erleichtern.

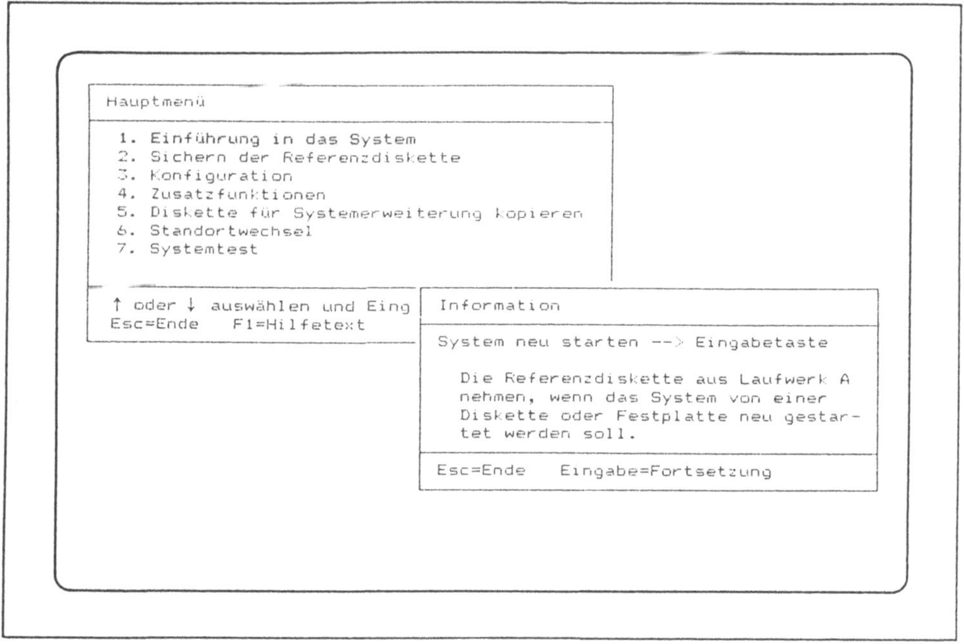

Abb.: 3-9 Die Bildschirmdarstellung nach Betätigen "Esc"-Taste im Hauptmenü der Referenzdiskette.

Menüpunkt 1: Einführung in das System

Dieser Menüpunkt startet das interaktive Lehrprogramm der Referenzdiskette. Das Lehrprogramm verschafft dem Benutzer einen Einblick in sein Modell 50, 60 oder 80.

- Drücken Sie "1".

Eine Meldung erscheint, die besagt, daß das Lehrprogramm in den Speicher des Computers geladen wird. Sie werden vom Lehrprogramm begrüßt. Schließlich erscheint das in Abbildung 3-10 gezeigte Inhaltsverzeichnis, und das Programm macht eine Pause.

```
Hauptmenü

  1. Einführung in das System
  2. Sichern der Referenzdiskette
  3. Konfiguration
  4. Zusatzfunktionen
  5. Diskette für Systemerweiterung kopieren
  6. Standortwechsel
  7. Systemtest

↑ oder ↓ auswählen und Eingabe betätigen
Esc=Ende    F1=Hilfetext
```

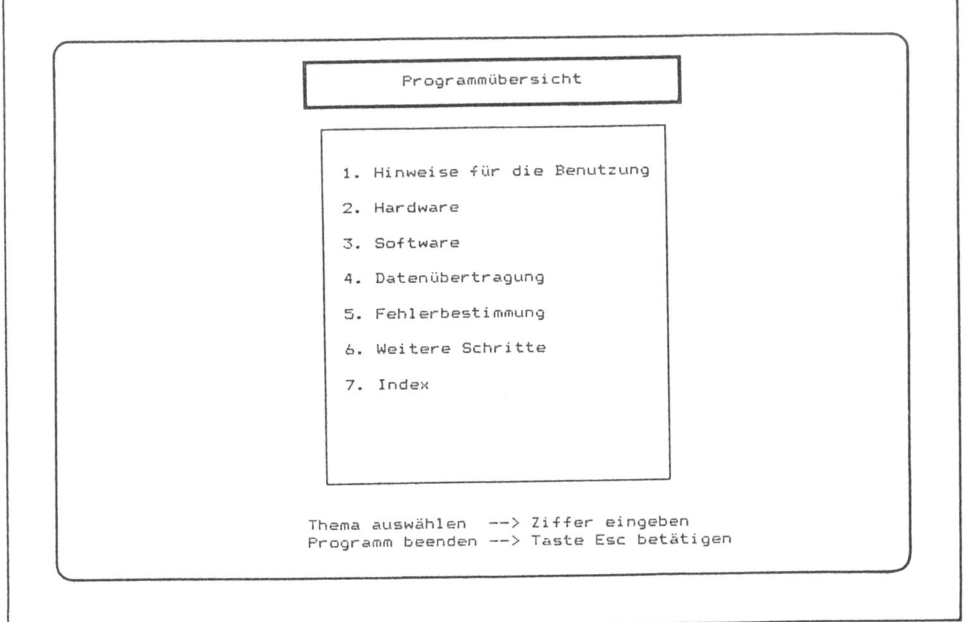

Abb.: 3-10 Inhaltsverzeichnis des Lehrprogramms.

Der Aufbau des Lehrprogramms entspricht der Struktur eines Lehrbuches; es enthält mehrere Kapitel, ein Glossar und einen Index. Sie können ein Kapitel aus dem Lehrprogramm auswählen, indem Sie dessen Nummer eingeben oder den Leuchtbalken mit den Pfeiltasten auf den Namen des Kapitels bewegen und die Eingabetaste betätigen. Sie können sich die Kapitel in einer beliebigen Reihenfolge und mit beliebiger Geschwindigkeit ansehen. Anfängern ist es jedoch zu empfehlen, die Kapitel in der vorgeschlagenen Reihenfolge durchzuarbeiten. Es folgt eine Zusammenfassung der wichtigsten Themenbereiche, die im Lehrprogramm besprochen werden:

Kapitel 1: Hinweise für die Benutzung. Hier wird erklärt, wie man sich durch das Lehrprogramm bewegt, wie man eine Bildseite vor oder zurück blättert, wie man Informationen aus dem Glossar und Index erhält.

Kapitel 2: Hardware. Es beschreibt die Systemeinheit, die Tastatur, den Bildschirm, die Diskettenlaufwerke und die Erweiterungen.

Kapitel 3: Software. In diesem Teil wird eine Übersicht über die wichtigsten Computeranwendungen gegeben.

Kapitel 4: Datenübertragung. Die verschiedenen Methoden der Datenübertragung zwischen Computern werden angesprochen.

Kapitel 5: Fehlerbestimmung. Methoden zur Problemanalyse und -beseitigung werden vorgestellt.

Kapitel 6: Weitere Schritte. Eine Checkliste für die erste Inbetriebnahme Ihres Computers wird vorgestellt.

Kapitel 7: Index. Das Schlagwortverzeichnis hilft Ihnen, die wichtigsten Themen des Lehrprogramms schnell aufzufinden.

Wenn Sie das Lehrprogramm beenden wollen:

- Drücken Sie die "Esc"-Taste, um wieder in das Hauptmenü der Referenzdiskette zu gelangen (siehe Abbildung 3-8).

Menüpunkt 2: Sichern der Referenzdiskette

In diesem Menüpunkt können Sie sich von Ihrer Original-Referenzdiskette eine *Sicherungskopie* anfertigen. Obwohl die Original-Referenzdiskette gegen versehentliches Überschreiben permanent schreibgeschützt ist, können die auf ihr enthaltenen Informationen dennoch durch mechanische Beschädigung oder durch starke magnetische Felder verloren gehen. Die Sicherungskopie sollten Sie an einem sicheren Ort aufbewahren.

Wenn Sie bereits eine Sicherungskopie angefertigt haben oder im Moment keine anfertigen wollen, überspringen Sie die folgenden Sätze und fahren Sie mit Menüpunkt 3 fort. Für die Sicherungskopie benötigen wir eine leere 1,44 MB Diskette. Vergewissern Sie sich, daß die Diskette nicht schreibgeschützt ist, d.h., daß der kleine Schalter in der Ecke der Diskette so eingestellt ist, daß das Schreibschutzfenster von ihm verdeckt wird (siehe Abbildung 3-11).

■ Drücken Sie die "2".

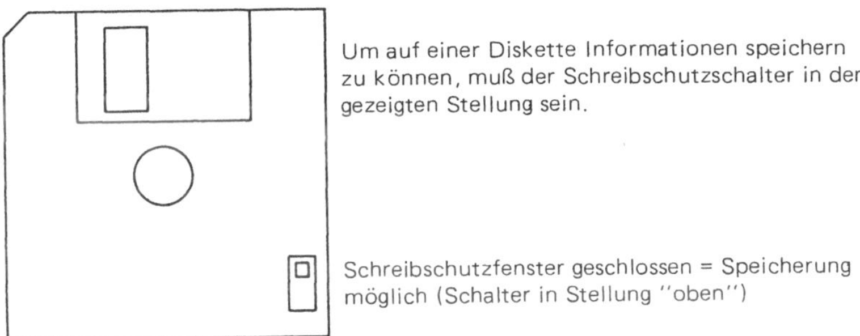

Abb.: 3-11 Diskette mit Schreibschutzschalter. Wenn der Schalter das Schreibschutzfenster verdeckt, kann die Diskette beschrieben und gelöscht werden. Bei offenem Fenster ist keine Veränderung des Disketteninhalts möglich.

Wenn Sie nur ein Diskettenlaufwerk besitzen:

Auf dem Bildschirm wird die in Abbildung 3-12 gezeigte Meldung ausgegeben.

■ Drücken Sie die Eingabetaste.

Es erscheinen jetzt abwechselnd Meldungen, die Sie auffordern entweder die leere Diskette (Zieldiskette) oder die Original-Referenzdiskette in das Laufwerk "A" zu legen und danach die Eingabetaste zu betätigen. Dieser Diskettenwechsel ist nötig, weil der vom Kopierprogramm benutzte Speicherplatz nicht ausreicht, den Inhalt der ganzen Referenzdiskette in einem Durchgang zu lesen bzw. zu schreiben. Die Referenzdiskette wird stattdessen nach und nach kopiert. Während des Kopierprogramms werden Sie viermal zum Diskettenwechsel aufgefordert.

■ Befolgen Sie die Diskettenwechsel-Anweisungen, die auf dem Bildschirm erscheinen.

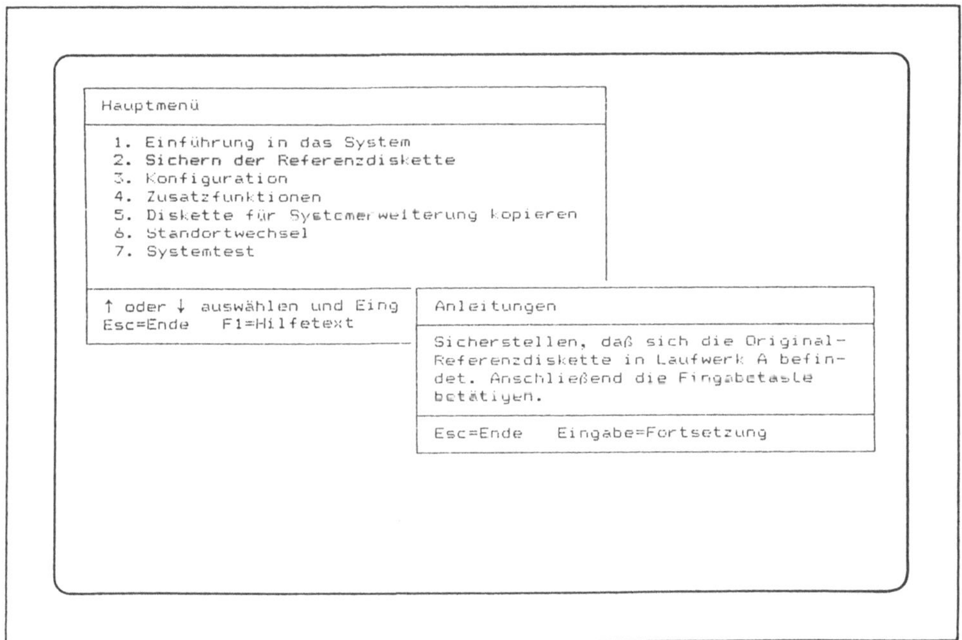

Abb.: 3-12 Bildschirmdarstellung bei Verwendung eines Diskettenlaufwerks zur Vervielfältigung der Referenzdiskette (Menüpunkt 2).

Wenn Sie zwei Diskettenlaufwerke besitzen:

Der Computer fragt Sie zunächst, in welchem Diskettenlaufwerk die Original-Referenzdiskette und in welchem Laufwerk die Zieldiskette einliegt. Sie können die Fragen jeweils mit "A" für Diskettenlaufwerk "A" oder mit "B" für Diskettenlaufwerk "B" beantworten. Die einfachste Methode, mit zwei Diskettenlaufwerken eine Sicherungskopie anzufertigen, ist folgende:

- Vergewissern Sie sich, daß sich die Original-Referenzdiskette in Laufwerk "A" befindet.
- Legen Sie die leere Diskette in Laufwerk "B".
- Bewegen Sie den Leuchtbalken mit Hilfe der Cursortasten auf das Feld "Zieldiskette".
- Drücken Sie die Taste "B", um dem Computer mitzuteilen, daß sich die leere Diskette in Laufwerk "B" befindet.
- Drücken Sie die Eingabetaste.

Der Computer bittet Sie, noch einmal zu überprüfen, ob die Original-Referenzdiskette wirklich in Laufwerk "A" und die leere Zieldiskette tatsächlich in Laufwerk "B" liegt. Um den Kopiervorgang zu starten:

- Drücken Sie die Eingabetaste.

Wenn die Meldung "Kopiervorgang beendet..." erscheint, ist Ihre Sicherungskopie fertig.

- Beschriften Sie die Sicherungskopie Ihrer Referenzdiskette.

- Bewahren Sie die Original-Referenzdiskette an einem sicheren Ort auf.
- Vergewissern Sie sich, daß sich die Sicherungskopie der Referenzdiskette im Diskettenlaufwerk "A" befindet.
- Drücken Sie die Eingabetaste, um in das Hauptmenü zurückzukehren.

Menüpunkt 3: Konfiguration

Es wird das *Konfigurationsprogramm* gestartet. Nun kann man die Computer-Anlage konfigurieren (i.e. die angeschlossenen Peripheriegeräte und Erweiterungen zusammenstellen und gewisse Standardwerte festlegen).

- Drücken Sie die "3".

Ein zweites Menü erscheint auf dem Bildschirm (siehe Abbildung 3-13). Es umfaßt fünf Menüpunkte:

1. **Konfiguration** . Eine Übersicht über die momentane System-Konfiguration wird ausgegeben. Änderungen lassen sich nicht vornehmen.
2. **Konfiguration ändern**. Die momentane System-Konfiguration wird ausgegeben und kann verändert werden.
3. **Konfiguration sichern**. Die aktuelle System-Konfiguration wird auf der Referenzdiskette gespeichert. Beachten Sie, daß es sich bei der verwendeten Referenzdiskette um eine nicht schreibgeschützte Sicherungskopie handeln muß.
4. **Konfiguration wiederherstellen**. Das System wird mit den unter Menüpunkt 3 gespeicherten Informationen neu konfiguriert. Dieses Programm ist sehr hilfreich, wenn Ihre alte, im CMOS-Speicher

abgelegte Konfiguration verloren gegangen ist, weil Sie beispielsweise die Batterie des Computers wechseln mußten.

5. **Automatische Konfiguration**. Die Systemplatine und die Erweiterungskarten werden mit den herstellerseitig vorgegebenen Einstellungen konfiguriert. Dieser Menüpunkt muß immer dann aufgerufen werden, wenn Sie eine Erweiterungskarte hinzufügen oder entfernen. Sollte das Programm einmal Schwierigkeiten mit der Konfigurierung haben, rufen Sie Menüpunkt 2 "Konfiguration ändern" auf. Dann nehmen Sie die entsprechenden Einstellungen von Hand vor.

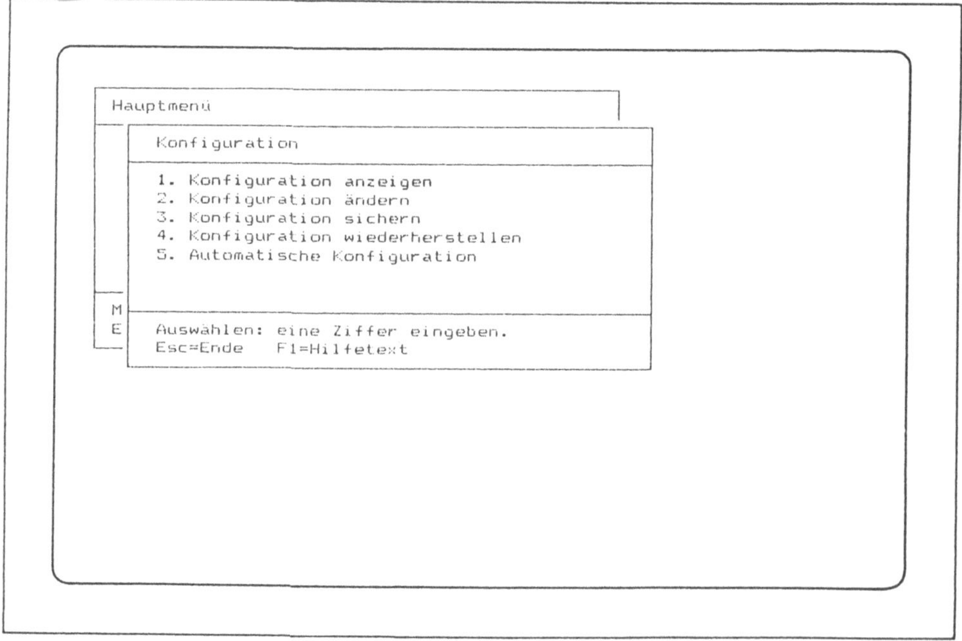

Abb.: 3-13 Untermenü "Konfiguration"

Um sich die aktuelle System-Konfiguration anzusehen,

- Drücken Sie die "1".

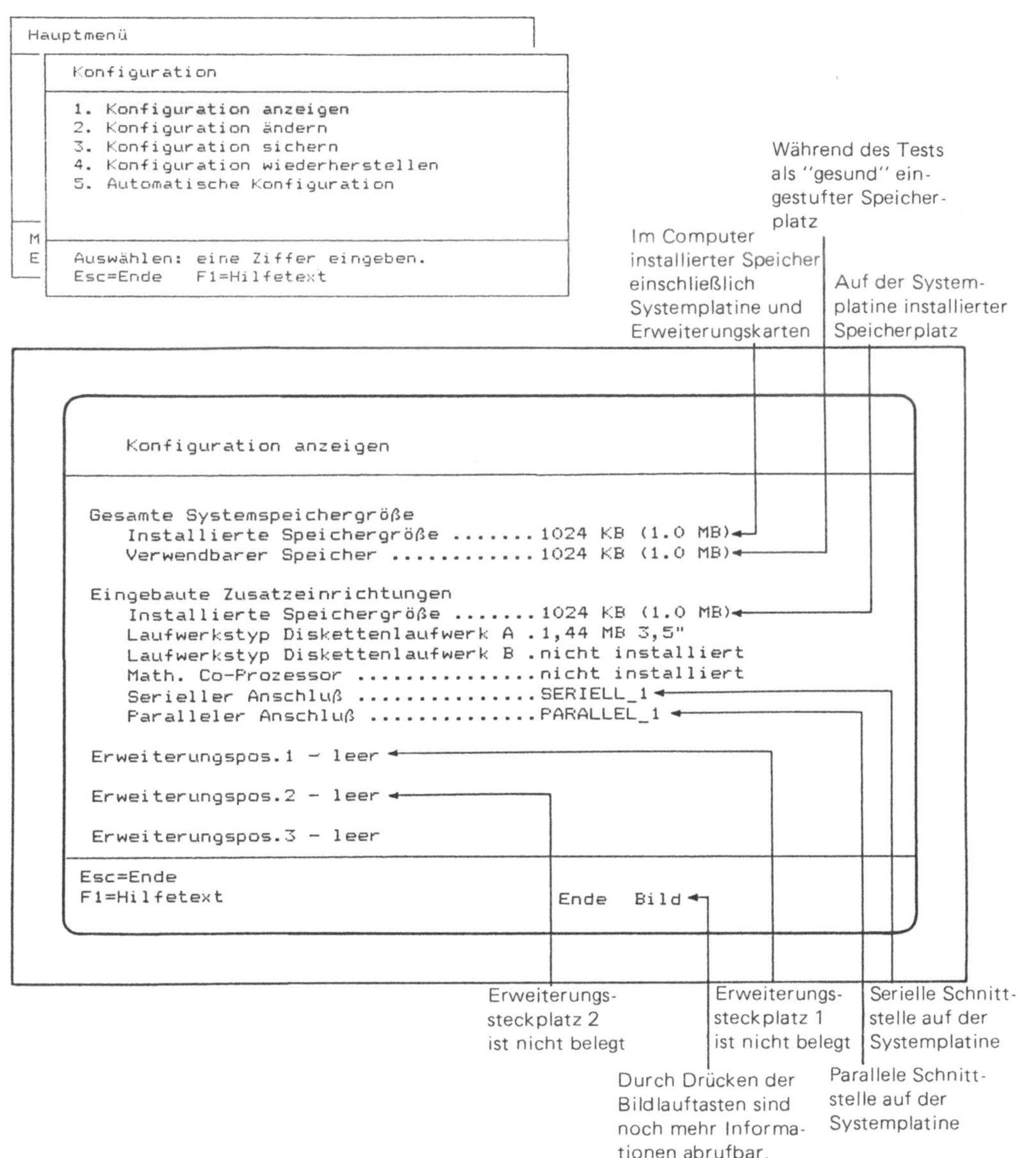

Abb.: 3-14 **Mit dem Menüpunkt "Konfiguration anzeigen" erhalten Sie eine Übersicht über die aktuelle Konfiguration Ihres Computers. Änderungen lassen sich hier allerdings nicht vornehmen.**

Abbildung 3-14 zeigt ein Beispiel für eine System-Konfiguration auf dem Modell 50. Ihre eigene Konfiguration kann von dieser abweichen.

Auf die Zeile "Gesamte Systemspeichergröße" folgen zwei eingerückte Zeilen; sie besagen: "Installierte Speichergröße" und "Verwendbarer Speicher". Unter "Installierte Speichergröße" versteht man die Menge des auf der Systemplatine eingebauten Speichers (1 MB) plus dem durch Hauptspeichererweiterungskarten zusätzlich bereitgestellten Speicher. (In unserem Beispiel wird kein zusätzlicher Speicher bereitgestellt.) "Verwendbarer Speicher" ist der Speicherbereich, der während des Speichertests als funktionstüchtig ausgewiesen wurde (1 MB). Wenn diese beiden Angaben nicht identisch sind, bedeutet das, daß der Arbeitsspeicher Ihres Computers einen Defekt hat und Sie ihn einer Wartung unterziehen sollten. Die Möglichkeit zur Dynamic Memory Relocation (siehe Kapitel 2) erlaubt es, defekte Speicherbausteine auszugrenzen und nur noch im intakten Speicher zu arbeiten.

In der Sektion "Eingebaute Zusatzeinrichtungen" werden die momentan im System installierten Erweiterungen aufgezählt. Der auf der Systemplatine bereitgestellte Speicher wird mit 1024 KB (1 MB) angegeben. Es ist ein 1,44 MB Diskettenlaufwerke der Größe 3,5 Zoll eingebaut. Das Diskettenlaufwerk "B" ist nicht installiert, der optionale Mathematik-Co-Prozessor fehlt ebenfalls. Die standardmäßig eingebaute serielle Schnittstelle heißt "SERIELL_1". Unter diesem Namen kann sie auch von Anwendungsprogrammen benutzt werden. Die parallele Schnittstelle heißt "PARALLEL_1". Es folgen Informationen über die in den Micro Channel Erweiterungssteckplätzen installierten Erweiterungskarten. In unserem Beispiel sind die drei Erweiterungssteckplätze (hier abgekürzt mit Erweiterugspos.1 bis 3) leer, wir haben also keine Erweiterungskarten eingesetzt. Durch Drücken der Bildlauftasten können Sie Informationen über die weiteren Micro Channel Erweiterungssteckplätze und die Festplatte abrufen.

Wir wollen nun versuchen, die Konfiguration der seriellen Schnittstelle zu verändern. Das könnte zum Beispiel nötig sein, wenn Sie der seriellen Schnittstelle auf der Systemplatine den Namen "SERIELL_2" geben wollen, um den Anforderungen eines speziellen Programms gerecht zu werden. Um die Konfiguration der seriellen Schnittstelle auf der Systemplatine zu ändern, gehen Sie folgendermaßen vor (seien Sie unbesorgt, wir werden unsere Änderungen nicht abspeichern):

- Drücken Sie die "Esc"-Taste einmal, um wieder in das Menü aus Abbildung 3-13 zu gelangen.
- Wählen Sie Menüpunkt 2 "Konfiguration ändern" aus dem Menü, indem Sie die "2" betätigen.

```
Hauptmenü

  Konfiguration

  1. Konfiguration anzeigen
  2. Konfiguration ändern
  3. Konfiguration sichern
  4. Konfiguration wiederherstellen
  5. Automatische Konfiguration

M
E Auswählen: eine Ziffer eingeben.
  Esc=Ende    F1=Hilfetext
```

Serielle Schnittstelle auf der Systemplatine heißt "SERIELL 1"

```
Konfiguration ändern                          * unverträglich

Eingebaute Zusatzeinrichtungen
   Installierte Speichergröße ............ 1024 KB (1.0 MB)
   Laufwerkstyp Diskettenlaufwerk A ...... [1,44 MB 3,5"      ]
   Laufwerkstyp Diskettenlaufwerk B ...... [nicht installiert  ]
   Math. Co-Prozessor .................... nicht installiert
   Serieller Anschluß .................... [SERIELL_1]
   Paralleler Anschluß ................... [PARALLEL_1]

Erweiterungspos.1 - leer

Erweiterungspos.2 - leer

Erweiterungspos.3 - leer

Erweiterungspos.4 - IBM Adapter für Festplattenlaufwerk
   Laufwerkstyp .......................... [ 30]
   Prioritätsebene ....................... [Ebene_2 ] *

F1=Hilfetext    F6=Nächste
```

Abb.: 3-15 **Der Menüpunkt "Konfiguration ändern" ermöglicht die Änderung der System-Konfiguration.**

Auf dem Bildschirm erscheinen die in Abbildung 3-15 dargestellte Informationen. Wie die Überschrift des Bildschirms bereits sagt, können hier Änderungen der Konfiguration vorgenommen werden. Die änderbaren Werte sind in eckigen Klammern [] eingeschlossen. Angaben, die nicht in Klammern eingeschlossen sind, können nicht geändert werden. Wenn Ihre Konfiguration noch nicht verändert wurde, trägt die serielle Schnittstelle die Bezeichnung "SERIELL_1".

```
Hauptmenü
  Konfiguration

  1. Konfiguration anzeigen
  2. Konfiguration ändern
  3. Konfiguration sichern
  4. Konfiguration wiederherstellen
  5. Automatische Konfiguration

M
E  Auswählen: eine Ziffer eingeben.
   Esc=Ende    F1=Hilfetext
```

```
Konfiguration ändern

Eingebaute Zusatzeinrichtungen
   Installierte Speichergröße ........... 1024 KB (1.0 MB)
   Laufwerkstyp Diskettenlaufwerk A ...... [1,44 MB 3,5"      ]
   Laufwerkstyp Diskettenlaufwerk B ...... [nicht installiert  ]
   Math. Co-Prozessor ................... nicht installiert
   Serieller Anschluß ................... [SERIELL_2]
   Paralleler Anschluß .................. [PARALLEL_1]

Erweiterungspos.1 - leer

Erweiterungspos.2 - leer

Erweiterungspos.3 - leer

Erweiterungspos.4 - IBM Adapter für Festplattenlaufwerk
   Laufwerkstyp ......................... [ 30]
   Prioritätsebene ...................... [Ebene_3 ]

F1=Hilfetext    F6=Nächste                  Ende
```

Abb.: 3-16 **Die serielle Schnittstelle auf der Systemplatine trägt jetzt den Namen "SERIELL_2".**

- Bewegen Sie den Leuchtbalken mit Hilfe der Cursortasten auf das Feld, das die Bezeichnung "Serieller Anschluß" in der Sektion "Eingebaute Zusatzeinrichtungen" enthält.
- Drücken Sie die Funktionstaste "F6".

Die serielle Schnittstelle trägt jetzt die Bezeichnung "SERIELL_2" (s. Abbildung 3-16).

Wir wollen uns jetzt noch einmal kurz ansehen, was passiert, wenn wir den Computer falsch konfigurieren. Wir wollen zu diesem Zweck ab-

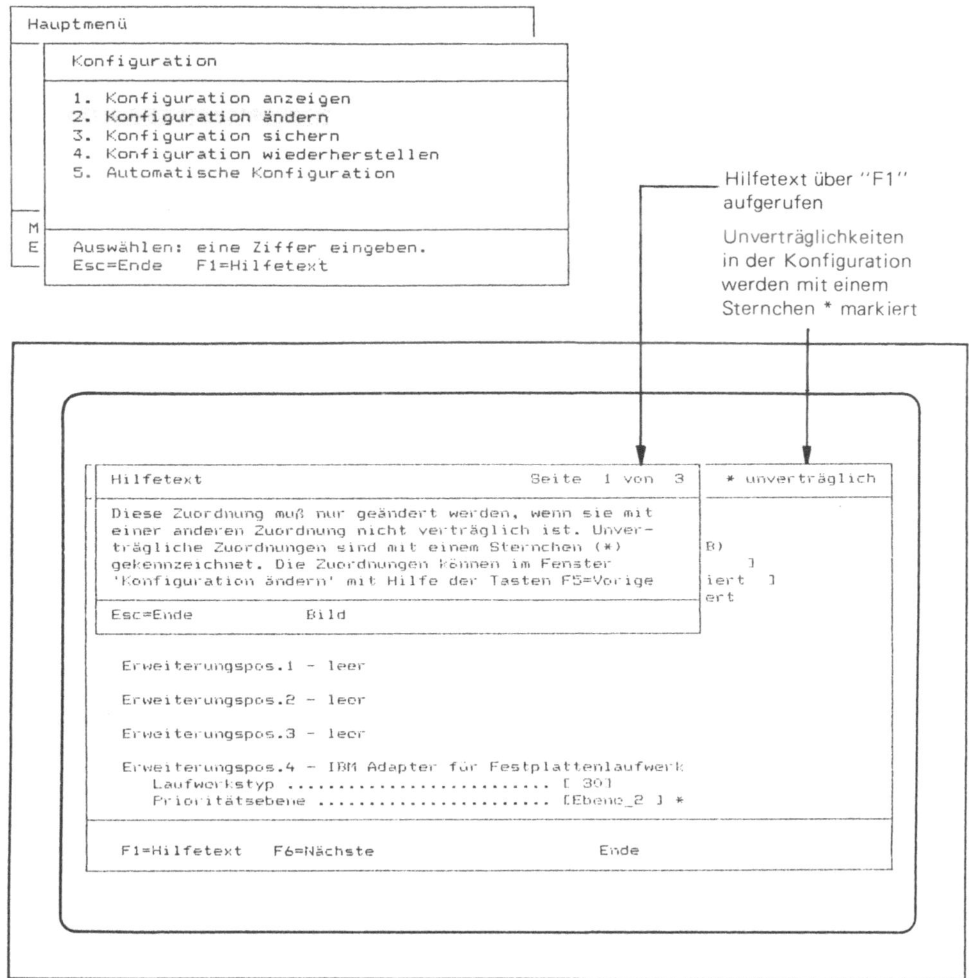

Abb.: 3-17 **Die Konfiguration der "Prioritätsebene" im vierten Erweiterungssteckplatz mit [Ebene_2] ist unverträglich. Der über "F1" aufgerufene Hilfetext gibt eine kurze Erläuterung des Problems.**

sichtlich einen Konfigurationsfehler provozieren. Bewegen Sie den Leuchtbalken auf das Feld "Prioritätsebene" im Abschnitt "Erweiterungspos.4 - IBM Adapter für Festplattenlaufwerk". Wie in Abbildung 3-16 zu sehen, steht dort in eckigen Klammern [Ebene_3].

- Drücken Sie die Funktionstaste "F5".

Der Eintrag ändert sich in [Ebene_2]; gleichzeitig erscheinen hinter dem Eintrag ein Sternchen und am oberen Bildschirmrand die Meldung "* unverträglich".

- Drücken Sie die Funktionstaste "F1" für Hilfe.

Auf dem Bildschirm wird zur Erläuterung ein Text ausgegeben (siehe Abbildung 3-18), der besagt, daß unsere Konfiguration mit der übrigen Konfiguration des Computer-Systems unvereinbar ist. Wir wollen an dieser Stelle nicht näher auf die Ursache dieser Unverträglichkeit eingehen, sondern den ursprünglichen Zustand wiederherstellen.

- Drücken Sie "Esc", um den Hilfebildschirm zu verlassen.
- Ändern Sie die unverträgliche Konfiguration [Ebene_2] mit der Funktionstaste "F6" wieder in [Ebene_3].

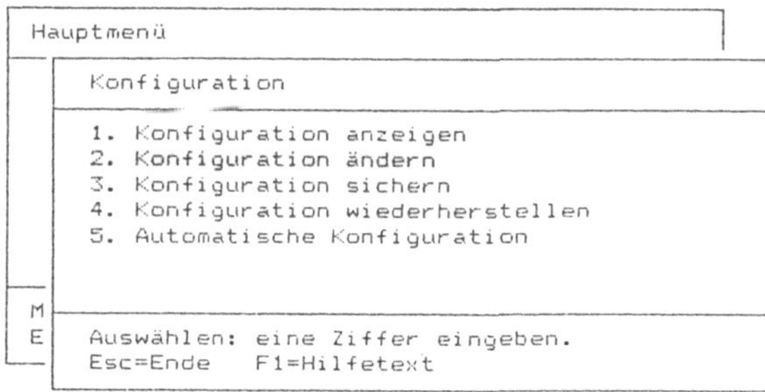

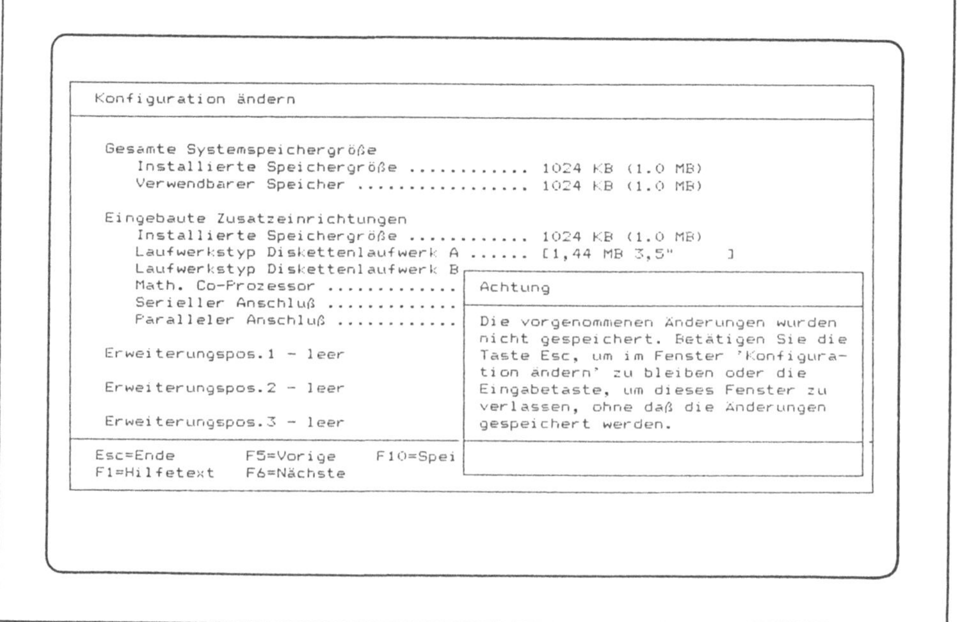

Abb.: 3-18 Eine Warnung besagt, daß die geänderte Konfiguration noch nicht abgespeichert worden ist.

Wenn Sie Änderungen der System-Konfiguration abspeichern wollten, müssen Sie die Funktionstaste "F10" drücken. Wenn die neue Konfiguration abgespeichert wurde, wird der Computer nach jedem Einschalten automatisch von POST entsprechend eingestellt. Da es sich bei unserem Beispiel um eine Übung handelt, werden wir die geänderte Konfiguration nicht abspeichern. Um das Konfigurationsprogramm zu verlassen, ohne die Änderungen zu übernehmen,

- drücken Sie "Esc".

Es erscheint eine Warnung, die Sie darauf hinweist, daß Sie zwar Änderungen vorgenommen, diese aber nicht abgespeichert haben (siehe Abbildung 3-18). Sie wollen die Änderungen nicht abspeichern.

- Drücken Sie die Eingabetaste, um das Menü zu verlassen.
- Drücken Sie "Esc", um wieder in das Hauptmenü der Referenzdiskette zu gelangen.

Menüpunkt 4: Zusatzfunktionen

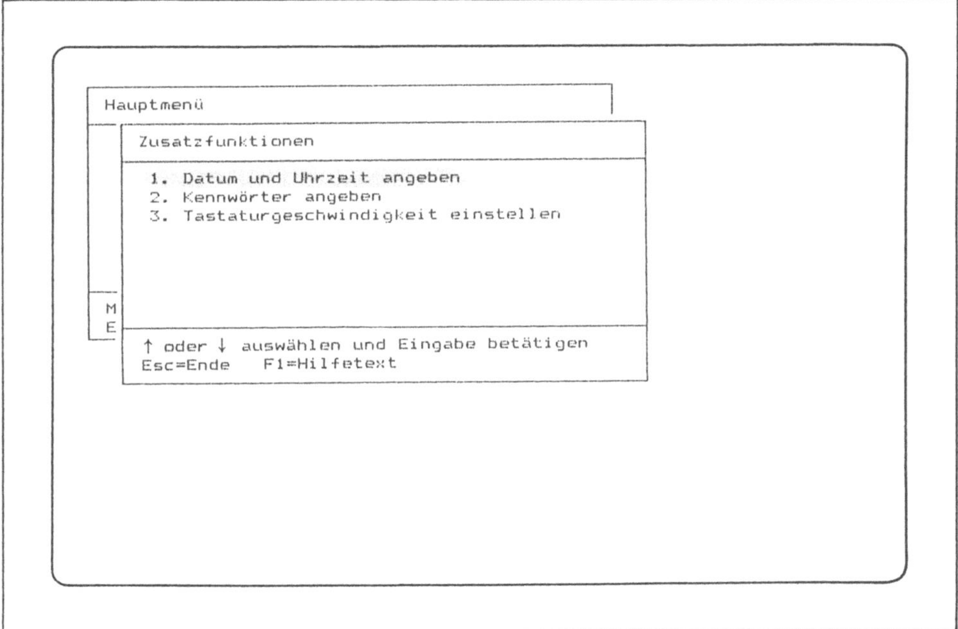

Abb.: 3-19 Das Untermenü "Zusatzfunktionen"

Mit diesem Menüpunkt können Sie einige Einstellungen am Computer vornehmen.

- Drücken Sie die "4" s. Abbildung 3.19).

Sie haben drei Menüpunkte zur Auswahl: 1. "Datum und Uhrzeit angeben", 2. "Kennwörter angeben" und 3. "Tastaturgeschwindigkeit einstellen".

Datum und Uhrzeit angeben: Sie können die im Computer eingebaute Uhr stellen. Die Angaben von Zeit und Datum verwendet der Computer beispielsweise, um damit die letzte Veränderung einer Plattendatei zu kennzeichnen.

Um Zeit und Datum einzustellen,

- drücken Sie die "1".

Der Bildschirm aus Abbildung 3-20 erscheint.

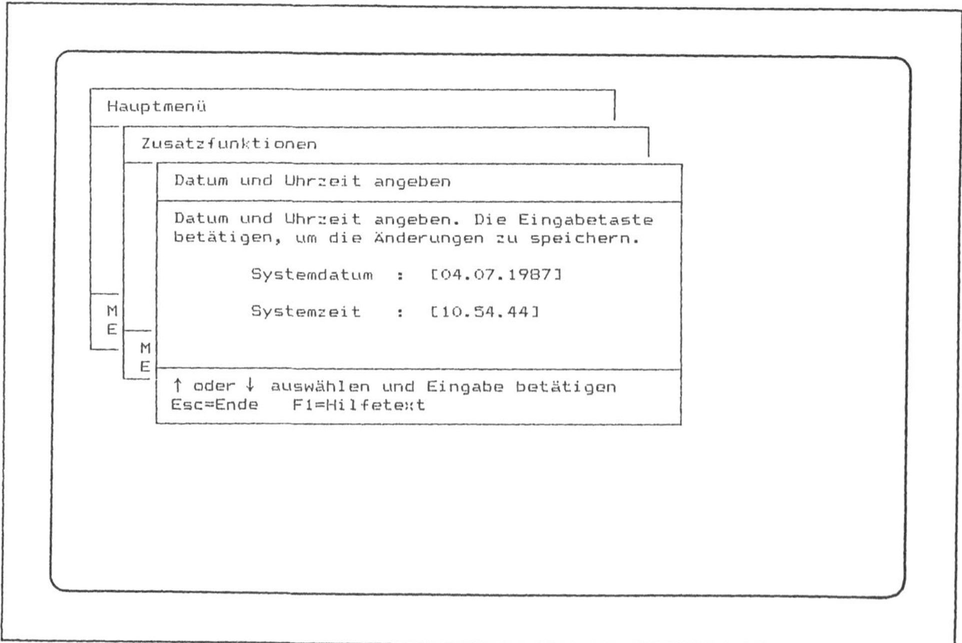

Abb.: 3-20 Bildschirm zum Stellen der eingebauten Uhr.

- Geben Sie das Tagesdatum in folgendem Format ein: TT-MM-JJ, zum Beispiel "22-02-87" für den 22. Februar 1987.
- Bewegen Sie den Leuchtbalken mit den Cursortasten auf das Zeit-Feld.
- Geben Sie die aktuelle Uhrzeit in folgendem Format ein: hh:mm:ss, zum Beispiel "18:30:00" für 18 Uhr und 30 Minuten.
- Drücken Sie die Eingabetaste, um das neue Datum und die neue Uhrzeit abzuspeichern.

In Abbildung 3-21 wird die Meldung gezeigt, die Sie davon in Kenntnis setzt, daß Zeit und Datum aktualisiert wurden. Die eingebaute Uhr wird fortan vom Computer selbständig weitergeführt. Um wieder in das Menü "Zusatzfunktionen" zu gelangen,

- drücken Sie die Eingabetaste.

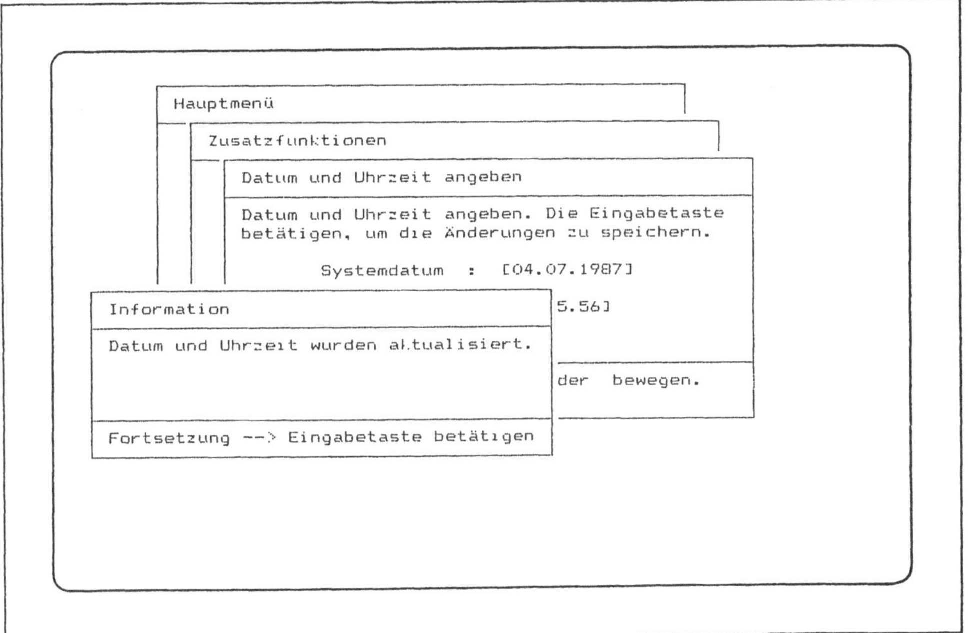

Abb.: 3-21 Die Meldung besagt, daß Zeit und Datum aktualisiert wurden.

Kennwörter angeben: Mit diesem Menüpunkt läßt sich ein Kennwort-Schutz für den Computer einstellen. Da es sich bei einem Kennwort naturgemäß um eine sehr persönliche Information handelt, wollen wir an dieser Stelle keine Kennwort-Einstellungen an Ihrem Computer vornehmen. Ziehen Sie das *Bedienerhandbuch* zu Rate, wenn Sie detaillierte Angaben zu den Kennwort-Möglichkeiten des Personal System/2 benötigen.

- Drücken Sie die "2".

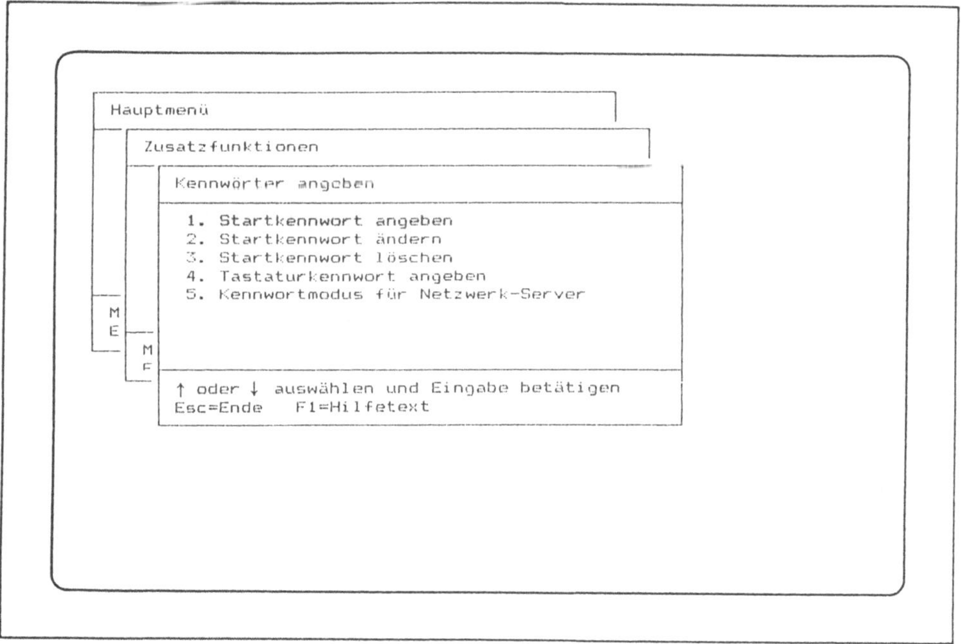

Abb.: 3-22 Das Untermenü "Kennwörter angeben"

Der in Abbildung 3-22 gezeigt Bildschirm erscheint. Er bietet die folgenden fünf Menüpunkte zur Auswahl:

1. **Startkennwort angeben:** Der Kennwort-Schutz für den ganzen Computer wird aktiviert, so daß man ihn nach dem Einschalten erst benuzen kann, wenn man das richtige Kennwort eingegeben hat. Bei aktiviertem Kennwort-Schutz erscheint kurz nach dem Einschalten das Symbol eines kleinen Schlüssels (siehe Abbildung 3-3). Der Benutzer hat daraufhin drei Versuche, das richtige Kennwort einzugeben. Gelingt ihm dies nach drei Versuchen nicht, verweigert der Computer jede Weiterarbeit und muß aus- und wieder eingeschaltet werden, bevor weitere Versuche vorgenommen werden können. Da der Einschaltvorgang einige Sekunden in Anspruch nimmt, wird das Erraten des Kennwortes zu einer frustrie-

renden und langwierigen Angelegenheit. Bei Eingabe des richtigen Kennwortes erscheint augenblicklich die Angabe "OK" und der Computer setzt seine Arbeit anstandslos fort.

Was passiert, wenn Sie Ihr Kennwort vergessen? In diesem Fall müssen Sie den Computer öffnen und die Batterie für einige Minuten entfernen. So wird das im CMOS-Speicher abgelegte Kennwort gelöscht, und der Kennwort-Schutz besteht nicht mehr. Der unbefugte Zugriff auf den Computer bleibt aber auf diese Weise nicht unbemerkt, da jetzt entweder das Kennwort fehlt oder aber nicht mehr mit dem vorherigen identisch ist, da es geändert wurde.

2. **Startkennwort ändern:** Mit diesem Menüpunkt läßt sich ein altes durch ein neues Kennwort ersetzen. Das Startkennwort läßt sich nur verändern, wenn das Schlüssel-Symbol erscheint. Sie müssen das aktuelle Kennwort gefolgt von einem Schrägstrich ("/") und dem neuen Kennwort eingeben. Ab sofort gilt das neue Startkennwort.

3. **Startkennwort löschen:** Mit diesem Menüpunkt läßt sich der Kennwort-Schutz aufheben. Dies ist nur möglich, wenn das Schlüsselsymbol erscheint. Der Kennwort-Schutz wird abgeschaltet, indem das aktuelle Kennwort gefolgt von einem Schrägstrich ("/") und *keinem* neuen Kennwort eingegeben wird.

4. **Tastaturkennwort angeben:** Mit dem Tastaturkennwort lassen sich Tastatur und Maus "abschließen", während der Computer in Betrieb ist. Das ist praktisch, wenn Sie Ihren Computer eine Zeit lang unbeaufsichtigt lassen müssen. Der Kennwort-Schutz für die Tastatur läßt sich durch eine einfache Tastenkombination aktivieren. Es unterbindet weitere Aktivitäten von Tastatur und Maus und kann nur durch die Eingabe des korrekten Tastaturkennwortes aufgehoben werden.

5. **Kennwortmodus für Netzwerk-Server:** Dabei handelt es sich um eine Sicherheitseinrichtung, die es den Modellen 50, 60 und 80 ermöglicht, automatisch von der Festplatte mit aktiviertem Tastaturkennwort zu starten (z.B. nach einem Stromausfall). Auf diese Weise läßt sich der Computer als sicherer, unbeaufsichtigter Netzwerk-Server verwenden, der seine Festplatte und die angeschlossenen Drucker mit anderen Computer in einem lokalen Netzwerk (LAN, siehe Kapitel 6) teilt. Der Server gilt als sicher, da Tastatur- und Mauseingaben verhindert werden, selbst wenn der Strom aus- und wieder eingeschaltet wurde. Der Schutz läßt sich nur durch Eingabe des korrekten Kennworts aufheben.

■ Drücken Sie "Esc", um wieder in das Hauptmenü zu gelangen.

Tastaturgeschwindigkeit einstellen: Mit diesem Menüpunkt können Sie die *Zeichenwiederholrate* der Tastatur Ihren Wünschen anpassen. Die Zeichenwiederholrate bestimmt die Geschwindigkeit, mit der Zeichen auf dem Bildschirm ausgegeben werden, wenn Sie eine Taste auf der Tastatur drücken und gedrückt halten. Um den Menüpunkt auszuwählen,

- drücken Sie die "3".

Abbildung 3-23 zeigt den resultierenden Bildschirm. Die Tastatur kann auf zwei unterschiedliche Geschwindigkeiten eingestellt werden: "Normal" oder "Schnell". Bei normaler Geschwindigkeit werden 15 Zeichen pro Sekunde auf dem Bildschirm ausgegeben, bei schneller Geschwindigkeit sind es 30 Zeichen.

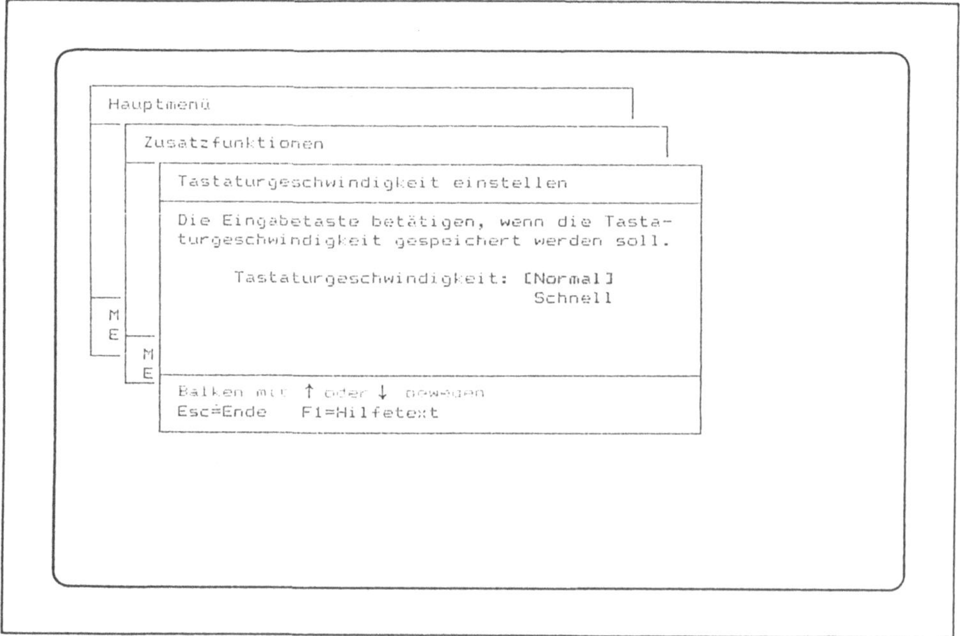

Abb.: 3-23 In diesem Bildschirm läßt sich die Wiederholrate der Tastatur einstellen.

- Bewegen Sie den Leuchtbalken mit den Cursortasten auf die gewünschte Geschwindigkeit.
- Drücken Sie die Eingabetaste, um die neu gewählte Geschwindigkeit abzuspeichern.

Eine Meldung informiert Sie darüber, daß die neue Geschwindigkeit übernommen wurde (siehe Abbildung 3-23). Um wieder in das Menü "Zusatzfunktionen" zu gelangen,

- drücken Sie die Eingabetaste.

Das Hauptmenü der Referenzdiskette erreichen Sie folgendermaßen:

- Drücken Sie die "Esc"-Taste.

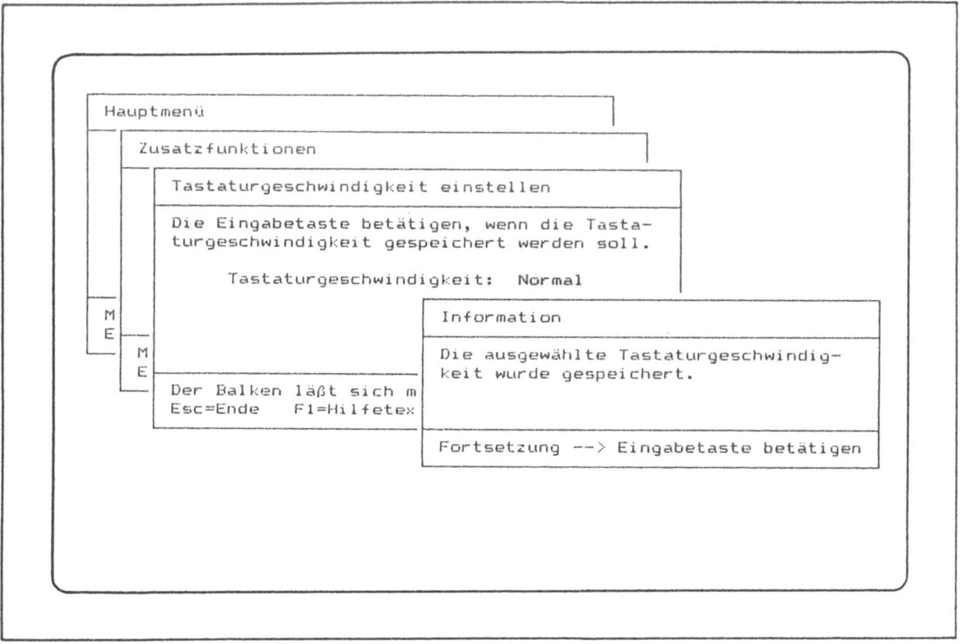

Abb.: 3-24 **Die neue Tastaturgeschwindigkeit ist eingestellt.**

Menüpunkt 5: Diskette für Systemerweiterung kopieren

Einigen Erweiterungskarten für die Modelle 50, 60 und 80 liegt eine Diskette bei, die Diagnoseprogramme, Fehlermeldungen, Konfigurationsdaten, etc. enthält. Menüpunkt 5 kopiert automatisch die Dateien der Erweiterungskarte auf die Sicherungskopie Ihrer Referenzdiskette. Sie können nicht die Original-Referenzdiskette verwenden, da diese permanent schreibgeschützt ist.

- Drücken Sie die "5".

Auf dem Bildschirm erscheint eine Meldung. Wenn Sie ein Diskettenlaufwerk besitzen, handelt es sich um die Nachricht aus Abbildung 3-25, die besagt, daß Sie die Sicherungskopie der Referenzdiskette aus Laufwerk "A" entnehmen und stattdessen die Diskette für die Systemerweiterung einlegen müssen. Wenn Sie über zwei Laufwerke verfügen, weist Sie die Meldung darauf hin, daß Sie die Sicherungskopie der Referendiskette in Laufwerk "A" belassen können und die Diskette für die Systemerweiterung in das Laufwerk "B" legen müssen. Wenn Sie eine Diskette für eine Systemerweiterung kopieren wollen, befolgen Sie die Mitteilungen, die am Bildschirm gegeben werden. Die Sicherungskopie der Referenzdiskette ist jetzt in der Lage, die neue Erweiterungskarte zu konfigurieren und zu testen.

- Drücken Sie die "Esc"-Taste, um wieder in das Hauptmenü der Referenzdiskette zu gelangen.

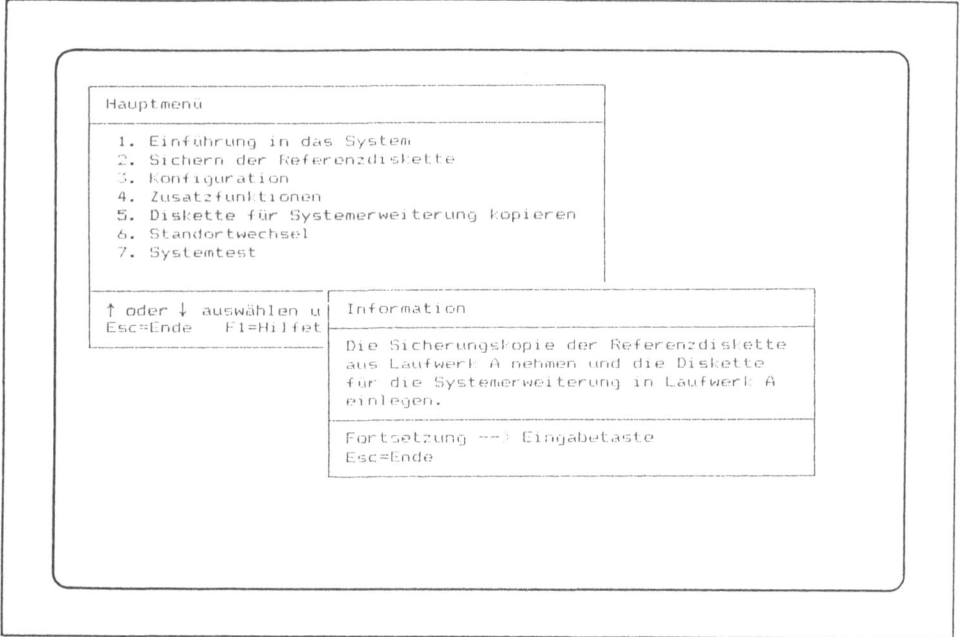

Abb.: 3-25 Bedienungshinweis zur Kopie der Dateien für eine neue Erweiterungskarte auf die Referenzdiskette bei Verwendung eines Diskettenlaufwerkes.

Menüpunkt 6: Standortwechsel

Dieser Menüpunkt bereitet die Festplatte(n) der Modelle 50 und 60 auf einen Standortwechsel des Computersystems vor. Eine Festplatte besteht aus einer magnetischen Scheibe und einem Schreib-Lese-Kopf, der über der sich drehenden magnetischen Scheibe schwebt, diese aber nicht berührt. Wenn der Computer zwecks Standortwechsel ausgeschaltet wird, befindet sich der Kopf immer noch dicht über der Oberfläche der Scheibe. Eine Erschütterung könnte bei diesem sehr geringen Abstand dazu führen, daß der Kopf die Scheibe berührt. Dieser Vorgang wird *Head Crash* (etwa: Kopfabsturz) genannt; er kann zu Datenverlust und einer mechanischen Beschädigung der Festplatte selbst führen.

Um die Gefahr eines Head Crash zu vermindern, existiert ein Programm, das den Kopf in eine Sicherheitszone bewegt. Der Kopf der Festplatte wird quasi *geparkt.* Nach wie vor kann durch eine sehr starke Erschütterung die Festplatte Schaden nehmen, die Wahrscheinlichkeit hierfür ist aber mit einem geparkten Kopf bedeutend geringer. Da die Gefahr von Erschütterungen beim Transport des Computers besonders groß ist, wird ausdrücklich empfohlen, den Kopf direkt vor Ausschalten des Computers zu parken. Der Kopf wird automatisch wieder "ausgeparkt", wenn Sie den Computer einschalten. Die Festplatte des Modells 80 parkt ihren Schreib-Lese-Kopf selbständig, so daß dieser Menüpunkt auf der Referenzdiskette des Modells 80 entfallen konnte.

Um den Schreib-Lese-Kopf der Festplatte(n) in den Modellen 50 und 60 zu parken,

- drücken Sie die "6".

Eine Meldung informiert Sie darüber, daß die Festplattenköpfe geparkt sind (siehe Abbildung 3-26). Wenn Sie wirklich einen Standortwechsel vornehmen wollten, müßten Sie jetzt den Computer ausschalten und sich im *Bedienerhandbuch* die entsprechenden Hinweise für den Transport durchlesen. Da Sie Ihren Computer aber nicht wirklich bewegen wollen,

- Drücken Sie die "Esc"-Taste.

Eine Warnung (Abbildung 3-27) macht Sie darauf aufmerksam, daß der Festplattenkopf wieder ausgeparkt wird, wenn Sie die Operation fortsetzen, und daß der Computer dann nicht transportbereit ist.

- Drücken Sie noch einmal die "Esc"-Taste.

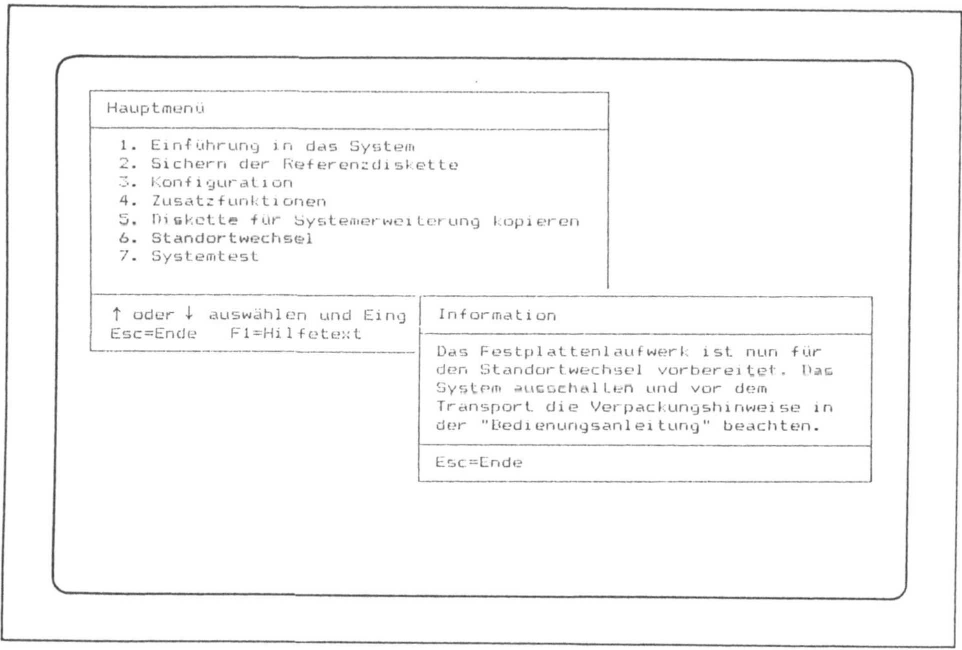

Abb.: 3-26 Der Schreib-Lese-Kopf der Festplatte befindet sich in Park-Position.

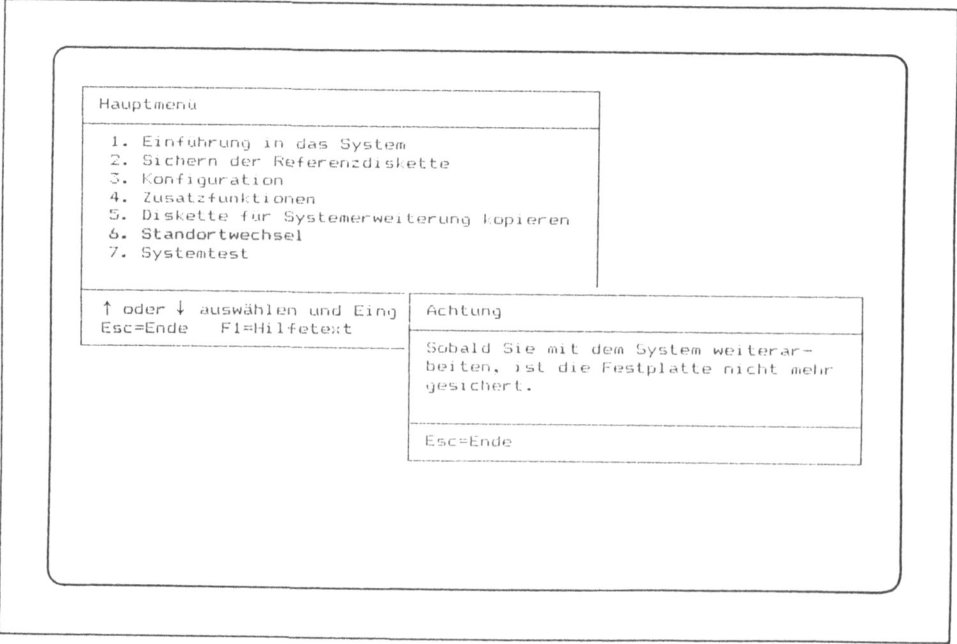

Abb.: 3-27 Eine Warntafel teilt Ihnen mit, daß der Schreib-Lese-Kopf der Festplatte sich nicht mehr in Park-Position befindet, wenn Sie den Computer jetzt nicht ausschalten.

Sie befinden sich jetzt wieder im Hauptmenü der Referenzdiskette.

Menüpunkt 7: Systemtest

Dieser letzte Menüpunkt ruft die Diagnoseprogrammme auf, die sich auf der Referenzdiskette befinden. Diese Programme führen eine Untersuchung der Hardware-Elemente des Personal System/2 durch, ähnlich dem POST-Programm, das zu Beginn dieses Kapitels besprochen wurde. Die Untersuchung dieser Test-Programme ist jedoch ungleich umfangreicher und gründlicher; außerdem kann der Benutzer direkt Einfluß auf den Testablauf nehmen. Die Tests werden durchgeführt, um ein Problem näher einzukreisen.

Da der Systemtest nur selten benötigt wird und ziemlich zeitaufwendig ist, wollen wir hier nicht näher auf ihn eingehen. Die Hinweise, die während des Testlaufs am Bildschirm erscheinen, versorgen Sie mit allen Informationen, die Sie zur Bedienung benötigen. Wenn Sie die Diagnoseprogramme laufen lassen wollen, sollten Sie eine leere 1,44 MB Diskette bereithalten. Sie wird zum Testen der Diskettenlaufwerke verwendet; dabei gehen eventuell auf ihr gespeicherte Daten verloren

Das Platten-Cache-Speicher-Programm

Auf der Referenzdiskette befindet sich noch ein weiteres nützliches Programm: das *Platten-Cache-Speicher-Programm.* Dieses Programm kann die Geschwindigkeit Ihrer Festplatte(n) während des normalen Betriebs entscheidend erhöhen (siehe Kapitel 1). Das Platten-Cache-Speicher-Programm erscheint nicht in den Menüs der Referenzdiskette und ist nicht einmal in das Inhaltsverzeichnis eingetragen. Es läßt sich jedoch leicht installieren, wenn Sie zuvor das Betriebssystem DOS auf Ihrer Festplatte eingerichtet haben. Befolgen Sie die Hinweise der Bedienungsanleitung zum Platten-Cache-Speicher-Programm, die jedem Modell 50, 60 und 80 beigelegt ist. Aufgrund der wirklich bemerkenswerten Leistungsverbesserung durch das Platten-Cache-Speicher-Programm lohnt es sich, die Zeit zur Installation auf der Festplatte zu investieren. Weitere Informationen über das Platten-Cache-Speicher-Programm entnehmen Sie bitte dem Anhang A.

Hier endet unsere Beschreibung der Referenzdiskette. Wenn Sie wollen, experimentieren Sie noch ein wenig; mit der Funktionstaste "F1" können Sie wie gesagt jederzeit Hilfstexte aufrufen.

3.2 DAS SOFTWARE-MODELL

Mit dem Begriff "Software" verhält es sich ähnlich wie mit dem Begriff "Veröffentlichung". Zeitungsartikel sind eine Form der Veröffentlichung;

Jahresberichte, Novellen, Who-is-Who-Verzeichnisse sind eine andere. Sie alle erfüllen - je nach Leserkreis - sehr verschiedene Anforderungen. Die gleiche Situation besteht auf dem Gebiet der Software. Die verschiedenen Formen der Software unterscheiden sich in Funktonsweise und Anwendungszweck. Wir haben uns bereits einige sehr spezielle Programme für die Modelle 50, 60 und 80 angesehen. Mit diesen Programmen ließen sich allerdings keine wirklich sinnvollen Aufgaben lösen, i.e. Aufgaben zu deren Lösung Sie den Computer eigentlich angeschafft haben.

Die wichtigsten Formen nutzbringender Software sind in einem einfachen Modell in Abbildung 3-28 dargestellt. Man unterscheidet für das Personal System/2 drei Formen oder *Software-Ebenen*: die Anwendungsprogramm-Ebene, die Betriebssystem-Ebene und die Basic-Input-Output-System- oder BIOS-Ebene. Jeder Software-Ebene ist ein ganz spezieller Aufgabenkomplex zugeordnet, alle drei Ebenen arbeiten aber dennoch eng zum Vorteil des Benutzers zusammen. Obwohl es einige besondere Programme gibt, die nicht in dieses Grundmuster passen, läßt sich die große Mehrzahl kommerziell nutzbarer Software hier problemlos einordnen. Die Kapitel 4 und 5 werden sich noch ausführlich mit den Themen "Anwendungsprogramme" und "Betriebssysteme" beschäftigen; wir wollen uns an dieser Stelle mit einer Übersicht über die drei Software-Ebenen begnügen.

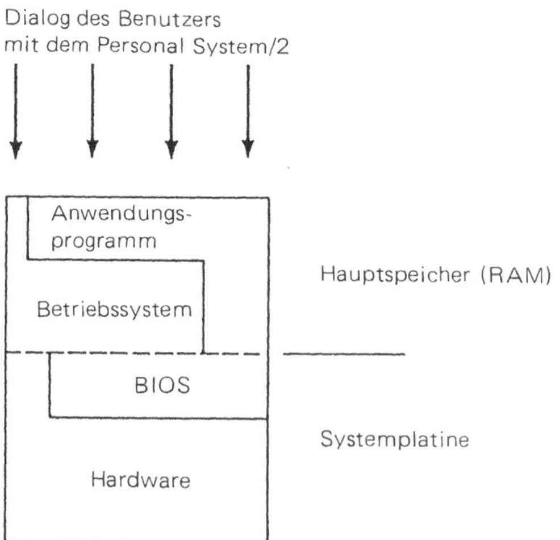

Abb.: 3-28 Einfaches Modell für die verschiedenen Formen von Software. Die drei Software-Ebenen arbeiten eng miteinander und mit der Hardware zusammen.

Anwendungsprogramme

Die oberste Ebene unseres Software-Modells ist die Anwendungsprogramm-Ebene, die in Abbildung 3-29 hervorgehoben ist. Die Programme dieser Ebene befähigen die Modelle 50, 60 und 80 dazu, den eigentlichen Anwendungszweck eines Computers, also beispielsweise Textverarbeitung oder Datenkommunikation, zu erfüllen. Aus diesem Grund werden sie auch Anwendungsprogramme genannt. Sie erledigen die Arbeiten, für die der Benutzer den Computer gekauft hat, während den beiden anderen Ebenen wichtige Unterstützungsfunktionen zukommen.

Die Dialogpfeile aus Abbildung 3-29 sollen verdeutlichen, daß der Benutzer zumeist mit den Anwendungsprogrammen und gelegentlich mit dem Betriebssystem in Dialog tritt. In enger Zusammenarbeit mit den anderen Ebenen verarbeitet das Anwendungsprogramm die verschiedenen Eingaben des Benutzers und reagiert mit der Ausgabe von Informationen auf dem Bildschirm oder einem anderen Ausgabegerät.

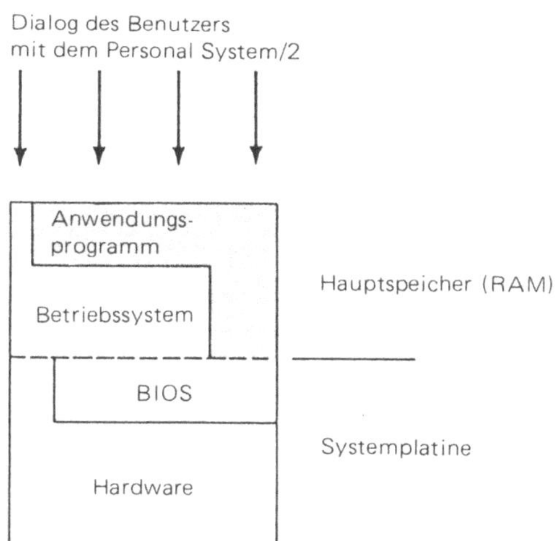

Abb.: 3-29 Die Anwendungsprogramm-Ebene unseres Software-Modells. Es sind die Anwendungsprogramme, die den Computer zu Lösung immer anderer Probleme befähigen.

Wie wir später noch sehen werden, können die Modelle 50, 60 und 80 die meisten Anwendungsprogramme ausführen, die ursprünglich für die PCs entwickelt worden sind. Die Folge davon ist, daß dem Benutzer eines Modells 50, 60 oder 80 ein umfangreiches Software-Angebot zur Verfügung steht. Es existiert für beinahe jede denkbare Aufgabe ein fertiges Anwendungsprogramm. Einige weiterverbreitete Einsatzgebiete kommerziell nutzbarer Anwendungsprogramme sind: Buchhaltung, Finanzmathematik, Textverarbeitung, Datenverwaltung, Kommunikation, grafische

Darstellung. Kapitel 4 ist den verschiedenen Formen von Anwendungsprogrammen gewidmet.

Betriebssysteme

Die zweite Ebene in unserem Software-Modell ist die der Betriebssysteme. Sie ist in Abbildung 3-30 hervorgehoben. Das Betriebssystem steuert die Hardware-Elemente des Computersystems und arbeitet einerseits für die Anwendungsprogramme und andererseits für den Benutzer, indem es zum Beispiel Tastatureingaben entgegennimmt oder für die richtige Bildschirmdarstellung sorgt. Das Anwendungsprogramm teilt dem Betriebssystem nur mit, was zu tun ist. Das konkrete "Wie" überläßt es dem Betriebssystem. Man sagt deshalb, daß Anwendungsprogramm arbeite in der Umgebung des Betriebssystems (und nicht etwa - wie das Betriebssystem selbst - in einer Hardware-Umgebung). Betriebssysteme können auch direkt vom Benutzer Befehle entgegennehmen, um zum Beispiel Disketten zu formatieren oder den Bildschirm zu löschen. Für die Modelle 50, 60 und 80 steht eine ganze Reihe von Betriebssystemen zur Auswahl, wie wir in Kapitel 5 noch sehen werden.

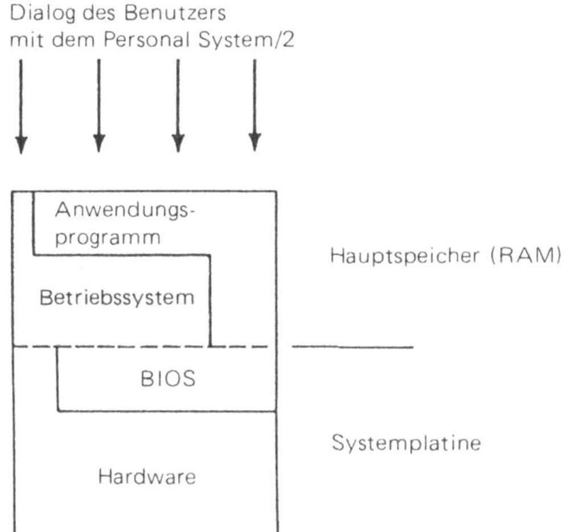

Abb.: 3-30 Die Betriebssystem-Ebene unseres Software-Modells. Das Betriebssystem bildet die Umgebung, in der das Anwendungsprogramm abläuft.

BIOS

Die dritte und letzte Ebene unseres Software-Modells nennt sich *Basic-Input-Output-System*-Ebene (etwa: Basisprogramme für die Ein- und Ausgabe). Sie ist in Abbildung 3-31 hervorgehoben. Das BIOS ist eine Sammlung von speziellen Programmen, die im Gegensatz zu Anwendungsprogrammen oder dem Betriebssystem nur von anderen Programmen genutzt werden. Das BIOS tritt niemals direkt mit dem Benutzer in Dialog; seine einzige Aufgabe besteht darin, die Anwendungsprogramme und das Betriebssystem bei der Arbeit zu unterstützen. Der Benutzer erfährt zumeist nicht einmal von dessen Existenz. Das BIOS assistiert dem Betriebssystem und den Anwendungsprogrammen bei Aufgaben, die direkt mit den Hardware-Eigenschaften des Computers in Verbindung stehen. Es schirmt dabei quasi die beiden oberen Software-Ebenen von der Hardware des Computers ab, so daß sich die Hardware technologisch weiterentwickeln kann, ohne daß deshalb jedesmal die bestehenden Programme infolge von Inkompatibilität angepaßt werden müßten. Wir werden auf die Rolle des BIOS im folgenden noch ausführlicher eingehen.

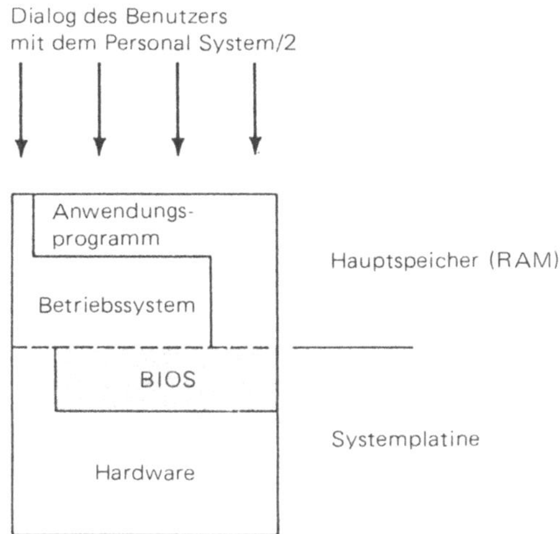

Abb.: 3-31 Die BIOS-Software-Ebene unseres Modells. Das BIOS greift direkt auf die Hardware-Elemente des Personal System/2 zu und schirmt sie gegen das Betriebssystem und die Anwendungsprogramme ab.

Im Unterschied zu den Betriebssystemen oder Anwendungsprogrammen, die von der Festplatte resp. Diskette in den Arbeitsspeicher geladen werden müssen, befindet sich das BIOS in einem ROM (Nur-Lese-Speicher) auf der Systemplatine der Modelle 50, 60 und 80.

Die Modelle 50, 60 und 80 sind die ersten Computer, die sowohl ein Compatibility BIOS als auch ein Advanced BIOS besitzen. *Compatibility BIOS* (kompatibles BIOS) soll die Software-Kompatibilität zu den PCs gewährleisten. Es ist im Grunde das gleiche BIOS, das auch in den PCs verwendet wurde.

Advanced BIOS (verbessertes BIOS) ist eine neu entwickelte und eigenständige Programmsammlung, die ebenfalls im ROM der Modelle 50, 60 und 80 gespeichert ist. Advanced BIOS setzt einen neuen Standard für Betriebssystem-Programmierer und unterstützt besonders die Multi-Tasking-Umgebung, die in Kapitel 5 behandelt wird.

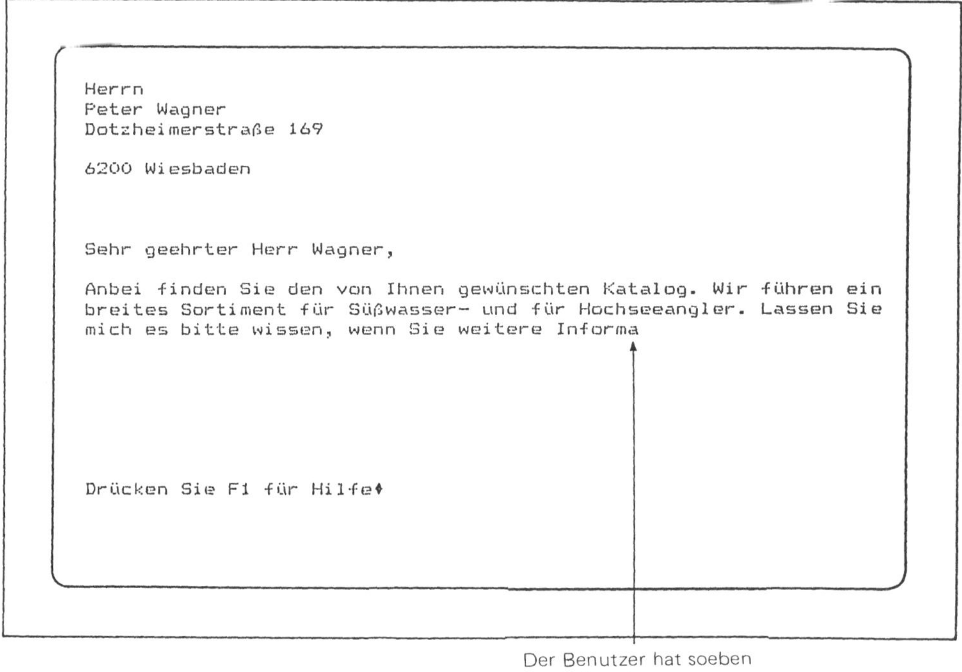

Abb.: 3-32 Ein Verkäufer schreibt mit Hilfe eines Textverarbeitungsprogramms eine Mitteilung. Er ist gerade dabei, auf der Tastatur die Taste "t" zu betätigen, die das Wort "Informa" korrekt fortsetzt.

Die Zusammenarbeit der Software-Ebenen

Wir wollen eine Reihe von Vorgängen verfolgen, die bei Betätigen einer Taste ablaufen, um zu verstehen, wie die drei Software-Ebenen zusammenarbeiten und gemeinsam für den Benutzer eine Aufgabe erledigen.

In unserem Beispiel, dargestellt in Abbildung 3-32, schreibt ein Verkäufer mit einem Textverarbeitungsprogramm eine Mitteilung an einen Kunden. Dabei übernehmen die verschiedenen Software-Ebene diese Aufgaben: Das Textverarbeitungsprogramm hat soeben die Bearbeitung des zuletzt eingegebenen Zeichens, eines "a", beendet und das Betriebssystem angewiesen, das nächste Zeichen zu liefern und am Bildschirm darzustellen, sobald es verfügbar ist. Das Betriebssystem seinerseits teilt dem BIOS mit, daß das nächste Zeichen zu übergeben ist, sobald es verfügbar ist.

Jetzt, da alles vorbereitet ist, wollen wir sehen, was passiert, wenn der Verkäufer tatsächlich das nächste Zeichen, ein "t" in dem Wort "Information", eingibt. Die Abläufe sind in Abbildung 3-33 dargestellt. Die Betätigung der Taste "t" veranlaßt die Tastatur einen sogenannten *Scan Code*[1] über das Tastaturkabel an die Tastaturschnittstelle auf der Systemplatine des Personal System/2 zu senden. Die Tastaturschnittstelle signalisiert dem BIOS, daß ein Scan Code empfangen wurde. Das Tastaturprogramm des BIOS nimmt den Scan Code entgegen, sendet der Tastatur eine Empfangsbestätigung und übersetzt den Scan Code in das entsprechende Zeichen. Da das BIOS feststellen kann, daß die Umschalt-Taste nicht gedrückt ist, interpretiert es den Scan Code als kleines "t" und übergibt es dem Betriebssystem. Das Betriebssystem nimmt den vom BIOS übersetzten Tastendruck entgegen, reicht ihn an das Textverarbeitungsprogramm weiter und stellt ihn auf dem Monitor dar (siehe Abbildung 3-34). Das Textverarbeitungsprogramm weist daraufhin das Betriebssystem an, auf den nächsten Tastendruck zu warten - und alles beginnt wieder von vorne.

Der besseren Verständlichkeit wegen werden zahlreiche Teilschritte gar nicht erst erwähnt, die der Computer durchführen muß, um einen einfachen Tastendruck überhaupt zu übersetzen oder ihn am Bildschirm auszugeben. So kompliziert diese Vorgänge auch scheinen mögen, ein Computer führt sie in winzigen Bruchteilen von Sekunden aus. Vielleicht erhalten Sie durch diese sehr ausführliche Darstellung einen Eindruck von der Arbeitsgeschwindigkeit eines Computers.

1 Der Scan Code beschreibt nur die physische Position der Taste auf der Tastatur unabhängig von dem Zeichen, das auf der Taste dargestellt ist. Auf diese Weise erspart man sich die Produktion verschiedener Tastaturen für die unterschiedlichen Landessprachen.

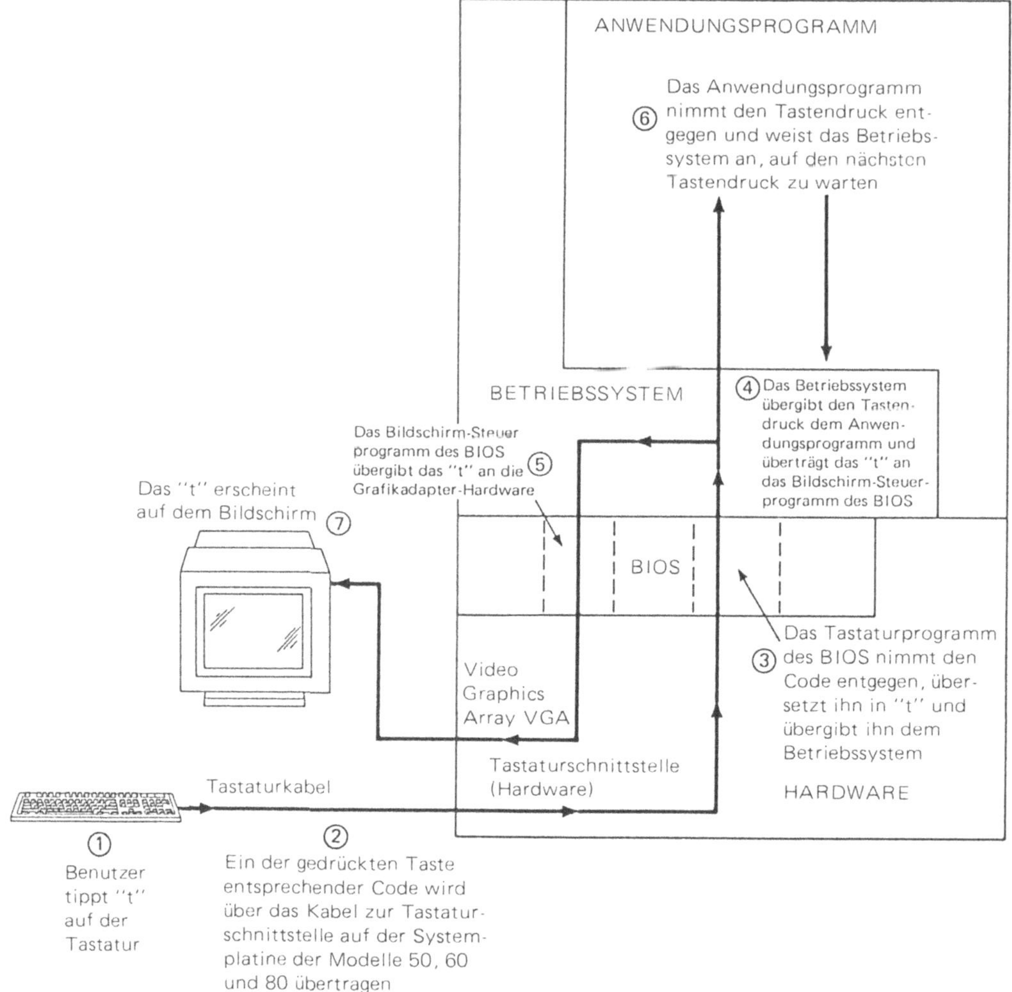

Abb.: 3-33 **Wege eines einfachen Tastendrucks durch die Ebenen unseres Software-Modells.**

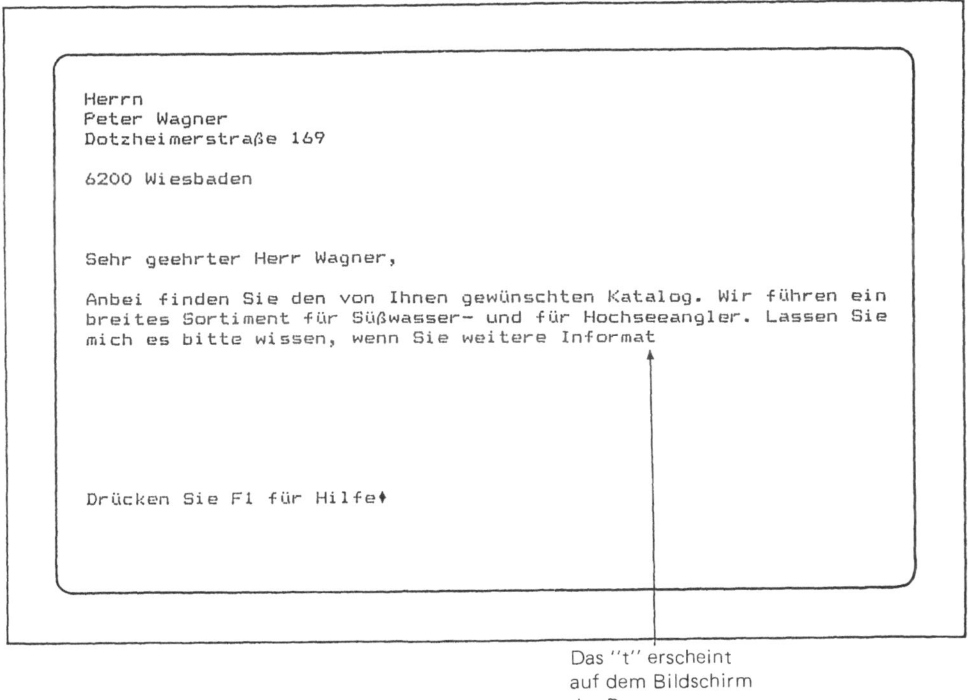

Abb.: 3-34 Bildschirmdarstellung, nachdem der Verkäufer das "t" eingegeben hat.

Eine derartig komplizierte Zusammenarbeit zwischen den drei Software-Ebenen findet jedesmal statt, wenn der Computer eine Operation ausführt, zum Beispiel eine Datei von der Festplatte liest, über die serielle Schnittstelle kommuniziert, usw.

3.3 SOFTWARE-KOMPATIBILITÄT - LAUFEN PC-PROGRAMME?

Die Popularität des PCs ist eine Folge des riesigen Software-Angebots, das für diese Maschinen entwickelt wurde. Die daraus resultierende Flexibilität macht die PCs heutzutage in fast jedem Bereich einsetzbar. Natürlich existierte dieser "Programm-Ozean" noch nicht als der PC neu auf den Markt kam. Es ist einer großen Zahl von Programmierern zu verdanken, die in langjähriger Arbeit die heute erhältliche Software entwickelt haben. Um diese Entwicklungsarbeit zu nutzen, war Kompatibilität eine der Hauptforderungen beim Design des Personal System/2. Das heißt, daß die meisten, eigentlich für den PC entwickelten Programme auch auf den Modellen 50, 60 und 80 reibungslos laufen. Obwohl das Personal System/2 einen großen technologischen Fortschritt darstellt, verfügt es dennoch über ein erhebliches Maß an Software-Kompatibilität zu den PCs.

Was versteht man unter "PC-Kompatibilität"?

PC-kompatibel sind Computer, die einen Großteil der für den PC entwickelten Programme ausführen können. Beachten Sie bitte in der Definition die Einschränkung "Großteil". Zu einem gewissen Maß an Inkompatibilität führen Veränderungen der Hardware-Komponenten, der Rechengeschwindigkeit oder der Architektur - alles notwendige Maßnahmen, um die Leistungsfähigkeit der Computer zu erhöhen.

In diesem Zusammenhang ist es wichtig zu wissen, daß in unserem Modell der drei Software-Ebenen der Kompatibilität mit der Anwendungsprogramm-Ebene die größte Bedeutung zukommt. Warum das? Zunächst einmal stellen die Anwendungsprogramme den Löwenanteil der Software-Investitionen des Benutzers dar. Ferner kann ein Benutzer alle seine mit einem Anwendungsprogramm gesammelten Daten, seine Übung und seine Erfahrungen vergessen, wenn er infolge von Inkompatibilität gezwungen ist, auf ein anderes Anwendungsprogramm zu wechseln. Einige Benutzer haben sich maßgeschneiderte Anwendungsprogramme mit erheblichem Zeit- und Kostenaufwand entwickeln lassen. Inkompatibilität auf der Anwendungsprogramm-Ebene würde alle diese Investitionen mit einem Schlag zunichte machen. Schließlich eröffnet die Kompatibilität auf der Anwendungsprogramm-Ebene dem Personal System/2 das riesige Software-Angebot des PC.

Wie steht es nun mit den Betriebssystem- und BIOS-Ebenen? Kompatibilität mit früheren Betriebssystem-Versionen ist aus verschiedenen Gründen nicht sonderlich wichtig. Zum einen stellt das Betriebssystem nur einen kleinen Teil der Software-Investitionen des Benutzers dar. Zum anderen ist die Anschaffung einer neuen Betriebssystem-Version sowieso fällig, wenn man den Computer wechselt, um die verbesserten Hardware-Eigenschaften überhaupt nutzen zu können. Das Disk Operating System 3.3 (DOS 3.3) ist beispielsweise eine neue Version des bestehenden DOS, die in der Lage ist, die 1,44 MB Diskettenlaufwerke der Modelle 50, 60 und 80 anzusteuern. Selbstverständlich wird auch eine neue BIOS-Ebene eingeführt, die im ROM der Modelle 50, 60 und 80 abgelegt ist und die alle neuen Funktionen unterstützt, ohne daß es dabei zur Inkompatibilität kommt.

Was beeinflußt die "Kompatibilität"?

Was ist zu tun, um PC-Kompatibilität auf der Anwendungsprogramm-Ebene herzustellen? Im Grunde genommen, muß dem Anwendungsprogramm die gleiche Umgebung innerhalb des Computer-Systems zur

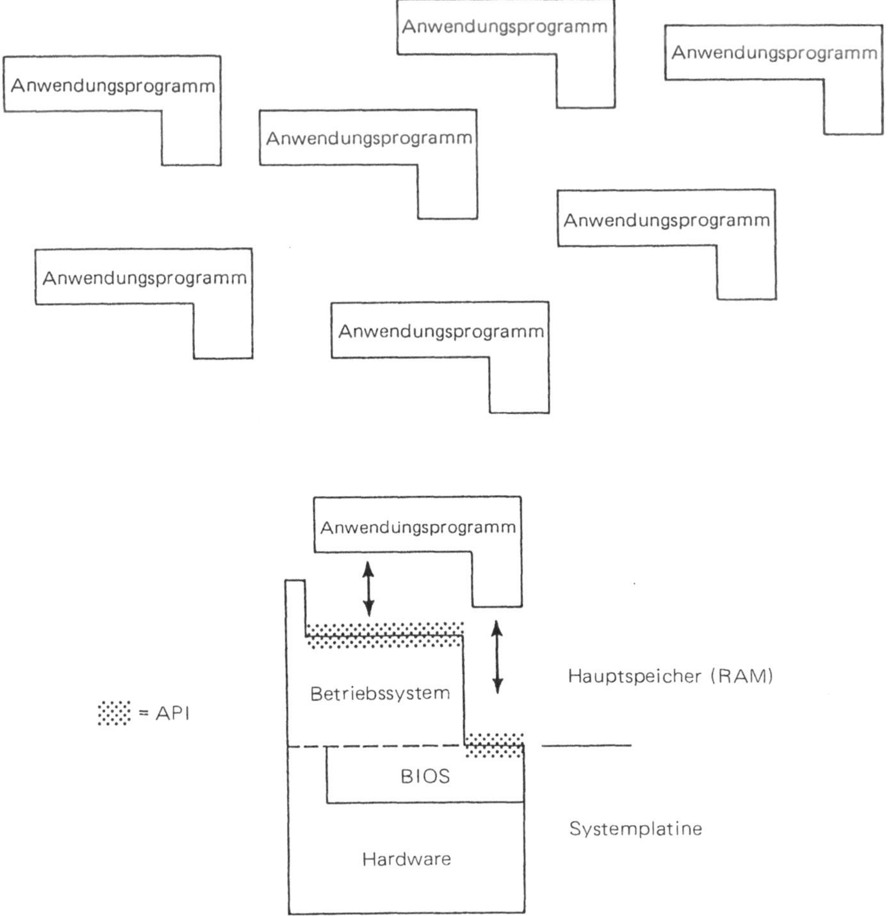

Abb.: 3-35 Der größte Teil des API (Application Program Interface) erstreckt sich über das Betriebssystem und das BIOS.

Verfügung gestellt werden, wie sie auch bei den PCs verwendet wurde. Das bedeutet, daß das *API* (Application Program Interface - Schnittstelle zum Anwendungsprogramm) der Modelle 50, 60 und 80 identisch mit dem der PCs sein muß. Das API besteht aus Programmteilen, die eine standardisierte Verbindung zwischen dem Anwendungsprogramm auf der einen Seite und dem Betriebssystem und dem BIOS auf der anderen Seite herstellen (siehe Abbildung 3-35). Neben der Beibehaltung eines identischen APIs besteht außerdem noch weitgehende Kompatibilität des DOS 3.3 der Modelle 50, 60 und 80 mit früheren DOS-Versionen. Wir werden auf die Kompatibilitätsfrage im Zusammenhang mit dem Betriebssystem noch in Kapitel 5 eingehen. Das BIOS des Personal System/2 bewahrt ebenfalls die Kompatibilität mit früheren BIOS-Versionen.

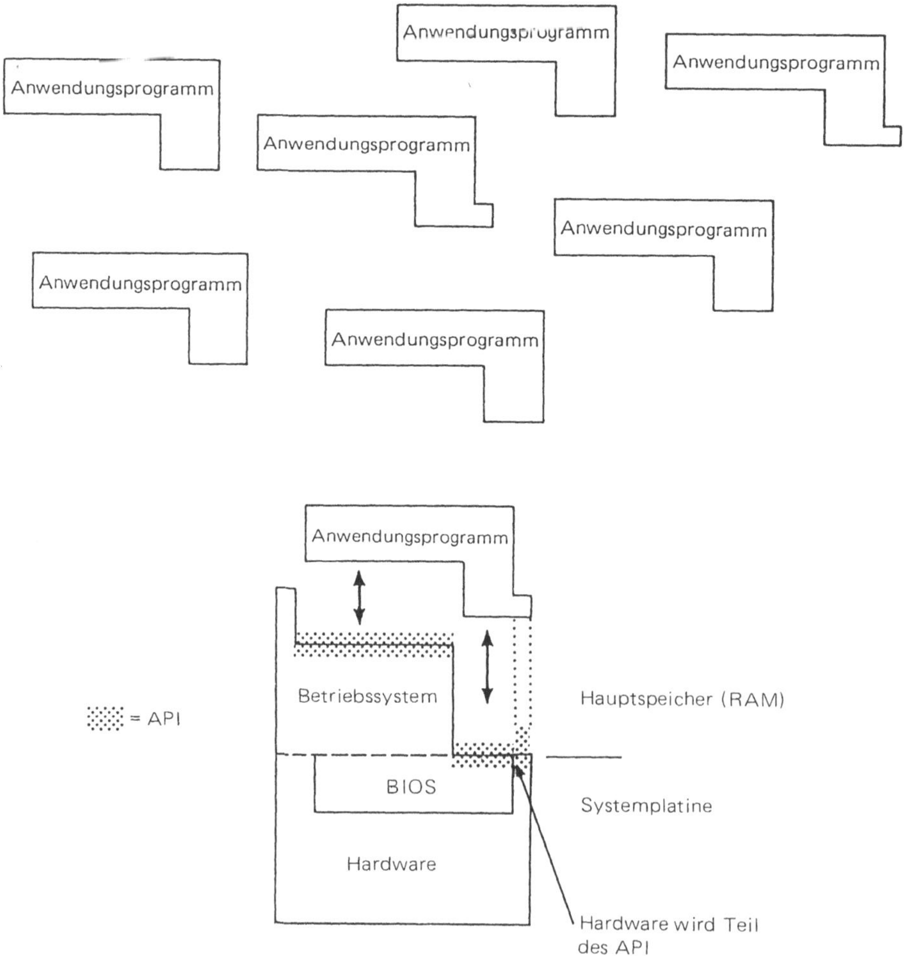

Abb.: 3-36 Die Hardware wird selbst Teil des API, wenn ein Anwendungsprogramm unter Umgehung der anderen Software-Ebenen direkt auf sie zugreift.

Unser Software-Modell verführt zu der Annahme, daß Kompatibilität bei Betriebssystem und BIOS allein schon ausreichend ist, um völlige Kompatibilität mit der Anwendungsprogramm-Ebene zu erzielen. In der Realität halten sich die Anwendungsprogramme aber nicht immer an die standardisierte Zusammenarbeit mit dem Betriebssystem bzw. BIOS mittels API. Stattdessen umgeht manches Anwendungsprogramm die anderen Software-Ebenen und arbeitet direkt mit den Hardware-Komponenten des Computers zusammen. Diese Zusammenarbeit wird in Abbildung 3-36 erläutert. Wenn ein Anwendungsprogramm direkt mit der Hardware arbeitet, dann wird die Hardware selbst ein Teil des API und darf infolgedessen nicht verändert werden, wenn die Kompatibilität gewahrt bleiben soll. Warum steuern Anwendungsprogramme die Hardware direkt an? Häufig beschleunigt diese direkte Zusammenarbeit den Programmablauf und vereinfacht den Schutz vor unbefugtem Kopieren des Programms. Um auch Kompatibilität mit Anwendungsprogrammen herzustellen, die direkt auf die Hardware zugreifen, wurden die Schnittstellen entscheidender Hardware-Komponenten denen der PCs nachempfunden. Dazu zählen die Grafik-Register, die Register der seriellen Schnittstelle, etc.

Ein weiteres Kompatibilitätsproblem sind die 3,5 Zoll Disketten der Modelle 50, 60 und 80. Bis zur Einführung des IBM PC Convertible im Jahre 1986 verwendeten alle PCs ausschließlich 5,25 Zoll Disketten; selbstverständlich wurde auch die gesamte Software in diesem Format angeboten. Die Modelle 50, 60 und 80 besitzen 3,5 Zoll Diskettenlaufwerke. Die meisten Programme sind allerdings schon jetzt auf 3,5 Zoll Disketten erhältlich. Was passiert aber mit der Software die Sie bereits für frühere PCs auf 5,25 Zoll Disketten gekauft haben? Und was mit den Daten und Programmen, die Sie als PC-Anwender auf 5,25 Zoll Disketten abgelegt haben? Offensichtlich besteht Bedarf nach einer Übertragungsmöglichkeit, mit der man Programme und Daten von 5,25 Zoll Disketten auf 3,5 Zoll Disketten übertragen kann. Ferner wäre es auch praktisch, Programme und Daten von einer PC-Festplatte zum Personal System/2 zu transferieren. Für alle diese Probleme gibt es selbstverständlich bereits Lösungen. Die speziell für Ihren Fall geeignete Methode hängt von Ihrer Computer-Ausstattung und von der Art der Informationen (Daten oder Programme) ab, die Sie übertragen wollen. Kapitel 7 behandelt die verschiedenen Transfermethoden, die den Übergang von 5,25 Zoll auf 3,5 Zoll Disketten erleichtern.

Welche Programme sind kompatibel?

Der kommerzielle Anwender möchte in der Regel genau wissen, welche Programme zu den Modellen 50, 60 und 80 kompatibel sind und welche nicht. Das beste Verfahren, die Kompatibilität des Personal System/2 mit einem Anwendungsprogramm zu ermitteln, sind praxisnahe Tests. Genau das wurde auch schon für zahlreiche weitverbreitete Anwendungsprogramme (sowohl von IBM als auch von anderen Herstellern) durchgeführt. In Anhang D finden Sie eine Liste der Programme, die auf Kompatibilität getestet worden sind. Sollte ein Anwendungsprogramm in dieser Liste nicht erscheint, so bedeutet das nicht, daß es nicht kompatibel ist, sondern daß es nur nicht getestet wurde. Wahrscheinlich wird es sogar anstandslos vom Personal System/2 ausgeführt. Sprechen Sie in einem solchen Fall am besten den entsprechenden Software-Hersteller an oder probieren Sie das Programm bei Ihrem Händler aus. Beachten Sie aber, daß es auch sehr subtile Formen der Inkompatibilität gibt, die bei einem Testlauf nicht sofort offensichtlich werden.

3.4 SAA - DER NEUE STANDARD

Computer werden an verschiedenen Orten mit den unterschiedlichsten Aufgaben betraut. Um allen Anforderungen zu genügen, hat IBM drei Computer-Familien entwickelt: die System/370 Mainframe-Computer, das mittelgroße System/3X und das Personal System/2. Da nicht für alle drei Computer-Familien ein einheitlichen Programmierstandard existiert, entwickelten die Programmierer ihre Programme immer nur für eine Systemfamilie. Wenn der Benutzer sein Computersystem wechseln wollte, mußte er seine Programme immer einer aufwendigen Änderungsprozedur unterziehen, bevor sie auf der neuen Computer-Familie liefen.

Um Programm-Kompatibilität und -Konsistenz über die Grenzen einer System-Familie hinaus zu erreichen, veröffentlichte IBM kürzlich die System-Anwendungs-Architektur (SAA). Die System-Anwendungs-Architektur ist ein Katalog von Programmiervorgaben, auf dessen Grundlage die Entwicklung von Anwendungsprogrammen für alle drei Systemfamilien (System/370, System/3X und Personal System/2) stattfinden soll. Die System-Anwendungs-Architektur ist der Beginn einer langfristig ausgelegten Anwendungsprogramm-Strategie. Sie ist vergleichbar mit der Systems Network Architecture (*SNA*), die als eine langfristig ausgelegte Kommunikations- und Netzwerk-Strategie gedacht ist. Genauso wie SNA wird auch die System-Anwendungs-Architektur über einen längeren Zeitpunkt implementiert und ausgebaut werden und damit dem übergeordneten Ziel - Vereinheitlichung innerhalb der drei IBM Computer-Familien - dienen.

Ein Programm, das der System-Anwendungs-Architektur entspricht, muß drei Anforderungen erfüllen:

Programm-Portabilität: Ein Anwendungsprogramm der System-Anwendungs-Architektur kann abgesehen von kleinen Änderungen über die Grenzen einer Computer-Familie hinaus portiert werden (zum Beispiel von einem Modell 50, 60 und 80 zu einem System/370). Das ermöglicht dem Benutzer sein Anwendungsprogramm auf einen größeren (oder kleineren) Computer zu übertragen, wenn sich die geschäftlichen Anforderungen ändern. Ferner kann ein einziges Anwendungsprogramm auf vielen verschiedenen Computern benutzt werden, so daß allen Anwendern die gleichen Funktionen zur Verfügung stehen. Ein weiterer Vorteil liegt darin, daß Programmierer, die sich an die System-Anwendungs-Architektur halten, ihre Programme Benutzern aller drei Computer-Familien anbieten können. Das senkt die Entwicklungskosten und verbreitert das Software-Angebot.

Kommunikation zwischen Programmen: Programme, die die Kommunikationsstandards der System-Anwendungs-Architektur beachten, können direkt mit anderen System-Anwendungs-Architektur-Programmen kommunizieren, die wiederum auf völlig anderen Computer laufen. Mit anderen Worten: Programme, die auf unterschiedlichen Computer-Familien innerhalb eines Netzwerkes arbeiten, können direkt kooperieren.

Vereinheitlichung der Benutzerschnittstelle: Es erfordert Zeit und konzentrierte Arbeit, die Bedienung eines Anwendungsprogramms zu erlernen. Oftmals reicht es nämlich nicht aus, nur die prinzipielle Funktionsweise (z.B. Datenbank, Tabellenkalkulation) zu kennen, die Bedienungsdetails müssen auch erlernt werden. Das betrifft zumeist den Einsatz der Benutzerschnittstelle (das, was der Benutzer vom Programm sieht) mit ihrer Funktionstasten-Belegung, Menüauswahl, Hilfeaufruf, etc. Die System-Anwendungs-Architektur legt Standards für diese und viele andere Details der Bedienerführung und Benutzerschnittstelle fest. Ziel dieses Standards ist es, einmal erworbenes Wissen langfristig, in verschiedenen Programmen und auf verschiedenen Computern nutzen zu können.

Einige Betriebssysteme des Personal System/2 halten sich an die System-Anwendungs-Architektur und stellen eine Basis für die Entwicklung entsprechender Anwendungsprogramme dar.

4 Anwendungsprogramme

Im vorangegangenen Kapitel haben wir gesehen, daß in den Modellen 50, 60 und 80 drei verschiedene Software-Ebenen existieren, deren Zusammenarbeit den Computer zu einem praktischen Werkzeug werden läßt. Dieses Kapitel befaßt sich nun mit der obersten Ebene - den sogenannten Anwendungsprogrammen. Anwendungsprogramme setzen die Rechenkraft der Modelle 50, 60 und 80 für die Lösung konkreter Aufgaben ein. Ferner wird in diesem Kapitel der Unterschied zwischen standardisierten und maßgeschneiderten Anwendungsprogrammen behandelt. Es werden die fünf Haupteinsatzgebiete erläutert, die von Anwendungsprogrammen abgedeckt werden, und es wird beschrieben, wie die Fähigkeiten der Modelle 50, 60 und 80 in diesem Zusammenhang eingesetzt werden können. Abschließend wird auf die äußerst wichtige Beziehung zwischen Anwendungsprogramm und Betriebssystem eingegangen.

Dieses Kapitel soll allerdings keinen Schulungskurs für Anwendungsprogramme darstellen. Konkrete Bedienungshinweise zu den Tausenden von Anwendungsprogrammen, die heute erhältlich sind, geben zu wollen, würde ebensoviele Bücher füllen, die wahrscheinlich bald überholt und veraltet wären. Stattdessen beschränkt sich dieses Kapitel auf eine allgemeine Behandlung der wichtigsten Gesichtspunkte und liefert Ihnen nützliche Hinweise bei der Zusammenstellung Ihrer Anwendungsprogramme.

4.1 DIE ZWEI ALTERNATIVEN

Zunächst einmal muß man beim Erwerb von Anwendungsprogrammen zwei grundsätzlich verschiedene Kategorien unterscheiden:

- standardisierte Anwendungsprogramme,
- maßgeschneiderte Anwendungsprogramme.

Standardisierte Anwendungsprogramme bieten generelle Problemlösungen und werden über den Computereinzelhandel vertrieben. Maßgeschneiderte Anwendungsprogramme sind über Software-Häuser erhältlich; sie werden nach den konkreten Vorgaben eines bestimmten Benutzers angefertigt. Wir werden diese beiden Alternativen im folgenden einer näheren Betrachtung unterziehen.

Standardisierte Anwendungsprogramme

Die standardisierten Anwendungsprogramme variieren von einfachen Programmen, die nur ganz spezielle Aufgaben lösen können, bis zu extrem leistungsfähigen, komplexen Programmsystemen, die unzählige Funktionen aufweisen und fast alle Einsatzgebiete abdecken, für die heute Computer vorstellbar sind.

Trotz großer Unterschiede, sind doch die meisten Anwendungsprogramme, die man im Geschäftsleben antreffen kann, nur Variationen und Kombinationen aus fünf immer wiederkehrenden Aufgabenbereichen, die wir die *Großen Fünf* nennen wollen:

1. Textverarbeitung
2. Tabellenkalkulation
3. Datenbank
4. Geschäfts- und Präsentations-Grafik
5. Kommunikation

Die meisten standardisierten Anwendungsprogramme erfüllen eine oder mehrere dieser fünf Haupteinsatzbereiche. Oft lassen sie sich sogar noch vielseitiger verwenden als Papier und Bleistift. Manches Standard-Anwendungsprogramm vereint in sich als integriertes Softwarepaket gleich mehrere oder alle Funktionen der Großen Fünf. Diese Pakete sind sehr flexibel und lassen sich an viele Aufgabenstellungen, wie Buchführung (Datenbank), Projektplanung (Datenbank und Grafik), usw. anpassen.

Wir wollen einmal untersuchen, wie die Computer-Modelle 50, 60 und 80 die großen fünf Aufgaben lösen können.

Textverarbeitung

Mit Hilfe von Textverarbeitungsprogrammen können die Modelle 50, 60 und 80 jede beliebige Art von Textdokument erzeugen. Der Benutzer gibt seinen Text wie auf einer Schreibmaschine über die Tastatur ein. Da sich der Text aber im Speicher des Computers und nicht auf dem Papier befindet, kann er einfach modifiziert werden.

Grundlegende Funktionen, die sich auch in den einfachsten Textverarbeitungsprogrammen finden, sind: Text ändern, einfügen, verschieben und löschen. Moderne Textverarbeitungsprogramme bieten aber noch eine große Anzahl anderer wichtiger Funktionen wie Orthografie-Prüfung, Silbentrennung, automatisches Erzeugen von Inhaltsverzeichnissen, automatische Seitennummerierung und Index-Erstellung. Die fortschrittlichsten Programme sehen sogar das sogenannte *Desktop Publishing* vor, bei dem sich Text und Grafik eines Dokumentes auf dem Bildschirm mischen und dann über einen Hochqualitätsdrucker (z.B. einen Laserdrukker) reproduzierfähig zu Papier bringen lassen. Die Vorteile von Textverarbeitungsprogrammen gegenüber der manuellen Arbeitsweise und der weitverbreitete Bedarf an Dokumenterstellung haben die Textverarbeitung auf dem Computer zu einer der häufigsten Anwendungen in der Geschäftswelt werden lassen.

Die Computer 50, 60 und 80 des Personal System/2 werden zusammen mit einem leistungsfähigen Textverarbeitungsprogramm schnell jedem den Spaß an seiner Schreibmaschine nehmen und sind eine ernsthafte Konkurrenz zu den konventionellen reinen Textverarbeitungssystemen. Das liegt zunächst einmal daran, daß das Video Graphics Array VGA eines jeden Modells 50, 60 oder 80 in der Lage ist, Zeichen von höchster Qualität auf dem Bildschirm darzustellen, die sich bei weitem leichter und ermüdungsfreier lesen lassen als auf herkömmlichen Computern. Das Video Graphics Array erlaubt ferner die Definition eigener Zeichensätze und Schriftarten und sorgt so für mehr Flexibilität. Der reflexionsfreie Bildschirm der Modelle 50, 60 und 80 ist für die Augen auch bei langer Bildschirmarbeit nur wenig belastend. Die multi-funktionale Tastatur sorgt für eine hohe Schreibgeschwindigkeit.

Wenn Sie die Arbeit an einem Dokument beendet haben, können Sie es auf der Festplatte oder einer Diskette abspeichern. Die 1,44 MB Disketten der Modelle 50, 60 und 80 haben eine Kapazität von über 750 Textseiten (mit doppeltem Zeilenabstand) und passen in Ihre Hemd- oder Brieftasche, so daß sich auch sehr umfangreiche Dokumente problemlos transportieren lassen. Die verschiedenen Drucker mit hoher Schriftqualität, die für das Personal System/2 angeboten werden, erzeugen übersichtliche und ordentliche Dokumente.

Tabellenkalkulation

Computer wurden ursprünglich für die Verarbeitung von Zahlen entwickelt. Eine äußerst weit verbreitete Methode der Zahlenverarbeitung auf den Modellen 50, 60 und 80 ist die Verwendung eines Tabellenkalkulationsprogramms. Beinahe jede Berechnung, die Sie auf einem Blatt Papier ausführen können, läßt sich auch automatisch mit einem Tabellenkalkulationsprogramm lösen. Die bekanntesten Tabellenkalkulationsprogramme verfügen über zahlreiche finanzmathematische und statistische Funktionen und erlauben Analysen und Prognosen. Auf diese Weise lassen sich einfach sogenannte "Was wäre, wenn"-Fragen beantworten, indem die entsprechenden Parameter geändert und die daraus resultierenden Auswirkungen auf die gesamte Tabelle analysiert werden. Die Bedienung von Tabellenkalkulationsprogrammen auf Personal Computern ist schnell erlernbar, da ihre Benutzung stark der einer normalen Schultafel ähnelt.

Die große Arbeitsspeicher-Kapazität der Modelle 50, 60 und 80 und ihr Betriebssystem erlauben die Konstruktion auch sehr umfangreicher und komplexer Tabellen. Die gesteigerte Rechengeschwindigkeit der Modelle 50, 60 und 80 wird die Durchführung der zahlreichen Berechnungen, die solch umfangreiche Tabellen mit sich bringen, stark beschleunigen. Der Mathematik-Co-Prozessor, der für das Personal System/2 als Option erhältlich ist, verkürzt die Rechenzeit noch einmal erheblich. Einige Tabellenkalkulationsprogramme können die verbesserten Grafikfähigkeiten der Modelle 50, 60 und 80 nutzen und mit ihrer Hilfe qualitativ hochwertige Schaubilder erzeugen.

Datenbank

Für die Arbeit mit großen Informationsmengen ist die Organisation dieser Informationen von großer Bedeutung. Die Informationen eines Telefonbuchs sind beispielsweise in Form einer alphabetischen Liste von Namen, Adressen und Telefonnummern sortiert. Wenn Sie schon einmal das Fernsprechbuch von München oder Hamburg in der Hand gehalten haben, wissen Sie, daß ein solches Buch eine erhebliche Informationsmenge enthält.

(a) Informationsorganisation in einem Telefonbuch

Telefonbuch

(Name)	(Adresse)	(Nummer)
Müller Anton	XY-Straße	123456
Müller Berta	AB-Weg	654321
Müller Cäsar	AZ-Straße	975314
.		
.		

(b) Informationsorganisation in einer Datenbankanwendung

Datenbank eines Computers

	"Name"-Feld	"Adresse"-Feld	"Nummer"-Feld
Satz 1	Müller Anton	XY-Straße	123456
Satz 2	Müller Berta	AB-Weg	654321
Satz 3	Müller Cäsar	AZ-Straße	975314
	.		
	.		

Abb.: 4-1 (a) Die Informationsorganisation in einem Telefonbuch. (b) Die gleiche Information, allerdings in einer Datenbank organisiert. Um große Informationsmengen sinnvoll handhaben zu können, muß man sie zunächst einmal in einem einheitlichen Format zusammenfassen. Die Organisationsform eines Datenbankprogramms ist der eines Telefonbuchs nicht unähnlich.

Das Telefonbuch selbst ist vergleichbar mit einer Datei oder *Datenbank*. Die Informationen über eine einzelne Person innerhalb des Telefonbuchs entsprechen einem Datensatz innerhalb der Datenbank. Alle Datensätze einer Datenbank besitzen die gleiche Struktur, enthalten aber unterschiedliche Informationen. In unserem Beispiel enthält ein Datensatz

Informationen über den Namen, die Adresse und die Telefonnummer jeder einzelnen Person. Jede dieser drei Angaben wird in einem Datensatz und dort in einem Feld abgelegt. Der Adreßteil eines Telefonbucheintrags würde in einer Datenbank beispielsweise "Adreßfeld" lauten.

Das manuelle Suchen einer Telefonnummer in einem Telefonbuch ist sehr zeitaufwendig. Dasselbe gilt übrigens generell für das konventionelle Suchen von Informationen aus großen Datenmengen. Informationen, die jedoch einmal in ein Datenbank-Programm eingegeben worden sind, können schnell und ohne große Mühe beliebig oft aufgefunden werden. Datenbanken können Informationen über das Inventar eines Geschäfts, die Bücher einer Bibliothek, Personendaten, Krankengeschichte oder jede beliebige andere Art von Information horten. Große Firmen, Banken, Flug- oder Versicherungsgesellschaften setzen in der Regel extrem große Datenbanken ein, auf die von mehreren Benutzern zugegriffen werden kann. Büroangestellte können Datenbank-Anwendungen dazu einsetzen, betriebsinterne Telefonbücher oder Terminkalender zu führen. Viele Datenbank-Programme verfügen zusätzlich noch über eine eigene Programmiersprache, die es dem Benutzer ermöglicht, seine Datenbank genau seinen Anforderungen anzupassen.

Die Festplatten der Personal System/2 Modelle 50, 60 und 80 bieten ausreichend Speicherkapazität auch für die Einrichtung sehr großer Datenbanken. Zum Vergleich: Auf der 20 MB Festplatte des Modells 50 kann eine Datenbank, die aus Sätzen mit je zwei Feldern (Name, Adresse) besteht, mit über 300.000 Einträgen und auf der 70 MB Festplatte des Modells 60 sogar mit über einer Millionen Einträgen verwaltet werden. Mit der maximalen Festplattenkapazität von 230 MB des Modells 80 kann auf über 240 Millionen Namen und Adressen direkt zugegriffen werden.

Mit Hilfe des *Platten-Cache-Speichers*, über den jedes Modell 50, 60 und 80 verfügen kann, läßt sich die Verarbeitungsgeschwindigkeit bei Datenbanken noch einmal merklich erhöhen.

Grafik

Schon zu prähistorischen Zeiten malte der Mensch Bilder, um Informationen darzustellen und zu interpretieren. Die bildliche Darstellung ist dem Menschen etwas sehr Vertrautes und kann deshalb als leistungsfähiges Kommunikationsmittel mit hohem Aufmerksamkeitswert genutzt werden. Je größer die gleichzeitig zu vermittelnde Informationensmnge ist, desto eher bietet sich eine grafische Darstellung an. Aus diesen Gründen bedient sich fast die gesamte Geschäftswelt bei der Verbreitung von Informationen an Kunden, Angestellte, Manager usw. bildlicher Medien. Bei der steigenden Zahl von Computern ist es außerdem nicht verwunderlich, daß von Computern erzeugte Schaubilder oder Grafiken immer größere Bedeutung gewinnen.

Anwendungsprogramme für Geschäfts- und Präsentationsgrafiken unterstützen den Benutzer bei der Erzeugung von Computer-Schaubildern. Die angebotenen Programme variieren stark in Preis und Leistung. Einige Produkte nehmen numerische Informationen vom Benutzer entgegen und arbeiten sie zu entsprechenden Linien-, Balken- oder Tortendiagrammen auf. Andere stellen dem Benutzer einen kompletten Grafiker-Arbeitsplatz zur Verfügung, dessen Beschränkungen fast nur in der Kreativität des Benutzers selbst liegen. Sie besitzen vordefinierte Bilder-Bibliotheken mit Tieren, Flugzeugen, Schiffen, Symbolen, Landkarten etc, die der Benutzer sofort verwenden kann. Ein fertiges Bild kann auf Diskette gespeichert, ausgedruckt oder für farbige Dia-Präsentationen fotografiert werden. Einige Programme können auch komplette Bilderserien direkt auf dem Computer-Bildschirm ablaufen lassen.

Das Video Graphics Array (VGA) eines jeden Modells 50/60/80 in Verbindung mit den Bildschirmeinheiten macht die Erzeugung hochwertiger Grafiken möglich. Es können Bilder mit 320 mal 200 Punkten mit bis zu 256 verschiedenen Farben generiert werden. Dabei können die 256 verschiedenen Farben aus einer Palette von über 256.000 verfügbaren Farben zusammengestellt werden. Das ist insbesondere bei der Darstellung von fotorealistischen Bildern eines Produkts von Nutzen. Wenn die Darstellung komplizierterer Grafiken benötigt wird, können Bilder mit 640 mal 480 Punkten in bis zu 16 verschiedenen Farben generiert werden. Diese hohe Grafikauflösung ist besonders bei aufwendigen Liniengraphen praktisch. Die Linien, die durch das VGA gezeichnet werden, wirken nämlich sehr geglättet (weniger gestuft) als bei früheren Personal Computern. Außerdem ist das Achsenverhältnis[1] bei VGA-Grafiken sehr ausgeglichen, das bedeutet, daß sich die Proportionen eines Bildes bei der Rotation nicht verändern. Durch die Installation des IBM Personal System/2 Bildschirmadapters 8514/A in Verbindung mit dem Farbbildschirm 8514 können sogar Grafiken mit 1024 mal 768 Punkten mit 256 Farben erzeugt werden. Diese Kombination aus hoher Auflösung und zahlreichen Farben ist für ansprechende Geschäftsgrafiken oder sehr komplexe Zeichnungen dienlich, wie sie häufig im ingenieur- oder naturwissenschaftlichen Bereich oder im Computer Aided Design (CAD, computerunterstützes Entwerfen) benötigt werden. Die Hochqualitäts-Drucker und -Plotter, die für die Modelle 50, 60 und 80 erhältlich sind, können schließlich alle Grafiken zu Papier bringen.

1 Das Achsenverhältnis bestimmt das Verhältnis der X- und der Y-Achse auf dem Monitor zueinander. Ein ausgeglichenes Achsenverhältnis bedeutet, daß der Abstand von zwei Punkten auf beiden Achsen gleich groß ist.

Kommunikation

Die Aufgabe von Kommunikationsprogrammen besteht darin, Daten von einem Computer zu einem anderen zu übertragen. Eine weitere Aufgabe von Kommunikationsprogrammen besteht darin, die vier anderen Elemente der Großen Fünf miteinander zu verbinden. Mit Hilfe eines Kommunikationsprogramms könnte man beispielsweise Dokumente, die mit einem Textverarbeitungsprogramm erstellt wurden, oder Grafiken einer Grafikanwendung in elektronischer Form in wenigen Augenblicken an jeden Ort der Welt senden. Da Kommunikationsprogramme eng mit den anderen Typen von Anwendungsprogrammen zusammenarbeiten müssen, werden sie häufig mit diesen zu einem einzigen Produkt verbunden. Ein Tabellenkalkulations- oder Datenbankprogramm wäre auf diese Weise zum Beispiel in der Lage, mit einem größeren Host-Rechner (Zentral-Computer) zu kommunizieren, um auf dessen Datenbestände zugreifen zu können. In einem solchen Fall muß sich der Benutzer gar nicht mit den Einzelheiten der Kommunikation auseinandersetzen oder braucht nicht einmal zu wissen, daß sie überhaupt stattfindet.

Die Modelle 50/60/80 verfügen über eine große Anzahl von Erweiterungskarten und Kommunikationsprogrammen, die im Vergleich zu herkömmlichen Personal Computern eine entscheidende Leistungsverbesserung darstellen. Im Kapitel 6 werden ausführlich die Kommunikationsmöglichkeiten und Anwendungsprogramme behandelt, mit denen die Modelle 50, 60 und 80 an zahlreichen Netzwerken partizipieren können.

Variationen der Großen Fünf

Viele Anwendungsprogramme wurden entwickelt, um Kombinationen und Variationen von Aufgabenstellungen aus den Großen Fünf zu bearbeiten. Die erste und einfachste Form der Variation der Großen Fünf war die Zusammenfassung mehrerer verschiedener Anwendungen in einem Paket. Genauso wie Vielzweck-Taschenmesser oder Multivitamin-Fruchtsäfte erfreuen sich auch diese Vielzweck-Programme großer Beliebtheit. Vielzweck-Programme, auch *Integrierte Software-Pakete* genannt, können auf fast jedem Schreibtisch eine Vielzahl von Problemen lösen. Erhältlich sind zum Beispiel Integrierte Software-Pakete, die eine Tabellenkalkulation, eine Datenbank und ein Grafik-Modul in sich vereinen. Ein zweiter Ansatz ist die Entwicklung von *Programmserien*, die zusammenarbeiten können. Eine Programmserie bietet dem Anwender nahezu dieselben Vorteile wie ein Integriertes Software-Paket. Da der Anwender sich aber nur die Programm-Module kaufen muß, die er auch wirklich für seine Arbeit benötigt, sind Programmserien unter Umständen preiswerter.

Programmserien und Integrierte Software-Pakete haben einige Vorteile gegenüber Einzelprogrammen. Da alle Module von einem Hersteller stammen, erhält der Benutzer eine sich auf alle Module erstreckende einheitliche Bedienung und Bedienerführung. Der Benutzer muß sich nicht an unterschiedliche Befehle und Funktionsweisen verschiedener Programme erinnern. Der Vorteil der einheitlichen Bedienerführung ist übrigens auch bei den an sich unabhängigen Programmen der System-Anwendungs-Architektur realisiert, die bereits in Kapitel 3 behandelt wurde. Ein weiterer Vorteil von Programmserien und Integrierten Software-Paketen liegt darin, daß sich sehr leicht Daten zwischen den einzelnen Modulen austauschen lassen. So können zum Beispiel die Daten der Datenbank oder der Tabellenkalkulation innerhalb des Pakets zum Grafik-Modul übertragen und dort zu Grafiken aufbereitet werden. Ein Nachteil der Integrierten Software-Pakete besteht jedoch darin, daß Sie die einzelnen Anwendungen nicht selbst zusammenstellen können; das machen die Entwickler des Pakets für Sie. Wenn Sie zum Beispiel das Textverarbeits-Modul eines Integrierten Software-Pakets nicht benötigen, so müssen Sie es dennoch bezahlen.

Neben den Integrierten Paketen, die nur einfache Kombinationen der Großen Fünf darstellen, bieten einige Firmen auch noch integrierte Programme an, die speziellere Module in sich vereinen. Solche Kombinationen wurden entwickelt, um ganz bestimmte Aufgaben zu lösen, wie das Führen eines Terminkalenders (Datenbank und Grafik) oder das Steuern eines Telefons (Datenbank und Kommunikation).

Die bis jetzt besprochenen standardisierten Anwendungsprogramme sind ihrer Funktionsweise nach allgemein einsetzbar und erfüllen die Anforderungen der verschiedensten Benutzer. Sie wurden mit dem Ziel entwickelt, einen möglichst großen Markt abzudecken; sie sind der Versuch, die Bedürfnisse aller Kunden mit einem Produkt zu befriedigen. So könnte dieselbe Datenbank-Anwendung beispielsweise sowohl in einer Arztpraxis als auch in einem Restaurant laufen.

In manchen Fällen können solch unspezifische Anwendungsprogramme nicht die besonderen Anforderungen eines Büroarbeitsplatzes erfüllen. Deshalb existiert noch eine andere Form von standardisiertem Anwendungsprogramm, das sind die sogenannten Branchenlösung. Hier finden alle Angehörigen einer gemeinsamen Berufssparte ihre spezielle Software. So hat zum Beispiel eine Buchhaltungsabteilung andere Bedürfnisse an ein Software-Paket als eine Zahnarzt-Praxis. Beiden wäre mit einem entsprechenden zwar standardisierten, aber dennoch hochgradig spezialisierten Anwendungsprogramm gedient. Viele Software-Häuser haben für Personal Computer eine breite Palette an solchen Branchenlösungen zusammengestellt. So gibt es fast für jede Berufssparte gesonderte Anwendungsprogramme. Versicherungsgesellschaften, Immobilienmakler, Arzt- und Anwaltspraxen, Konstruktionsbüros, Kirchen, Auto-Leasing-Firmen, Handwerksbetriebe jeder Art können ihre berufsspezifischen Anwendungsprogramme erstehen. Diese speziellen, für ein einzelnes Marktsegment entwickelten Anwendungsprogramme können in der Anschaffung teurer sein als ihre allgemein gehaltenen Gegenstücke; durch ihre effizientere Arbeitsweise und die damit verbundene Zeit- und Geldersparnis rentieren sie sich aber zumeist langfristig.

Maßgeschneiderte Anwendungsprogramme

Wie wir gesehen haben, werden standardisierte Anwendungsprogramme fast allen Anforderungen gerecht. Sie sind relativ preiswerte, flexible und praktische Werkzeuge. Es gibt jedoch Fälle, in denen der Benutzer ein Programm benötigt, das genau auf seine besonderen Bedürfnisse abgestellt ist. So etwas tritt insbesondere in Arbeitsumgebungen auf, in denen das Personal System/2 ungewöhnliche und betriebsspezifische Tätigkeiten übernehmen oder wenn es sich in bereits eingespielte Arbeitsabläufe eingliedern soll. Hier ist es meist besser, nach exakten Vorgaben maßgeschneiderte Anwendungsprogramme entwickeln zu lassen.

Maßgeschneiderte Anwendungsprogramme decken ebenfalls eine oder mehrere Funktionen der oben beschriebenen Großen Fünf (zumeist Datenbank, Grafik oder Kommunikation) ab; sie werden aber Ihrer speziellen Hardware- und Software-Ausstattung angepaßt und fügen sich nahtlos in bestehende Arbeitsprozeduren ein.

Maßgeschneiderte Anwendungsprogramme werden entweder von einem firmeneigenen Programmierer oder von einem Softwarehaus erstellt. In beiden Fällen besteht der erste Entwicklungsschritt im Anfertigen eines Anforderungskatalogs, der genau definiert, was das Programm können soll. Daraufhin wird eine Vorabversion des Programms erstellt und die Funktionsweise dem Benutzer demonstriert. Der Benutzer kann danach diese Vorabversion ausprobieren und gegebenenfalls Änderungswünsche vorbringen, damit wirklich alles seinen Vorstellungen entspricht. Abschließend wird das endgültige Programm erstellt und am Arbeitsplatz des Benutzers installiert. Normalerweise bietet der Entwickler noch eine Programmschulung an, um alle auftretenen Schwierigkeiten auszubügeln. Wenn der Benutzer das fertige Programm akzeptiert hat, findet eine weitere Unterstützung zumeist nur noch gegen Honorar statt.

Der Einsatz von maßgeschneiderten Anwendungsprogrammen ist zu Beginn mit Sicherheit teurer und zeitaufwendiger als der von Standardprogrammen. Der zusätzliche Kapital- und Zeiteinsatz wird aber durch erhöhte Produktivität wieder wett gemacht, die aus der optimalen Anpassung des maßgeschneiderten Anwendungsprogramms an seine Arbeitsumgebung resultiert. Ein weiterer Vorteil dieser Anwendungsprogramme liegt darin, daß sie mit Ihrer Firma wachsen oder um neue Funktionen erweitert werden können. Modifikationen an standardisierten Anwendungsprogrammen vorzunehmen, ist sehr schwierig und oftmals sogar unmöglich.

4.2 WECHSELWIRKUNG MIT DEM BETRIEBSSYSTEM

Wie Sie sich vielleicht noch aus Kapitel 3 erinnern, kommt es zu einer starken Wechselwirkung zwischen dem Betriebssystem und dem Anwendungsprogramm. Diese Wechselwirkung findet mit Hife des sogenannten Application Program Interface (API, Schnittstelle zum Anwendungsprogramm) statt, das eine Art Grenze zwischen dem eigentlichen Anwendungsprogramm und der Betriebssystem-Ebene darstellt (siehe Abbildung 4-2). Aufgrund dieser Wechselwirkung ist das Anwendungsprogramm abhängig von dem API des jeweiligen Betriebssystems. Das bedeutet, daß Anwendungsprogramme für die Zusammenarbeit mit einem speziellen API und damit auch für die Zusammenarbeit mit einem speziellen Betriebssystem entwickelt werden. Sie können also nicht ohne Veränderungen unter einem andersartigen Betriebssystem eingesetzt werden.

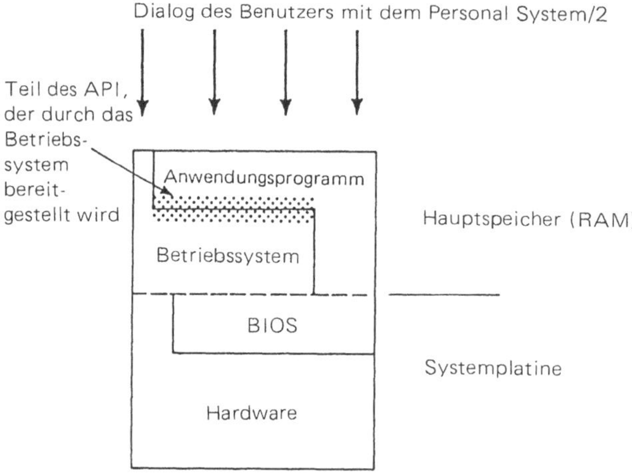

Abb.: 4-2 Schematische Darstellung des Application Program Interface (API). Anwendungsprogramme sind abhängig von einem ganz speziellen API, das vom Betriebssystem zur Verfügung gestellt wird.

Man muß im Hinblick auf diese Abhängigkeit von bestimmten Betriebssystemen vier verschiedene Klassen von Anwendungsprogrammen unterscheiden: DOS-Anwendungsprogramme, BS/2-(OS/2)-Anwendungsprogramme, Familienanwendungen und AIX-Anwendungsprogramme.

DOS-Anwendungsprogramme wurden ursprünglich entwickelt, um mit dem weitverbreiteten Disk Operating System DOS (Diskettenbetriebssystem) des ersten IBM Personal Computers zusammenzuarbeiten. Das API des DOS hat die Standards für PC-Kompatibilität gesetzt, und die überwiegende Mehrzahl heutiger PC-Anwendungsprogramme ist von dieser "klassischen" DOS-Schnittstelle abhängig. Das DOS-API wurde auch auf den Modellen 50, 60 und 80 in Form des DOS 3.3 implementiert, so daß bereits vorhandene DOS-Anwendungen lauffähig sind. Die wichtigste Beschränkung für ein DOS-Anwendungsprogramm ist der maximale Hauptspeicher von 640 KB. Diese Speicherplatzbegrenzung liegt begründet im Design des ursprünglichen IBM Personal Computers und besitzt auch im heutigen DOS noch Gültigkeit. Ferner können DOS-Anwendungsprogramme auf einem Computer immer nur einzeln, und nicht gleichzeitig mit anderen Programmen laufen. Obwohl Möglichkeiten bestehen, die 640-KB-Grenze zu überwinden und auch mehrere Programme unter DOS laufen zu lassen - wie wir im nächsten Kapitel noch sehen werden - existieren keine generellen Lösungen dieser Probleme. Einige DOS-Anwendungsprogramme sind soweit verbessert worden, daß sie die verbesserten Grafik-Fähigkeiten und die Maus der Modelle 50, 60 und 80 nutzen können. Andere DOS-Anwendungsprogramme verwandeln die Modelle 50, 60 und 80 in ganz gewöhnliche Personal Computer und verhalten sich auf einem PC und auf einem Modell 50/60/80 völlig identisch.

Betriebssystem/2-(OS/2)-Anwendungsprogramme sind nach dem Betriebssystem/2 (Operating System/2) benannt, das zusammen mit den Modellen 50, 60 und 80 auf den Markt kam. Betriebssystem/2-Anwendungsprogramme können die neuen Funktionen, wie Grafik, Maus usw., der Modelle 50, 60 und 80 ausschöpfen. Sie können den 16 MB Speicher des Personal System/2 nutzen. Dieser große Arbeitsspeicher eröffnet dem Programmierer Platz für komfortablere Funktionen in seinen Programmen und in Verbindung mit der System-Anwendungs-Architektur auch übersichtlichere Benutzerschnittstellen. Zusätzlich können Betriebssystem/2-Anwendungsprogramme den größeren Speicher dazu verwenden, mehr Daten zu verarbeiten. Für den Benutzer ist besonders die Möglichkeit interessant, mehr als nur ein Anwendungsprogramm gleichzeitig laufen lassen zu können. Diese Arbeitsweise nennt sich *Multi-Tasking*; sie entspricht den Anforderungen eines modernen Büros an einen Computer in ganz besonderem Maße, wie wir in Kapitel 5 noch sehen werden.

Familienanwendungen sind solche Anwendungsprogramme, die sowohl unter DOS als auch unter dem Betriebssystem/2 laufen können. Sie sind als Betriebssystem/2-Anwendungsprogramme geschrieben und passen in Multi-Tasking-Umgebung des Personal System/2. Um jedoch unter DOS lauffähig zu sein, müssen sich Familienanwendungen an die Begrenzungen halten, die für DOS-Anwendungsprogramme gelten (640-KB-Speichergröße). Familienanwendungen können auch so ausgelegt sein, daß sie von der erweiterten Grafik und der Maus Gebrauch machen können.

AIX-Anwendungsprogramme werden speziell für das Advanced Interactive Executive (AIX) Betriebssystem entwickelt. Dabei handelt es sich um ein Multi-Tasking-, Multi-User-Betriebssystem für das Personal System/2 Modell 80. Zur Zeit der Übersetzung dieses Buches waren noch keine Dctails über das AIX in Erfahrung zu bringen.

5 Die Betriebssysteme des Personal System/2

Kaum ein Thema auf dem Computersektor sorgt für mehr Verwirrung als das der Betriebssysteme. Niemals zuvor hatte der Benutzer bei der Wahl seines Betriebssystems eine größere Auswahl. Dieses Kapitel soll helfen, einige Mißverständnisse aufzuklären, die im Zusammenhang mit den Betriebssystemen des Personal System/2 aufgetreten sind. Es werden Begriffe wie "Multi-Tasking" oder "Virtueller Speicher" und die dahinterstehenden Konzepte erläutert. Ferner werden wir uns mit den verschiedenen Betriebssystemen für die Modelle 50, 60 und 80 befassen.

5.1 EINFÜHRUNG IN DIE BETRIEBSSYSTEM-KONZEPTE

Das Betriebssystem stellt dem Benutzer bzw. dem Anwendungsprogramm eine Schnittstelle zu den Modellen 50, 60 und 80 bereit. Der Benutzer kann mit Hilfe der Benutzerschnittstelle des Betriebssystems Dateien auf einer Diskette bearbeiten, eine neue Diskette formatieren, ein Anwendungsprogramm aufrufen und vieles andere. Das Betriebssystem führt Funktionen auch auf Anweisung eines Anwendungsprogramms aus, ohne daß der Benutzer assistieren muß. Das Anwendungsprogramm ruft diese Funktionen des Betriebssystems über das Application Program Interface (API, Schnittstelle zum Anwendungsprogramm) auf. Das API erleichtert dem Programmierer des Anwendungsprogramms die Entwicklungsarbeit, da er sich nicht mit den Hardware-Details des jeweiligen Computers auseinanderzusetzen braucht. Ferner ist ein Anwendungsprogramm, das über das API mit dem Betriebssystem kommuniziert, vor Änderungen der Computer-Hardware, die im Zuge des technischen Fortschritts stattfinden, abgeschirmt. Das bedeutet, daß das Betriebssystem laufend an neue Computer angepaßt werden kann, solange es nur ein standardisiertes API besitzt, über das es mit dem Anwendungsprogramm zusammenarbeitet. Die Anwendungsprogramme brauchen bei dieser Methode überhaupt nicht geändert zu werden; sie können problemlos auch auf neuen Computermodellen eingesetzt werden.

Um die Unterschiede zwischen den verschiedenen Betriebssystemen für die Modelle 50, 60 und 80 zu verstehen, muß man sich mit den grundlegenden Betriebssystem-Konzepten vertraut machen:

- Multi-Tasking
- Real Mode
- Protected Mode

Was bedeutet Multi-Tasking?

Unter *Multi-Tasking* versteht man, daß ein Betriebssystem gleichzeitig zwei oder mehr voneinander unabhängige Anwendungsprogramme "betreuen" kann. Das Gegenteil von Multi-Tasking ist *Single-Tasking*. Der Benutzer muß erst das eine Anwendungsprogramm beenden, bevor er ein zweites starten kann. Nach diesem Prinzip arbeiteten die meisten früheren Personal Computer; der Einsatz von Multi-Tasking-Betriebssystemen auf PCs eröffnet jetzt neue Möglichkeiten. Wir werden verschiedene Betriebssysteme, die unterschiedliche Grade des Multi-Tasking erlauben, für die Modelle 50, 60 und 80 untersuchen.

Häufig wird der Begriff Multi-Tasking mit dem des *Multi-User* verwechselt, der besagt, daß an einem Computer gleichzeitig zwei oder mehr Benutzer voneinander unabhängig arbeiten können. Die Fähigkeit "Multi-User" impliziert ein Multi-Tasking, während Multi-Tasking-Betriebssystem nicht unbedingt mehrere Benutzer bedienen können.

Welchen Nutzen bietet Multi-Tasking?

Ein Multi-Tasking-Betriebssystem bietet dem Benutzer zwei entscheidende Vorteile gegenüber einem Single-Tasking-Betriebssystem:

- Programmwechsel
- Hintergrundverarbeitung

Der *Programmwechsel* ermöglicht es, mehrere Anwendungsprogramme zu laden und zu starten und mit wenigen Tastendrücken sofort zwischen ihnen hin- und herzuschalten. Dabei muß ein Anwendungsprogramm nicht erst beendet werden, bevor zu einem anderen gewechselt werden soll. Der Benutzer kann ein Programm verlassen, zwischenzeitlich mit einem anderen Programm arbeiten und das alte Programm wieder an derselben Stelle betreten, an der er es zuvor verlassen hatte. Bei einem Single-Tasking-Betriebssystem können Anwendungsprogramme nur nacheinander benutzt werden und nicht parallel wie beim Multi-Tasking.

Die *Hintergrundverarbeitung* ermöglicht es dem Benutzer, ein Programm zu starten (zum Beispiel: Dateitransfer über ein Netzwerk, Ausdruck eines Dokuments, etc.) und dann in einem anderen Anwendungsprogramm eine ganz andere Arbeit aufzunehmen, während das erste Programm selbständig seine Aufgabe fortsetzt. Man sagt, dieses Programm arbeite im *Hintergrund*. Es wird solange weiterarbeiten, wie keine Benutzereingaben erforderlich sind.

Wir wollen an einem typischen Arbeitsplatz untersuchen, welchen Nutzen Multi-Tasking besitzt. Darf ich Sie zu diesem Zweck mit dem Verkäufer eines Büro-Organisationsgeschäftes, Herrn Müller, bekannt machen. Herr Müller besitzt ein Modell 50, das er für Textverarbeitung, Tabellenkalkulation, Datenverwaltung und Datenfernübertragung verwendet. Herrn Müllers Betriebssystem unterstützt Multi-Tasking und diese vier Anwendungsprogramme.

Herr Müller kommt zur Arbeit und schaltet seinen Computer ein. Das System wurde zuvor so konfiguriert, daß es nach dem Einschalten automatisch die vier Anwendungsprogramme lädt und startet. Ein Menü erscheint auf dem Bildschirm. daß die vier Anwendungsprogramme - wie in Abbildung 5-1 gezeigt - zur Auswahl anbietet.

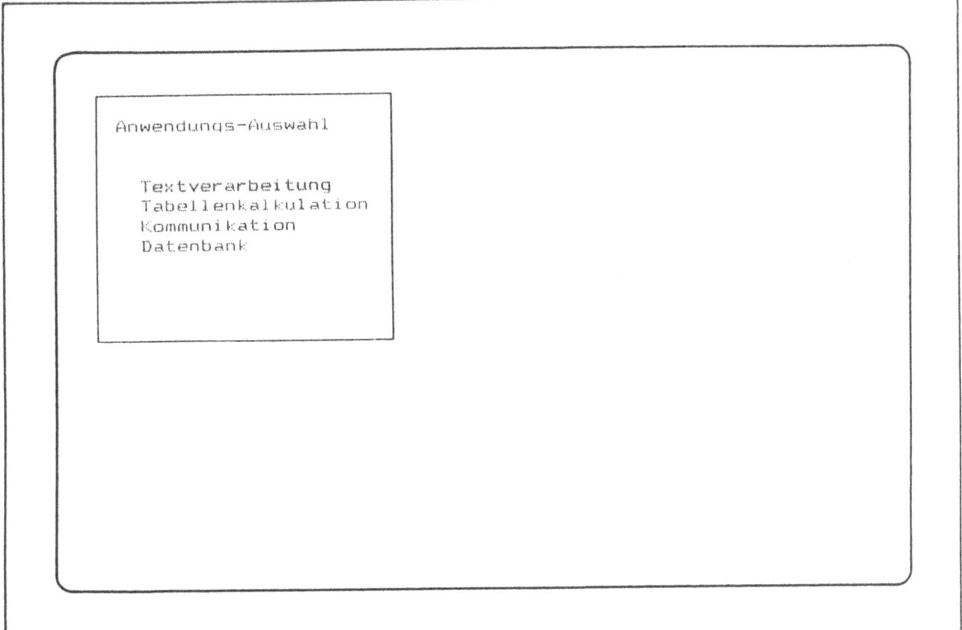

Abb.: 5-1 Beispiel für die Anwendungs-Auswahlhilfe. Vier Anwendungsprogramme werden angeboten, die man beginnen, beenden und zwischen denen man umschalten kann.

Herr Müller will mit seiner Tabellenkalkulation die Verkaufszahlen des letzten Monats zu bearbeiten. Er wählt aus dem Menü das Angebot "Tabellenkalkulation" und bringt damit das Tabellenkalkulations-Programm sofort vom Hinter- in den *Vordergrund*.

Mit einem Programm, das sich im Vordergrund befindet, kann der Benutzer wie gewohnt über Tastatur, Maus und Monitor arbeiten. Alle anderen Anwendungsprogramme befinden sich im Hintergrund und können nicht vom Benutzer bearbeitet werden. Herr Müller lädt als nächstes die Datei, die die Verkaufszahlen enthält, und beginnt seine eigentliche Tätigkeit. Einige Minuten später kommt sein Chef und bittet ihn um eine Vorab-Version der neuen Verkaufskampagne, die Herr Müller entwickelt hat. Herr Müller verlagert das Tabellenkalkulations-Programm mit einem Knopfdruck in den Hintergrund, und das Anwendungsmenü erscheint. Herr Müller bringt das Textverarbeitungs-Programm in den Vordergrund, indem er "Textverarbeitung" wählt. Er druckt für seinen Chef eine Kopie der Verkaufkampagne aus und bespricht sie mit ihm. Kurz nachdem der Chef den Raum verlassen hat, klingelt das Telefon. Es ist ein Außendienstmitarbeiter, der einige Informationen zu einem Computersystem benötigt. Herr Müller betätigt erneut einen Knopf und verlagert damit das Textverarbeitungs-Programm in den Hintergrund und ruft das Anwendungsmenü auf. Diesmal wählt "Datenbank" aus der Angebotsliste und bringt so sein Datenbank-Programm in den Vordergrund. Danach befragt er seine Datenbank nach den benötigten Informationen und teilt sie seinem Mitarbeiter mit. Er hängt den Telefonhörer ein und betätigt einen Knopf, mit dem er das Datenbank-Programm in den Hintergrund verlagert und das Anwendungsmenü aufruft. Er wählt "Tabellenkalkulation" und kann seine Arbeit in der Verkaufstabelle genau an der Stelle fortsetzen, an der er sie unterbrechen mußte.

Mit diesem Beispiel sollte gezeigt werden, wie häufig es vorkommt, daß man inmitten seiner Arbeit unterbrochen wird. Der Programmwechsel des Multi-Tasking trägt diesen leidigen aber unvermeidlichen Geschehnissen Rechnung, da er dem Benutzer ein schnelles Umschalten zwischen verschiedenen Tätigkeitsbereichen erlaubt.

Wir wollen jetzt das gewählte Beispiel noch ausdehnen, um auf weitere Vorteile des Multi-Tasking hinzuweisen. Nachdem Herr Müller die Arbeit an seinen Verkaufszahlen beendet hat, speichert er die Tabelle ab. Er muß jetzt noch die neue Tabelle über eine Modem-Verbindung an seine Zentrale übertragen. Mit einem Tastendruck ruft er das Anwendungsmenü auf. Diesmal wählt Herr Müller den Menüpunkt "Kommunikation" aus und bringt das Kommunikations-Programm in den Vordergrund. Dann stellt er die Kommunikationsverbindung her und beginnt mit der Übertragung der Verkaufszahlen an die Zentrale. Da es sich um eine sehr umfangreiche Tabelle handelt (512 KB), wird die Übertragung bei 1200 Baud immerhin über eine Stunde in Anspruch nehmen.

Wenn Herr Müller jetzt nicht mit einem Multi-Tasking-Betriebssystem arbeiten würde, wäre sein Computer für die Dauer der Übertragung nicht ansprechbar, und Herr Müller müßte bei der weiteren Arbeit auf die Computerhilfe verzichten. Da Herr Müller aber Multi-Tasking einsetzen kann, kann er das Kommunikations-Programm durch einen einfachen Knopfdruck in den Hintergrund plazieren. Dort wird es seine Arbeit bis zum Ende der Übertragung selbständig fortsetzen. Während das Kommunikations-Programm immer noch im Hintergrund läuft, wählt Herr Müller die "Textverarbeitung" aus dem Anwendungsmenü und setzt seine Arbeit an der geplanten Verkaufskampagne fort. Dieses einfache Beispiel könnte noch auf zusätzliche Programme ausgedehnt werden, die im Hintergrund große Tabellen eines Kalkulations-Programms neuberechnen, ein Dokument ausdrucken und eine Datei von einem Host-Rechner übernehmen.

Wie Sie sehen, passen Programmwechsel und Hintergrundverarbeitung eines Multi-Tasking-Betriebssystems hervorragend in eine Arbeitsumgebung.

Eine abschließende Bemerkung: Obwohl Ihr Computer mehrere Anwendungsprogramme zur gleichen Zeit laufen läßt, also Multi-Tasking betreibt, verhalten sich die einzelnen Programme genauso wie unter einem Single-Tasking-Betriebssystem. Durch den Programmwechsel und die Hintergrundverarbeitung entsteht jedoch die Erhöhung der Produktivität.

Was bedeutet Real Mode?

Der Begriff *Real Mode* bezieht sich auf die Umgebung[1], die der Mikroprozessor 8088 erzeugt und die vornehmlich in den herkömmlichen PCs anzutreffen ist. Er beschreibt die Charakteristika der 8088-Architektur, wie fortlaufende Adressierung und mangelnde "Interprocess Protection". (Wichtige Voraussetzung für Multi-Tasking, da es die gegenseitige Beeinflussung von Programmen verhindert.) Der Real Mode ist die unabdingbare Umgebung für echte PC-Kompatible; er wird auch von den Modellen 50, 60 und 80 angeboten. Alle DOS-Anwendungsprogramme arbeiten in der Real-Mode-Umgebung. Die wichtigsten Einschränkungen des Real Modes sind die Speicherplatz-Obergrenze von 1 MB (640 KB bei den PCs) und die Betonung des Single-Tasking-Betriebs. Das hat zur Folge, daß der Benutzer nur mit einem Anwendungsprogramm gleichzeitig arbeiten kann.

1 Mit Umgebung (engl. environment) sind die Verhältnisse gemeint, unter denen ein Betriebssystem innerhalb der Hardware oder ein Anwendungsprogramm innerhalb des Betriebssystems arbeiten muß.

Was bedeutet Protected Mode?

Der Begriff *Protected Mode* bezieht sich auf die erweiterte Architektur der Mikroprozessoren 80286 und 80386, die in den Modellen 50, 60 und 80 und in den Personal Computern AT und XT/286 verwendet werden. Diese Prozessoren sind im Protected Mode (geschützter Modus) in der Lage, Überschneidungen mehrerer gleichzeitig laufender Programme zu verhindern und können diese vor gegenseitiger Beeinflussung zu. Der Protected Mode ermöglicht ferner die Adressierung eines sehr großen Speichers (bis zu 16 MB für den 80286 und 4 GB für den 80386). Einige Betriebssysteme für die Modelle 50, 60 und 80 verwenden den Schutzmodus der Prozessoren und die Unterstützung des großen Speichers, um eine leistungsfähige Multi-Tasking-Umgebung zu schaffen. DOS-Anwendungsprogramme, die ursprünglich für den PC entwickelt wurden, können im Protected Mode nicht ausgeführt, sondern müssen zuvor vom Programmierer an die neue Systemumgebung angepaßt werden.

5.2 REAL-MODE-BETRIEBSSYSTEME

Die Modelle 50, 60 und 80 können im Real Mode betrieben werden, um die Kompatibilität zu früheren PCs zu gewährleisten. Wir werden im folgenden die drei Betriebssystem-Umgebungen behandeln, die den Modellen 50, 60 und 80 die Arbeit im Real Mode ermöglicht:

- IBM Disk Operating System (DOS)
- DOS erweitert um TopView
- DOS erweitert um das 3270 Workstation-Programm

DOS

Das IBM Disk Operating System, kurz DOS, wurde ursprünglich für den IBM Personal Computer entwickelt. Seit seiner Einführung im Jahre 1981 erfreute es sich wachsender Beliebtheit.

Zusammen mit den PCs wurde auch DOS immer weiter entwickelt, um den Fortschritten in der Hardware gerecht zu werden. Obwohl jede neue Version von DOS zusätzliche Funktionen umfaßte, blieb die Kompatibilität zu früheren DOS-Versionen und damit die Verträglichkeit für die Anwendungsprogramme gewahrt. Jede Version von DOS wurde mit einer Nummer versehen, um die verschiedenen Entwicklungsstufen voneinander unterscheiden zu können. Das erste DOS nannte sich DOS 1.0.

DOS 3.3 ist das erste DOS-Betriebssystem für die Modelle 50, 60 und 80. Frühere DOS-Versionen laufen auf diesen Computern nicht. DOS 3.3 ist eine PC-kompatible Single-Tasking-Umgebung. Es besteht aus einer Reihe von Programmen, die die diversen Hardwarefunktionen auf Anweisung eines Anwendungsprogramms oder des Benutzers steuern. Wie der Name DOS (Plattenbetriebssystem) schon sagt, bezieht sich diese Systemsteuerarbeit weitgehend auf die Festplatten- und Diskettenlaufwerke der Modelle 50, 60 und 80. Andere DOS-Funktionen beinhalten das Starten eines Anwendungsprogramms, Einstellen der Systemuhr, Übertragen von Daten an einen Drucker, Abfrage der Tastatur und Steuerung des Bildschirms.

DOS betreibt die Mikroprozessoren 80286 und 80386 der Modelle 50, 60 und 80 im Real Mode. In diesem Modus scheint der 80286/386-Mikroprozessor die gleichen Konstruktionsprinzipien aufzuweisen wie der 8088-Prozessor des PC. Diese Funktionssimulation des 8088 befähigt die Modelle 50, 60 und 80 (ebenso wie den Personal Computer AT und den PC XT/286), Programme laufen zu lassen, die ursprünglich für den IBM PC entwickelt wurden.

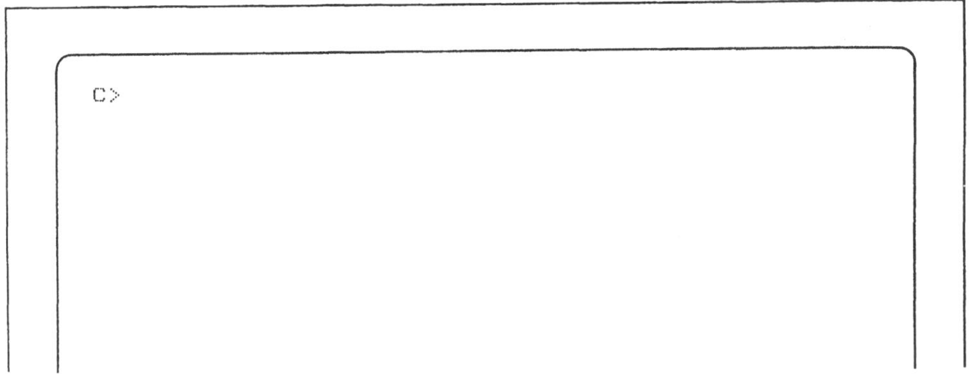

Abb.: 5-2 Die Benutzeroberfläche von DOS 3.3. Das "C>" ist das DOS-Bereitschaftszeichen, hinter dem der Benutzer DOS-Befehlswörter eingeben oder Anwendungsprogramme starten kann.

Um einen DOS-Befehl auszuführen, gibt der Benutzer hinter dem DOS-Bereitschaftszeichen (siehe Abbildung 5-2) das entsprechende Befehlswort ein. Die Anzeige "C>" bedeutet, daß DOS eine Eingabe vom Benutzer erwartet. Die Eingabe des Befehls "DIR" gefolgt von der Enter-Taste (die Wagenrücklauftaste bei einer Schreibmaschine) läßt auf dem Bildschirm eine Liste der Dateien erscheinen, die auf der Diskette im Standardlaufwerk gespeichert sind (siehe Abbildung 5-3). Diese Liste wird als Directory oder *Inhaltsverzeichnis* einer Diskette bezeichnet. Nach der Ausgabe aller Dateien zeigt DOS wieder das "C>"-Bereitschaftszeichen an, um kundzutun, daß es auf die Eingabe des nächsten Befehls wartet. Im *Betriebssystem DOS Referenzhandbuch* finden Sie eine leicht verständliche Übersicht über alle existierenden DOS-Befehle.

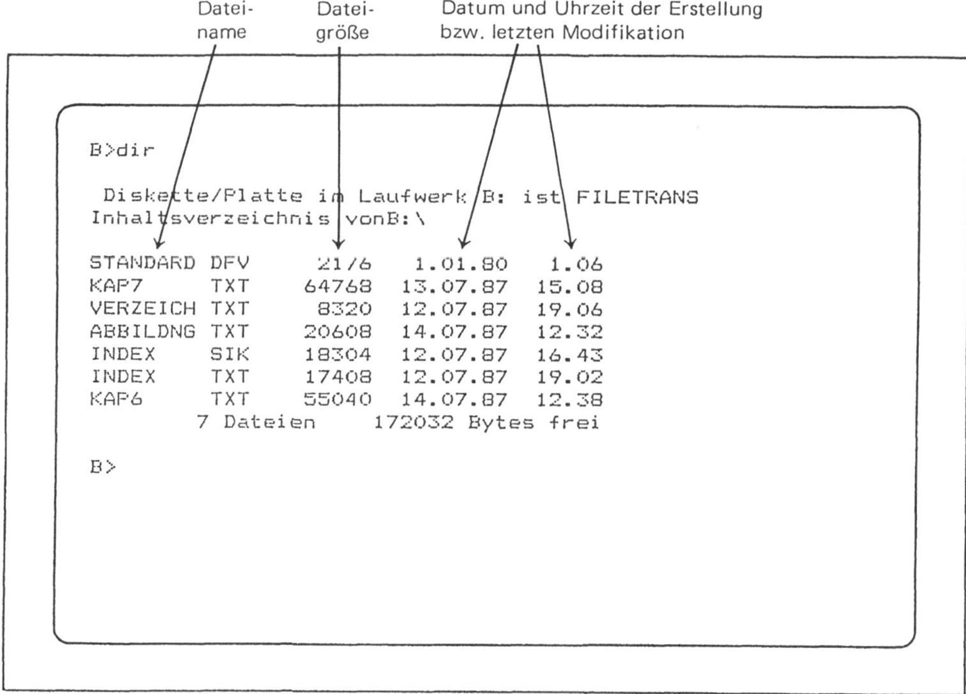

Abb.: 5-3 Der DIR-Befehl. Der Directory-Befehl wird zur Anzeige des Inhaltsverzeichnisses einer Diskette oder Festplatte verwendet. Die Namen, Dateilängen und Entstehungsdaten und -zeiten aller gespeicherten Dateien werden auf dem Bildschirm aufgelistet.

DOS 3.3 ist kompatibel mit früheren DOS-Versionen. Mit DOS 3.3 werden drei neue Befehle eingeführt: APPEND, FASTOPEN und CALL. Die ersten beiden Befehle verbessern die Handhabung von Dateien; der dritte Befehl erleichtert die Behandlung von DOS-Befehlsgruppen.

Zusätzlich wurden auch ältere DOS-Befehle in der Version 3.3 verbessert. Der BACKUP-Befehl, den es schon in früheren DOS-Versionen gab, formatiert jetzt automatisch unformatierte Disketten während des Sicherungsvorgangs der Festplatte. DOS unterstützt in der Version 3.3 auch die neuen Hardware-Eigenschaften der Modelle 50, 60 und 80 wie Diskettenlaufwerke mit 1,44 MB Kapazität und große Festplatten.

Neben der direkten Befehlsausführung auf Anweisung des Benutzers kann DOS auch unter der Kontrolle eines Anwendungsprogramms Befehle ausführen. Der Benutzer gibt DOS-Befehle über die Tastatur ein. Anwendungsprogramme rufen die DOS-Befehle über das Application Program Interface (API) auf. Dabei handelt es sich um eine genau definierte Schnittstelle zwischen dem Anwendungsprogramm und DOS, über die Informationen ausgetauscht werden. Im Anschluß daran ruft DOS seinerseits häufig Routinen des BIOS auf, die die Befehlsausführung übernehmen. Wir haben die Zusammenarbeit zwischen den verschiedenen Software-Ebenen bereits in Kapitel 3 behandelt.

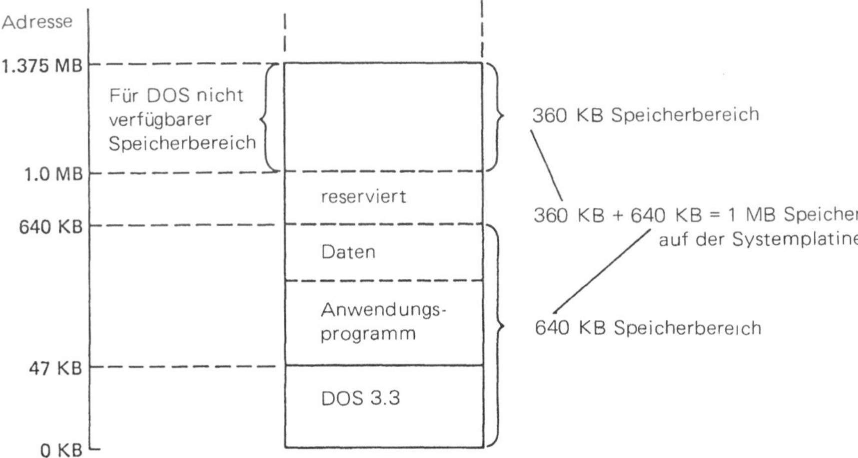

Abb.: 5-4 Die Verwaltung des Speichers der Modelle 50, 60 und 80 durch DOS 3.3. Die Abbildung zeigt, wie der Speicher organisiert ist und zu welchen Zwecken er genutzt wird.

Die unterschiedlichen Arten der Speicherverwaltung sind ein wichtiger Punkt bei der Betrachtung der Betriebssysteme. Abbildung 5-4 zeigt, wie DOS 3.3 den Hauptspeicher der Modelle 50, 60 und 80 verwaltet. Jedes einzelne Byte des Speichers besitzt eine Speicheradresse, die die Unterscheidung ermöglicht. Die Speicheradressen sind in der Skala links in der Abbildung eingetragen. DOS 3.3 wird nach dem Systemstart automatisch in den unteren Bereich des Speichers geladen. Es lädt dann ein Anwendungsprogramm in den folgenden Speicherabschnitt. Der Speicherplatz, der von diesem Anwendungsprogramm belegt wird, variiert - je nach dessen Länge - sehr stark. Der verbleibende freie Speicher oberhalb des Anwendungsprogramms und unterhalb der 640 KB Speicheradresse steht für die Daten des Anwendungsprogramms zur Verfügung. Der Text eines Textverarbeitungs-Programms oder die Tabelle einer Tabellenkalkulation werden beispielsweise in diesem Speicherbereich abgelegt, der mit "Daten" bezeichnet ist. Was ist nun mit dem Adreßbereich oberhalb der 640-

KB-Grenze? Die System-Architektur aller PCs verlangt, daß der Adreßbereich von 640 KB bis 1 MB für den Bildschirmspeicher oder für das BIOS reserviert ist. In diesem Areßbereich darf sich kein Benutzerspeicherbereich befinden. Aus diesem Grund wurde das 1 MB Arbeitsspeicher, das alle Modelle 50, 60 und 80 als Minimum mitbekommen haben, in zwei Segmente aufgeteilt (siehe 5-4). Das erste Segment befindet sich im Adreßbereich von 0 bis 640 KB. Die noch fehlenden 360 KB beginnen mit Adresse 1 MB. Zusammen ergeben diese beiden Speichersegmente einen Arbeitsspeicher von 1 MB (640 KB + 360 KB = 1 MB).

Was hat es nun mit dem Speicher oberhalb von 1 MB auf sich? Da die Modelle 50, 60 und 80 unter DOS 3.3 ausschließlich im Real Mode arbeiten, kann DOS 3.3 nicht direkt auf Speicherplatz oberhalb von 1 MB zugreifen. Einige Programme, darunter das Platten-Cache-Speicher-Programm der Modelle 50, 60 und 80 und die VDISK (virtuelle Diskette) des DOS 3.3, können diesen Speicherbereich oberhalb von 1 MB nutzen. Das Platten-Cache-Speicher-Programm verwendet diesen Speicherbereich beispielsweise, um die Arbeitsgeschwindigkeit der Festplatte zu erhöhen. Mit VDISK wird dieser Bereich als *virtuelle Diskette* benutzt. Unter einer virtuellen Diskette versteht man einen Bereich des Arbeitsspeichers - in der Regel außerhalb der aktiven 640 KB -, in dem für die Dauer der Computernutzung, Daten wie auf einer echten Diskette gelesen und geschrieben werden können. Der Vorteil einer virtuellen Diskette gegenüber einer echten Diskette besteht darin, daß zwischen der virtuellen Diskette und dem Arbeitsspeicher viel schneller Daten übertragen werden können, als das zwischen einer echten Diskette und dem Arbeitsspeicher möglich wäre. Der Nachteil ist, daß alle Dateien einer virtuellen Diskette vor Ausschalten des Computers auf einer echten Diskette gesichert werden müssen. Geschieht dies nicht, sind alle Informationen der virtuellen Diskette verloren.

Einige Erweiterungen des DOS-Betriebssystems (auf einige davon kommen wir gleich noch zu sprechen) können den Speicherplatz oberhalb von 1 MB ausnutzen. Sie legen dort weitere Anwendungsprogramme ab, die bei Bedarf aufgerufen werden können. Obwohl diese Erweiterungen sehr nützlich sind, bedarf es doch eines Protected-Mode-Betriebssystems, um den Speicherbereich oberhalb von 1 MB ohne jede Einschränkung einsetzen zu können.

DOS erweitert um TopView

TopView ist der Versuch, das DOS-Betriebssystem in eine Multi-Tasking-Umgebung umzuwandeln. TopView 1.12 unterstützt die Modelle 50, 60 und 80 und alle Verbesserungen des DOS 3.3. Es bietet Ihnen die Möglichkeit, mehrere DOS-3.3-Anwendungsprogramme zu laden und zu starten. Sie können schnell von einem Programm zum anderen wechseln (Programmwechsel). TopView ermöglicht außerdem einigen Anwendungsprogrammen selbständig im Hintergrund weiterzuarbeiten (Hintergrundverarbeitung), während Sie ein anderes Anwendungsprogramm im Vordergrund benutzen.

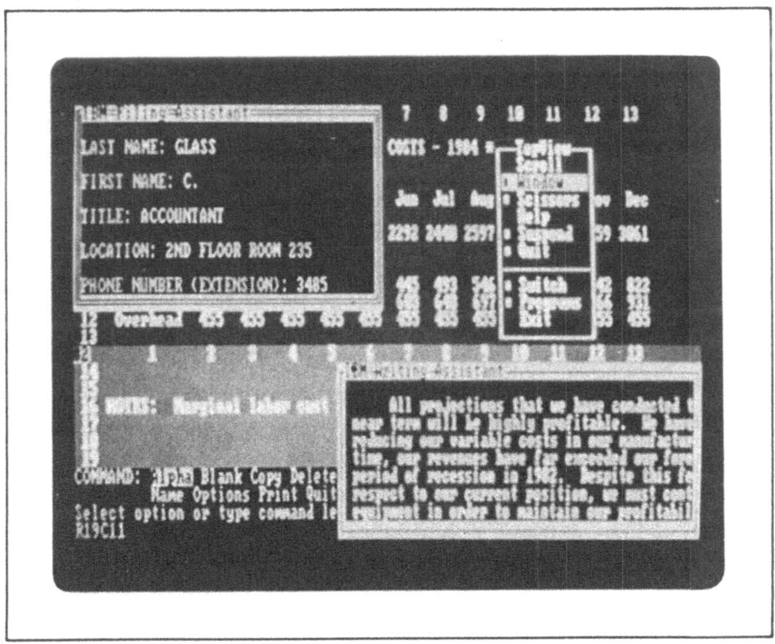

Abb.: 5-5 TopView erzeugt eine Fenster-Umgebung.

Mit TopView läßt sich der Bildschirm in verschiedene Fenster (Bereiche) einteilen (siehe Abbildung 5-5). In jedem Fenster können die Informationen eines anderen Anwendungsprogramms dargestellt werden. Mit TopView lassen sich Daten zwischen den einzelnen Anwendungsprogrammen austauschen, indem sie von einem in ein anderes Fenster kopiert werden.

TopView erfüllt Ihre Anforderungen, wenn Sie alle benötigten Anwendungsprogramme in 640 KB unterbringen können. Das bedeutet, daß DOS und TopView zusammen mit Ihren Anwendungsprogrammen und deren Daten alle in einem Speicherbereich von 640 KB Platz finden müssen. Die 640-KB-Grenze kann schon einem einzigen Anwendungsprogramm Schwierigkeiten bereiten und ist bei der Bearbeitung mehrerer Anwendungsprogramme schnell erreicht. Sie läßt sich allerdings umgehen, wenn Sie TopView erlauben, bestimmte Programme zwischen Arbeitsspeicher und Festplatte auszutauschen. Dieser Programmaustausch kann die Arbeitsgeschwindigkeit signifikant herabsetzen; das hält sich jedoch in Grenzen, wenn Sie als "externes" Speichermedium eine virtuelle Diskette benützen. Wie bereits erwähnt, kann das VDISK-Programm von DOS 3.3 den Speicherbereich oberhalb von 1 MB in eine virtuelle Diskette verwandeln. Doch auch bei Verwendung einer virtuellen Diskette ist die Kapazität von TopView schnell erschöpft, wenn Sie mehrere umfangreiche Anwendungsprogramme laufen lassen. Da TopView im Real Mode arbeitet, gibt es keinen eingebauten Schutzmechanismus, der die gegenseitige Beeinflussung zweier Anwendungsprogramme verhindert. Aus diesen Gründen ist ein Protected-Mode-Betriebssystem vorzuziehen.

DOS erweitert um das 3270 Workstation-Programm

Das IBM 3270 Workstation-Programm erweitert DOS 3.3 um Funktionen auf den Gebieten Multi-Tasking und Kommunikation. Dieses Programm ermöglicht die Übertragung von Anwendungsprogrammen und Funktionen vom 3270 Personal Computer bzw. 3270 Personal Computer AT auf die Modelle 50, 60 und 80.

Die Kommunikationsmöglichkeiten des 3270 Workstation-Programms umfassen sowohl die Unterstützung von lokalen Netzwerken (LAN) als auch den Dialog mit Mainframe-Rechnern, wie der IBM System/370 Familie. Die Mainframe-Kommunikations-Unterstützung ermöglicht den Modellen 50, 60 und 80 die Emulation eines 3270 Datensichtgeräts. Der Benutzer kann mit einen Mainframe-Computer so kommunizieren, als stünden auf seiner, des Benutzers, Seite vier voneinander unabhängige Terminals, oder er kann gleichzeitig mit bis zu vier Mainframe-Computern Verbindung aufnehmen. Wir werden uns damit in Kapitel 6 näher beschäftigen.

Das 3270 Workstation-Programm ermöglicht außerdem noch Multi-Tasking. Der Benutzer kann gleichzeitig sowohl bis zu sechs DOS-Anwendungsprogramme als auch zwei elektronische Notizblöcke laufen lassen, während er mit einem Mainframe-Rechner zusammenarbeitet. Eine Fenster-Umgebung ähnlich der von TopView wird erzeugt. Mit anderen Worten, der Bildschirm kann in *Fenster* aufgeteilt werden, von denen jedes ein PC-Programm oder eine Mainframe-Computer-Verbindung enthält (siehe Abbildung 5-6). Auf diese Weise kann der Benutzer gleichzeitig mehrere Programme und Kommunikations-Verbindungen bearbeiten. Wie unter TopView kann der Benutzer schnell zwischen mehreren Anwendungsprogrammen wechseln und unter gewissen Bedingungen Programme selbständig im Hintergrund laufen lassen, während er andere Arbeiten im Vordergrund ausführt.

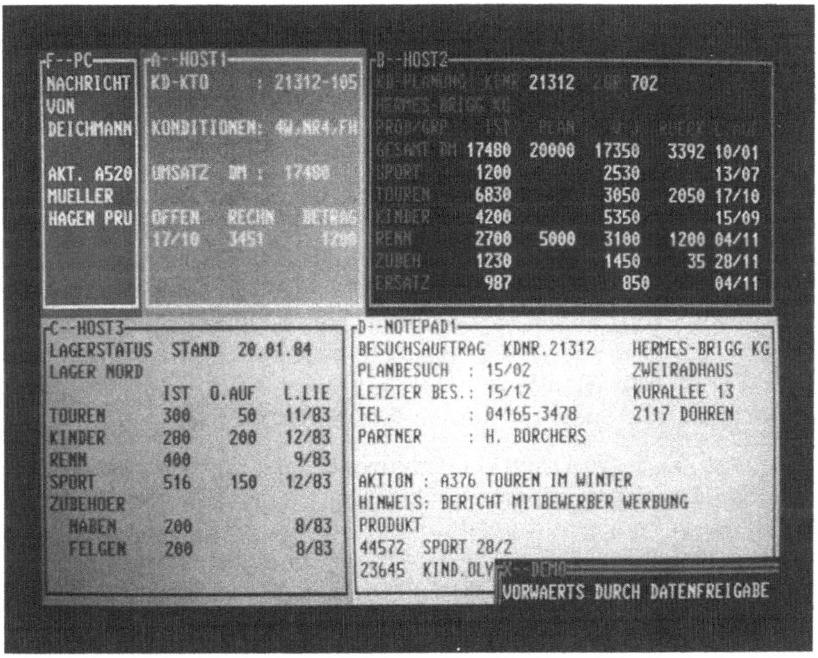

Abb.: 5-6 Fenster-Umgebung des 3270 Workstation-Programms.

Da auch das 3270 Workstation-Programm im Real Mode arbeitet, existiert kein Schutz für parallel laufende Anwendungsprogramme, und es gilt die bekannte 640-KB-Speicherobergrenze. Es gibt allerdings einen Weg, auf dem das 3270 Workstation-Programm die 640-KB-Speichergrenze des DOS überwinden kann; hiernbei handelt es sich um eine Speicher-Verwaltungstechnik, die als *Bank-Switching* bezeichnet wird. Das Bank-Switching-Verfahren ist vergleichbar dem Programmaustausch zwischen Arbeitsspeicher und Festplatte bzw. virtueller Diskette, wie er von TopView durchgeführt wird, nur das in diesem Fall ein Umschalten zwischen aktiven und inaktiven Speicherbereichen vollzogen wird. Das Bank-Switching ermöglicht das parallele Ablaufen mehrerer DOS-Anwendungsprogramme. Dabei wird jedes Programm für den Bruchteil einer Sekunde aktiviert. In dieser Zeit erhält es die Verfügungsgewalt über den Computer und kann einige Arbeitszyklen weiterarbeiten. Danach ist - wieder nur für den Bruchteil einer Sekunde - das nächste Programm an der Reihe. Durch diesen permanenten Programmtausch wird der Anschein erweckt, mehrere Programme liefen simultan.

Die Modelle 50 und 60 können die IBM Personal System/2 2 MB Hauptspeichererweiterungskarte, die wir in Kapitel 2 angesprochen haben, dazu nutzen, dem 3270 Workstation-Programm Speicherplatz jenseits von 640

KB zu Verfügung zu stellen. Da das 3270 Workstation-Programm den *Virtual 86 Mode* des 80386 nutzen kann, ist für das Modell 80 keine Hauptspeichererweiterungskarte nötig. Das 3270 Workstation-Programm kann auch im normalen Speicher des Modells 80 ein Bank-Switching durchführen.

Unter dem 3270 Workstation-Programm kann auch mit Anwendungsprogrammen gearbeitet werden, die einen erweiterten Hauptspeicher nach dem EMS-Standard (Expanded Memory Specification) ausnutzen. Bei diesem EMS-Standard werden Speicherbereiche in das und aus dem aktiven 640-KB-Segment verschoben. Auf diese Weise wird indirekt auch der Speicherplatz jenseits der 640-KB-Barriere zugänglich. Anwendungsprogramme, die für diesen Standard nicht ausgelegt sind, können allerdings von dem erweiterten Speicher keinen Gebrauch machen.

Zusätzlich kann das 3270 Workstation-Programm den Speicherplatz der 2 MB Hauptspeichererweiterungskarte auch als virtuelle Diskette nutzen.

5.3 PROTECTED-MODE-BETRIEBSSYSTEME

Die volle Leistungsfähigkeit der Modelle 50, 60 und 80 wird erst freigesetzt, wenn das Betriebssystem die Vorteile des Protected Mode ausnutzt. Im Protected Mode kann das Betriebssystem umfangreiche Arbeitsspeicher adressieren und mit Hilfe des Schutzmechanismus eine unbeschränkte Multi-Tasking-Umgebung verwirklichen. Diese neuen Möglichkeiten gehen allerdings auf Kosten der direkten Kompatibilität zu DOS-Anwendungsprogrammen.

Im folgenden werden drei Betriebssystemen dargestellt, mit denen die Modelle 50, 60 und 80 im Protected Mode arbeiten:

- IBM Operating System/2 Standard-Version,
- IBM Operating System/2 erweiterte Version,
- IBM Operating System/2 Advanced Interactive Executive.

Operating System/2 Standard-Version

Das IBM Operating System/2 Standard-Version weist erhebliche Unterschiede zum traditionellen DOS auf. Das Operating System/2 (im Deutschen manchmal auch Betriebssystem/2 oder BS/2) besteht, wie DOS auch, aus einer Reihe von Programmen, die die Aufgabe haben, entweder auf Anweisung des Benutzers oder eines Anwendungsprogramms verschiedene Hardware-Steuerfunktionen auszuführen. Im Gegensatz zu DOS ist OS/2 jedoch in der Lage, die Modelle 50, 60 und 80 im Real Mode (genannt die *DOS-Umgebung*), im Protected Mode (genannt die *OS/2-Umgebung*) und in beiden Modi *gleichzeitig* zu betreiben. Während die DOS-Umgebung das Betriebssystem DOS 3.3 emuliert und auf diese Weise die Kompatibilität zu DOS-Anwendungsprogrammen wahrt, verzichtet die OS/2-Umgebung auf die DOS-Kompatibilität zugunsten erweiterter Funktionen. Während OS/2 dem Benutzer sehr komplexe und hochentwickelte Funktionen bietet, wurde jedoch auch viel daran gesetzt, die Bedienung von OS/2 gegenüber früheren Betriebssystemen zu vereinfachen. So wurden beispielsweise ein kontextbezogenes Hilfesystem und direkt abrufbare Erklärungen integriert, so daß der Griff zum Bedienerhandbuch in den meisten Fällen unterbleiben kann, wenn der Benutzer noch Fragen hat oder zusätzliche Informationen benötigt. Die Installation von OS/2 wird durch das mitgelieferte Installationsprogramm erleichtert.

OS/2 ist ein Glied der IBM-System-Anwendungs-Architektur, die in Kapitel 3 besprochen wurde. Die System-Anwendungs-Architektur soll eine einheitliche Gesamtlösung für Unternehmen darstellen und Standards definieren auf den Gebieten Benutzerschnittstelle, Schnittstelle zum Anwendungsprogramm (API) und für die Kommunikation. Sie soll Konsistenz und Kompatibilität zwischen den wichtigsten IBM-Produkt-Familien herstellen: System/370, System/3x und dem Personal System/2. OS/2 bietet die Voraussetzungen für die Entwicklung einer neuen Generation von Anwendungsprogrammen, die in die System-Anwendungs-Architektur passen und vollen Gebrauch von großen Arbeitsspeichern und Multi-Tasking machen können. In der DOS-Umgebung kann der Benutzer seine DOS-Anwendungsprogramme laufen lassen, so daß der Übergang vom gewohnten DOS zum OS/2 unkompliziert und ohne große Neuinvestitionen in Software vonstatten gehen kann.

Zum Zeitpunkt der Übersetzung dieses Buches gibt es zwei Ausgaben der Standard-Version von OS/2: 1.0 und 1.1. Der Hauptunterschied zwischen diesen beiden Ausgaben liegt in der Benutzerschnittstelle und in der Unterstützung der Grafik. Wenn der Benutzer OS/2 1.0 startet, sieht er sich der Anwendungs-Auswahlhilfe gegenübergestellt. Dabei handelt es sich um ein Menü, von dem aus der Benutzer DOS- oder OS/2-Anwendungsprogramme starten, beenden oder zwischen ihnen wechseln kann. Das Programm-Menü wird mit den Angaben erstellt, die während der Installation der Anwendungsprogramme gesammelt wurden. Das angewählte Programm tritt in den Vordergrund und erhält die Kontrolle über den Bildschirm.

Die Benutzerfreundlichkeit von OS/2 1.1 wurde gegenüber OS/2 1.0 noch einmal erhöht. Die Ausgabe 1.1 bietet ebenfalls ein kontextbezogenes Hilfesystem und direkt abrufbare Erklärungen, führt aber gleichzeitig eine neue Benutzeroberfläche ein, die *Präsentations-Manager* genannt wird. Diese komfortablere Benutzeroberfläche ermöglicht die Aufteilung des Bildschirms in Fenster. Die Fenster-Umgebung, die von OS/2 1.1 erzeugt wird, erfüllt die SAA-Standards, nutzt die Grafikfunktionen der Modelle 50, 60 und 80 voll aus und läßt sich daher informativer gestalten als die reine Text-Fenster-Umgebung von TopView oder vom 3270 Workstation-Programm. Zum Zeitpunkt dieser Übersetzung war leider noch kein Foto vom Präsentations-Manager des OS/2 1.1 verfügbar, Abbildung 5-7 zeigt jedoch einen Präsentations-Manager, der den Normen von SAA entspricht.

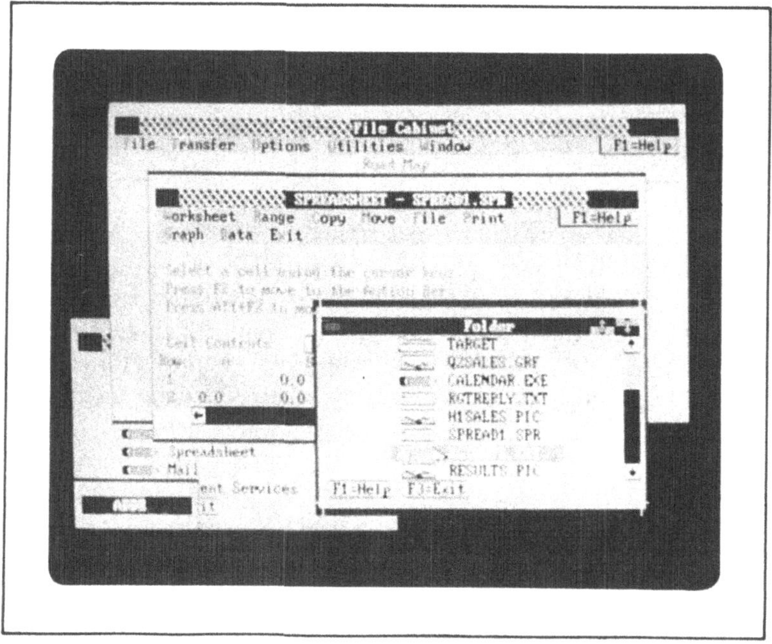

Abb.: 5-7 Beispiel für einen Präsentations-Manager (Bild einer amerikanischen Version), der den Richtlinien der System-Anwendungs-Architektur (SAA) entspricht.

Jedes Fenster kann von einem selbständigen Anwendungsprogramm gesteuert werden. Außerdem kann ein Anwendungsprogramm auch mehrere Fenster öffnen, wenn dies nötig sein sollte. Der Benutzer kann die Anordnung und die Größe eines jeden Fensters einstellen. Ein Zwischenspeicher ermöglicht die Übertragung von Daten von einem Anwendungsprogramm zum anderen.

OS/2 1.1 erweitert ferner die Grafikunterstützung seines Application Program Interface (API). Programmierer können Programme für OS/2 entwickeln, die sehr komplexe Grafiken erzeugen. Alle folgenden Informationen gelten für beide Ausgaben von OS/2. OS/2 in der Ausgabe 1.1

stellt eine Weiterentwicklung von OS/2 Ausgabe 1.0 dar. Anwender, die OS/2 1.0 einsetzen, können bei Erscheinen von Ausgabe 1.1 ohne Schwierigkeiten auf diese Ausgabe überwechseln.

Operating-System/2-DOS-Umgebung

Zur Nutzung des bestehenden Software-Angebots bietet OS/2 die Möglichkeit, viele der existierenden DOS-Anwendungsprogramme ablaufen zu lassen. In seiner DOS-Umgebung verhält sich OS/2 wie DOS 3.3. Nach Starten der DOS-Umgebung kann der Benutzer DOS-Funktionen aufrufen und DOS-Anwendungsprogramme starten, benutzen oder beenden. Dies ermöglicht eine Arbeit wie unter DOS 3.3.

Nicht alle DOS-Anwendungsprogramme, die für den herkömmlichen PC entwickelt worden sind, laufen ordnungsgemäß unter OS/2 - das gilt besonders für zeitabhängige Anwendungen. Das liegt daran. daß es sich bei OS/2 um ein weitaus komplexeres Betriebssystem handelt als bei DOS. DOS-Anwendungsprogramme werden auf einem identischen Computer-System unter OS/2 etwas langsamer abgearbeitet als unter DOS 3.3. Außerdem wird ein DOS-Anwendungsprogramm von OS/2 unterbrochen, wenn es in den Hintergrund geschaltet wird und stattdessen ein OS/2-Anwendungsprogramm in den Vordergrund geholt wird. Aus diesen Gründen können zeitabhängige DOS-Anwendungsprogramme, wie beispielsweise Kommunikations-Programme, nicht in der DOS-Umgebung von OS/2 betrieben werden.

Operating-System/2-Umgebung

Unter OS/2 lassen sich der erweiterte Speicher des Protected Mode und der Schutzmechanismus gleichzeitig laufender Programme des 80286-bzw. 80386-Mikroprozessors in den Modellen 50, 60 und 80 voll nutzen. Dies geht allerdings zu Lasten der Kompatibilität mit DOS-Anwendungsprogrammen, die für den PC geschrieben wurden.

Das Application Program Interface (API) des OS/2 entspricht den Standards der System-Anwendungs-Architektur (SAA) und erlaubt die Entwicklung entsprechender Anwendungsprogramme. Einerseits können viele bereits existierende Anwendungsprogramme in die OS/2-Umgebung portiert werden, andererseits eröffnen sich Möglichkeiten zur Entwicklung einer neuen Generation fortschrittlicher und funktional ausgebauter Anwendungsprogramme. Die offene Architektur von IBM und die Programm-Entwicklungstools des OS/2 werden die Akzeptanz der SAA auch auf Programmiererseite erhöhen. Mit Hilfe der bereitgestellten Programmentwicklungs-"Werkzeuge" lassen sich auch sogenannte Familienanwendungen erstellen, die sowohl unter DOS 3.3 als auch unter OS/2 betrieben werden können. Diese Familienanwendungen sind jedoch gewis-

sen Einschränkungen unterworfen, was die Ausnutzung aller Hardware-Funktionen des Personal System/2 anbelangt (siehe Kapitel 4).

Für die OS/2-Umgebung sprechen zwei entscheidende Vorteile:

- **erweiterte Speicherkapazität**
- **Multi-Tasking**

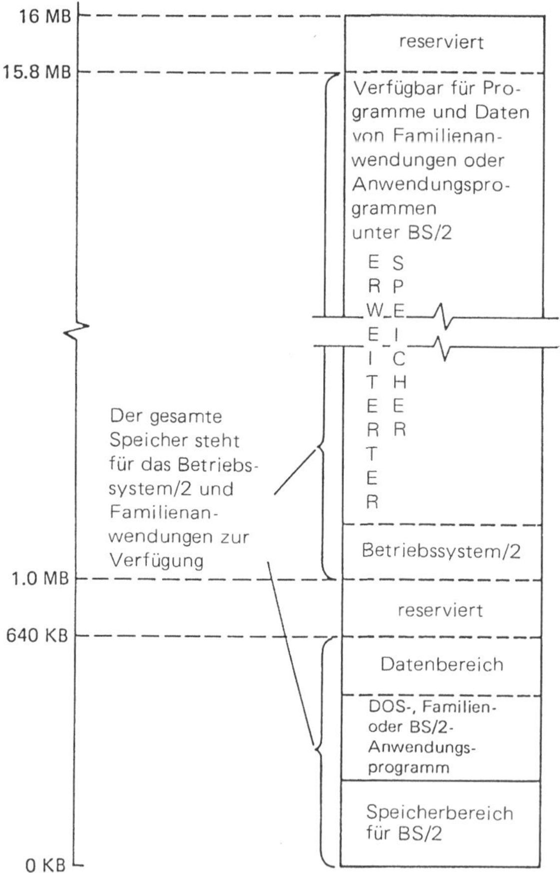

Abb.: 5-8 **Speicherverwaltung des Operating System/2 für die Modelle 50, 60 und 80 im Operating-System/2-Modus. Im Operating-System/2-Modus können Anwendungsprogramme und Daten überall im 16 MB Adreßraum abgelegt werden. Ausnahme bilden nur die reservierten Bereiche und der Platz, der vom Betriebssystem selbst belegt wird.**

Operating System/2 erweiterte Speicherkapazität: Die OS/2-Umgebung schöpft die erweiterte Speicherkapazität der 80286- und 80586-Mikroprozessoren aus und durchbricht die 640-KB-Speichergrenze von DOS.

Wir haben schon einige Versuche besprochen, diese Barriere zu durchbrechen (z.B.: Bank Switching oder Programmaustausch). Dabei handelte es sich jedoch nur um Teillösungen, die die Unzulänglichkeiten von DOS kompensieren sollen. Die erweiterte Speicherkapazität von OS/2 hingegen stellt eine konsequente und bedingungslose Überwindung der 640-KB-Barriere dar. Der gesamte Speicherbereich kann nunmehr durchgehend für Programme, Daten, Multi-Tasking-Programme, Betriebssystem usw. genutzt werden. In OS/2 liegt die Obergrenze des Hauptspeichers bei 16 MB; das bedeutet eine Erhöhung um mehr als das 24-fache gegenüber der DOS-Umgebung.

Abbildung 5-8 zeigt, wie der Speicher von OS/2 verwaltet wird. Dabei belegt OS/2 selbst den ersten Abschnitt des Speichers. Der Speicherbereich oberhalb von OS/2 und unterhalb von 640 KB steht für Familien- und OS/2-Anwendungen und -Daten zu Verfügung, wenn keine DOS-Anwendungsprogramme benutzt werden. Wenn eine DOS-Anwendung gestartet wird, muß ein Teil dieses Speicherbereichs für diese reserviert werden.

Der Speicherbereich von 640 KB bis zu 1 MB ist nicht als Arbeitsspeicher ausgelegt und kann deshalb auch nicht von Anwendungen oder Daten genutzt werden. Unter OS/2 kann jedoch der Bereich von 1 MB bis fast 16 MB von OS/2-Anwendungsprogrammen und Daten belegt werden.

Warum sollte man mehr als die 640 KB von DOS 3.3 benötigen? Die Entwicklungsgeschichte des PC hat gezeigt, daß die Speicherplatzbedürfnisse schnell und unaufhörlich steigen. Je mehr Speicherplatz zur Verfügung steht, desto benutzerfreundlicher und leistungsfähiger können Programme gestalten werden. Der erste PC kam im Jahre 1981 mit 16 KB Speicher auf den Markt. Damals dachte man, dies würde den meisten Anforderungen genügen. In der Büroumgebung würde ein 16-KB-Computer aber heutzutage als völlig nutzlos betrachtet werden. Anfangs wurde der maximale Speicherplatz von 640 KB in den PCs geradezu als Byte-Ozean betrachtet, der auch in ferner Zukunft keine Einschränkungen für die Benutzer darstellen würde. Die "ferne Zukunft" war bereits nach wenigen Jahren Gegenwart und ist heutzutage schon fast Vergangenheit, denn die Zahl der Benutzer wächst ständig, die sich durch das 640-KB-Limit eingeschränkt fühlen. Als die Rolle der PCs im Geschäftsleben an Wichtigkeit gewann, forderten die Anwender mehr Funktionenvielfalt und leichtere Bedienbarkeit. Das ließ die Anwendungsprogramme in ihrem Umfang mächtig anwachsen. Der Speicherplatzbedarf dieser Anwendungsprogramme und ihre großen Datenmengen führten immer öfter zu Konflikten mit der 640-KB-Barriere. Das Problem wird jedem Anwender offenkundig, der einmal versucht, mehrere Programme gleichzeitig laufen zu lassen.

Eine weitere Speicherverwaltungs-Technik, die das Operating System/2 beherrscht, ist der *virtueller Speicher*. Sie ist dem Programmaustausch von TopView verwandt. Hierbei können Informationen schnell zwischen Arbeitsspeicher und Festplatte ausgetauscht werden, so daß zum Beispiel einem Anwendungsprogramm mehr Speicherplatz zu Verfügung steht als tatsächlich im Computer installiert ist. Da dieser Informationsaustausch jedoch Zeit benötigt, wird bei häufiger Beanspruchung die Arbeitsgeschwindigkeit stark herabgesetzt. Ein ausreichend großer Speicher, der es erlaubt, alle Programme und Daten ständig bereit zu halten, ist deshalb bei den meisten Anwendungen vorzuziehen. Der virtuelle Speicher ist besonders für solche Programme nützlich, bei denen Geschwindigkeit und kurze Antwortzeiten nur eine untergeordnete Rolle spielen, wie es zum Beispiel bei Fehlerbehandlungsroutinen der Fall ist.

Operating System/2 Multi-Tasking: Beim Multi-Tasking können zwei oder mehr Anwendungsprogramme geladen und gestartet werden. Der Benutzer kann schnell zwischen den Programmen wechseln und sie selbständig im Hintergrund weiterarbeiten lassen, während er selbst andere Tätigkeiten ausübt. Multi-Tasking fügt sich gut in die Arbeitsbedingungen eines Büros ein, die häufige Unterbrechungen und flexible Zeiteinteilung mit sich bringen.

Der Bedarf an Programmwechsel-Funktionen wurde schon von vielen Anwendern erkannt, die sich Programme wie TopView oder das 3270 Workstation-Programm zugelegt haben.

Die Leistungsfähigkeit des Programmwechsels und der Hintergrundverarbeitung vom Operating System/2 übersteigt jedoch die Lösungsversuche dieser DOS-Erweiterungen bei weitem. Wichtigster Punkt ist dabei der Einsatz des Protected Mode der Mikroprozessoren 80286 und 80386. Er verhindert, daß sich zwei Anwendungsprogramme gegenseitig in ihrer Funktion stören. Der Schutzmechanismus basiert auf der Vergabe verschiedener *Prioritätsstufen* an die Programme, wobei jede Prioritätsstufe ein unterschiedliches Ausmaß an Kontrolle über den Computer ausübt (siehe Abbildung 5-9). OS/2 besitzt die höchste Prioritätsstufe und überwacht alle Funktionen der Modelle 50, 60 und 80. Anwendungsprogramme erhalten niedrigere Prioritätsstufen und sind deshalb dem Operating System/2 untergeordnet. Der Schutzmechanismus auf der Basis unterschiedlicher Prioritätsstufen gewährleistet eine sehr zuverlässige Multi-Tasking-Umgebung, die in dieser Form von den DOS-Lösungen nie erreicht werden kann.

Der Benutzer kann seinerseits die Prioritätsstufen an die Anwendungsprogramme vergeben, ähnlich wie das auch bei Mainframe-Computern geschieht. Auf diese Weise kann er die Rechenleistung des Computers seinen Bedürfnissen gemäß auf die Programme aufteilen.

Bis zu zwölf voneinander unabhängige OS/2-Anwendungsprogramme können unter OS/2 betrieben werden. Alternativ können auch eine DOS-Anwendung und bis zu elf OS/2-Anwendungen gestartet werden. Während der Benutzer mit einem Programm in Dialog tritt, laufen die übrigen OS/2-Anwendungen im Hintergrund weiter.

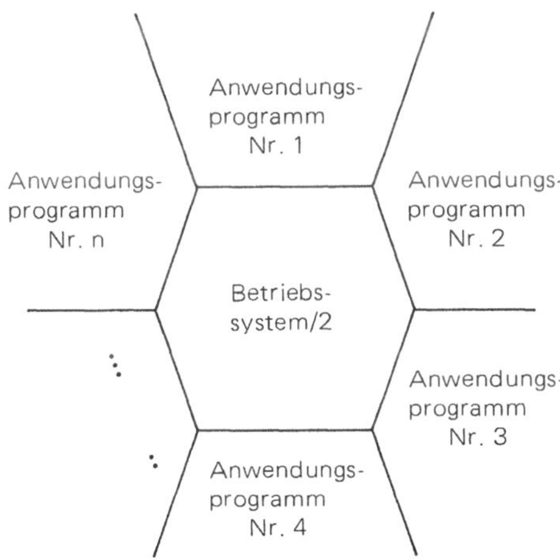

Abb.: 5-9 Schema der unterschiedlichen Prioritätsstufen, die durch die Mikroprozessoren 80286 und 80386 erzeugt werden. Das Operating System/2 belegt die höchste Prioritätsstufe und behält so die Kontrolle über alle Hardware-Funktionen der Modelle 50, 60 und 80. Anwendungsprogramme arbeiten auf untergeordneten Prioritätsstufen, so daß OS/2 die Aktivitäten koordinieren und gegenseitige Störungen verhindern kann.

Operating System/2 erweiterte Version

Das IBM Operating System/2 (erweiterte Version Ausgabe 1.1) ist eine erweiterte Version des IBM Operating System/2 (Standard-Version Ausgabe 1.1). Neben den Funktionen der Standard-Version bietet die erweiterte Version folgende Zusätze:

- Kommunikations-Manager
- Datenbank-Manager

Die erweiterte Version ist als flexible Einzelplatzlösung für Anwender gedacht, die vielseitige Kommunikations- und Datenbank-Fähigkeiten benötigen. Diese Fähigkeiten waren zuvor nur mit getrennten Anwendungsprogrammen erhältlich; sie sind jetzt fest in das Betriebssystem eingebunden. Das Application Program Interface (API) der erweiterten Version unterstützt die Kommunikations- und Datenbank-Fähigkeiten, so daß die Grundlage zur Entwicklung nützlicher Anwendungsprogramme hergestellt ist, die direkt mit weitverbreiteten Datenbank-Programmen auf Mainframe-Rechnern kommunizieren können. Die erweiterte Version ist - wie auch schon die Standard-Version - Teil der System-Anwendungs-architektur und bietet deshalb hohe Bedienerfreundlichkeit. Betrachten wir die neu hinzugekommenen Programmteile und Funktionen der erweiterten Version gegenüber der Standard-Version etwas genauer.

Kommunikations-Manager

Der Kommunikations-Manager befähigt ein entsprechend ausgerüstetes Modell 50, 60 oder 80, über diverse Verbindungen mit einer großen Anzahl verschiedener Computer-Systeme zu kommunizieren. Die Kommunikation mit Mainframe- und Mini-Computer findet in der Regel über ein Datensichtgerät statt. Die erweiterte Version erweckt bei dem angeschlossenen Mainframe- bzw. Mini-Computer den Eindruck, es handele sich bei den Modellen 50, 60 und 80 um die entsprechenden Datensichtgeräte. In einem solchen Fall verhalten sich die Modelle 50, 60 und 80 wie ein Datenendgerät; man sagt, sie *emulieren* es. Die erweiterte Version erlaubt die Emulation der meisten verwendeten Datenendgeräte auf dem Modell 50, 60 und 80. Dies sind unter anderem: 3270 Display Terminal, IBM 3101 und DEC VT100.

Neben der Datenendgerät-Emulation unterstützt die erweiterte Version auch noch zahlreiche andere Kommunikations-Protokolle, wie zum Beispiel APPC (Advanced Program to Program Communications) oder ECF (Enhanced Connectivity Facilities). Diese Kommunikations-Protokolle werten die Modelle 50, 60 und 80 im Vergleich zu untergeordneten Datenendgeräten bei den angeschlossenen Großrechnern auf. Für den Anwender schlägt sich das in flexiblerer Kommunikation und höherer Produktivität nieder.

Folgende Anschlußmöglichkeiten werden unter anderem von der erweiterten Version unterstützt: SDLC, Async, PC Network, Token Ring. In Kapitel 6 werden diese verschiedenen Kommunikations-Verbindungen behandelt und die Vor- und Nachteile für den Anwender erläutert. Die Kommunikations-Möglichkeiten der erweiterten Version stehen nur im Operating System/2-Modus zur Verfügung.

Datenbank-Manager

Der Datenbank-Manager hilft bei der Organisation großer Mengen ähnlich strukturierter Daten. Daten, die sich für die Organisation in einer Computer-Datenbank eignen, sind zum Beispiel Telefonbücher, Inventarlisten etc.

Der Datenbank-Manager der erweiterten Version ist Teil der System-Anwendungs-Architektur (SAA) und besitzt aus diesem Grund große Ähnlichkeit mit Datenbank-Anwendungsprogrammen, die auf größeren Computern eingesetzt werden. Die erweiterte Version verwendet die strukturierte Abfragesprache SQL (Structured Query Language), die Anwendern der Datenbank-Anwendungsprogramme des IBM System/370 bekannt sein dürfte. Diese Verwandtschaft ist ein wichtiger Schritt in Richtung Kompatibilität zwischen den einzelnen Computer-Familien. Sie erleichtert dem Benutzer die Übertragung von Daten zwischen zwei Datenbank-Programmen, von denen das eine auf einem Modell 50, 60 oder 80 und das andere auf einem Mainframe läuft. Die erweiterte Version schafft auf diese Weise die Grundlage für eine sehr enge Zusammenarbeit zwischen Großrechner und Einzelplatz-System. Genauso wie der Kommunikations-Manager ist auch der Datenbank-Manager der erweiterten Version nur in der OS/2-Umgebung verfügbar.

AIX

IBM hat die Entwicklung des sogenannten IBM Personal System/2 Advanced Interactive Executive (AIX) angekündigt. Es handelt sich dabei um ein Multi-Tasking-Multi-User-Betriebssystem für das Personal System/2 Modell 80. Das Produkt soll ein Mitglied der AIX-Betriebssystem-Familie für den IBM RT Personal Computer sein. Zum Zeitpunkt der Übersetzung dieses Buches waren keine weiteren Informationen über AIX erhältlich.

5.4 TABELLARISCHE ÜBERSICHT

Niemals zuvor hatte der Benutzer eine so große Auswahl an Betriebssystemen. Zur besseren Übersicht faßt werden in der Abbildung 5-10 die Unterschiede zwischen den einzelnen Betriebssystemen noch einmal zusammengefaßt, die in diesem Kapitel behandelt wurden. Anhang D enthält ferner noch Informationen darüber, welche Anwendungsprogramme mit diesen Betriebssystemen kompatibel sind.

	DOS	DOS 3.3 TopView	3270 Workstat. Programm	OS/2 1.0 Standard	OS/2 1.1 Standard	OS/2 1.1 erweitert
für 50	ja	ja	ja	ja	ja	ja
für 60	ja	ja	ja	ja	ja	ja
für 80	ja	ja	ja	ja	ja	ja
DOS-Programme	ja	ja	ja	mehrere	mehrere	mehrere
OS/2-Programme	nein	nein	nein	ja	ja	ja
Speichergrenze	640 KB	640 KB Wechsel	640 KB Bank-Switching	16 MB	16 MB	16 MB
Multi-Tasking	nein	ja begrenzt	ja begrenzt	ja	ja	ja
Multi-User	nein	nein	nein	nein	nein	nein
Benutzer-schnittstelle	Bereit-schafts-zeichen	Text-Fenster	Text-Fenster	Auswahl-hilfe	Grafik-Fenster	Grafik-Fenster
Hilfesystem	nein	nein	nein	ja	ja	ja
Integrierte Kommunikation	nein	nein	ja	nein	nein	ja
Datenbank	nein	nein	nein	nein	nein	ja

Abb.: 5-10 Übersicht über die einzelnen Betriebssysteme für die Modelle 50, 60 und 80.

6 Datenkommunikation mit den Modellen 50, 60 und 80

Die standardmäßigen Eigenschaften der Modelle 50, 60 und 80 erlauben zusammen mit den Erweiterungsmöglichkeiten eine flexible Anpassung der Modelle 50, 60 und 80 an die verschiedenen Datenkommunikationsumgebungen. Diese Flexibilität kann allerdings auch als unübersichtlich empfunden werden, wenn man im Einzelfall zu einer Lösung kommen will. In diesem Kapitel sollen Ihnen die verschiedenen Formen der Datenkommunikation, die mit den Modellen 50, 60 und 80 möglich sind, vorgestellt werden. Es werden die gängigen Formen mit einer Beispielkonfiguration beschrieben.

6.1 DATENKOMMUNIKATION IM BÜRO - EINE EINFÜHRUNG

Im betrieblichen Alltag wird Wert auf präzise, aktuelle Informationen gelegt, auf die man Planungen aufbauen kann. In jedem auch noch so kleinen Betrieb ist es wohl das größte Problem, die richtigen Informationen zu den richtigen Menschen zu dirigieren, damit diese vernünftige Entscheidungen treffen oder ausführen können. Mit lückenhafter Information kann der Entscheidungsträger unter Umständen Fehler mit weitreichenden Auswirkungen begehen. Die Kommunikation in einem Betrieb verbessern, heißt gleichzeitig seine Produktivität und Rentabilität erhöhen. Nur mit effizienter Kommunikation ist der Ausbau eines Betriebs möglich; diese Effizienz allerdings bei immer weiterem Wachstum aufrechtzuerhalten, ist schwer. Die Kommunikatonsschwierigkeiten wachsen exponentiell mit der Größe des Betriebs.

In heutigen Betrieben ist der Computer bereits eine Selbstverständlichkeit; da liegt es nahe, die Computer auch zur Datenkommunikation einzusetzen. Kommunikation kann in der Praxis zwischen zwei Computern stattfinden oder auch in einer größeren Gruppe von Computern in einem *Netzwerk* (im Englischen: network).

Außer zur Verbesserung des Informationsflusses und der Verfügbarkeit von Daten wurde die Datenkommunikation unter Computern auch eingeführt, um die Möglichkeit der gemeinsamen Benutzung von Peripheriegeräten (*equipment sharing*) zu nutzen. In einem Netzwerk können sich zum Beispiel die angeschlossenen Benutzer einen Hochgeschwindigkeitsdrucker teilen. Die gemeinsame Nutzung des Druckers erlaubt es, seine Kapazitäten besser auszulasten, und reduziert die Anzahl der notwendigen Drucker.

Die Modelle 50, 60 und 80 sind durch ihre hohe Arbeitsgeschwindigkeit und die Multi-Tasking-Fähigkeit besonders zur Datenkommunikation geeignet. Sie unterstützen eine Produktfamilie neuer Datenkommunikationsadapter und -software. Wie diese Adapter zusammen mit der Software in sinnvollen Konfigurationen zur Datenkommunikation genutzt werden können, soll dieses Kapitel an Beispielen der Datenendgerät-Emulation und der Einbindung der Modelle 50, 60 und 80 in Local Area Networks (LANs) zeigen.

Alle in diesem Kapitel genannten Adapter sind in Kapitel 2 näher beschrieben.

6.2 DATENENDGERÄT-EMULATION

Mainframe- und Minicomputer sind in bezug auf Arbeitsgeschwindigkeit, Speicherkapazität, Netzwerke und Peripheriegeräte Personal Computern wie den Modellen 50, 60 und 80 überlegen. Andererseits sind Personal Computer preisgünstiger und einfacher zu handhaben. So haben Mainframe, Minicomputer und Microcomputer ihren spezifischen Anwendungsbereich im Betrieb. Weiterhin haben viele Anwender entdeckt, daß sie die Bequemlichkeit und Wirtschaftlichkeit, wie sie Personal Computer bieten, mit den Kapazitäten größerer Computer am besten kombinieren können, indem sie beide Computertypen verbinden. Diese Verbindung läßt sich auf mehrere verschiedene Weisen herstellen. Die eine ist, die Personal Computer als klassische Datenendgeräte (häufig auch Terminals genannt) fungieren zu lassen, wie sie zur Kommunikation mit größeren Computern benutzt werden. Man sagt dann, ein Personal Computer *emuliert* ein Datenendgerät, man betreibt *Datenendgerät-Emulation.* Der Personal Computer ist auf diese Weise in der Lage, Daten mit einem Host-Computer auszutauschen. Da ein Personal Computer weitergehende Fähigkeiten als ein Datenendgerät hat, wird er auch als *intelligentes Datenendgerät* oder *intelligente Workstation* bezeichnet.

Es ist klar, warum die Datenendgerät-Emulation eingeführt werden mußte. Vor der Entwicklung des Personal Computers wurden ausschließlich Datenendgeräte dazu eingesetzt, mit Mini- und Mainframe-Computern zu kommunizieren, d.h. eine sogenannte *host computer session* zu führen. Dann drangen die PCs im kommerziellen Anwendungsbereich ein und wurden unverzichtbare Werkzeuge. Da die größeren Computer aber nicht völlig ersetzt werden konnten, benötigte der Anwender nun einen PC *und* ein Datenendgerät, mit dem er Kontakt zu einem Host aufnehmen konnte. Die technische Beschaffenheit der PCs erlaubte ihre Ausrüstung mit speziellen Erweiterungskarten zur Emulation der bisher üblichen Datenendgeräte, die somit teilweise von den PCs verdrängt wurden.

Neben anderen Möglichkeiten, einen PC an einen Host anzubinden, ist die Datenendgerät-Emulation die verbreitetste.

Wenn Ihr Modell 50, 60 oder 80 zu einem Datenendgerät wird, hat das drei Auswirkungen: Erstens brauchen Sie kein Datenendgerät mehr, um mit einem größeren Computer Dialoge zu führen. Das Modell 50, 60 oder 80 übernimmt diese Funktion, wobei es alle übrigen weiterhin erfüllen kann. Zweitens werden der Host-Computer und seine Peripheriegeräte zu einer Erweiterung Ihres Modells 50, 60 oder 80. So kann zum Beispiel die Festplattenkapazität des Host-Computers als Erweiterung der lokalen Festplattenkapazität Ihres Modells 50, 60 oder 80 betrachtet werden. Sie können auch auf dem Modell 50, 60 oder 80 geschriebene Texte auf einem Drucker des Host-Computers ausgeben lassen. Drittens wird Ihr Modell 50, 60 oder 80 eine Erweiterung des Host-Computers. Das bedeutet, daß Sie Daten vom Host-Computers zu Ihrem Modell 50, 60 oder 80 übertragen und dort auf einer Festplatte speichern können; diese Daten können Sie dann abändern, ausdrucken oder anderweitig bearbeiten, wobei Sie auch ohne Unterstützung des Hosts mit Anwendungsprogrammen der Modelle 50, 60 und 80 arbeiten können. Diese lokale Datenbearbeitung erlaubt Ihnen zum einen die Arbeit mit dem Ihnen gewohnten Anwendungsprogramm und bietet zum anderen, wie man es von einem Einzelplatz-System gewohnt ist, die verzögerungslose Reaktion Ihres Computers auf Ihre Eingaben. Nachdem die Daten lokal manipuliert wurden, können sie, wenn nötig, zur Speicherung oder sonstigen Verarbeitung wieder zurück zum Host gesandt werden.

Zu jedem der vielen verschiedenen Host-Computer gibt es ein zugehöriges Datenendgerät. Mit den angebotenen Erweiterungskarten und der zugehörigen Software für die Modelle 50, 60 und 80 ist die Emulation der wichtigsten IBM-Datenendgeräte möglich. Um die Konfiguration eines Modells 50, 60 oder 80 zur Datenendgerät-Emulation festlegen zu können, muß die Konfiguration des Host-Computers genau bekannt sein. Welches Gerät im Einzelfall emuliert werden muß, hängt vom Typ des Host-Computers, von der verfügbaren Schnittstellen-Hardware des Host, von der Software des Host und von der Art des im Haus verlegten Kabelnetzes ab. Diese Faktoren bestimmen üblicherweise zusammen mit den Anforderungen an Arbeitsgeschwindigkeit und maximale Kosten die Wahl des zu emulierenden Datenendgeräts. Wir wollen nun drei gebräuchliche Datenendgerät-Typen betrachten, die von einem Modell 50, 60 oder 80 emuliert werden können:

- **Asynchrone Datenendgeräte** (weit verbreitete Datenendgeräte zur Kommunikation mit Computern aller Größen)
- **System/3X Datenendgeräte** (Datenendgeräte für die Kommunikation mit den IBM Systemen /36 und /38)

- **System/370 Datenendgeräte** (Datenendgeräte für die größeren IBM/370 Computer)

Emulation von asynchronen Datenendgeräten

Asynchrone Datenendgeräte sind in erster Linie die einfachen, preisgünstigen Datensichtgeräte. Sie bestehen aus einem Bildschirm und einer Tastatur und werden zum Dialog mit den verschiedensten Computern eingesetzt. Die Bezeichnung asynchron bezieht sich auf das asynchrone Kommunikationsprotokoll, das von diesen Datenendgeräten zur Datenübertragung zwischen ihnen und dem Host verwendet wird: Drücken Sie eine Taste am Datensichtgerät gedrückt, wird sofort ein ASCII-Code (ASCII - American Standard Code for Information Interchange), der die gedrückte Taste symbolisiert, zum Host geschickt. Jeder ASCII-Code ist ein Byte lang und wird einzeln von Sender zu Empfänger gesandt. Die Übertragung ist asynchron, denn der zeitliche Abstand zwischen der Übertragung einzelner Bytes ist nicht fix. Dieses Verfahren ist aus verschiedenen Gründen auf eine Übertragungsgeschwindigkeit begrenzt, die insgesamt niedriger ist als die im synchronen Betrieb machbare.

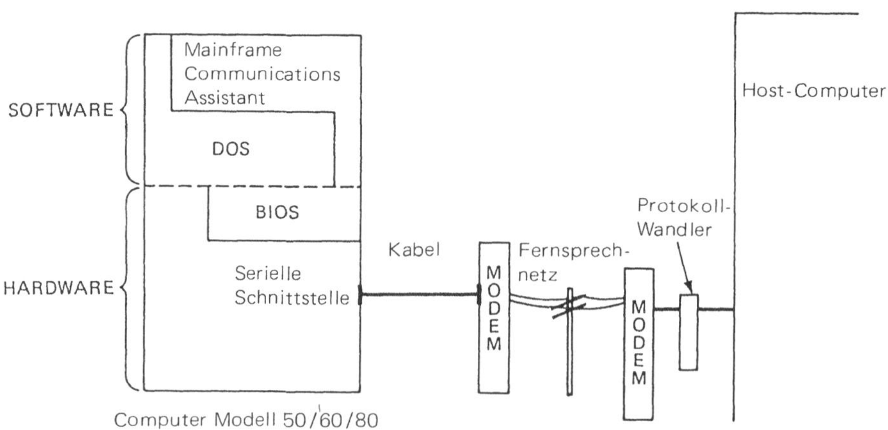

Abb.: 6-1 Konfiguration zur Emulation eines asynchronen Datenendgeräts zur Kommunikation mit einem entfernten Host-Computer. Über die Verbindung zum Fernsprechnetz der Deutschen Bundespost sind auch vielfältige Verbindungen zu anderen Computern und privaten und öffentlichen Diensten möglich.

Abbildung 6-1 zeigt schematisch eine Konfiguration zur Emulation eines asynchronen Datenendgeräts. Es werden im günstigsten Fall keinerlei

Adapter-Karten benötigt, denn der Modem (Abkürzung für Modulator-Demodulator), der für den Anschluß an das Telefonnetz benötigt wird, kann direkt an die standardmäßig vorhandene serielle (asynchrone) Schnittstelle des Modells 50, 60 oder 80 angeschlossen werden. Ist diese Schnittstelle bereits durch einen Drucker oder ein anderes Peripheriegerät belegt, kann der Personal System/2 Dual Async Adapter oder der Personal System/2 Multi-Protokoll Adapter zur Einrichtung der notwendigen seriellen Schnittstelle dienen.

Zur Emulation wird weiterhin ein Emulationsprogramm benötigt. Das Programm IBM Mainframe Communications Assistant zum Beispiel kann das asynchrone Datensichtgerät IBM 3101 emulieren. Emulation bedeutet in diesem Moment, daß das Modell 50, 60 oder 80, auf dem der IBM Mainframe Communications Assistant läuft, einerseits auf Signale des Host wie ein IBM 3101 reagiert und andererseits auch selbst nur Signale sendet, die das IBM 3101 senden würde. Zum Beispiel kann ein Host-Computer einen besonderen Befehl senden, der die Bildschirmdarstellung des IBM 3101 invertiert. Das Modell 50, 60 oder 80 muß in diesem Fall vom Emulationsprogramm so gesteuert werden, daß äußerlich das gleiche geschieht.

Modems werden von der Post als posteigene oder teilnehmereigene Geräte zur Verfügung gestellt; es können auch zugelassene private Modems verwendet werden. Der Anschluß an das Fernsprechnetz ist aber auch über zugelassene Akkustikkoppler möglich, die ausschließlich privat erhältlich sind.

Diese Konfigurationen sind nicht nur zur Anbindung an einen Host, sondern auch zur Teilnahme an Kommunikationsverbund-Systemen über die öffentlichen Netze und Dienste geeignet. Über das Fernsprechnetz sind dem Benutzer sämtliche Anwender-Datennetze und Dienste, die das Fernsprechnetz benutzen (z.B. das öffentliche TELEBOX-System), zugänglich. Außerdem besteht ein Zugang zum DATEX-L- und DATEX-P-Netz der Post und den dort implementierten Anwender-Datennetzen und Diensten. Auch eine Anbindung an Teletex ist möglich.

Emulation von System/3X Datenendgeräten

Das IBM System/3X (System /36 und /38) ist eine Familie von Computern mittlerer Größe, die im allgemeinen entweder in kleineren Betrieben als zentrales Host-System oder in Betrieben mit mehreren Abteilungen als Abteilungsrechner betrieben werden. Die 5250-Datenendgeräte sind eine Familie von Datenendgeräten, die zum Dialog mit den System/3X Computern eingesetzt werden. Mit dem IBM Personal System/2 /3X-Emulationsadapter, dem 5250 Emulationsprogramm und dem geeigneten Kabel zur Verbindung mit einem System/3X Host können Geräte der 5250-Familie von den Modellen 50, 60 und 80 emuliert werden. Abbildung 6-2 zeigt die Konfiguration der Modelle 50, 60 und 80 für die Emulation von System/3X Datenendgeräten. Auf einem Erweiterungssteckplatz des Modells 50, 60 oder 80 wird der /3X-Emulationsadapter installiert. Über den Adapter wird der Computer mit einem Twinaxkabel, wie es in der System-/3X-Umgebung verwendet wird, mit dem Host-Computer verbunden. Die Abbildung zeigt eine lokale Anbindung an den Host. Die gleiche Verbindung könnte aber auch zu einem *entfernten* (*remote*) Host über große Entfernungen mit der 5294 Remote Control Unit augebaut werden.

Mit dem Emulationsprogramm kann entweder ein 5250 Datensichtgerät (z.B. 5292 Modell 2) oder ein 5250 Drucker (z.B. der 5219) emuliert werden. Durch Datensichtgerät-Emulation mit einem Modell 50, 60 oder 80 hat der Benutzer einen Zugriff auf die Anwendungsprogramme des /3X-Hosts, der dem eines echten 5250 Datensichtgerätes entspricht. Indem es einen Drucker emuliert, kann das Modell 50, 60 oder 80 die Ausgabe eines Anwendungsprogramms des /3X-Hosts zu einem an das Modell 50, 60 oder 80 angeschlossenen Drucker leiten.

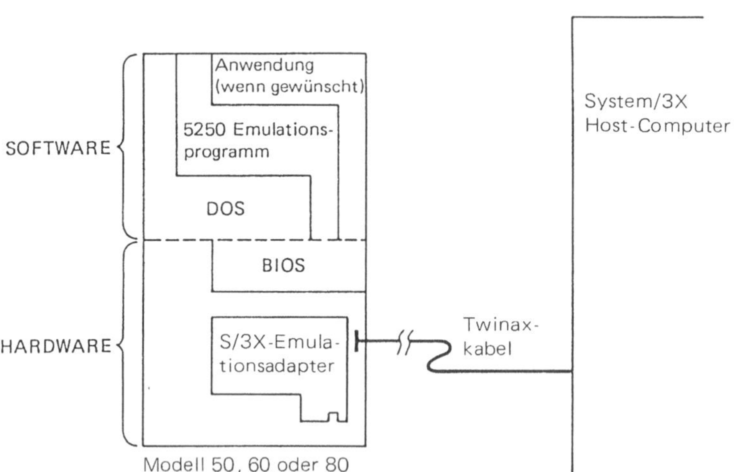

Abb.: 6-2 Konfiguration zur Emulation eines 5250 Datenendgeräts. Mit dieser Hard- und Software kann ein Modell 50, 60 oder 80 mit einem IBM System/3X Minicomputer kommunizieren.

Durch die Multi-Tasking-Unterstützung des 5250 Emulationsprogramms kann ein Modell 50, 60 oder 80 gleichzeitig vier Dialoge mit einem System/3X-Computer führen. Das heißt, es kann vier separat an den Host angeschlossene Datenendgeräte darstellen. Der Benutzer kann zwischen diesen einzelnen Sessions und zusätzlich einem DOS-Programm beliebig hin- und herspringen.

Emulation von System/370 Datenendgeräten

Die Spitzenmodelle der IBM Produkt-Familie stellen die IBM System/370 Mainframe-Computer dar. Ein Computer-System dieser Größe kann der Zentralrechner für einen großen Konzern oder Host in einem weltweiten Datennetz sein. Die 3270 Produktfamilie ist eine Gruppe von Datensichtgeräten, Druckern und Steuereinheiten, die speziell für die Kommunikation mit den System/370-Computern konzipiert wurden. Die Datensichtgeräte bestehen aus einem Bildschirm und einer Tastatur und dienen dem Dialog mit dem System/370-Computer. Die Drucker werden üblicherweise dazu eingesetzt, Kopien der im Mainframe-Computer gespeicherten Daten auf Papier anzufertigen. Die Steuereinheiten sorgen für die Verbindung der genannten Geräte mit dem /370-Host. Mit dieser Hardware lassen sich viele verschiedene sinnvolle Konfiguration bilden.

Die Modelle 50, 60 und 80 können mit der entsprechenden Ausstattung 3270-Datensichtgeräte, -Steuereinheiten und -Drucker emulieren. Somit hat der Benutzer die Möglichkeit, die Flexibilität der Personal Computer mit der Leistungsfähigkeit eines System/370-Großcomputers zu kombinieren. Die erhältlichen 3270-Emulationsprogramme bieten verschiedene Grade der Leistungsfähigkeit; der Benutzer kann den für ihn notwendigen wählen. Im folgenden werden zwei Konfigurationen der 3270-Emulation mit den Modellen 50, 60 und 80 behandelt:

- Datensichtgerät-Emulation
- Steuereinheit-Emulation

Die 3270-Datensichtgerät-Emulation

Allgemein werden die Datensichtgeräte IBM 3278 und 3279 zum Dialog mit den System/370 Mainframe-Computern eingesetzt. In Abbildung 6-3 ist eine Konfiguration gezeigt, mit der 3278/79 Datensichtgeräte emuliert werden können. Das Modell 50, 60 oder 80 ist mit einem 3270-Emulationsadapter ausgerüstet und das PC 3270 Emulation Program Entry Level ist implementiert (es hätte ebensogut das in Kapitel 5 besprochene 3270 Workstation Programm eingesetzt werden können). Die restlichen Bestandteile der Konfiguration aus Abbildung 6-3 sind identisch mit denen, die auch zur Anbindung eines "echten" 3278/79 Datensichtgeräts notwendig wären. Die Steuereinheit IBM 3174 oder 3274, an die das Modell 50, 60 oder 80 über ein Koaxialkabel angeschlossen wird, unterstützt den Anschluß mehrerer 3278/79-Datensichtgeräte und gewährleistet eine optimierte Datenübertragung zwischen Host und Datenendgeräten. Die Steuereinheit wiederum ist über eine Modem-Verbindung an einen IBM 3705 Communications Controller angeschlossen, der für die Verwaltung der Kommunikationsleitung auf der Seite des System/370-Computers zuständig ist. Befindet sich die Steuereinheit in nächster Nähe des Host-Computers (z.B. im selben Raum), so kann sie unter Umgehung der Modems und des Communications Controllers direkt an das System/370 angeschlossen werden.

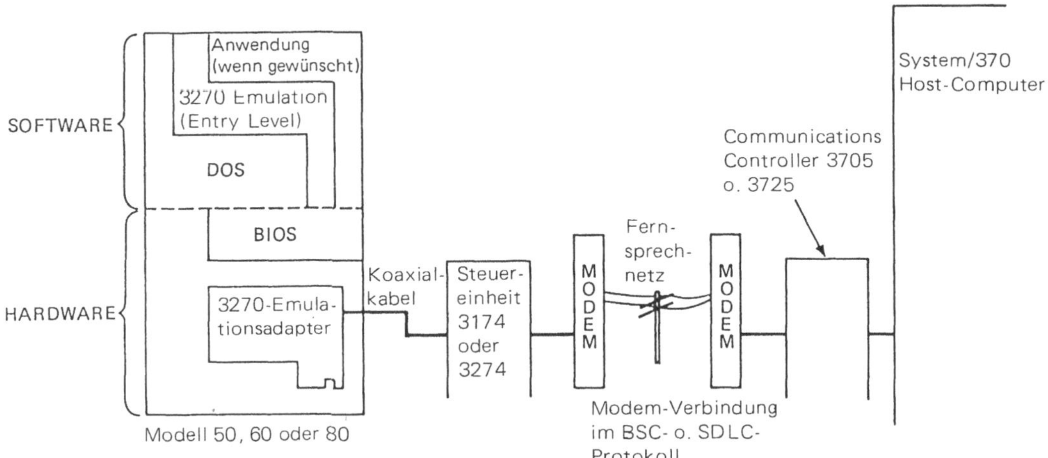

Abb.: 6-3 **Konfiguration zur Emulation eines 3270 Datenendgeräts. Mit dieser Ausstattung kann über ein Modell 50, 60 oder 80 mit einem System/370-Computer kommuniziert werden.**

Das IBM PC 3270 Emulation Program Entry Level ermöglicht es dem Benutzer eines Modells 50, 60 oder 80, mit dem Host-Computer wie von einem 3278/79 Datensichtgerät aus zu kommunizieren. Der Benutzer kann Anwendungsprogramme des Host ausführen lassen, Dateien zwischen Host und dem Modell 50, 60 oder 80 in beiden Richtungen übertragen und auf die Massenspeicher und Drucker des Hosts zugreifen.

Das Application Program Interface (API, Schnittstelle zu Anwendungsprogrammen) des PC 3270 Emulation Programm Entry Level ermöglicht es speziell programmierten DOS-Programmen, näher mit Programmen des Systems /370 zusammenzuarbeiten. Außerdem kann die Emulation unterbrochen und ein Anwendungsprogramm vom Modell 50, 60 oder 80 geladen und gestartet werden. Zwischen der Emulation und dem Anwendungsprogramm kann dann beliebig hin- und hergeschaltet werden.

Die System/370-Steuereinheit-Emulation

In einer zweiten Konfiguration kann ein Modell 50, 60 oder 80 ein 3270 Datensichgerät, einen 3270 Drucker und eine Steuereinheit emulieren und macht somit eine externe Steuereinheit überflüssig. In Abbildung 6-4 ist diese Konfiguration dargestellt. Das Modell 50, 60 oder 80 ist mit dem Multi-Protokoll Adapter und dem PC 3270 Emulation Program (Version 3.0) ausgestattet. In dieser Konfiguration arbeitet das Modell 50, 60 oder 80 mit dem SDLC-Protokoll des Multi-Protokoll Adapters. Das "S" in SDLC steht für "synchron" und bedeutet, daß nach diesem Protokoll Daten in Blocks übertragen werden, wobei der Takt, in dem die einzelnen Bytes des Blocks gesendet werden, konstant bleibt. Das SDLC-Protokoll liegt dem allgemeinen Netzwerkkonzept der IBM, der sogenannten *System Network Architecture* (*SNA*) zugrunde. Die übrigen Bestandteile der in Abbildung 6-4 gezeigten Konfiguration entsprechen denen, die für die eben beschriebene Datensichtgerät-Emulation benötigt werden. Die bei der reinen Datensichtgerät-Emulation benötigte Steuereinheit entfällt bei der Steuereinheit-Emulation, da hier die Steuereinheit, wie der Name schon sagt, durch das Modell 50, 60 oder 80 emuliert wird. Die Modem-Verbindung muß die Kommunikation in SDLC erlauben.

Für die Datenübertragung stellt die deutsche Bundespost folgende öffentliche Netze zur Verfügung:

- das Fernsprech- oder Telefonnetz (Übertragungsgeschwindigkeiten bis zu 4800 Bit/Sekunde (seriell, synchron)).
- das Datexnetz mit den Diensten Teletex (Übertragungsgeschwindigkeit 2400 Bit/Sekunde), DATEX-L (Übertragungsgeschwindigkeit bis 64.000 Bit/Sekunde) und DATEX-P (Übertragungsgeschwindigkeit bis 48.000 Bit/Sekunde).
- das Direktrufnetz mit dem Direktrufdienst (Übertragungsgeschwindigkeit bis 1,92 Mbit/Sekunde).
- das Telexnetz (Übertragungsgeschwindigkeit 50 Bit/Sekunde).

Über die Übertragungsmöglichkeiten und Dienste der einzelnen Netze informieren Sie sich bitte bei Beratungsstellen der Deutschen Bundespost. Die Netze stehen auch zur Anbindung aller bisher genannten Datenendgeräte zur Verfügung. (Anmerkung: Die Bezeichnung "Modem" ist nur für den Anschluß an das Fernsprechnetz korrekt; die Post spricht in bezug auf die anderen Netze von "Datennetzabschlußgeräten".)

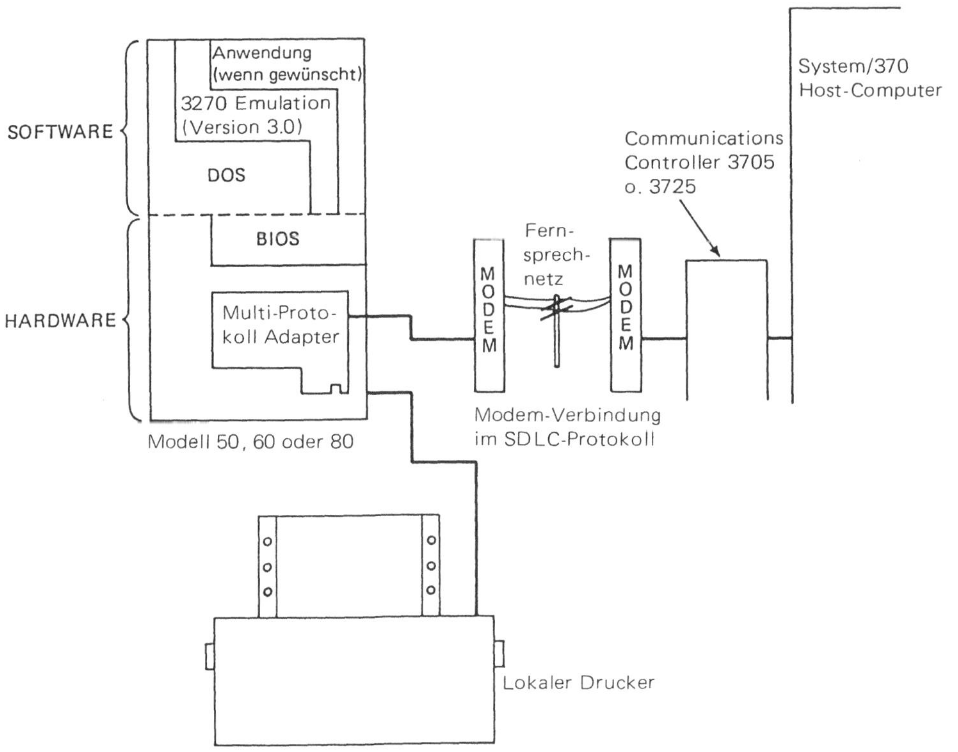

Abb.: 6-4 Konfiguration zur Emulation eines 3270 Datenendgeräts und Druckers sowie einer 3274 Steuereinheit.

Befindet sich das Modell 50, 60 oder 80 in geringer räumlicher Entfernung zum Communications Controller (zum Beispiel im selben Gebäude), so wird die Modem-Verbindung nicht benötigt und kann durch eine direkte Verbindung ersetzt werden. Der Communications Controller wird bei dieser Konfiguration auf jeden Fall benötigt.

Das IBM PC 3270 Emulation Program unterstützt sämtliche Funktionen des IBM PC 3270 Emulation Program Entry Level und darüber hinaus auch Funktionen wie die Emulation der 3274 Steuereinheit und eines 3287 Druckers. Der Benutzer kann somit Anwendungsprogramme des Host ausführen lassen, Dateien zwischen dem Host und dem Modell 50, 60 oder 80 übertragen und Daten an den Host senden, wie auch mit den anderen bisher behandelten Konfigurationen. Mit dieser Konfiguration kann darüber hinaus ein 3287 Drucker emuliert werden, so daß Informationen, die sich im Speicher des Mainframe-Computers befinden, auf einem an das Modell 50, 60 oder 80 angeschlossenen Drucker ausgegeben werden können.

6.3 DIE MODELLE 50, 60 UND 80 IN LOCAL AREA NETWORKS

Wie gesagt ist es sinnvoll, den an einem Ort vorhandenen Computern eine rationelle Kommunikation zu ermöglichen. Die Lösung dieser Aufgabe durch Datenendgerät-Emulation haben wir behandelt. Ein Local Area Network (LAN, lokales Netzwerk) ist eine zweite Möglichkeit, Computer zum Zwecke der Datenkommunikation miteinander zu verbinden. In einem LAN sind Computer, die sich im gleichen Stockwerk, im gleichen Haus oder auf dem gleichen Gelände befinden elektronisch miteinander verbunden. Jeder Computer, der an ein LAN angeschlossen ist, wird als Netzwerkstation dieses LANs bezeichnet und kann sich Daten, Programme und Peripheriegeräte mit den anderen Stationen des Netzwerks teilen.

Die Modelle 50, 60 und 80 können mit der entsprechenden Hard- und Software in folgende IBM LANs eingebunden werden:

- IBM PC Basisband-Netzwerk
- IBM PC Breitband-Netzwerk
- IBM Token-Ring-Netzwerk

Das IBM PC Local Area Network Program kann in allen drei Netzwerken eingesetzt werden. Es unterstützt die vier Grundfunktionen eines LAN. Bevor nun die Unterschiede der Netzwerke dargestellt werden, wollen wir auf die LAN-Grundfunktionen am Beispiel des IBM PC LAN Programm eingehen.

Die Grundfunktionen eines LAN

Das IBM PC LAN Programm stellt eine Erweiterung des DOS-Betriebssystems dar. Es unterstützt alle drei IBM-Netzwerke. Das Programm verwirklicht die Grundfunktionen eines LAN und kann diese Datenkommunikation entweder direkt durch den Benutzer oder durch ein Anwendungsprogramm kontrolliert ausführen. Der Benutzer führt den Dialog mit dem Programm entweder über Befehle oder durch ein Menü-System des Programms. Anwendungsprogramme können die Funktionen des Programms über das Applications Program Interface (API) der PC LAN Programms aufrufen. Das API des PC LAN Programms ermöglicht es speziell abgestimmten DOS-Programmen, im LAN ohne jegliches Zutun des

Benutzers zu kommunizieren. Weiterhin kann ein Anwendungsprogramm neben dem PC LAN Programm betrieben werden. Das PC LAN Programm wartet im Hintergrund, wenn mit dem Anwendungsprogramm gearbeitet wird. Umgekehrt wird das Anwendungsprogramm unterbrochen, wenn das PC LAN Programm die Kontrolle übernehmen muß, weil Datenkommunikation stattfinden soll.

Bei der Installation des PC LAN Programms auf einem Modell 50, 60 oder 80 kann zwischen der Konfiguration als Messenger-Station und der Konfiguration als Server-Station gewählt werden:

> Eine **Messenger-Station** kann einerseits wie jedes normale Modell 50, 60 bzw. 80 arbeiten, kann aber auch an der Datenkommunikation im LAN teilnehmen. Alle gemeinsamen ("shared") Elemente des Netzwerks stehen der Messenger-Station zur Verfügung, sie selbst bietet den übrigen Netzwerkstationen jedoch keine der ihr allein zur Verfügung stehenden Geräte und Speicherkapazitäten an.
>
> Eine **Server-Station** dagegen kann alles, was auch eine Messenger-Station kann. Sie ist darüberhinaus in der Lage, Festplatten-Kapazität oder Drucker als gemeinsame Elemente des Netzwerks den anderen Stationen zur Verfügung zu stellen.

Der Benutzer kann das Modell 50, 60 oder 80 über die Menüs des PC LAN Programms als Messenger oder Server konfigurieren. Nach der Installation der Station bietet das PC LAN Programm dem Benutzer folgende Funktionen:

- gemeinsame Benutzung von Dateien
- gemeinsame Benutzung von Programmen
- gemeinsame Benutzung von Druckern und anderen Peripheriegeräten
- Senden und Empfangen von Nachrichten

Gemeinsame Nutzung von Dateien

Die gemeinsame Nutzung von Dateien ist wohl diejenige Funktion eines LAN, die seine Einführung am meisten rechtfertigt. Oft müssen mehrere Personen auf einen Datenstamm zugreifen, zum Beispiel eine Kundenliste, eine Liste des Lagerbestands oder eine Liste der ausstehenden Rechnungen. In einem LAN kann mit den geeigneten Programmen eine Datei von mehreren Benutzern abgefragt und gepflegt werden. Diese gemeinsame Nutzung von Daten bzw. Dateien (*Data Sharing*) läßt sich anhand des in Abbildung 6-5 gezeigten Beispiels leicht erläutern.

Nehmen wir an, Sie sind der Benutzer der Station 1 (des Modells 50) und wollen mit Station 3 (dem PC XT) gemeinsam Dateien benutzen. Nehmen wir außerdem an, daß Ihre Station als Server-Station konfiguriert ist (nur eine Server-Station kann anderen Stationen Software, Hardware und Daten zur Verfügung stellen). Um nun anderen Stationen Zugriff auf eine, mehrere oder alle Ihrer Dateien zu geben, müssen Sie zuerst einige Menüs des PC LAN Programms durchlaufen, in denen Sie gebeten werden, dem Bereich Ihrer Festplatte anzugeben, den Sie anderen Stationen zugänglich machen wollen. Diesem Bereich geben sie einem Namen. Unter diesem Namen können später andere Stationen auf Ihre Dateien zugreifen. Zum Schutz der Daten vor unbefugtem Zugriff können Sie ein Kennwort definieren; zum Schutz vor versehentlichem oder böswilligem Ändern oder Löschen der Daten können Sie Beschränkungen im Zugriff wie "read only" vereinbaren. Alle diese Vereinbarungen können Sie speichern, so daß jedes Mal, wenn Sie Ihre Station anschalten, die bestimmten Dateien automatisch für den allgemeinen Zugriff offen sind. Alle Benutzer, die das Kennwort wissen, können auf alle Daten, die sie in dem gemeinsam benutzten Bereich der Festplatte speichern, von jeder anderen Station aus zugegreifen.

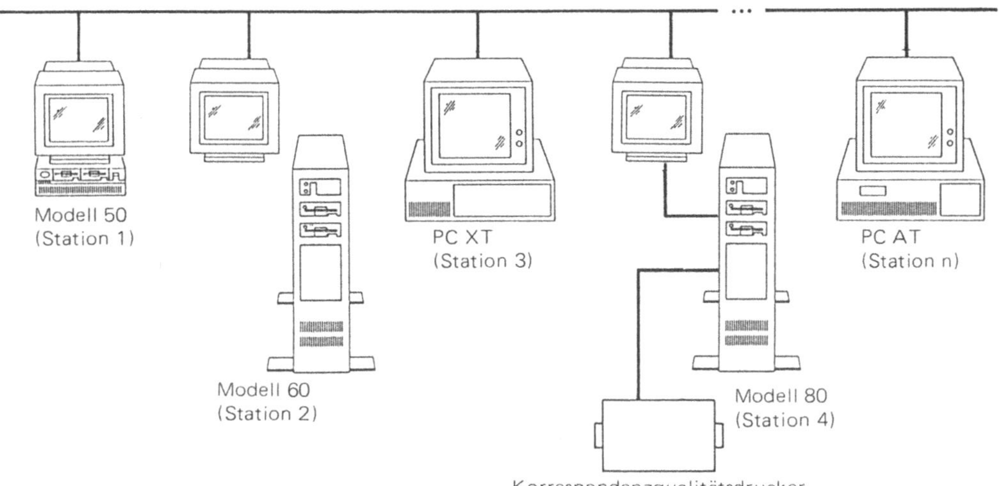

Abb.: 6-5 **Beispiel für ein kleines LAN.**

Der Benutzer der Station 3 hat nun die Möglichkeit, auf die Dateien auf Ihrer Festplatte zuzugreifen. Zu diesem Zweck durchläuft er (auf seinem Computer) einige Menüs des PC LAN Programms und greift auf den gemeinsamen Festplattenbereich unter dem von Ihnen definierten Namen (und Kennwort) zu. Er definiert den gemeinsamen Festplattenbereich als ein bisher für ihn noch nicht existentes logisches Laufwerk, zum Beispiel als "E" oder "F", und speichert dann diese Konfiguration ab, damit er bei nächsten Start seines Computers nicht noch einmal alle Vereinbarungen treffen muß. Von diesem Zeitpunkt an kann Station 3 auf den gemeinsamen Festplattenbereich zugreifen, als wäre er auf seiner eigenen Festplatte. Lediglich Beschränkungen im Zugriff können nur von Ihnen allein vereinbart werden. Da der Zugriff anderer Stationen auf Ihre Festplatte im Hintergrund geschieht, können Sie an Ihrem Modell 50 ungestört arbeiten.

Eine erweiterte Form der gemeinsamen Benutzung von Dateien kann durch Anwendungsprogramme erreicht werden, die speziell auf das PC LAN Programms abgestimmt sind. Die Buchführungsabteilung einer Firma könnte zum Beispiel Modelle 50, 60 und/oder 80 zur Analyse des Firmenabsatzes einsetzen. Da jeden Tag etwas verkauft wird (wir wollen bei dieser Firma zumindest davon ausgehen), ändern sich die Absatz-Daten ständig. Vielleicht muß die gesamte Buchführungsabteilung aus verschiedenen Gründen auf diese Daten zugreifen. Alle Buchführungsdaten können auf einer Server-Station des Netzwerkes gespeichert werden. Die Buchführungsdaten können mit einem Anwendungsprogramm, das die Möglichkeiten des PC LAN Programms ausnutzt, gleichzeitig allen Netzwerkstationen zugänglich gemacht werden, ohne daß sie sich untereinander stören oder überhaupt etwas voneinander merken.

Gemeinsame Benutzung von Programmen

Im vorangegangenen Beispiel hatten wir gesagt, daß die Daten im gemeinsamen Speicherbereich der Festplatte der Station 1 für die Station 3 ebensogut zugänglich sind, als ob sie sich auf einer Festplatte der Station 3 befänden. Ist es Station 3 also auch möglich, mit Programmen zu arbeiten, die sich auf der Festplatte von Station 1 befinden? Technisch gesehen ist das völlig problemlos, nur die Rechtslage ist fraglich: Programme werden wie Daten in Dateien (Files) auf der Festplatte abgelegt und sind daher ebenso wie Daten zugänglich. Eine einzelne Programmkopie kann also von den Stationen des Netzwerks benutzt werden, als ob für jede Station eine einzelne Kopie gekauft worden wäre.

Die Rechtslage hängt von den Lizenzbestimmungen des Software-Herstellers ab. Das Lizenzabkommen ist ein rechtkräftiger Vertrag zwischen dem Käufer und dem Hersteller einer Software. Im allgemeinen geht aus diesen Abkommen hervor, daß es ihnen nicht gestattet ist, Kopien der Software zum Zwecke der gleichzeitigen Nutzung an mehreren Arbeitsplätzen anzufertigen. Aber genau das machen Sie, wenn Sie es anderen Stationen Ihres LAN ermöglichen, die auf Ihrer Festplatte gespeicherten Programme auszuführen. Vor der Einführung von LANs waren die in der genannten Weise formulierten Lizenzbestimmungen kein Problem, denn die PCs waren quasi "Inseln" und nicht Teile eines Vebundsystems. Mit der zunehmenden Verbreitung von LANs tendieren Software-Verkäufer immer mehr dazu, Lizenzen für ihre Software-Produkte als Standort-Lizenzen oder Großeinkaufsverträge anzubieten. Im Rahmen solcher Lizenzabkommen ist es gestattet, das jeweilige Programm auf einem einzelnen Netzwerk-Server abzulegen und den übrigen Stationen Zugriff darauf zu geben. Diese Handhabung der Lizenz erfreut sich wachsender Beliebtheit, besonders bei Software, die speziell für den Einsatz in LANs entwickelt wurde.

Gemeinsame Benutzung von Druckern und anderen Peripheriegeräten

Wie wir soeben gesehen haben, könne sich in einem LAN mehrere Benutzer einen Bereich einer (oder eine ganze) Festplatte teilen. Damit teilen sie sich in gewisser Weise auch Hardware. Mit dem PC LAN Programm können sich die Stationen eines Netzwerks aber auch andere Hardware, zum Beispiel Drucker teilen. Damit wird eine bessere Ausnutzung der Peripherigeräte-Kapazität möglich, die besonders dann willkommen ist, wenn es sich um teurere Korrespondenzqualitätsdrucker oder Hochgeschwindigkeitsdrucker handelt. Um auf das Netzwerk-Beispiel in Abbildung 6-5 zurückzukommen, wollen wir annehmen, daß jeder Benutzer in diesem Netzwerk von Zeit zu Zeit Ausdrucke in Briefqualität erstellen muß. Da diese Notwendigkeit wie gesagt bei jeder Station nur gelegentlich auftritt, wäre es unwirtschaftlich, jede einzelne Station mit einem Korrespondenzqualitätsdrucker auszurüsten.

Das PC LAN Programm bietet hier die Alternativlösung, daß sich alle Benutzer einen Drucker teilen (in unserem Beispiel ist er an Station 4 angeschlossen). Jede Station kann nun in Korrespondenzqualität drucken, als ob sie über einen separaten Drucker verfügte. Ein Drucker kann ebenso gemeinsam benutzt werden wie eine Festplatte. Um den anderen Stationen den Zugriff auf den Drucker zu geben, würde der Benutzer an Station 4 einige Menüs des PC LAN Programms durchlaufen und dort einen Namen für den Drucker vereinbaren. Unter diesem Namen können die anderen Stationen auf den Drucker zugreifen. Auch hier kann ein Kennwort definiert werden, um Unbefugten den Zugriff auf den Drucker zu erschweren. Sobald der Drucker auf diese Weise zum gemeinsamen Drucker geworden ist, können Stationen Daten zum Drucker senden. Die zu druckenden Daten werden auf der Festplatte der Station 4 temporär zwischengespeichert und sofort gedruckt, wenn der Drucker zur Verfügung steht. Das Drucken findet im Hintergrund statt und stört daher nicht die sonstigen Vorgänge in Station 4.

Außer Festplatten und Druckern eignen sich auch andere Geräte zur gemeinsamen Benutzung in einem Netzwerk.

Senden und Empfangen von Nachrichten

Das PC LAN Programm bietet als vierte Funktion das elektronische Senden und Empfangen von Nachrichten. Jeder Station im Netzwerk hat die Möglichkeit, aus dem PC LAN Programm selbst oder aus einem Anwendungsprogramm heraus Text-Nachrichten zu jeder beliebigen anderen Station zu senden. Dem Adressat der Nachricht wird mitgeteilt, daß ihm jemand eine Nachricht gesendet hat, auch wenn er gerade mit einem Anwendungsprogramm arbeitet, das in keiner Verbindung zum Netzwerk steht. Die Nachricht kann ein beliebiger Text, zum Beispiel eine Terminvereinbarung oder eine Frage mit der Bitte um Rückruf sein, eben alles, was man normalerwiese als Zettel auf dem Schreibtisch desjenigen/derjenigen hinterlassen würde. Mit dem Senden und Empfangen von Nachrichten im LAN kann viel Zeit gespart werden.

Das IBM PC Breitband-Netzwerk

Im PC Breitband-Netzwerk können Personal Computer zur Datenkommunikation verbunden werden. Dabei können die Stationen sowohl Computer der PC- als auch der Personal System/2 Familie sein. Im Breitband-Netzwerk können sich Computer Daten, Programme und Peripheriegeräte teilen.

Abbildung 6-6 zeigt ein Beispiel für ein PC Breitband-Netzwerk. Das einzelne Modell 50, 60 oder 80 ist mit einem PC Breitband-Netzwerk Adapter II ausgestattet, das LAN-Unterstützungsprogramm (IBM Network Support Program) und das PC LAN Programm sind implementiert.

Der PC Breitband-Netzwerk Adapter II schafft die elektronischen Voraussetzungen für die Verbindung der Station mit den übrigen Stationen des Netzwerks. Der Adapter wird an den für jedes Netz notwendigen *Frequenzumsetzer* angeschlossen. Der Frequenzumsetzer empfängt Nachrichten von den des Netzwerksstationen, setzt sie in eine höhere Frequenz um und sendet sie an alle Netzwerkstationen weiter. Jede Adresse enthält den *Namen* (*network ID* - Netzwerk-Identifikation) der Station, an die die Nachricht gerichtet ist. Nur die Station, deren Name mit dem in der Nachricht enthaltenen übereinstimmt, nimmt die Nachricht entgegen. An einen Frequenzumsetzer können bis zu acht Stationen angeschlossen werden; die Stationen dürfen eine Entfernung von bis zu 60 m zum Frequenzumsetzer haben. Mit der IBM Verkabelungs-Hardware (Kabelsegmente und Verteiler) können bis zu 72 Netzwerkstationen in einem

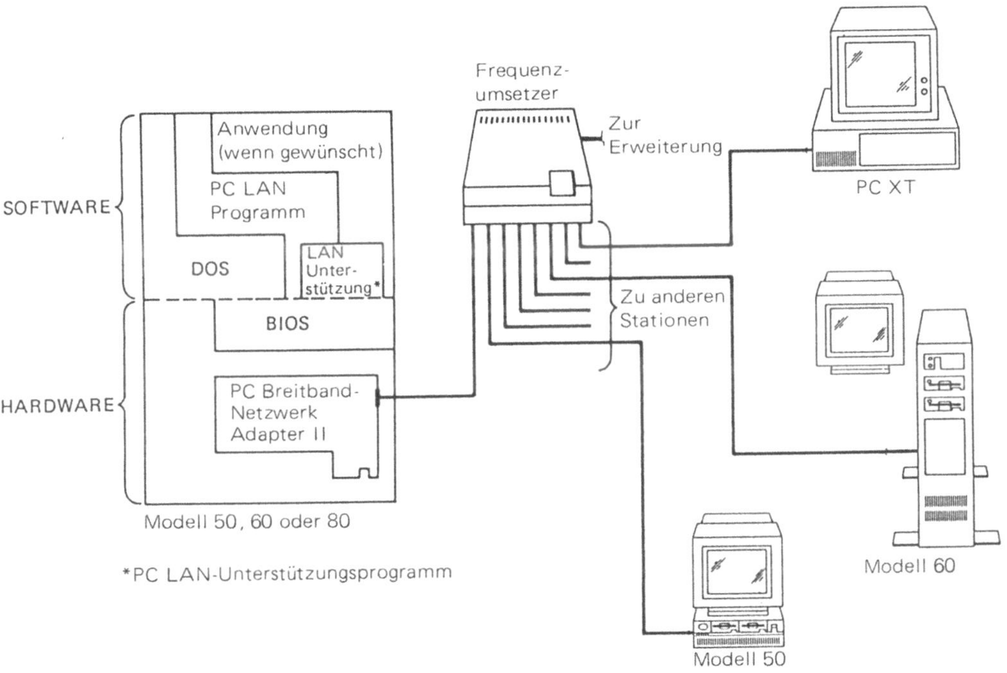

Abb.: 6-6 **Konfiguration zum Anschluß eines Modells 50, 60 oder 80 an ein IBM PC Breitband-Netzwerk.**

Umkreis von 300 m an den Frequenzumsetzer angeschlossen werden. Die Kabelsegmente sind aus handelsüblichem Fernseh-/Rundfunk-Antennenkabel (Koaxialkabel im CATV-Standard) hergestellt. Eine weitere Ausdehnung des Netzwerks ist durch die Verbindung mehrerer Breitband-Netzwerke durch einen sogenannten *Brücken-Computer* mit spezieller Software möglich.

Im PC Breitband-Netzwerk werden Daten mit einer Geschwindigkeit von 2 Mbit/Sekunde (ca. 2.000.000 Bit pro Sekunde) übertragen. Im Netzwerk kann zwar zu einem Zeitpunkt nur eine Station Daten senden, das Koaxialkabel kann aber gleichzeitig auch zur Übertragung anderer Signale, zum Beispiel für Sprache (Telefon), Video u.ä. genutzt werden. Um zu gewährleisten, daß zu einem Zeitpunkt tatsächlich nur eine Station sendet, arbeitet jede Station im Netz mit einem speziellen *Leitungsprotokoll*, das sich *CSMA/CD* (Carrier Sense Multiple Access / Collision Detection) nennt. Dieses Leitungsprotokoll liegt ein Übertragungsprinzip zugrunde, das wir auch im Alltag bei jedem Telefongespräch befolgen: Auch beim Telefonieren können prinzipiell alle Gesprächspartner sprechen (Multiple Access), aber nur einer darf tatsächlich sprechen, oder keiner der

Gesprächspartner versteht den anderen. Also wartet die eine Seite, bis die andere fertig ist (Carrier Sense), und beginnt dann selbst zu sprechen. So überträgt die Telefonleitung jeweils nur eine Stimme, die dann auch gut verständlich ist. Das bedeutet "CSMA". Die "CD"-Funktion des Protokolls regelt den Fall, bei dem mehrere Stationen gleichzeitig beginnen zu senden. Um die Lösung dieses Problems zu verstehen, stellen Sie sich vor, was Sie tun würden, wenn Sie und Ihr Gesprächspartner am Telefon zufällig gleichzeitig anfangen würden zu reden. Wahrscheinlich würden Sie beide innehalten und in der Hoffnung, daß diesmal einer früher anfängt als der andere, nach kurzer Zeit erneut versuchen, Ihren Satz zu beginnen. Ebenso verfährt man beim CSMA/CD-Protokoll: Wenn zwei oder mehr Stationen gleichzeitig anfangen zu senden, findet eine "Nachrichten-Kollision" statt. Die Stationen überprüfen nach dem Übertragungsbeginn, ob eine Kollision stattfindet, und brechen im Kollisionsfall die Übertragung ab, um sie nach einer Pause von zufälliger Länge (erzeugt durch einen Zufallsgenerator) von neuem zu beginnen. Da die Stationen im Normalfall unterschiedliche Pausenlängen generieren, beginnt eine als erste die Übertragung und kann auf diese Weise ungestört senden.

Das IBM PC Basisband-Netzwerk

Mit dem PC Basisband-Netzwerk bietet sich dem Anwender eine gegenüber dem PC Breitband-Netzwerk preisgünstigere Möglichkeit, Computer zur Datenkommunikaton zu verbinden. Wie das Breitband-Netzwerk kann das Basisband-Netzwerk sowohl Computer der PC-Familie als auch Computer des Personal System/2 aufnehmen und die gemeinsame Benutzung von Daten, Programmen und Hardware ermöglichen.

Eine Anordnung zur Einbindung eines Modells 50, 60 oder 80 als Station in ein IBM PC Basisband-Netzwerk ist in Abbildung 6-7 gezeigt. Das Modell 50, 60 oder 80 wird mit dem PC Basisband-Netzwerk Adapter, dem LAN-Unterstützungprogramm und dem PC LAN Programm ausgestattet. Das PC Basisband-Netzwerk arbeitet wie das Breitband-Netzwerk mit einer Übertragungsgeschwindigkeit von 2 Mbit/Sekunde und dem CSMA/CD-Leitungsprotokoll.

Der Hauptvorteil des Basisband-Netzwerkes gegenüber den anderen IBM-Netzwerken liegt in den geringeren Kosten: Zum einen sind die im Basisband-Netzwerk verwendeten Kabel aus verdrillten Doppeladern billiger als die Koaxialkabel des Breitband-Netzwerks. Weiterhin wird kein Frequenzumsetzer benötigt. Die Stationen des Basisband-Netzwerks werden von Adapter zu Adapter zu einer Kette verbunden, die bis zu ca.

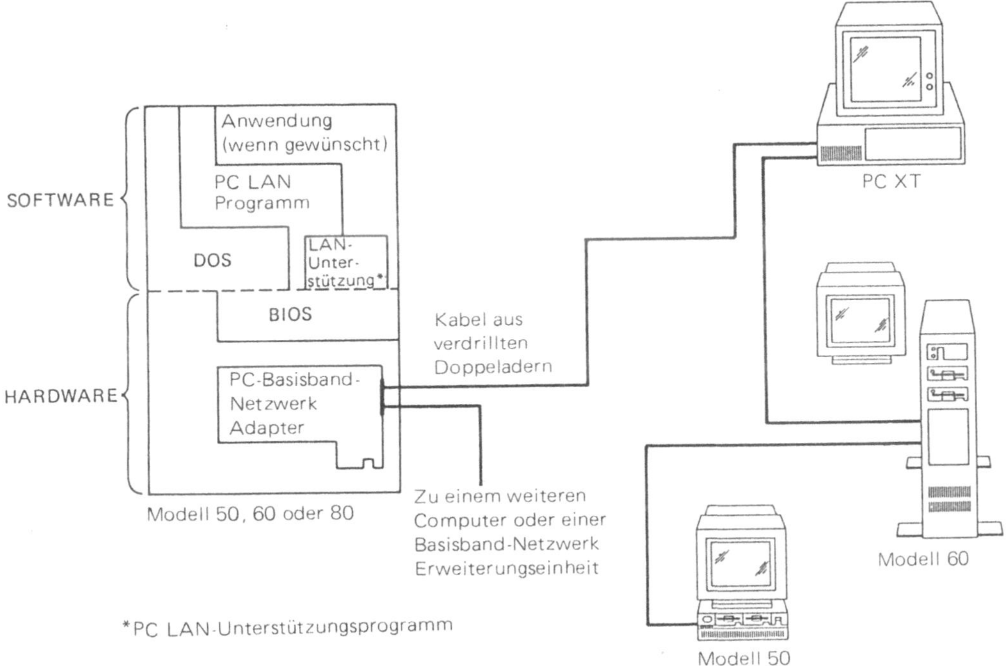

Abb.: 6-7 Konfiguration zum Anschluß eines Modells 50, 60 oder 80 an ein IBM PC Basisband-Netzwerk

70 m lang sein kann. Mit der *IBM Basisband-Netzwerk Erweiterungseinheit* (IBM PC Network Baseband Extender) können bis zu 80 Computer über eine Kabellänge von bis zu 240 m verbunden werden.

Ein Nachteil des preisgünstigeren Verkabelungsmaterials des Basisband-Netzwerks ist, daß das Kabel nicht gleichzeitig mit dem Netzwerkbetrieb für andere Kommunikationsformen wie Telefon oder Video genutzt werden kann. Außerdem lassen Breitbandnetzwerke größere Entfernungen zwischen den Netzwerkstationen zu als Basisband-Netzwerke.

Das IBM Token-Ring-Netzwerk

Das IBM Token-Ring-Netzwerk stellt das zweite IBM Basisband-Netzwerk dar, in das die Modelle 50, 60 und 80 eingebunden werden können. Dieses Netzwerk unterstützt sowohl Personal Computer als auch größere Computersysteme, wobei beide Computertypen als gleichwertige Netzwerkstationen auftreten können.

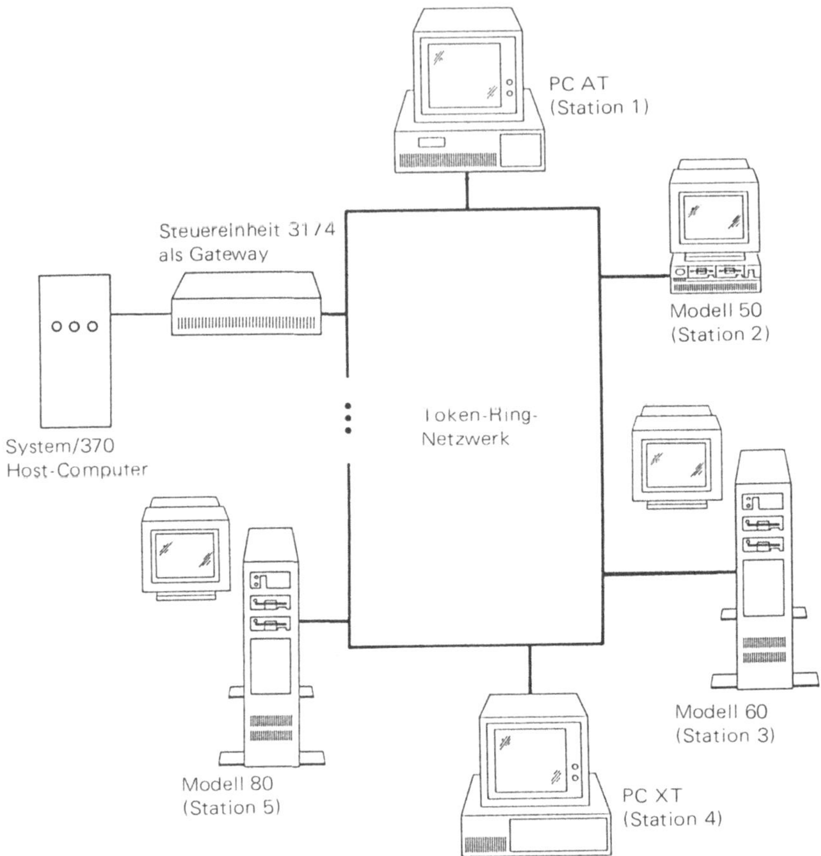

Abb.: 6-8 Schematische Darstellung der logischen Struktur eines Token-Ring-Netzwerks. In dieses Netzwerk können Personal Computer und größere Computersysteme eingebunden werden.

Abbildung 6-8 zeigt schematisch ein Token-Ring-Netzwerk. Die logische Struktur des Netzwerks ist durch die Anordnung der Stationen in einem Ring angedeutet. Die in der Darstellung gezeigten Stationen deuten die Vielfalt der anschließbaren Computertypen an. Abbildung 6-9 zeigt schematisch die physische Struktur eines Token-Ring-Netzwerks und die Konfiguration mit der ein Modell 50, 60 oder 80 in das Netzwerk eingebunden werden kann. In dem Modell 50, 60 oder 80 wird der Token-Ring-Netzwerk Adapter installiert. Dieser Adapter ist die elektronische Voraussetzung für die Datenübertragung zu anderen Stationen des Netzwerks. Der Adapter wird an den IBM 8228 Ringleitungsverteiler (MAU - Multi-station Access Unit) über ein Kabel angeschlossen. Der Ringleitungsverteiler unterstützt den Anschluß von bis zu acht Stationen. Der Anschluß eines Kabels an den Ringleitungsverteiler erfolgt wie im sonstigen Verkabelungssystem des Token-Ring-Netzwerks über einen speziell konstruierten "hermaphroditischen" Datenstecker, der sowohl Stecker als auch Buchse sein kann. Der Ringleitungsverteiler überbrückt automatisch jeden Anschluß, an den keine Station angeschlossen, deren Station oder Verkabelung defekt oder deren Station einfach nicht angeschaltet ist, so daß der Ring immer funktionsfähig ist. Mit der geeigneten Verkabelungs-Hardware kann ein Token-Ring-Netzwerk bis zu 260 Stationen in einem Umkreis von mehreren Kilometern verbinden. Die Übertragungsgeschwindigkeit ist trotz der größeren maximalen Ausdehnung mit 4 Mbit/Sekunde doppelt so groß wie in den PC-Netzwerken. Mehrere Token-Ring-Netzwerke können mit dem IBM Token-Ring-Netzwerk Brücken-Programm über einen oder mehrere Brücken-Computer zu einem Netzwerk verbunden werden.

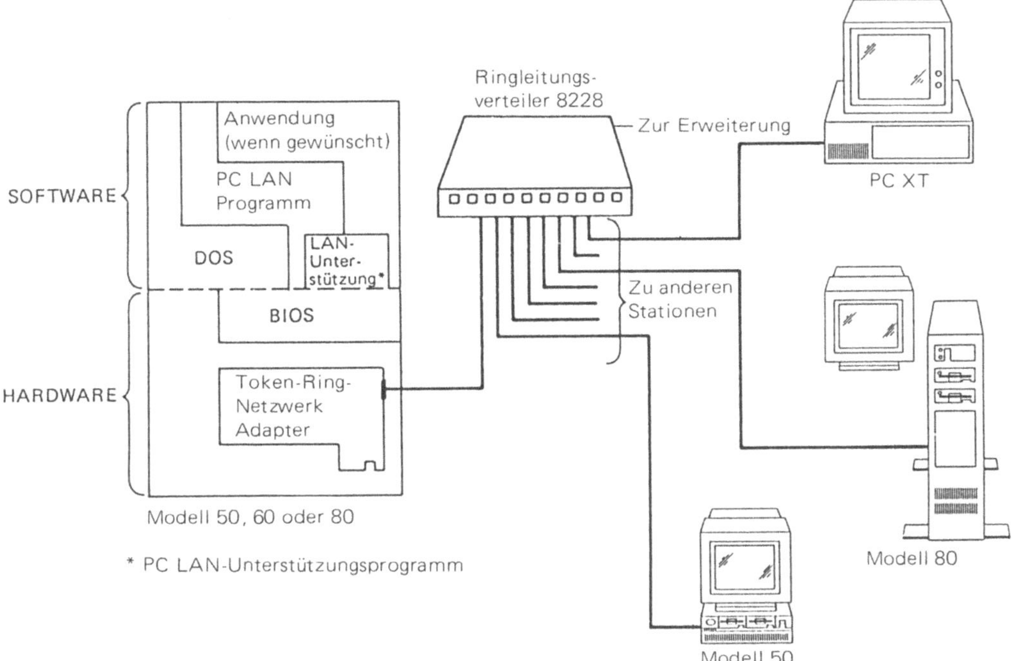

Abb.: 6-9 Schematische Darstellung der physischen Struktur eines Token-Ring-Netzwerks und der Konfiguration eines Modells 50, 60 oder 80 zur Einbindung in das Netz.

Das Token-Ring-Netzwerk arbeitet mit einem Leitungsprotokoll, das sich *Token Passing Protocol* nennt. Das Problem, daß sich die einzelnen

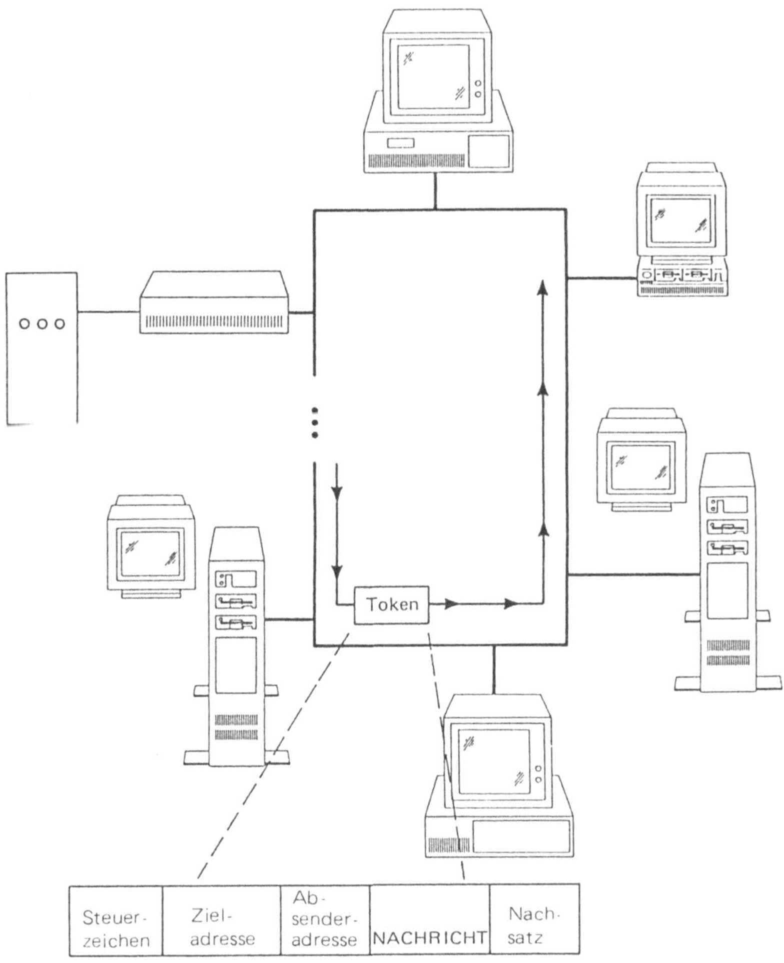

Abb.: 6-10 Im IBM Token-Ring-Netzwerk wird ein Datenpuffer mit Adreß- und Steuerzeichen - das Token - von Station zu Station weitergegeben.

Netzwerkstationen für ihre Sende- und Empfangsvorgänge eine Leitung teilen müssen, wird bei diesem Protokoll durch die zyklische Zuteilung der Sendeberechtigung an die angeschlossenen Stationen gelöst: Das Token (engl. (symbolisches) Zeichen, Pfand) ist ein Datenpuffer mit Adreß- und Steuerzeichen, der wie eine "Laufmappe" von Station zu Station reihum im Ring weiterwandert. Das Token transportiert eine Nachricht von der jeweiligen Absender-Station so lange von Station zu Station weiter, bis es bei der entsprechenden Ziel-Station (oder wieder bei der Absender-Station, wenn die Ziel-Station nicht existiert) angekommen ist.

Es kann nur jeweils eine Nachricht gleichzeitig transportieren. Kommt das Token bei einer beliebigen Station an, so wird von dieser Station geprüft, ob es bereits eine Nachricht enthält. Ist dies nicht der Fall, ist das Token also frei, kann die Station eine Nachricht (Daten) zur Übertragung an eine andere Station an das Token anhängen, bevor sie es zur im Ring nächsten Station weitergibt. Enthält das Token dagegen bereits eine Nachricht, so kann keine weitere angehängt werden. Die jeweilige Station überprüft dann die im Token enthaltene Adresse und vergleicht sie mit der eigenen. Sind sie gleich, liest die Station die Nachricht und markiert sie in einem Nachsatz als "gelesen". Ist die Nachricht nicht an die Station gerichtet, gibt sie das Token unverändert weiter. Kommt die Nachricht schließlich wieder bei der Absender-Station an, wird sie von dieser aus dem Token entfernt, bevor sie es weitergibt. Am Nachsatz kann die Absender-Station erkennen, ob ihre Nachricht empfangen wurde.

Die in unserer Konfiguration des Modells 50, 60 oder 80 verwendete Software entspricht der im PC-Netzwerk. Das LAN-Unterstützungprogramm arbeitet direkt mit der Adapter-Hardware zusammen und ermöglicht es, auf der Station einen Großteil der Programme zu implementieren, die eigentlich für PC-Netzwerkstationen geschrieben wurden. So ist auch das PC LAN Programm dasselbe, das wir auch von den PC-Netzwerken kennen. Es unterstützt hier wie dort die Grundfunktionen eines Netzwerks: gemeinsame Benutzung von Dateien, gemeinsame Benutzung von Programmen, gemeinsame Benutzung von Druckern und anderen Peripheriegeräten und das Senden und Empfangen von Mitteilungen.

6.4 GATEWAYS

Wir haben bisher prinzipiell zwei Möglichkeiten der Datenkommunikation kennengelernt: zum einen die Anbindung eines Modells 50, 60 oder 80 als Datenendgerät an einen Host-Computer und zum anderen die Verbindung von Modellen 50, 60 oder 80 und anderen Computern zu einem LAN zum Zwecke der gemeinsamen Benutzung von Dateien, Programmen und Hardware. Als *Gateway* kann ein Modell 50, 60 oder 80 beide Konfigurationen miteinander verbinden. Ein Gateway-Computer ist eine Netzwerk-Server-Station, die eine Kommunikationsverbindung zu einem Computer hat, der nicht Teil des Netzwerks ist, und die diese Kommunikationsverbindung auch den anderen Netzwerkstationen zur Verfügung stellt. Mit anderen Worten, durch einen Gateway-Computer kann eine einzelne Datenendgerät-Emulation, die in Verbindung zu einem Host steht, von allen Stationen eines LAN genutzt werden.

Ein Modell 50, 60 oder 80, das mit einem System/370-Computer per Datenendgerät-Emulation verbunden ist und das diese Verbindung als

Station eines Netzwerks zusammen mit den anderen Stationen dieses Netzwerks gemeinsam benutzt, würde man zum Beispiel als *3270 Gateway* bezeichnen. In Abbildung 6-11 ist eine Konfiguration mit einem solchen 3270 Gateway zu sehen. Das Netzwerk, in das der 3270 Gateway eingebunden ist, ist ein IBM PC Breitband-Netzwerk. Deshalb ist der

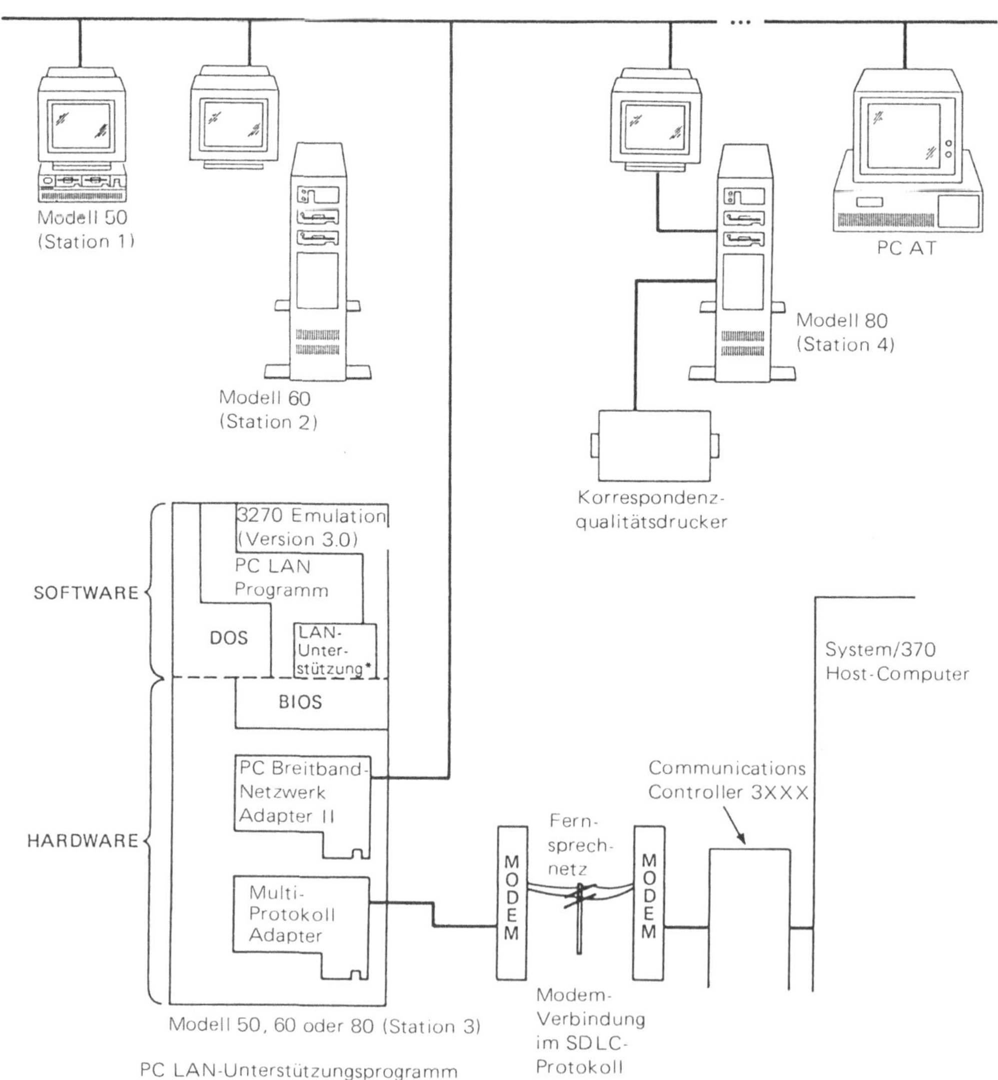

Abb.: 6-11 Konfiguration zum Einsatz eines Modells 50, 60 oder 80 als Gateway zur Verbindung eines IBM PC Breitband-Netzwerks mit einem System/370 Mainframe-Computer.

PC Breitband-Netzwerk Adapter II zusammen mit dem LAN-Unterstützungsprogramm und dem PC LAN Programm installiert, die es dem Modell 50, 60 bzw. 80 ermöglichen, in diesem Netzwerk als Server-Station zu arbeiten. Über den Multi-Protokoll Adapter, eine Modem-Verbindung und einen 3XXX Communications Controller ist der 3270 Gateway an den /370-Host-Computer angeschlossen. Das PC 3270 Emulationsprogramm (Version 3.0) emuliert in der Konfiguration die 3274 Steuereinheit. Befänden sich der Gateway-Computer und der Host in geringer räumlicher Entfernung, so könnte die Modem-Verbindung zwischen ihnen durch einen Direktanschluß über den 3270-Emulationsadapter oder ein Token-Ring-Netzwerk ersetzt werden.

Das Modell 50, 60 bzw. 80 kann als Gateway bis zu 32 anderen Netzwerkstationen die Kommunikation mit dem Host ermöglichen, als ob jede von ihnen ihre eigene Verbindung und Datenendgerät-Emulation besäßen. Diese 32 Stationen haben dann die Möglichkeiten wie sie im Abschnitt "Emulation von System/370 Datenendgeräten" dieses Kapitels beschrieben sind. Auch andere Gateway-Konfigurationen sind möglich: Ein Modell 50, 60 oder 80 kann als 3270 Gateway für ein Token-Ring-Netzwerk oder als Gateway zwischen einem Token-Ring- und einem PC-Netzwerk fungieren.

7 Die kommerzielle Anwendung mit den Modellen 50, 60 und 80

Ein wichtiger erster Schritt bei der Installation eines Modells 50, 60 oder 80 oder eines beliebigen anderen Computersystems im Büro ist die Planung. Sie trägt entscheidend dazu bei, daß der Einsatz neuer Computer tatsächlich die Produktivität erhöht und nicht als retardierendes Moment wirkt. In vielen Unternehmen ist bereits eine mehr oder minder große Anzahl von Computern installiert. Dort wird man beabsichtigen, die Modelle 50, 60 und 80 zu integrieren. Andere werden durch die Anschaffung eines Modells 50, 60 oder 80 zu einem Computer-Erstanwender. Für beide Fälle hält dieses Kapitel Informationen über die Integration eines Modells 50, 60 oder 80 in ein bestimmtes Aufgabengebiet bereit. Zunächst gilt die Aufmerksamkeit einer sinnvollen Software-Zusammenstellung. Dann werden einige beispielhafte Hardware-Konfigurationen der Modelle 50, 60 und 80 für kleine, mittlere und große Anwendungen vorgestellt. Ferner werden noch folgende Themen behandelt:

- Benutzerschulung
- Ergonomie
- Sicherheit
- Service
- Übergang vom PC zu den Modellen 50, 60 und 80

Dieses Kapitel ist keine Anleitung für den kommerziellen Einsatz der Modelle 50, 60 und 80; es soll eine Grundlage für eine sinnvolle Planung darstellen und verschiedene Gesichtspunkte aufzeigen, die beim Kauf und der Installation zu berücksichtigen sind.

7.1 DIE AUSWAHL DER SOFTWARE

Ein Computer wird erst zu einem praktischen Werkzeug, wenn er die passende Software verarbeitet. Über die richtige Vorgehensweise bei der Einsatzplanung von Computern kann man unterschiedlicher Meinung sein; sich Gedanken über seine Software-Anforderungen zu machen, bevor man die Hardware zusammenstellt, ist auf keinen Fall ein Fehler. Über die richtige Hardware läßt sich nämlich in bezug auf Speicherplatzgröße, Grafikfähigkeit, Diskettenkapazität usw. erst entscheiden, wenn die Anforderungen der Software, die zum Einsatz kommen soll an die Hardware bekannt sind.

Die Anwendungsprogramme müssen den heutigen und zumindest den in der vorhersehbaren Zukunft liegenden Anforderungen der Benutzer gerecht werden. In Kapitel 4 wurden bereits die wichtigsten Kategorien der Anwendungsprogramme behandelt. Die Auswahl der Kategorie des Anwendungsprogramms ist zumeist leicht. Ein Buchhalter wird ein Finanzbuchhaltungsprogramm gebrauchen können, eine Sekretärin ein Textverarbeitungsprogramm. Schwieriger ist die Entscheidung, welches spezielle Anwendungsprogramm innerhalb einer Kategorie die gestellten Anforderungen am besten erfüllt. Benötigen Sie ein maßgeschneidertes Anwendungsprogramm, oder existieren für Ihren Fall bereits standardisierte Programme? Es würde zu weit führen, auf alle diese Fragen detailliert einzugehen, einige Regeln und Grundsätze lassen sich aber auch ohne Kenntnis des konkreten Falls formulieren: Zunächst einmal müssen Sie sich eine klare Vorstellung davon erarbeiten, welche Vorgänge Sie auf den Computer übertragen wollen. Damit können Sie dann die möglichen Software-Alternativen überdenken. Die genaue Kenntniss Ihrer Bedürfnisse hilft Ihnen bei der Zusammenstellung des Anforderungs-Katalogs an die Anwendungsprogramme. Nun können Sie aus dem breiten Angebot bestehender Anwendungsprogramme, dasjenige auswählen, das die meisten und wichtigsten Punkte Ihres Katalogs erfüllt. Wenn Sie ein geeignetes standardisiertes Anwendungsprogramm finden, können Sie sich den zeitlichen und finanziellen Aufwand sparen, der mit der Entwicklung eines maßgeschneiderten Anwendungsprogramms verbunden ist. Aufgrund der Tatsache, daß jeder Benutzer individuelle Anforderungen an ein Programm stellt und einen persönlichen Arbeitsstil besitzt, kann man getrost davon ausgehen, daß jedes aufwendigere Anwendungsprogramm Funktionen besitzt, die niemals benötigt werden, andererseits aber Funktionen nicht aufweist, von denen man sich wünschen, sie wären vorhanden. Das ist der Preis, den Sie für den Einsatz eines standardisierten Anwendungsprogramms zahlen müssen. Ziehen Sie in Ihre Überlegungen auch die Anwendungsprogramme für spezielle Berufsgruppen, die sogenannten Branchenlösungen mit ein. Es existieren fertige Lösungen für fast alle handwerklichen Berufe, für Ärzte, Rechtsanwälte, Versicherungsvertreter etc.

Es gibt zahlreiche Informationsquellen, auf die Sie bei Ihrer Suche nach dem richtigen Anwendungsprogramm zurückgreifen können. Computerfachhändler können Ihnen bei der Wahl des geeigneten Anwendungsprogramms behilflich sein. Außerdem wird eine große Zahl von Computerzeitschriften angeboten, die regelmäßig ausführliche Tests der neuesten Software veröffentlichen. Einige von ihnen verfügen sogar über ein Jahresinhaltsverzeichnis, aus dem Sie sich schnell die Tests für Ihr Programm heraussuchen können. Dies alles können detaillierte und aktuelle

Informationsquellen sein. Weiterhin bieten unabhängige Beraterfirmen ihre Dienste beim Softwarekauf an. Eine gute Hilfe können auch Arbeitskollegen sein, die vielleicht ähnlich gelagerte Probleme bereits erfolgreich gelöst haben und Ihnen ihre Erfahrungen mit verschiedenen Anwendungsprogrammen mitteilen können.

Für sehr spezielle oder seltene Anforderungen sind standardisierte Anwendungsprogramme wahrscheinlich nicht geeignet. In solchen Fällen sind individuelle Lösungen meist die besten. Obwohl die Entwicklung solch maßgeschneiderter Software in der Regel teurer ist, kann sich unter Umständen die Investition dennoch schneller bezahlt machen, als dies bei einem standardisierten Anwendungsprogramm der Fall wäre, das nur die Hälfte der an es gestellten Anforderungen erfüllt. Wenn Sie sich für die individuelle Lösung entscheiden (müssen), spielt die Wahl des richtigen Software-Entwicklers (Programmierers, Systemanalytikers) eine besondere Rolle. Unternehmen, die über eigene Programmierer verfügen, können sich ihre eigenen maßgeschneiderten Programme entwickeln lassen. Wenn Ihnen kein firmeneigener Programmierer zur Verfügung steht, müssen Sie sich auswärts bei einem Softwarehaus Hilfe suchen. Auf jeden Fall steht und fällt die Qualität eines maßgeschneiderten Programms mit der Person des Entwicklers. Einerseits muß er über gute Programmierkenntnisse verfügen, andererseits muß er aber auch zu einem Experten auf Ihrem Arbeitsgebiet werden. Er muß eine gute Kommunikationsfähigkeit besitzen, um Ihre Bedürfnisse zu erkennen und Ihnen seine Möglichkeiten darzulegen. Er muß Einfühlungsvermögen bei der Gestaltung der Bedienerführung und der Benutzeroberfläche mitbringen. Er muß ein erfahrener Lehrer sein, der dem Benutzer eine verständliche Schulung für das Programm erteilt. Schließlich muß er noch zuverlässig sein, so daß man sicher sein kann, daß er verfügbar ist, wenn man technische Unterstützung braucht oder Veränderungen an der installierten Software vornehmen möchte.

Die Wahl des Betriebssystems müssen Sie ebenfalls treffen. Kapitel 5 befaßt sich mit den Charakteristika der verschiedenen Betriebssysteme, die es für die Modelle 50, 60 und 80 gibt. Ihre Wahl sollte besonders von diesen Fragen beeinflußt werden:

> **Multi-Tasking oder Single-Tasking:** Die Betriebssystem-Umgebung entscheidet darüber, in welchem Umfang Ihnen Multi-Tasking-Möglichkeiten zur Verfügung stehen. Multi-Tasking ist bei den meisten Büroanwendungen sehr sinnvoll, der eine oder andere wird aber vielleicht dennoch darauf verzichten können. Ein Angestellter, der jeden Tag dieselbe Datenbank benutzt, wird keine Verwendung für Programmwechsel und Hintergrundverarbeitung haben.

Speicherplatzanforderungen: Betriebssysteme, die im sogenannten Real-Mode arbeiten, haben bei 640 KB eine Speicherobergrenze. Obwohl es diverse Speicher-Verwaltungstechniken (wie EMS oder virtuelle Disketten, siehe Kapitel 5) gibt, die es einigen Programmen erlauben, mehr als 640 KB zu nutzen, ermöglichen erst Protected-Mode-Betriebssysteme den unbeschränkten Speicherzugriff jenseits der 640-KB-Barriere.

Kompatibilität mit PC-Anwendungsprogrammen: Derjenige, der schon beträchtlich in DOS-Anwendungsprogramme investiert hat, wird ein Interesse daran haben, daß sich diese Investition durch die Wahl eines kompatiblen Betriebssystems weiterhin amortisiert.

Datenkommunikation: Auch die Spezifikationen der Datenkommunikationsprotokolle und die in Ihrem Unternehmen für die Datenkommunikation eingesetzte Hardware beeinflußt die Wahl des Betriebssystems. Einige Betriebssysteme bieten umfangreiche eingebaute Kommunikationsmöglichkeiten, während andere noch durch zusätzliche Anwendungsprogramme ergänzt werden müssen.

Die Kenntnis Ihrer Anforderungen auf diesen Gebieten und die Lektüre des Kapitels 5 werden Ihnen bei der Wahl des richtigen Betriebssystems von großem Nutzen sein.

7.2 DIE AUSWAHL DER HARDWARE

Die Wahl der geeigneten Hardware-Lösung ist nicht einfach, auch wenn man sich auf die Modelle 50, 60 und 80 des Personal System/2 beschränkt. Denn, wie wir bisher in diesem Buch gesehen haben, bietet sich auch in diesem beschränkten Marktausschnitt eine große Auswahl an Computer-Ausführungen, Ausbaumöglichkeiten der Massenspeicher-Kapazität, an Erweiterungskarten und Peripheriegeräten. Es kann hier unmöglich jeder denkbare Anwendungsfall untersucht werden; wir können uns aber einige beispielhafte Anwendungsumgebungen aus dem kommerziellen Bereich vorstellen und sie mit den geeigneten Konfigurationen der Modelle 50, 60 und 80 ausrüsten. Mit diesen Fallbeispielen vor Augen wird es Ihnen leichter Fallen, sich auf die konkrete Planung zusammen mit einem EDV-Fachmann vorzubereiten.

Ein Kleinbetrieb - Heimwerkerbedarf Sternberg

Unser hypothetischer Kleinbetrieb ist ein größeres Einzelhandelsunternehmen für Heimwerkerbedarf (Maschinen und Zubehör), der sich im

Besitz von Herrn Günter Sternberg befindet und 13 Arbeitnehmer beschäftigt.

Herr Sternberg ist seit zwei Jahren selbständig und konnte sich während dieser Zeit eines zunehmenden Zuspruchs seitens seiner Kunden erfreuen. Im Moment arbeitet er noch ohne EDV, glaubt aber, daß er bei einem weiteren Ausbau seines Betriebs ohne gewisse Rationalisierungen nicht auskommen wird. Die manuellen Buchhaltungsmethoden stellen sich als anstrengend und zeitraubend heraus. Herr Sternberg will diesen Bereich daher mit einem Modell 50, 60 oder 80 unterstützen.

An die Reparatur-Abteilung seines Betriebs wurden Beschwerden wegen zu langer Reparatur-Zeiten gerichtet. Herr Sternberg bespricht dieses Problem mit dem Personal und stellt fest, daß im Ersatzteillager häufig Teile ausgehen und daß deren Nachbestellung und -lieferung die Reparaturzeiten entscheidend verlängern. Herr Sternberg beschließt, für die Lagerverwaltung ein Modell 50, 60 oder 80 einzusetzen, damit gewährleistet ist, daß notwendige Teile auf Lager sind und andererseits keine Übermengen gelagert werden.

Die Sekretärin von Herrn Sternberg hat bisher zum Schreiben von Geschäftsbriefen und zur Führung der Adressenkartei eine Schreibmaschine benutzt. Herr Sternberg will ein Textverarbeitungssystem mit Adressenkartei einführen.

Herr Sternberg hat also drei Anwendungen für das PS/2: Buchhaltung, Lagerverwaltung und Textverarbeitung. Buchhaltung und Lagerverwaltung will er mit nur einem Modell 50, 60 oder 80 erledigen, denn die Lagerverwaltung belegt nur einige Stunden pro Woche den Rechner. Außerdem beinhalten viele Standard-Buchhaltungsprogramme bereits eine Lagerverwaltung. Für die Geschäftspost und die Adressenkartei will Herr Sternberg seiner Sekretärin ein eigenes Gerät zur Verfügung stellen, da es hier zu einer Vollzeitbeanspruchung kommt.

Herr Sternberg hat auch über die Anschaffung eines LANs nachgedacht. Einer der größten Vorteile, die ein LAN bietet, ist die Möglichkeit für die Benutzer, Dateien gemeinsam benutzen zu können. Im Fall von Herrn Sternbergs Betrieb gibt es im Datenbereich keine Überschneidungen zwischen dem Buchhaltungs- und Lagerverwaltungscomputer und dem Textverarbeitungscomputer. Es besteht also kein Bedarf für die gemeinsame Benutzung von Dateien. Ein zweiter großer Nutzen eines LAN kann in der gemeinsamen Benutzung von Geräten wie Druckern oder Festplattenlaufwerken durch mehrere Benutzer liegen. Rein rechnerisch könnte zwar in Herrn Sternbergs Betrieb durch diese Möglichkeit etwas eingespart werden, doch würde die Einführung der EDV durch ein LAN verkompliziert, was den Nutzen des Systems wieder verschlechtern würde. Herr Sternberg gibt sich damit zufrieden, daß er bei weiteren Vergrößerungen seines Betriebs noch jederzeit ein LAN einführen kann.

Sehen wir uns nun Vorschläge für die beiden einzurichtenden Arbeitsplätze an:

Ein Arbeitsplatz für die Buchhaltung und Lagerverwaltung

Es gelingt Herrn Sternberg, ein Buchhaltungsprogramm zu finden, das zusätzlich Lagerverwaltung unterstützt. Er entscheidet sich für das Betriebssystem DOS, da er im Moment nicht damit rechnen muß, Multi-Tasking oder große Hauptspeicher-Kapazitäten zu benötigen. Aufgrund der von der Software geforderten Hardware-Voraussetzungen entscheidet er sich für die in Abbildung 7-1 gezeigte Konfiguration mit einem Modell 60 Ausführung 041. Die Hauptgründe dieser Entscheidung waren die Festplattenkapazität und die durch die sieben Erweiterungssteckplätze gegebenen Ausbaumöglichkeiten. Die standardmäßige 44 MB Festplatte der Ausführung 041 des Modells 60 bietet mehr als genug Platz für das Buchhaltungs- und Lagerverwaltungsprogramm und die zugehörigen Daten. Sollten sich die Anforderungen einmal ändern, kann das Modell 60 noch mit einer zweiten 44 MB Festplatte ausgerüstet werden. Weil für seine Anwendung die Farbdarstellung auf dem Bildschirm ein überflüssiger Luxus wäre, wählt Herr Sternberg den Monochrom-Bildschirm 8503. Die Druckqualität und -geschwindigkeit des Grafikdruckers II hält er für ausreichend für die Erstellung von Ausdrucken für die Buchhaltungs- und Lagerverwaltungsunterlagen. Zur Datensicherung, auf die bei den Buchhaltungs- und Lagerverwaltungsdaten nicht verzichtet werden kann, soll ein Streaming-Laufwerk verwendet werden. Das hier im amerikanischen Original vorgeschlagene IBM 6157 ist allerdings auf dem deutschen Markt bisher nicht eingeführt. Es wird aber sicher in Kürze von spezialisierten Streaming-Laufwerk-Herstellern auch zu den Modellen 50, 60 und 80 kompatible Modelle geben.

Ein Arbeitsplatz für die Sekretärin

Für den Arbeitsplatz seiner Sekretärin wählt Herr Sternberg ein Textverarbeitungsprogramm, das auch eine Adressenkartei verwalten kann. Auch an diesem Arbeitsplatz soll DOS eingesetzt werden, da Multi-Tasking nicht benötigt wird. Die in Abbildung 7-2 gezeigte Konfiguration mit einem Modell 50 wurde wegen der handlichen Größe und der Preisgünstigkeit dieses Modells gewählt (ein Modell 30 wäre bis auf die etwas geringere Arbeitsgeschwindigkeit und die beschränkteren Ausbaumöglichkeiten eine ebensogute und etwas billigere Lösung gewesen). Wie am Buchhaltungs- und Lagerverwaltungs-Arbeitsplatz findet ein Monochrom-Bildschirm 8503 Verwendung. Die zur Standardausstattung gehö-

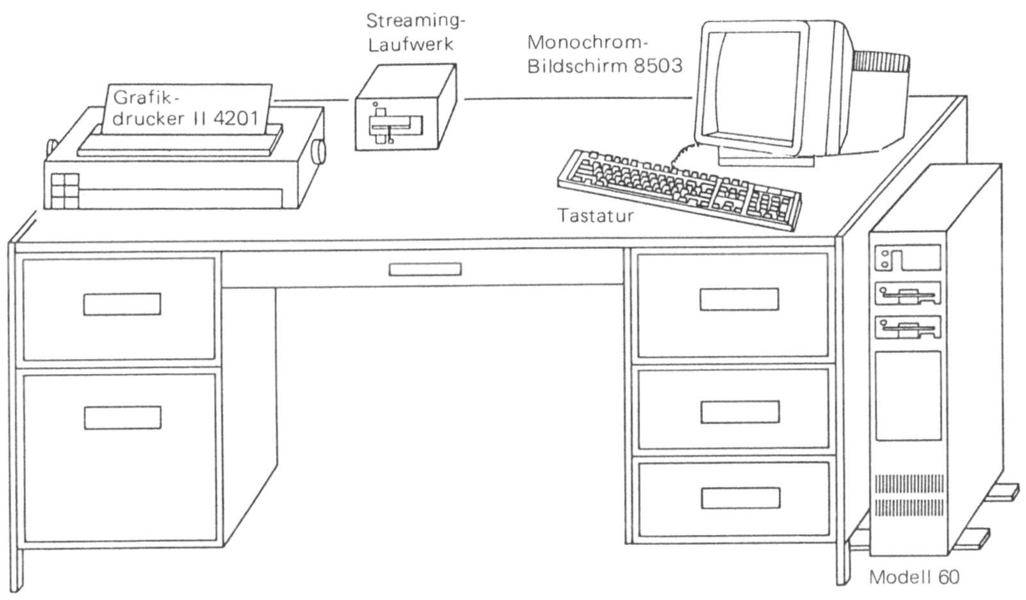

GRUNDSYSTEM	ERWEITERUNGSKARTEN
Modell 60 Ausführung 041	Platz 1: Streaming-Laufwerk-Adapter
(1) 44 MB Festplatte*	Platz 2:
(1) 1,44 MB Diskettenlaufwerk*	Platz 3:
1 MB Hauptspeicher*	Platz 4:
Serielle Schnittstelle*	Platz 5:
VGA-Grafik*	Platz 6:
(7) Erweiterungssteckplätze*	Platz 7:
Zweites 1,44 MB Diskettenlaufwerk	

PERIPHERIEGERÄTE	SOFTWARE
Monochrom-Bildschirm 8503	DOS 3.3
Grafikdrucker II IBM 4201	Buchhaltung/Lagerverwaltung
Streaming-Laufwerk IBM 6157	
(oder anderes Streaming-Laufwerk)	

*Standardausstattung

Abb.: 7-1 Vorschlag für den Buchhaltungs- und Lagerverwaltungs-Arbeitsplatz in Herrn Sternbergs Betrieb.

rige 20 MB Festplatte ist genügend groß für das Textverarbeitungsprogramm und die Adressenkartei. Zur Datensicherung sollen Disketten eingesetzt werden, da wohl kaum mehr Daten regelmäßig zu sichern sein werden, als der Speicherkapazität von zwei Disketten entspricht. So wird ein externes Datensicherungsgerät eingespart. Mit der hohen Schrift-

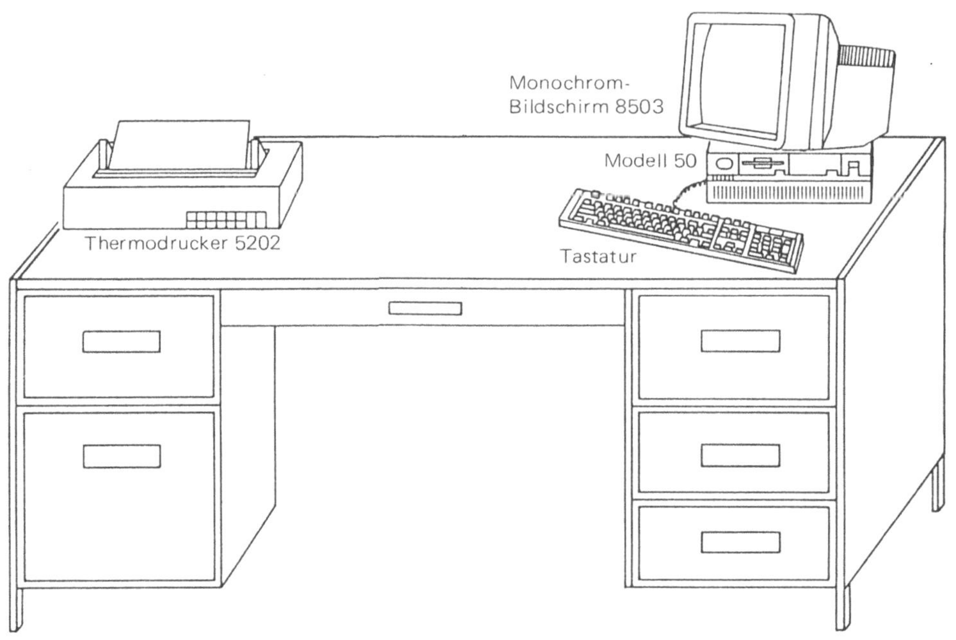

GRUNDSYSTEM	ERWEITERUNGSKARTEN
Modell 50	Platz 1:
(1) 20 MB Festplatte*	Platz 2:
(1) 1,44 MB Diskettenlaufwerk*	Platz 3:
1 MB Hauptspeicher*	
Serielle Schnittstelle*	
VGA-Grafik*	
(3) Erweiterungssteckplätze*	

PERIPHERIEGERÄTE	SOFTWARE
Monochrom-Bildschirm 8503	DOS 3.3
Thermodrucker IBM 5202	Textverarbeitung (mit Adressenkartei)

*Standardausstattung

Abb.: 7-2 Vorschlag für den Arbeitsplatz der Sekretärin.

qualität des Themodruckers IBM 5202 kann ohne weiteres Geschäftspost gedruckt werden. Die drei Erweiterungssteckplätze des Computers sind noch unbelegt.

Ein Betrieb mittlerer Größe - Werbeagentur Feinstein und Krüger

Unser zweites Beispiel soll die Werbeagentur Feinstein und Krüger sein. Dieser Betrieb besteht seit zwölf Jahren und arbeitet nunmehr für siebzehn größere Kunden. Fritz Feinstein und Annette Krüger teilen sich immer noch die Leitung des Betriebs. Im Moment werden im Betrieb einzelne Textverarbeitungssysteme auf rund 30 PCs eingesetzt. Der Betrieb beschäftigt 148 Arbeitnehmer. Frau Krüger ist sehr daran interessiert, die Wirtschaftlichkeit des Betriebs weiter zu verbessern und Datenkommunikation einzuführen. Sie will die Einzelarbeitsplätze zu einem Netzwerk verbinden, wobei sie sich für ein PC Breitband-Netzwerk entschieden hat, das aus den schon vorhandenen PCs und neuen Modellen 50, 60 oder 80 bestehen soll. Die Modelle 50, 60 und 80 sollen dabei sowohl als Server- als auch als Messenger-Stationen eingesetzt werden.

Ein PC Netzwerk Server

Frau Krüger will eine Netzwerkversion eines Tabellenkalkulations-, Datenbank- und eines Textverarbeitungsprogramms kaufen und diese von den Stationen des Netzwerks gemeinsam benutzen lassen. Auf der Server-Station soll ebenso wie auf den anderen Netzwerkstationen DOS eingesetzt werden, da noch vor kurzem in die bisher verwendeten DOS-Anwendungen investiert worden war. Ein Umstieg auf das Betriebssystem/2 ist für den Zeitpunkt vorgesehen, zu dem mehr Anwendungsprogramme für dieses Betriebssystem auf dem Markt sind. Das PC LAN Programm und das PC LAN-Unterstützungsprogramm steuern die Server-Funktionen.

Abbildung 7-3 zeigt ein Modell 60 Ausführung 071, wie es bei Feinstein und Krüger als Server-Station konfiguriert werden könnte. Das Modell 60 wurde wegen der Festplattenkapazität und den durch die sieben Erweiterungssteckplätze gebotenen großzügigen Erweiterungsmöglichkeiten gewählt.

Die Server-Station könnte zwar in einem Büro stehen und dort gleichzeitig als normaler Arbeitsplatz benutzt werden, doch ist es wegen der ebenfalls vorgesehenen gemeinsamen Benutzung der Peripheriegeräte der Server-Station sinnvoller, sie in einem allgemein zugänglichen Bereich des Betriebsgebäudes unterzubringen. Da niemand längere Zeit an dem

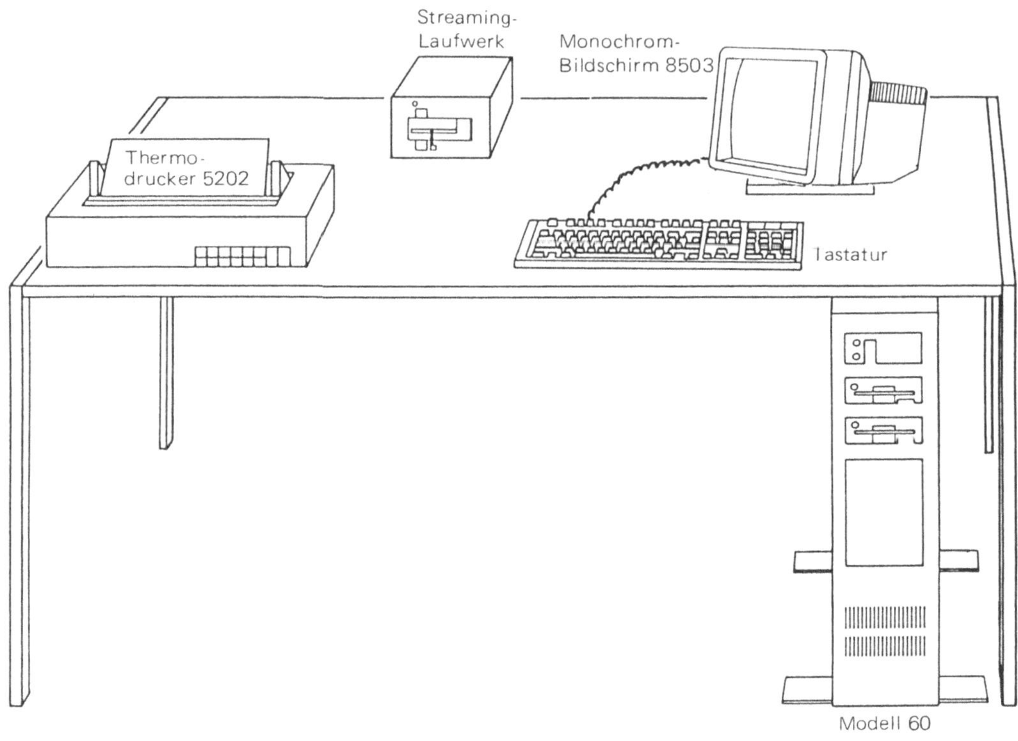

GRUNDSYSTEM	ERWEITERUNGSKARTEN
Modell 60 Ausführung 071	Platz 1: PC Breitband-Netzwerk Adapter II
(1) 70 MB Festplatte*	Platz 2: Streaming-Laufwerk-Adapter
(1) 1,44 MB Diskettenlaufwerk*	Platz 3:
1 MB Hauptspeicher*	Platz 4:
Serielle Schnittstelle*	Platz 5:
VGA-Grafik*	Platz 6:
(7) Erweiterungssteckplätze*	Platz 7:
Zweites 1,44 MB Diskettenlaufwerk	

PERIPHERIEGERÄTE	SOFTWARE
Monochrom-Bildschirm 8503	DOS 3.3
Termodrucker IBM 5202	PC LAN Programm
Streaming-Laufwerk IBM 6157	PC LAN-Unterstützungsprogramm
(oder anderes Streaming-Laufwerk)	Vom Netz gemeinsam benutzt:
	Textverarbeitungsprogramm
	Tabellenkalkulationsprogramm
	Datenbankprogramm

*Standardausstattung

Abb.: 7-3 Vorschlag für einen PC Breitband-Netzwerk Server bei Feinstein und Krüger.

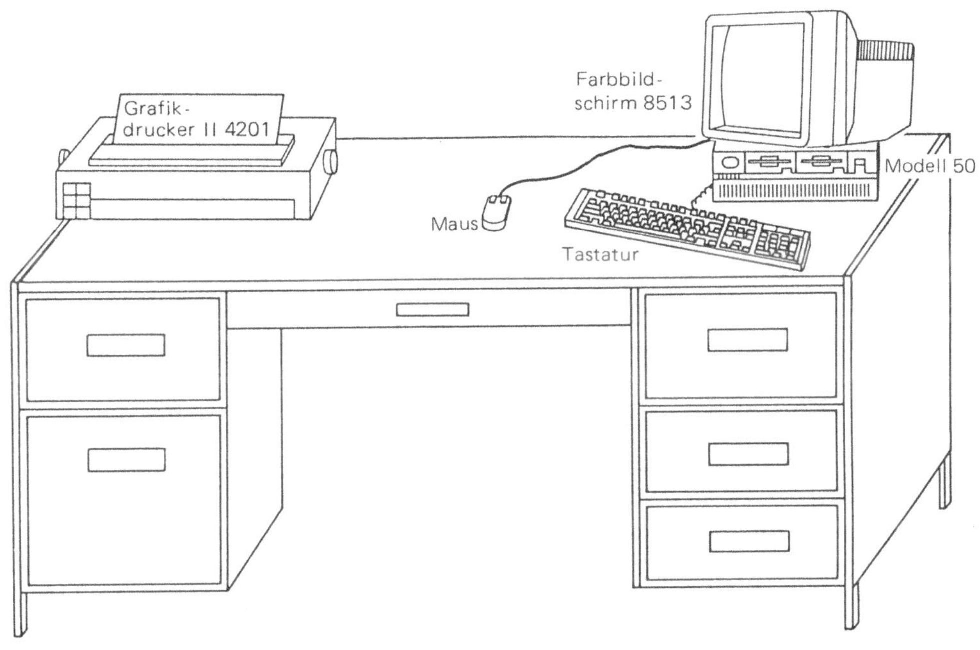

GRUNDSYSTEM	ERWEITERUNGSKARTEN
Modell 50	Platz 1: PC Breitband-Netzwerk Adapter II
(1) 20 MB Festplatte*	Platz 2:
(1) 1,44 MB Diskettenlaufwerk*	Platz 3:
1 MB Hauptspeicher*	
Serielle Schnittstelle*	
VGA-Grafik*	
(3) Erweiterungssteckplätze*	
Zweites 1,44 MB Diskettenlaufwerk	
Maus	

PERIPHERIEGERÄTE	SOFTWARE
Farbbildschirm IBM 8513	DOS 3.3
Grafikdrucker II IBM 4201	PC LAN Programm
	Nur dieser Station zur Verfügung stehende Anwendungsprogramme

*Standardausstattung

Abb.: 7-4 Vorschlag für den Standard-Arbeitsplatz in der Werbeagentur Feinstein und Krüger.

Gerät arbeitet, wurde der einfache Monochrom-Bildschirm IBM 8503 gewählt. Die an sich schon große Kapazität der 70 MB Festplatte der Ausführung 071 des Modells 60 und die Ausbaufähigkeit auf 140 bzw. 185 MB durch eine zweite 70 MB bzw. 115 MB Festplatte bieten genügend Speicherplatzreserven. Der Thermodrucker IBM 5202 soll als zentraler Korrespondenzqualitätsdrucker den Benutzern des gesamten Netzes zur Verfügung gestellt werden, um die Kosten für die Drucker an den einzelnen Arbeitsplätzen zu senken. Reicht die Druckgeschwindigkeit des Thermodruckers nicht aus, kann statt seiner zum Beispiel auch ein Laserdrucker zum Einsatz kommen. Die sieben Erweiterungssteckplätze des Modells 60 erlauben den Anschluß einer großen Menge von Peripheriegeräten. Mit dem Streaming-Laufwerk (IBM 6157 oder anderes Fabrikat) können einerseits die Daten auf der Festplatte der Server-Station, andererseits aber auch die auf jeder anderen Festplatte im Netz gesichert werden. Über den PC Breitband-Netzwerk Adapter II wird die Verbindung zum Netzwerk hergestellt. Da im Netz auch mehrere PCs eingebunden sind, besteht kein Bedarf für ein externes 5,25 Zoll Diskettenlaufwerk. Die 5,25 Zoll Diskettenlaufwerke in den PCs können zur Datenumlagerung von 5,25 Zoll Disketten nach den 3,5 Zoll Disketten des Personal System/2 verwendet werden. Mit dem Ausbau des Netzes können auch noch weitere Server-Stationen eingerichtet werden.

Der Standard-Arbeitsplatz (Messenger-Station)

Die meisten der Mitarbeiter bei Feinstein und Krüger sollen einen eigenen Arbeitsplatzrechner bekommen. Der Benutzer an einem solchen Standard-Arbeitsplatz (Abbildung 7-4) soll auf die Programme und Daten auf der Server-Station zugreifen und außerdem mit eigenen Anwendungsprogrammen und Daten arbeiten können, auf die nur er zugreifen kann. Mit Hilfe des PC LAN Programms können Mitteilungen gesendet und empfangen und alle Einrichtungen des Servers von den Arbeitsplätzen aus genutzt werden. Das Modell 50 wurde wieder wegen seiner Handlichkeit und Preisgünstigkeit gewählt. Um die Augen der Benutzer zu schonen und die Bedienung möglichst komfortabel zu gestalten, wurde der Farbbildschirm 8513 gewählt und eine Maus installiert. Das zweite 1,44 MB Diskettenlaufwerk bedeutet eine Vereinfachung beim Installieren von Programmen und kopieren von Diskette zu Diskette. Die 20 MB Festplatte sollte für die benutzereigenen Programme und Daten ausreichen. Der Grafikdrucker II kann für alle Ausdrucke verwendet werden, bei denen keine Korrespondenzqualität gefordert ist. Der PC Breitband-Netzwerk Adapter, über den die Verbindung zum Netz hergestellt wird, belegt einen Erweiterungssteckplatz; die übrigen zwei stehen noch zur Verfügung.

Ein Großunternehmen - die Caravell AG

Unser hypothetisches Großunternehmen soll die Caravell AG sein, ein internationaler Konzern, der sich mit der Herstellung von Zellulose-Produkten beschäftigt. In der Caravell AG werden schon seit langem Computer in allen Bereichen eingesetzt. Jede der Niederlassungen des Betriebs besitzt mindestens einen Mainframe-Computer. Die Computer sind zu einem Datennetz verbunden, das die weltweite elektronische Datenübertragung innerhalb des Unternehmens ermöglicht. Die Caravell AG hat außerdem viele Anwendungsprogramme für ihre Großcomputer entwickelt. Unsere Betrachtung bezieht sich im weiteren auf eine Niederlassung der Caravell AG in Iksstadt in der Bundesrepublik.

In Iksstadt betreibt die Caravell AG ein großes Forschungslabor. Auf dem Betriebsgelände wurde ein Token-Ring-Netzwerk installiert, an das verschiedene Personal Computer und ein System/370 Mainframe-Computer angeschlossen sind. Die auf dem PCs und dem Mainframe implementierten Anwendungsprogramme nutzen die Vorteile des Netzwerks aus. Zwei weitere System/370 Computer werden in der Niederlassung als Host-Computer eingesetzt und sind nicht in das Netzwerk eingebunden. Zum Dialog mit diesen Hosts werden PCs eingesetzt, die 3270 Datenendgeräte emulieren. Es gibt auch einige andere zu noch spezielleren Zwecken verwendete Computer in der Forschungseinrichtung, die uns aber jetzt nicht interessieren.

Die Caravell AG hat sich entschlossen von den PCs auf das Personal System/2 umzusteigen. Dieser Vorgang muß schrittweise vollzogen werden, so daß einige Zeit lang PCs und Modelle 50, 60 und 80 koexistieren. Wir wollen uns drei für uns interessante Konfigurationen ansehen:

- die Token-Ring-Netzwerk Server-/Gateway-Station
- den Standard-Arbeitsplatz (Messenger-Station)
- den erweiterten Arbeitsplatz (Messenger-Station)

Die Token-Ring-Netzwerk Server-/Gateway-Station

Diese Server-Station wird in das Token-Ring-Netzwerk eingebunden, um den übrigen Stationen Hard- und Software zur gemeinsamen Benutzung zur Verfügung zu stellen. Auch die selbstentwickelten Anwendungsprogramme der Caravell AG werden auf diesem Server abgelegt. Wegen seiner Kommunikationsfähigkeiten wurde das Betriebssystem/2 (erweiterte Ausgabe 1.1) gewählt. Ersatzweise hätte auch die Ausgabe 1.0 des Betriebssystems/2 zusammen mit den geeigneten Kommunikationsprogrammen Verwendung finden können.

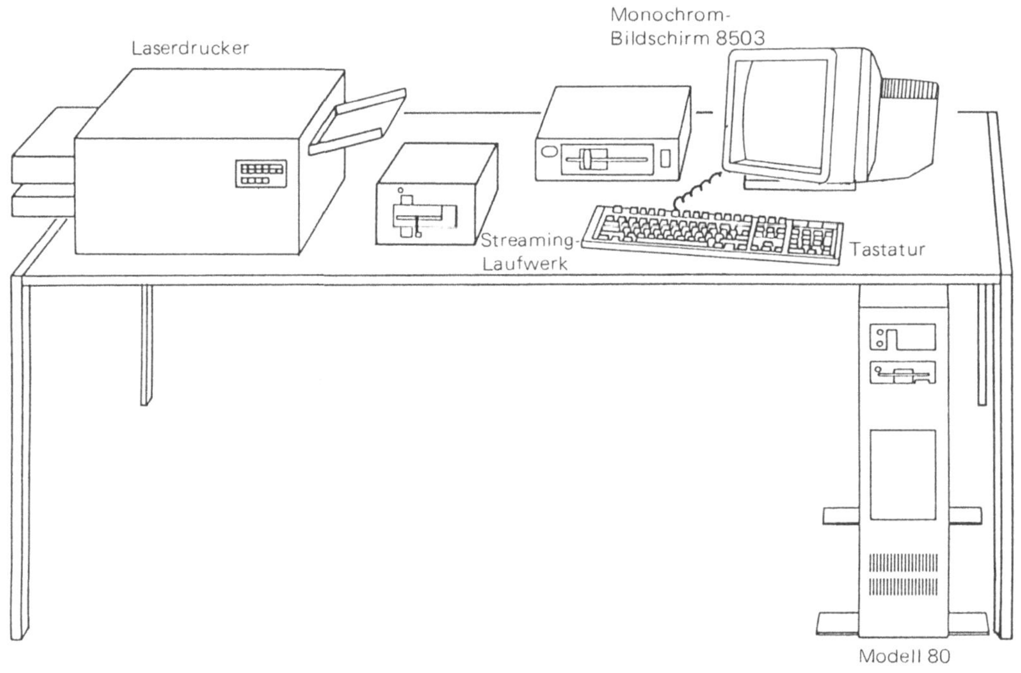

GRUNDSYSTEM

Modell 80 Ausführung 071
- (1) 70 MB Festplatte*
- (1) 1,44 MB Diskettenlaufwerk*
- 2 MB Hauptspeicher*
- Serielle Schnittstelle*
- VGA-Grafik*
- (7) Erweiterungssteckplätze*

ERWEITERUNGSKARTEN

Platz 1: Streaming-Laufwerk-Adapter
Platz 2: Token-Ring-Netzwerk Adapter
Platz 3: Adapter zum externen 5,25 Zoll Diskettenlaufwerk
Platz 4: Multi- Protokoll Adapter
Platz 5: 2MB/6MB-Hauptspeichererweiterung
Platz 6:
Platz 7:

PERIPHERIEGERÄTE

Monochrom-Bildschirm 8503
Laserdrucker
externes 5,25 Zoll Disketten-laufwerk
Streaming-Laufwerk IBM 6157
(oder anderes Streaming-Laufwerk)

SOFTWARE

Betriebssystem/2 erweiterte Ausgabe 1.1
Vom Netz gemeinsam benutzte Anwendungsprogramme

*Standardausstattung

Abb.: 7-5 Vorschlag für eine Token-Ring-Netzwerk Server-/Gateway-Station im Forschungslabor der Caravell AG.

Abbildung 7-5 zeigt eine Token-Ring-Netzwerk Server-/Gateway-Station für die Caravell AG, die auf einem Modell 80 Ausführung 071 aufbaut. Für das Modell 80 sprach die hohe Arbeitsgeschwindigkeit und die durch die sieben Erweiterungssteckplätze gegebene Flexibilität im Ausbau. Die Station ist mit einem Monochrom Bildschirm IBM 8503 ausgestattet und wird an einem allgemein zugänglichen Ort plaziert. Die 70 MB Festplatte vergrößert zwar die dem Netz insgesamt zur Verfügung stehende Festplattenkapazität, zur Speicherung werden allerdings in erster Linie die Festplatten der System/370 Server-Station genutzt. Mit dem Laserdrucker können bis zu 12 Seiten pro Minute gedruckt werden. Er wird an den Server angeschlossen und von den Netzwerk-Stationen gemeinsam benutzt. Das Streaming-Laufwerk wird zur Sicherung der Daten des Servers und anderer Netzwerk-Stationen eingesetzt. Die Personal System/2 Computer und die Computer der PC-Familie werden eine gewisse Zeit lang koexistieren müssen. Das externe 5,25 Zoll Diskettenlaufwerk dient zur Datenumlagerung zwischen den beiden Disketten-Typen und erlaubt die Umlagerungsarbeit, ohne daß dabei andere Netzwerkstationen gestört werden.

In dieser Konfiguration werden fünf der sieben Erweiterungssteckplätze des Modells 80 belegt. Die Adapter für das externe 5,25 Zoll Laufwerk und das Streaming-Laufwerk sind zur Ansteuerung dieser Peripheriegeräte notwendig. Der Token-Ring-Netzwerk Adapter dient zur Einbindung in das Netzwerk. Mit dem Multi-Protokoll Adapter kann das Modell 80 als ein 3270 Gateway allen Netzwerk-Stationen den Dialog mit den nicht in das Netzwerk eingebundenen System/370 Mainframe-Computern ermöglichen. Die mit drei 2MB-Hauptspeichererweiterungsmodulen vollständig bestückte 2MB/6MB-Hauptspeichererweiterungskarte baut den Hauptspeicher des Modells 80 um 6 MB auf 8 MB aus.

Der Standard-Arbeitsplatz (Messenger-Station)

Alle Standard-Arbeitsplätze (Abbildung 7-6) des Token-Ring-Netzwerks der Caravell AG verwenden das Betriebssystem/2, da es Multi-Tasking, einen erweiterten Adreßraum und die Datenkommunikation unterstützt. Modell 50 wurde wiederum seiner geringen Größe und des geringeren Preises wegen gewählt. Die 20 MB Festplatte des Modells 50 reicht für die Speicherung der benutzereigenen Dateien und Programme aus. Das zweite 1,44 MB Diskettenlaufwerk vereinfacht das Installieren und Kopieren von Daten für den Benutzer. Um möglichst angenehme Arbeitsbedingungen zu schaffen, wurden der Farbbildschirm IBM 8513 und eine Maus installiert. Mit dem Grafikdrucker II werden nur Ausdrucke in Listenqualität erstellt. Mit Hilfe des Token-Ring-Netzwerk Adapters

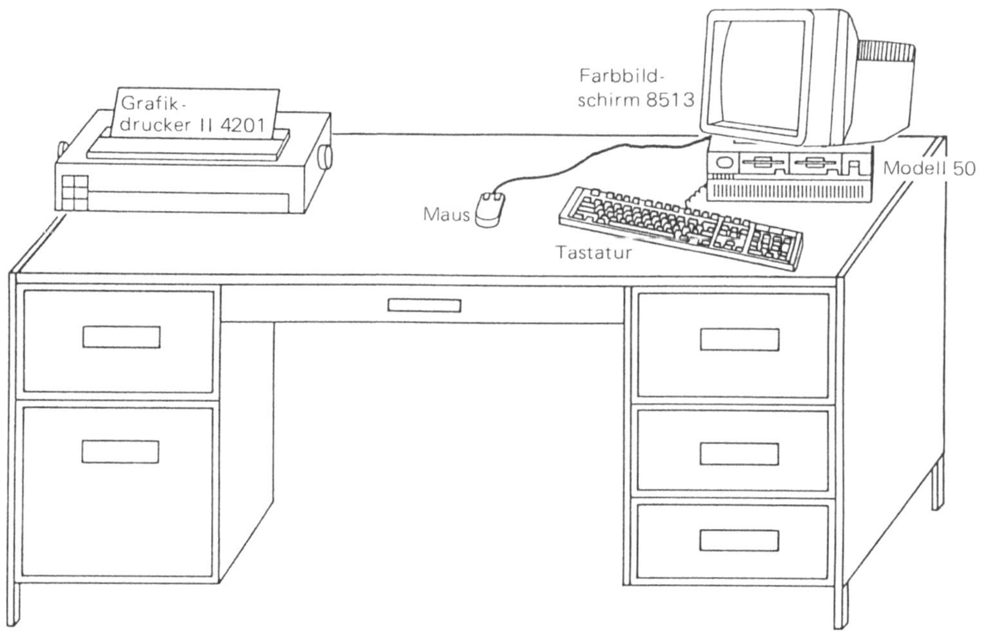

GRUNDSYSTEM

Modell 50
  (1) 20 MB Festplatte*
  (1) 1,44 MB Diskettenlaufwerk*
  1 MB Hauptspeicher*
  Serielle Schnittstelle*
  VGA-Grafik*
  (3) Erweiterungssteckplätze*
Zweites 1,44 MB Diskettenlaufwerk
Maus

ERWEITERUNGSKARTEN

Platz 1: 512KB/2MB-Hauptspeichererweiterungskarte
Platz 2: Token-Ring-Netzwerk Adapter
Platz 3:

PERIPHERIEGERÄTE

Farbbildschirm IBM 8513
Grafikdrucker II IBM 4201

SOFTWARE

Betriebssystem/2 erweiterte Ausgabe 1.1
Nur dieser Station zur Verfügung stehende Anwendungsprogramme

*Standardausstattung

Abb.: 7-6 Vorschlag für die Konfiguration eines Modells 50 als Standard-Arbeitsplatz bei der Caravell AG.

kann der Computer in das Token-Ring-Netzwerk eingebunden werden. Die mit 512KB-Hauptspeichererweiterungsmodulen vollständig bestückte 512KB/2MB-Hauptspeicherweiterungskarte vergrößert den Hauptspeicher des Modells 50 auf insgesamt 3 MB. Falls der bei dieser Konfiguration noch freie Steckplatz nicht für in Zukunft notwendige Erweiterungen ausreicht, sollte statt des Modells 50 ein Modell 60 Ausführung 041 zum Einsatz kommen.

Der erweiterte Arbeitsplatz (Messenger-Station)

Der erweiterte Arbeitsplatz ist für das eigentliche Forschungspersonal der Niederlassung der Caravell AG in Iksstadt gedacht. Wie auch bei den anderen Arbeitsplatzen findet das Betriebssystem/2 wegen der Unterstützung von Multi-Tasking, dem erweitertem Adreßraum und der Datenkommunikation in der erweiterten Ausgabe 1.1 Verwendung. Der Datenbank-Manager dieser Ausgabe des Betriebssystems/2 wird ebenfalls als praktisch für die Verwaltung der Speicherung von Meßergebnissen angesehen.

Abbildung 7-7 zeigt einen Vorschlag für die Konfiguration eines Modells 80 Ausführung 111 als erweiterter Arbeitsplatz. Die 115 MB Festplatte enthält einige selbstentwickelte, wissenschaftliche Anwendungsprogramme und auch Standard-Anwendungsprogramme. Die interne optische Platteneinheit (kann auch durch die schon auf dem Markt erhältliche externe optische Platteneinheit ersetzt werden) wird für Sicherungskopien der Festplatte verwendet. Außerdem werden mit ihr auch die großen Mengen wissenschaftlicher Daten archiviert, die bei den Experimenten dieser Abteilung anfallen. Die umfangreichen Anwendungsprogramme und Dateien, mit denen in der Forschungsabteilung umgegangen wird, machen einen großen Arbeitsspeicher sinnvoll. Der Hauptspeicher wird daher mit einem 2MB-Hauptspeichererweiterungssatz auf der Systemplatine und mit zwei 2MB/6MB-Hauptspeichererweiterungskarten, die jeweils mit drei 2MB-Hauptspeichererweiterungsmodulen bestückt sind, auf insgesamt 16 MB ausgebaut. Außerdem wird der Mathematik-Co-Prozessor 80387 (20 MHz) zur Beschleunigung der Rechenvorgänge installiert.

Bei der Forschungsarbeit werden besondere Grafikfähigkeiten mit hoher Auflösung und einer großen Anzahl Farben benötigt. Deshalb wird der Farbbildschirm 8514 zusammen mit dem Bildschirmadapter 8514/A zum Ausbau der VGA-Grafikfähigkeit installiert. Mit dem Thermodrucker IBM 5202 können Berichte in der notwendigen Schriftqualität zusammen mit Grafiken gedruckt werden.

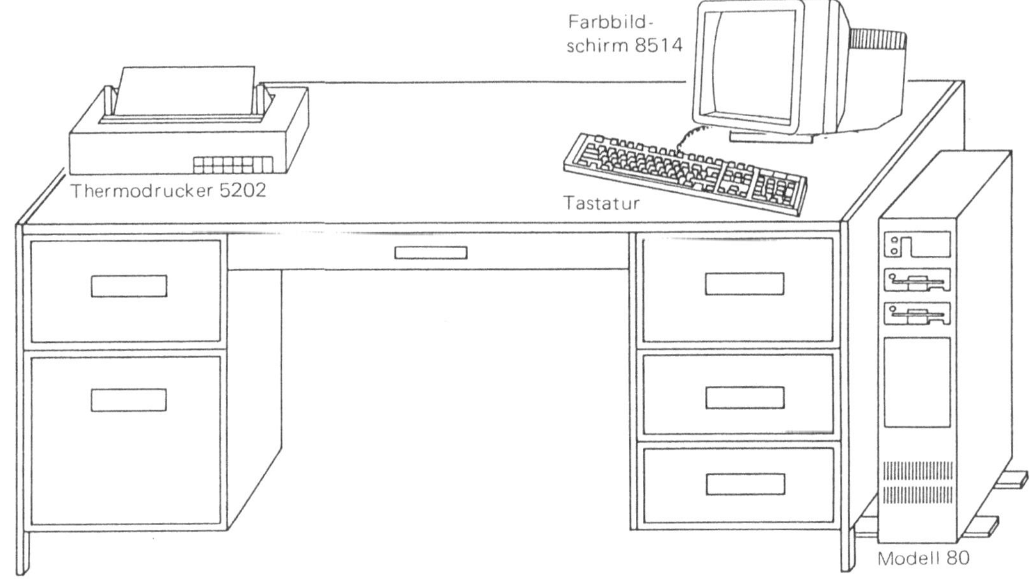

GRUNDSYSTEM

Modell 80 Ausführung 111
(1) 115 MB Festplatte*
(1) 1,44 MB Diskettenlaufwerk*
2 MB Hauptspeicher*
Serielle Schnittstelle*
VGA-Grafik*
(7) Erweiterungssteckplätze*
Zweites 1,44 MB Diskettenlaufwerk
(interne) optische Platteneinheit
2MB-Hauptspeichererweiterungssatz
Mathematik-Co-Prozessor 80387 (20 MHz)

ERWEITERUNGSKARTEN

Platz 1: Adapter für die optische Platteneinheit
Platz 2: Token-Ring-Netzwerk Adapter
Platz 3: /3X Emulationsadapter
Platz 4: Bildschirmadapter 8514/A
Platz 5: 2MB/6MB-Hauptspeichererweiterung
Platz 6: 2MB/6MB-Hauptspeichererweiterung
Platz 7:

PERIPHERIEGERÄTE

Farbbildschirm 8514
Grafikdrucker II IBM 4201

SOFTWARE

Betriebssystem/2 erweiterte Ausgabe 1.1
Vom Netz gemeinsam benutzte Anwendungsprogramme

*Standardausstattung

Abb.: 7-7 Vorschlag für einen erweiterten Arbeitsplatz im Forschungslabor der Caravell AG.

Bei dieser Konfiguration werden sechs der sieben Erweiterungssteckplätz belegt: Der Adapter für die optische Platteneinheit und der Bildschirm-Adapter 8514/A dienen der Ansteuerung der zugehörigen Peripheriegeräte. Mit dem Token-Ring-Netzwerk Adapter wird die Station in das Netzwerk eingebunden. Der /3X Emulationsadapter ermöglicht der Station den Dialog mit einem ebenfalls in der Abteilung vorhandenen System/38-Rechner.

7.3 BENUTZERSCHULUNG

Die bisherigen Überlegungen sollten Ihnen bei der Auswahl der passenden Software und Hardware behilflich sein. Gleichgültig aber, für welche Hardware und Software Sie sich jetzt im einzelnen entschließen, Sie brauchen Personal, das die neuen Geräte bedient. Dieses Personal muß für die Bedienung der Hardware und Software geschult werden. Ziel einer solchen Schulung soll es sein, selbständige Computernutzer auszubilden, die die Vorteile beim Geräteeinsatz erkennen und einzusetzen verstehen. Ferner muß die Schulung dafür sorgen, daß es gerade bei Anfängern nicht zu Mißerfolgen bei der Computernutzung kommt, die dann zu einer Demotivation führen.

Die Schulung sollte sowohl die Hardware der Modelle 50, 60 und 80 als auch die verwendete Software umfassen. Bei der Gestaltung der Hardware der Modelle 50, 60 und 80 wurde großer Wert auf einfache Bedienung gelegt. Auf der Referenzdiskette wird ein detailliertes Lehrprogramm mitgeliefert. Dieses Lehrprogramm stellt dem unerfahrenen Anwender die wichtigsten Elemente der Modelle 50, 60 und 80 vor. In Kapitel 3 wird dem Erstbenutzer die Funktionsweise dieses Programms und der übrigen Programme auf der Referenzdiskette erläutert. Dies sollte für die meisten Fälle eine ausreichende Hardware-Schulung darstellen.

Nachdem der Benutzer mit der Hardware vertraut ist, sollte er mit dem Betriebssystem und den Anwendungsprogrammen bekannt gemacht werden. Wie umfangreich die Schulung mit dem Betriebssystem sein muß, hängt ganz wesentlich von der Art der Anwendung ab. Sehr oft kann das Betriebssystem jedoch völlig vor dem Benutzer verborgen werden, so daß die hier benötigte Schulung nur minimal ist. Die Schulung in der Bedienung der Anwendungsprogramme ist zumeist das Wichtigste. Der Inhalt dieser Schulung hängt von dem konkreten Anwendungsprogramm ab, das Sie einsetzen wollen. Oftmals liegen den Anwendungsprogrammen Handbücher bei, die eine schrittweise Einführung geben. Der Erfolg einer solchen autodidaktischen Schulung hängt von der Komplexität des Anwendungsprogramms, der Erfahrung des Benutzers und der Qualität der Handbücher ab. Es bestehen natürlich noch eine Alternativen für die

Schulung. Viele Firmen bieten Kurse für die gebräuchlichsten Anwendungsprogramme an. Viele Unternehmen entsenden einen ihrer Angestellten zu einem solchen Schulungskurs und setzen ihn danach als Lehrer für seine Kollegen ein. Für viele Anwendungsprogramme sind auch Bücher oder sogar Videokassetten erhältlich. Ebenso existieren spezielle Schulungsprogramme, die den Einstieg in das eigentliche Anwendungsprogramm erleichtern sollen. Dies alles können sinnvolle Schulungshilfen sein.

Ihr Fachhändler kann Sie mit Sicherheit an Schulungsfirmen verweisen, oder er bietet sogar selbst Kurse an. Er hält auch Lektüre, Informationen und Lehrprogramme bereit.

7.4 ERGONOMIE

Kein Plan für die Installation von Computern wäre vollständig, wenn nicht auch den Bedürfnissen der Menschen, die Tag ein Tag aus an den Computern arbeiten müssen, d.h. der **Ergonomie** Rechnung getragen würde. Die Ergonomie ist die Wissenschaft, die die beste wechselseitige Anpassung zwischen dem arbeitenden Menschen und seinen Arbeitsbedingungen untersucht. Menschen haben viele physische und psychische Eigenschaften, die bei der Gestaltung von Computern, Software, Schreibtischen, Lampen, Stühlen usw. berücksichtigt werden müssen. Die Beachtung ergonomischer Erkenntnisse erhöht die Produktivität, verbessert die Arbeitsqualität, Gesundheit und Sicherheit und die Zufriedenheit im Beruf.

Bei der Entwicklung der Modelle 50, 60 und 80 wurde der Ergonomie sehr viel Beachtung geschenkt. Alles von der Anordnung des Netzschalters bis zur Länge des Mauskabels wurde unter die Lupe genommen. Viel Aufwand wurde ebenfalls bei der ergonomischen Feinabstimmung der Anwendungsprogramme getrieben. Aber nicht nur der Computer und seine Software, sondern auch der Schreibtisch, der Stuhl, die Beleuchtung, der Lärmpegel bei der Arbeit spielen in der Ergonomie eine Rolle. Viele dieser Gesichtspunkte sind preiswert und schnell berücksichtigt, andere können große Kosten verursachen und müssen deshalb sukzessiv realisiert werden. Wir wollen uns zum Thema "Verbesserung der Ergonomie am Arbeitsplatz" noch einige Gedanken machen.

Schonung der Augen

Wie jeder andere Teil des menschlichen Körpers, so können auch die Augen infolge intensiver Beanspruchung ermüden. Dieses Gefühl kennt jeder, der schon einmal über einen längeren Zeitraum angestrengt gelesen hat. Auch wenn es sich nur um einen vorübergehenden Erschöpfungszustand handelt, so wirken sich überanstrengte Augen negativ auf das gesamte Wohlbefinden aus, besonders wenn der oder die Betroffene auch noch unter Termindruck arbeiten muß.

Die Augen nehmen Gegenstände natürlicherweise über eine Distanz wahr, die mindestens eine Armlänge beträgt. Schließlich war der Mensch die meiste Zeit seiner Entwicklung damit beschäftigt, Nahrungsmittel oder Feinde zu lokalisieren und nicht Verträge zu lesen. Wenn die Augen ein Objekt fixieren, das weniger als eine Armeslänge entfernt ist, dann sind sie gezwungen, leicht nach innen in Richtung der eigenen Nase zu blicken. Dabei müssen die Muskeln, die die Augen bewegen, zusätzliche Arbeit verrichten, was zu einer Ermüdung führt. Um die Müdigkeit zu vertreiben, sollte der Computer-Benutzer Pausen einlegen und regelmäßig weiter entfernt liegende Gegenstände fixieren.

Im Auge existiert noch ein weiterer Muskel, der ermüden kann. Er sorgt für die Verformung der Linse, die sich auf diese Weise auf verschiedene Entfernungen einstellt. Für die Fixierung nah gelegener Gegenstände, zum Beispiel eines Computer-Monitors, muß dieser Muskel permanent angespannt werden, was ebenfalls zu einer Ermüdung führt.

Bei schlechter Bildqualität versuchen die Augen ständig durch eine veränderte Fokussierung das Gesehene scharf zu stellen - selbstverständlich vergeblich. Das VGA der Modelle 50, 60 und 80 und die anschließbaren Monitore liefern eine erheblich bessere Bildqualität als frühere PCs. Ermüdungserscheinungen infolge schlechter Bildqualität sollten der Vergangenheit angehören.

Ein weiterer Ermüdungsfaktor, der sehr häufig in Büros anzutreffen ist, ist die schlechte Beleuchtung. Die Augen adaptieren an alle Lichtquellen, die im Blickfeld liegen. Ungewollte Lichtreflexionen oder -spiegelungen im Blickfeld des Benutzers führen zu unregelmäßigen Lichtintensitäten. Wenn die Lichtintensitäten unserer Umgebung stark variieren, muß sich die Iris in unserem Auge ständig ausdehnen und zusammenziehen, um ein einigermaßen gleichmäßig helles Bild zu erhalten. Um störende Lichtreflexe zu vermeiden, sind die Bildschirme des Personal System/2 reflexfrei und entspiegelt. In gleicher Weise sollte der gesamte Arbeitsplatz (Schreibtisch, Hintergrund) mit nichtreflektierenden Oberflächen versehen sein. Fenster sind sehr häufig die Ursache für Spiegelungen; dennoch mag sie fast jeder. Die Spiegelungen lassen sich reduzieren, wenn Sie Ihren Computer-Monitor im rechten Winkel zum Fenster aufstellen. Durch Vorhänge oder Lamellenrollos können Sie ebenfalls direkten Lichteinfall verhindern. Büros, in denen Computer verwendet werden, sollten mit Streulicht möglichst gleichmäßig ausgeleuchtet sein. Der Bildschirm sollte etwas heller leuchten als dessen Umgebung. Die meisten Büros sind zu hell, da sie ursprünglich für die Arbeit mit Papier und nicht mit Videomonitoren eingerichtet wurden. Das wird sich wahrscheinlich manchmal nur schwer ändern lassen. Die Verwendung leistungsschwächerer Birnen oder Neonröhren könnte helfen. Auch die Installation von Dimmern ist zu erwägen.

Der Arbeitsplatz

Der Arbeitsplatz selbst kann ebenfalls Einfluß auf die Produktivität nehmen. Aus diesem Grund sollten Sie Ihr Augenmerk auch auf den Schreibtisch und den zugehörigen Stuhl richten.

Ein ergonomisch gestalteter Stuhl vermeidet Rückenschmerzen. Ein schlechter Stuhl hingegen wirkt sich negativ auf die Konzentrationsfähigkeit aus. Der Mensch merkt zwar nicht unbedingt, daß er unbequem sitzt, er sucht aber dennoch permanent nach einer komfortableren Sitzhaltung.

Komfort und Produktivität werden auch durch die Position des Monitors und der Tastatur zum Benuzter beeinflußt. Der Monitor sollte so aufgestellt werden, daß das Zentrum der Bildröhre ungefähr 15 Grad unter der Augenhöhe liegt und circa 70-80 cm entfernt ist. Ein dreh- und neigbarer Standfuß unter dem Monitor erleichtert die Positionierung wesentlich. Der Benutzer sollte es vermeiden, bifokale Brillengläser zu tragen, da er dann beim Betrachten des Monitors den Kopf zurücknehmen muß; dies kann zu Verspannungen in Rücken und Schultern führen.

Die Tastatur sollte sich ebenfalls in einer bequemen Position befinden. Die separaten Tastaturen, wie sie die Modelle 50, 60 und 80 besitzen, sind über ein flexibles Kabel mit dem Computer verbunden und lassen sich in fast jede gewünschte Lage bringen. Sie sind heute Standard bei fast allen Desktop-Computern. Die Höhe der Tastatur ist so zu wählen, daß die Ellenbogen beim Schreiben in einem Winkel von 90 Grad gebeugt sind. Schließlich sollte auf dem Schreibtisch noch ausreichend Platz für Vorlagen o.ä. vorhanden sein.

Der Geräuschpegel

Lärm und Geräusche tragen nicht zu effizientem Arbeiten bei. Unregelmäßige Geräusche sind störender als ein gleichmäßiger Geräuschpegel. Wenn möglich, schallisolieren Sie die größten Lärmquellen, wie Nadeldrucker oder Fotokopierer, oder stellen Sie sie in separaten Räumen auf. Der Geräuschpegel kann auch durch Türen, Teppiche oder andere schallschluckende Materialien gesenkt werden.

7.5 SICHERHEIT

In den Themenkreis *Sicherheit* gehören zwei Problematiken:

- Vorsorge gegen Datenverlust
- Vorsorge gegen Diebstahl von Daten

Vorsorge gegen Datenverlust

Eines der Wagnisse beim Umgang mit Daten ist die Möglichkeit des Datenverlustes. Dieses Problem spielt in der EDV eine große Rolle. Speichermedien sind nicht gegen Störungen gefeit. Aber auch menschliches Versagen kann zu einem plötzlichen Datenverlust führen.

Diesem Risiko kann man aus dem Weg gehen, indem man regelmäßig Sicherungskopien der Datenbestände anfertigt. Auf diese Weise lassen sich verlorengegangene Daten von bestehenden Sicherungskopien zurückholen. Die mit den Modellen 50, 60 und 80 gespeicherten Daten können auf verschiedenen Wegen gesichert werden. Daten, die auf Disketten abgelegt sind, lassen sich am einfachsten durch Duplizieren der Diskette sichern. Diese *Sicherungskopie* sollte separat aufbewahrt werden. Auch Daten, die auf einer Festplatte gespeichert sind, lassen sich auf Disketten sichern. Dieses Verfahren ist allerdings nur für Systeme mit kleineren Festplatten-Kapazitäten empfehlenswert, da der Diskettenbedarf sonst rasch ausufert. So werden beispielsweise für die Sicherung einer vollen 70 MB Festplatte bereits mehr als 48 1,44 MB Disketten benötigt.

Alternativen für die Festplattensicherung stellen Streaming-Laufwerke (z.B. IBM 6157) oder optische Platteneinheiten (z.B. IBM 3363) dar, die in Kapitel 2 behandelt werden. Unabhängig von dem Verfahren der Datensicherung sollten Sie Ihre Datenbestände *regelmäßig* sichern.

Vorsorge gegen Diebstahl von Daten

Bei der Diebstahlvorsorge handelt es sich um den Schutz wertvoller Informationen vor unbefugtem Zugriff. Die Sicherheitsbedürfnisse variieren hier stark von Fall zu Fall. Sie sollten Ihre individuellen Sicherheitsbedürfnisse aber schon frühzeitig in der Planung berücksichtigen.

Die Modelle 50, 60 und 80 verfügen sowohl über physische als auch über funktionale Sicherheitseinrichtungen. Zu den physischen Sicherheitseinrichrungen zählt das Schloß, das den Deckel mit dem Chassis der

Zentraleinheit verbindet. Das erschwert die unbefugte Demontage des Computers und beugt einem Diebstahl der Festplatte vor.

Die funktionalen Sicherheitseinrichtungen der Modelle 50, 60 und 80 sind durch permanent gespeicherte Software im ROM (Read Only Memory, Nur-Lese Speicher) der Computer implementiert. Wenn der Kennwort-Schutz aktiviert ist, muß nach Einschalten des Computers zunächst ein Kennwort eingegeben werden, bevor der Betrieb aufgenommen werden kann. Zusätzlich kann der Benutzer während des Betriebs ein Software-Schloß abschließen, das die Maus und die Tastatur vor unbefugter Benutzung schützt. Wenn die Modelle 50, 60 und 80 unbeaufsichtigt arbeiten (z.B. als Server in einem lokalen Netzwerk), kann ein Tastatur-Schutz aktiviert werden, der auch nach einem Stromausfall noch erhalten bleibt. Diese funktionalen Sicherheitseinrichtungen können wahlweise vom Benutzer aktiviert oder deaktiviert werden, nachdem er sich dem System als autorisierter Benutzer ausgewiesen hat.

Bei besonders strengen Sicherheitsvorschriften sollten Sie die Modelle 50, 60 und 80 in besonders gesicherten Räumen aufstellen oder Disketten wertvollen Inhalts verschlossen aufbewahren.

7.6 SERVICE

Obwohl die Hardware-Fehler-Wahrscheinlichkeit bei den Modellen des Personal System/2 zwei- bis dreimal geringer ist als bei den PCs, werden sich auch beim Personal System/2 Defekte nie ausschließen lassen.

Auf die Modelle 50, 60 und 80 gewährt IBM eine zwölfmonatige Garantiezeit, innerhalb derer sämtliche Reparturen kostenlos vorgenommen werden. Sie müssen allerdings das defekte Gerät beim Händler oder dem jeweiligen IBM-Kundendienst abliefern und nach Durchführung der Reparaturen wieder dort abholen. Für eine gewisse Gebühr ist auch die Reparatur am Standort bzw. die Abholung des Geräts zur Reparatur und spätere Wiederaufstellung möglich.

Nach Ablauf der Garantiezeit sind Sie allein für die Instandhaltung ihres Computersystems verantwortlich. IBM und die autorisierten Händler bieten verschiedene Service-Verträge an, über deren Konditionen Sie sich am besten bei dem für Sie in Frage kommenden Händler bzw. bei IBM selbst informieren. Bei diesen Verträgen gilt grundsätzlich: Je weniger Umstände und Zeitverlust Sie bei eventuellen Reparaturen haben wollen, desto mehr müssen Sie zahlen.

Fällt Ihr Computer nach Ablauf der Garantiezeit aus, und Sie haben keinen Service-Vertrag abgeschlossen, müssen Sie ihn zur Reparatur zu einem Händler oder einem IBM-Kundendienst bringen und für Ersatzteile und Arbeitsstunden bezahlen.

7.7 DER ÜBERGANG VOM PC ZU DEN MODELLEN 50, 60 UND 80

Einige Anwender werden vielleicht ihre PCs gegen Personal System/2 Computer austauschen. Die überwiegende Mehrheit wird PCs und Modelle 50, 60 und 80 eine gewisse Zeit lang koexistieren lassen. Auf jeden Fall müssen bei der Einführung der neuen Systeme einige logistische Probleme gelöst werden. Diese betreffen vor allem:

- vorhandene PC-Hardware
- vorhandene PC-Software und Daten

Vorhandene PC-Hardware

Die Erweiterungskarten der PC-Familie können nicht in die Modelle 50, 60 und 80 eingebaut werden, denn die Micro Channel Erweiterungssteckplätze der Modelle 50, 60 und 80 sind Teil des neuen Systementwurfs, der dem der PCs in mehreren Hinsichten überlegen ist. Auch die Bildschirme der PCs können nicht an die Modelle 50, 60 und 80 angeschlossen werden. Die standardmäßige Grafikfähigkeit der Modelle 50, 60 und 80 geht über die der meisten Grafikadapter der PCs hinaus und bedarf daher der neuen Personal System/2 Bildschirme. Erweiterungskarten und Bildschirme sollten also mit den PC-Systemen verkauft werden, wenn dies geschieht.

Drucker, Plotter, externe Modems und die meisten anderen Peripheriegeräte der PCs werden wahrscheinlich auch zu den Modellen 50, 60 und 80 passen. Davon kann man ausgehen, denn die serielle und die parallele Schnittstelle der Modelle 50, 60 und 80 sind soft- und hardwarekompatibel zu denen der PCs. Die meisten Peripheriegräte werden an eine dieser Schnittstellen angeschlossen. In Anhang E werden einige Peripheriegräte aufgezählt, die im Hinblick auf ihre Kompatibilität mit den Modellen 50, 60 und 80 getestet wurden. Ist ein Gerät nicht in der Liste enthalten, so bedeutet das lediglich, daß es nicht getestet wurde.

Vorhandene PC-Software und Daten

Bis ins Jahr 1986 wurden von den PCs ausschließlich 5,25 Zoll Disketten verwendet. Dieses Diskettenformat ist weit verbreitet. Die Modelle 50, 60 und 80 setzen nun die 3,5 Zoll Diskette wegen ihrer größeren Kapazität und Fehlerunempfindlichkeit und wegen ihrer bequemeren Handhabung ein. Der Übergang von der 5,25 auf die 3,5 Zoll Diskette sollte für den Anwender möglicht "weich" vonstattengehen.

Bei Erstanwendern, die mit dem Personal System/2 den Computer in ihren Betrieb einführen, gibt es ntürlich keine Übergangsprobleme. Im Großteil der Fälle werden aber die Personal System/2 Computer zum Ausbau eines oder zum Ersatz für ein schon installiertes PC-System angeschafft. Ersetzen die Modelle 50, 60 und 80 den PC, so wird eine Methode zur *Umlagerung* von Programmen und Daten von den Disketten und Festplatten der PCs auf die der Modelle 50, 60 bzw. 80 benötigt. Sind die Modelle 50, 60 und 80 nur zum Ausbau einer PC-bestimmten Anlage gedacht, so muß eine Methode für die *Koexistenz* der beiden Disketten-Formate gefunden werden. Je nachdem, ob eine Umlagerung oder Koexistenz stattfinden soll, können Sie folgende Hilfsmittel verwenden:

- Bereits existente Datenkommunikationssysteme
- Die Datenumlagerungseinrichtung
- Das 5,25 Zoll Diskettenlaufwerk für die Modelle 50, 60 und 80
- Das 3,5 Zoll Diskettenlaufwerk für PCs
- Datensicherungsgeräte

Beachten Sie die Rechtslage: Um Mißverständnisse zu vermeiden, sollten sie mit Ihrem Software-Händler sprechen, ob das Kopieren von Software vom 5,25 auf das 3,5 Zoll Format Lizenzbestimmungen verletzt und deshalb verboten ist.

Bereits existente Datenkommunikationssysteme

Sind Ihre Computer in ein lokales Netzwerk (LAN) eingebunden oder unter Emulation eines Datenendgeräts an einen Host angeschlossen, so können Sie dies zur Lösung des Kompatibilitätsproblems ausnutzen. Eine der Hauptfunktionen eines LAN ist die Übertragung von Programmen und Dateien von Computer zu Computer. Mit einigen einfachen Netzwerk-Befehlen können die jeweiligen Daten übertragen und auf die 3,5 Zoll Disketten eines Modells 50. 60 oder 80 kopiert werden.

Ist sowohl ein PC als auch ein Modell 50, 60 oder 80 an denselben Host angeschlossen, so kann der Host als Vermittler eingesetzt werden. Die Daten könnten von einer 5,25 Zoll Diskette des PCs zur Festplatte des Hosts und von dort in einem zweiten Schritt auf eine 3,5 Zoll Diskette eines Modells 50, 60 oder 80 übertragen werden.

Es ist natürlich nicht sinnvoll, ein LAN oder eine Host-Anbindung nur zu Zwecken der Datenumlagerung einzurichten. Kopiergeschützte Programme können unter Umständen nicht über LANs oder Hosts kopiert werden.

Die Datenumlagerungseinrichtung

Haben Sie weder ein LAN noch eine Host-Anbindung, bietet sich Ihnen mit der IBM Datenumlagerungseinrichtung (Data Migration Facility) eine Alternative, um mit den unterschiedlichen Diskettenformaten zurechtzukommen. Dieses auch in Kapitel 2 angesprochene Zubehör ermöglicht die Datenübertragung von einem PC zu einem Modell 50, 60 oder 80. Die Daten können nur vom PC zum Modell 50, 60 oder 80 übertragen werden, nicht umgekehrt. Die Übertragung kann von Diskette zu Diskette, von Festplatte zu Festplatte, von Diskette zu Festplatte und von Festplatte zu Diskette stattfinden.

Die Datenumlagerungseinrichtung besteht aus einem Kabeladapter, einer 5,25 Zoll Diskette und einer Bedienungsanleitung. Abbildung 7-8 zeigt

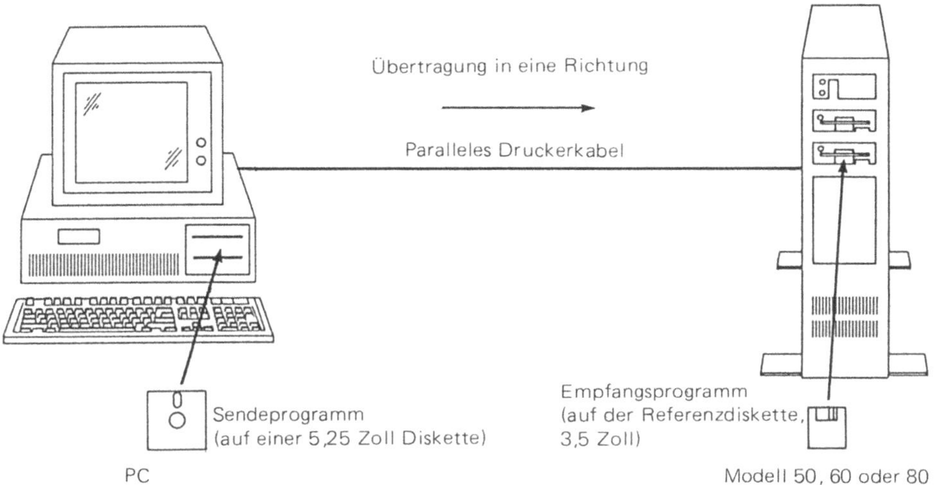

Abb.: 7-8 **Die IBM Datenumlagerungseinrichtung bietet dem Benutzer eine Möglichkeit, Daten und Programme von einem PC zu einem Modell 50, 60 oder 80 zu übertragen.**

schematisch die Installation. Zur Datenübertragung wird ein paralleles Druckerkabel verwendet, das jeweils an die parallele Schnittstelle der Computer angeschlossen wird. Auf der Seite des Modells 50, 60 oder 80 erfolgt der Anschluß über den Kabeladapter, der der Datenumlagerungseinrichtung beiliegt. Die ebenfalls beiliegende 5,25 Zoll Diskette enthält ein Sendeprogramm, das auf dem PC geladen wird. Auf der Referenzdiskette des Modells 50, 60 bzw. 80 (3,5 Zoll Format) befindet sich das korrespondierende Empfangsprogramm. Nachdem die Programme auf den Computern gestartet sind, steht dem Benutzer ein einfacher DOS-ähnlicher COPY-Befehl zur Verfügung, mit dem Dateien vom PC zum Personal System/2 Computer kopiert werden können. In den Dateinamen kann auch das Joker-Zeichen (Wild Card) "*" verwendet werden, so daß mehrere Dateien mit einem Befehl kopiert werden können. Kopiergeschützte Programme können mit dieser Einrichtung im Normalfall nicht übertragen werden.

Die Übertragungsgeschwindigkeit hängt einerseits von den verwendeten Speichermedien (Diskette oder Festplatte) und andererseits von der Arbeitsgeschwindigkeit der Computer ab. Als Anhaltspunkt kann folgendes Beispiel dienen: Die Übertragung von 5 MB Daten von der 20 MB Festplatte eines PC XT auf die 20 MB Festplatte eines Modells 50 dauert ca. 25 Minuten.

Das 5,25 Zoll Diskettenlaufwerk für die Modelle 50, 60 und 80

In Umgebungen, in denen PCs und Personal System/2 Computer koexistieren, können Vorteile aus einem externen 5,25 Zoll Diskettenlaufwerk gezogen werden. Mit dieser Erweiterung erhält ein Modell 50, 60 oder 80 ein Laufwerk "B", mit dem es 5,25 Zoll Disketten im PC-üblichen 360-KB-Format lesen und schreiben kann. Damit sind Kopiervorgänge von 5,25 auf 3,5 Zoll Disketten und umgekehrt völlig problemlos. Der Benutzer kann sich auch dazu entschließen, ausschließlich 5,25 Zoll Disketten zu verwenden, insbesondere, wenn gewisse kopiergeschützte Programme sich nicht auf 3,5 Zoll Disketten umlagern lassen. Wenn jedoch ein Programm verlangt, daß die 5,25 Zoll Programm-Diskette in Laufwerk "A" eingelegt wird, kann doch eine Umlagerung notwendig sein, denn das 5,25 Zoll Laufwerk kann nur als Laufwerk "B" angesprochen werden.

Datensicherungsgeräte

Zur Datenumlagerung zwischen PC und Modell 50, 60 oder 80 können auch Geräte verwendet werden, die zur Anfertigung von Sicherungskopien von Festplatten gedacht sind. Ein Streaming-Laufwerk oder eine optische Platteneinheit wären Beispiele für solche Geräte, wobei natürlich die optische Platteneinheit nur in zweiter Linie zur Datensicherung gedacht ist. Die umzulagernden Daten können auf dem Quell-Computer mit dem Gerät gesichert und auf dem Ziel-Computer wieder auf die Festplatte kopiert werden. Dabei kann ein Streaming-Laufwerk verwendet werden, das zuerst an den einen und dann an den anderen Computer angeschlossen wird. Bei der optischen Platteneinheit müssen allerdings zwei Platteneinheiten erworben werden, da Adapter für die optische Platteneinheit nicht gesondert angeboten werden. Ein Streaming-Laufwerk oder zwei optische Platteneinheiten nur zur Datenumlagerung anzuschaffen, wäre aus Kostengründen nicht sinnvoll. Sind die Geräte aber ohnehin vorhanden, können sie auch als Umlagerungseinrichtungen dienen.

Anhang A Leistungstest

In diesem Anhang wird ein von IBM durchgeführter Leistungstest des Personal System/2 wiedergegeben. Er wurde im Original belassen, da es sich um eine IBM-Veröffentlichung handelt.

In den folgenden Tests werden verschiedene IBM-Computer im Hinblick auf ihre Arbeitsgeschwindigkeit mit verschiedenen Anwendungsprogrammen miteinander verglichen. Die verwendeten Computer sind: der IBM PC XT und AT in verschiedenen Versionen und das Personal System/2 mit den Modellen 30, 50, 60 und 80. Die Anwendungsprogramme umfassen Textverarbeitung (IBM Display Write, Microsoft Word, WordStar Professional), Tabellenkalkulation (Lotus 1-2-3, SuperCalc), Grafik (Freelance, IBM Storyboard), Datenbankanwendung (dBASE III Plus, RBase System V), CAD (AutoCAD), Buchführung und Programmiersprachen-Compiler (Lattice C, Turbo Pascal)

IBM PERSONAL SYSTEM/2 GUIDE PREFACE

ABOUT THIS GUIDE.

This guide is an aid to persons who want to understand how the new IBM Personal System/2 performs relative to each other, and relative to previously installed IBM Personal Computers.

A total of 15 application programs were subdivided into seven categories:

- Word Processing
- Spreadsheets
- Graphics
- Databases
- Engineering/Scientific
- Accouting
- Compilers

These applications were run on four previous models and four IBM Personal System/2 models. The results are expressed as an index relative to the IBM PC XT ™ 089.

The testing was performed for IBM by an independent software testing organization, National Software Testing Laboratory, Inc. (NSTL), One Winding Drive, Philadelphia, Pa. 19131. NSTL is an independent testing laboratory specializing in microprocessor performance evaluation.

PERFORMANCE MEASUREMENT.

The applications used to measure performance span a range from processor-intensive, making heavy use of math coprocessors (CAD/CAM), to fixed disk intensive (database).

The execution time on the IBM PC XT 089 (which in all cases was the longest time) is established as an index of 1.0. The execution times of all the other systems are divided into the execution time of the IBM PC XT 089. The shorter the execution time of another system, the faster it is, and hence the larger its index of relative performance.

An example: the programs in the spreadsheet category took 318 seconds to execute on the IBM PC XT 089, the same programs took 39 seconds to execute on the IBM Personal System/2 Model 80. This produced an index of 8.2 for the Model 80. In other words, the Model 80 ran the spreadsheet application programs 8.2 times as fast as the IBM PC XT 089. Category execution times on the IBM PC XT 089 ranged from five minutes and 18 seconds (spreadsheets) to 24 minutes and 29 seconds (word processing).

GROUNDRULES.

All the systems tested use fixed disk. The following IBM PC Disk Operating System (DOS) options were set in the CONFIG.SYS file:

```
BUFFERS = 25
FILES = 20
BREAK = OFF
```

Each test was set up to execute without intervention, so the only factor being measured was system performance, not operator response time. All the tests are self-timing using the system internal timer. The optional coprocessor was used for all applications.

Some applications produce printed reports. To exclude variations that would be introduced by printer time, a null printer was used. A null printer is a wrap plug on the parallel channel that allows the system to transfer data at the channel's maximum capacity.

The IBM Personal System/2 Models 50, 60, and 80 are distributed with a fixed disk caching program included on the Reference Diskette. These models are tested with that caching program active (more about caching in the appendix).

IBM Personal System/2 Guide Preface 1

SYSTEMS TESTED.

Figure 1 on page 2 and Figure 2 on page 2 describe the systems tested. In general, each model was tested using its standard hardware configuration. In the case of previous models, an IBM Enhanced Graphics Adapter (EGA) and IBM Enhanced Color Display were used. In the case of the IBM Personal System/2 models, an IBM Personal System/2 Color Display 8513 was used with the integrated graphics function of the particular IBM Personal System/2 model.

Each system operated under DOS Version 3.3.

Performance data for the IBM Personal System/2 Model 8580-111 is not included.

System	Model 30	Model 50	Model 60	Model 80
Memory	640Kb	1Mb	1Mb	2Mb
Coprocessor	8087 (8MHz)	80287 (10MHz)	80287 (10MHz)	80387 (16MHz)
Fixed Disk	20Mb	20Mb	44Mb	70Mb

Figure 1. Table of IBM Personal System/2 Feature/Option Configurations Tested.

System	XT 089	AT 239	XT 286	AT 339
Memory	512Kb	512Kb	640Kb	512Kb
Coprocessor	8087 (4.8MHz)	80287 (4.0MHz)	80287 (5.3MHz)	80287 (5.3MHz)
Fixed Disk	20Mb	30Mb	20Mb	30Mb

Figure 2. Table of Previous System Feature/Options Configurations Tested.

OVERALL CONCLUSIONS.

Figure 3 on page 3 details overall performance conclusions. The range shown portrays the slowest and the fastest of the seven application categories. The average performance is the unweighted average of all seven categories shown in Figures 4-10.

An example: The IBM Personal System/2 Model 80 bar has three values: 5.4, 7.6, and 12.2. The Model 80 was 5.4 times as fast as an IBM PC XT 089 for graphics. (The low end of the application range.) Similarly, the application area that was fastest for the Model 80, relative to the XT, was database. Here the average performance of the Model 80 was 12.2 times that of the IBM PC XT 089. For all seven categories, the Model 80 ran 7.6 times as fast as the IBM PC XT 089.

Figures 4-10 that follow depict a range of application indices per category. The vertical line within the bar is an average index, obtained by using the total application category time for the IBM PC XT 089 and dividing by the total application category time for the comparison model.

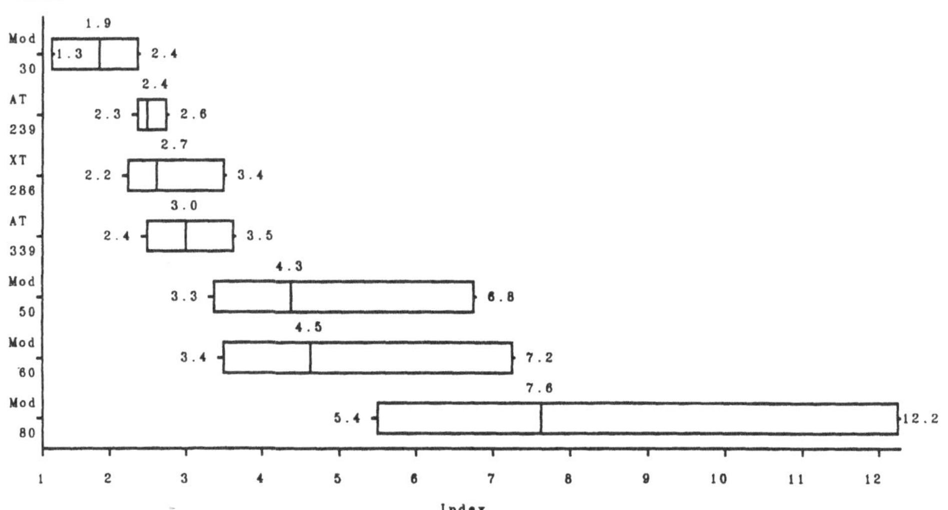

Figure 3. Overall IBM Personal System/2 Performance (IBM PC XT 089 = 1.0)

WORD PROCESSING

The following programs were used for the word processing test:

PROGRAM NAME	VERSION	PUBLISHER
IBM DisplayWrite ™ 4	1.00	IBM Corporation
Microsoft Word (R)	3.00	Microsoft Corporation
Wordstar (R) Professional	3.31	MicroPro International

Test Description:

Perform the following editing and printing functions on a word processing file consisting of 90 paragraphs of 13 lines each (15,364 words):

1. Replace all occurrences of "tomorrow" with "today".
2. Copy a block of text (one paragraph) from the beginning to the end of the document.
3. Spell check the entire document. (The document contains no errors to prevent the program from stopping for corrections.)

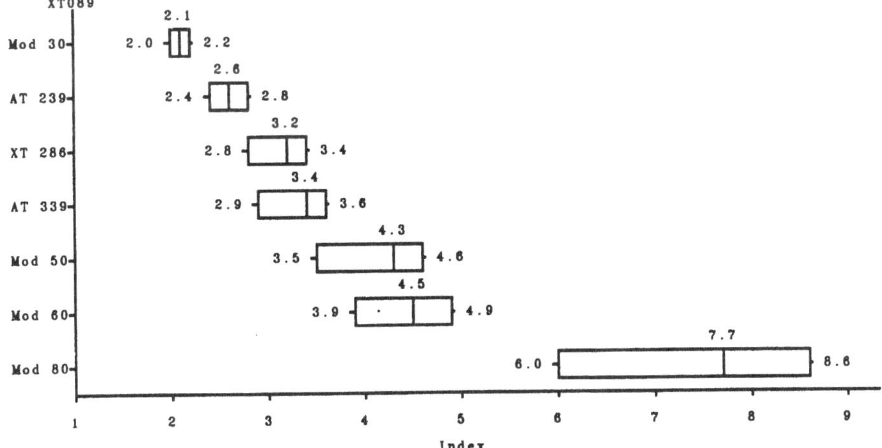

Figure 4. Word Processing Performance Comparison (IBM PC XT 089 = 1.0)

SPREADSHEETS

The following programs were used for the spreadsheet test:

PROGRAM NAME	VERSION	PUBLISHER
Lotus 1-2-3 (R)	2.01	Lotus Development Corporation
SuperCalc (R) 4	1.00	Computer Associates International

Test Description:

The applicaton for both programs is functionally the same, but written in the macro language of the individual product. First, enter a number and define a formula which performs a calculation using a value in an adjacent cell. Copy the formula to a 50 by 50 cell matrix. Recalculate the spreadsheet three times, using a different value each time. Repeat, using five different formulas, focusing on: addition, subtraction, multiplication, division, and exponentiation. Execute a block move; and finally, blank the entire 50 by 50 cell matrix.

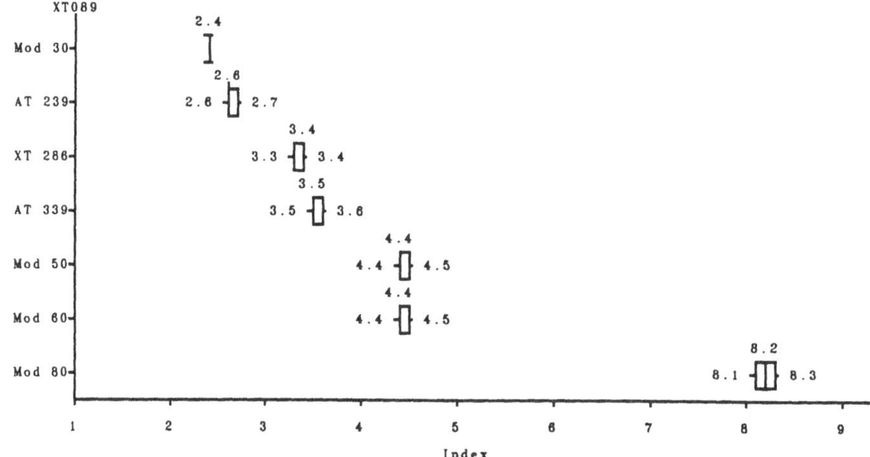

Figure 5. Spreadsheet Performance Comparison (IBM PC XT 089 = 1.0)

GRAPHICS

The following programs were used for the graphics test:

PROGRAM NAME	VERSION	PUBLISHER
Freelance (R)	1.00	Lotus Development Corporation
IBM PC Storyboard TM		IBM Corporation

Test Descriptions:

Freelance

A rectangle is drawn in the upper left quadrant of the screen. It is replicated clockwise 63 times to form a large rectangle. This large rectangle is replicated to the right and joins the first rectangle. Now this larger rectangle is replicated below and joins the large rectangle to form one rectangle composed of 256 smaller rectangles. This last rectangle is redrawn, flipped horizontally and vertically and filled with an "XX" pattern.

IBM PC Storyboard

Three consecutive demo stories are run. The delays between pictures were removed. The three stories were run from a batch file.

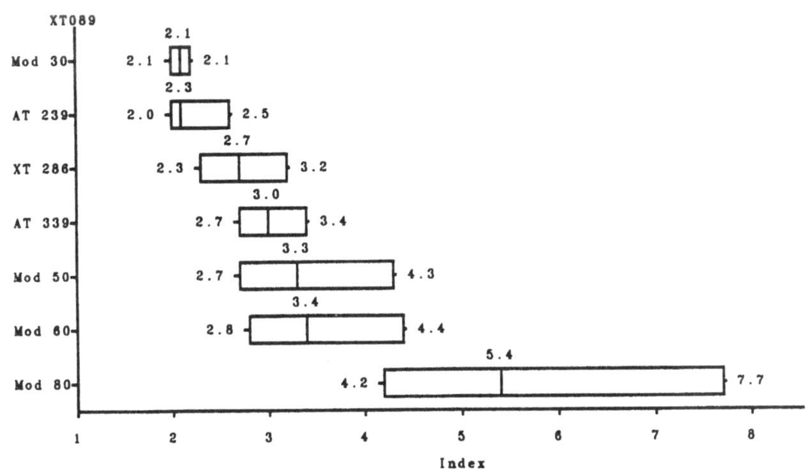

Figure 6. Graphics Performance Comparison (IBM PC XT 089 = 1.0)

DATABASE

The following programs were used for the database test:

PROGRAM NAME	VERSION	PUBLISHER
dBASE III (R) Plus	1.10	Ashton-Tate
Rbase (R) System V	1.00	Microrim Corporation

Test Description:

Produce a report based on a three-file join, select, and sort. The report includes calculated fields and subtotals.

Use three existing files (customer, invoice, and item files). The files contain the following: Customer File - 500 - 8 field records; Invoice File - 1000 - 8 field records; Item File - 1000 - 4 field records.

Produce a report of companies delinquent in payment for merchandise shipped before a specified date and for which the payment status is "N". The report contains the company name, part number, quantity, price, and total cost (a calculated field, quantity times price). The report is sorted by state, with quantity and total cost subtotaled for each state and totaled for the entire report.

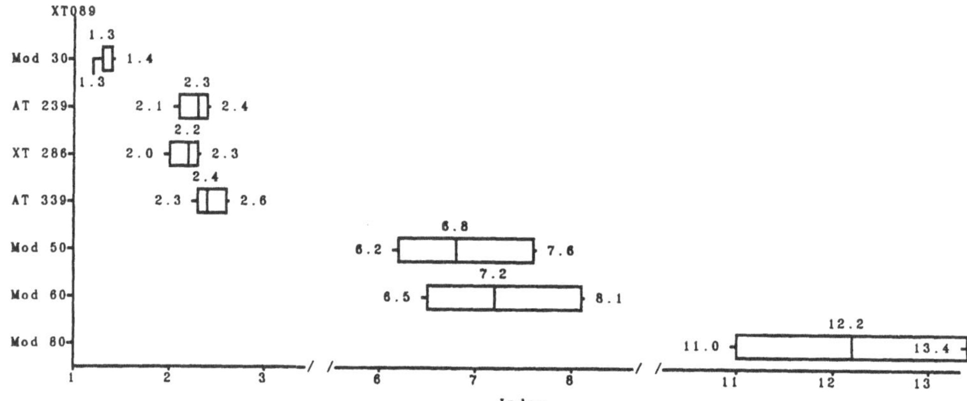

Figure 7. Database Performance Comparison (IBM PC XT 089 = 1.0)

ENGINEERING/SCIENTIFIC

The following program was used for the engineering/scientific test:

PROGRAM NAME	VERSION	PUBLISHER
AutoCAD ™	2.52	AutoDesk, Inc.

Test Description:

Load a three-dimensional drawing of an office (provided with the AutoCAD package). Execute a script (or macro) to display the drawing as it was saved, zoom in to show the detail of a phone, zoom out to display the entire drawing on the screen. Print the drawing as it appears on the screen. Next display six two-dimensional and seven three-dimensional predefined views. These views show the detail of each section of the office.

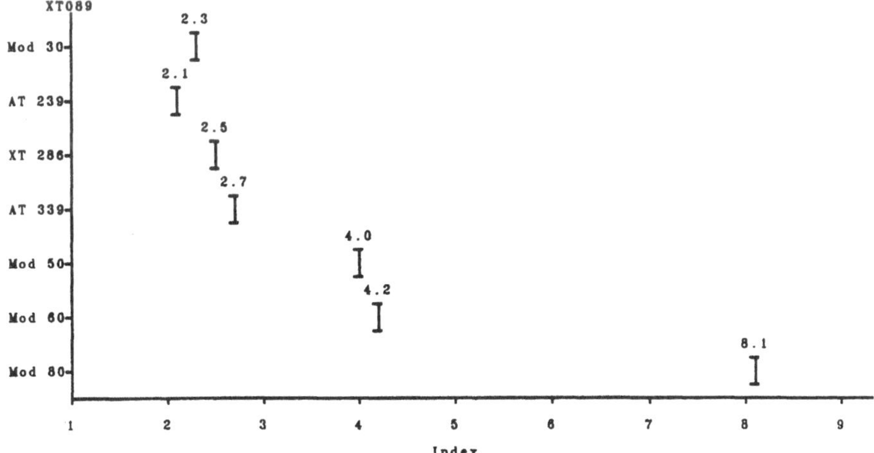

Figure 8. Engineering/Scientific Performance Comparison (IBM PC XT 089 = 1.0)

ACCOUNTING

The following programs were used for the accounting test:

PROGRAM NAME	VERSION	PUBLISHER
Back to Basics	1.02	Peachtree
IBM Accounting Assistant ™	1.01	IBM Corporation
IBM Business Management Series(BMS)	1.00	IBM Corporation

Test Descriptions:

Back to Basics

Perform a month-end closing procedure with 200 journal entries. First make a back up then close the ledger for the month. This updates the General Ledger records, prints the journal and creates an archive. End by making a second backup after the month-end close.

IBM Acct. Assist. and BMS

Perform a General Ledger posting procedure consisting of 100 journal entries. After the Chart of Account was set up and the journals entered, the General Journal is printed and the entries posted to the General Ledger.

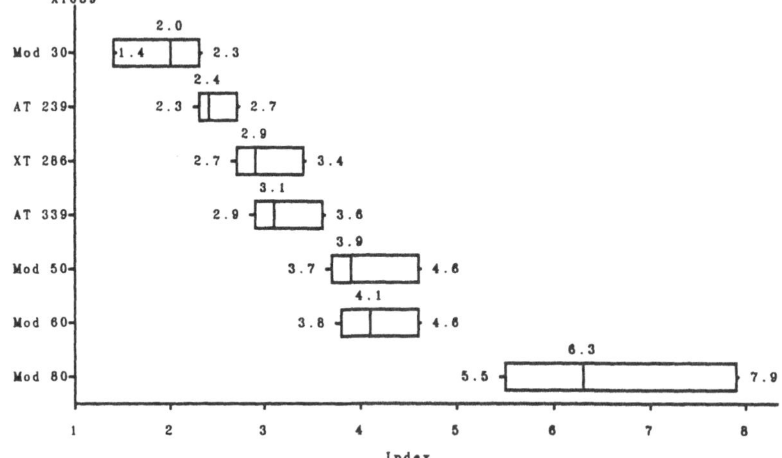

Figure 9. Accounting Performance Comparison (IBM PC XT 089 = 1.0)

COMPILERS

The following programs were used for the compiler test:

PROGRAM NAME	VERSION	PUBLISHER
Lattice (R) C Compiler	3.10	Lattice Inc.
Turbo Pascal TM		Borland International

Test Descriptions:

Lattice C Compiler

Compile and link two 1000 line programs.

Turbo Pascal

Compile the FIRST.ED program found in the Turbo Editor's toolbox.

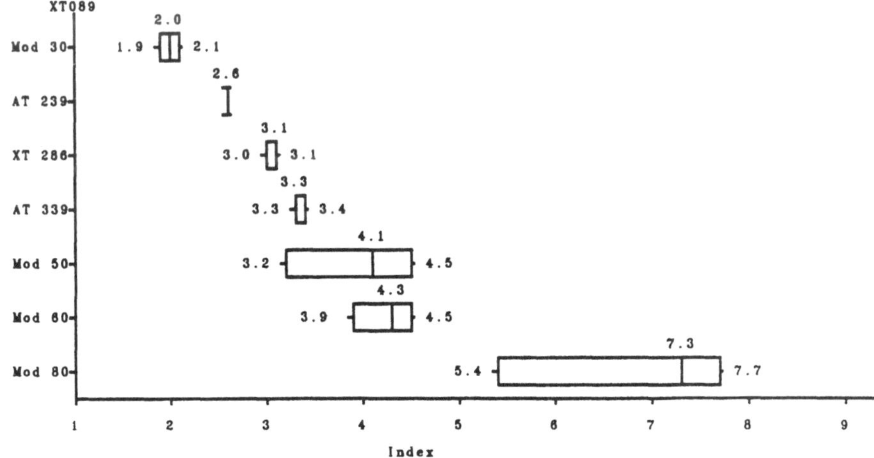

Figure 10. Compiler Performance Comparison (IBM PC XT 089 = 1.0)

APPENDIX A: IMPROVED SYSTEM THROUGHPUT

Improved system throughput is the ability of the IBM Personal System/2 to execute applications in less time. The new IBM Personal System/2 offers several performance enhancements discussed in more detail in this appendix. In particular, the new integrated graphic function, coprocessors, fixed disk caching and interleaving are discussed.

GRAPHICS PERFORMANCE

Displaying images on a video screen calls both the system microprocessor and the graphics adapter into play. The system microprocessor describes a screen layout by loading information concerning the color and location of what is to be displayed into a video buffer. Concurrently the graphics adapter reads the video buffer, interprets the information and directs the display to produce the corresponding image. Graphics performance is dependent both on the speed of the main microprocessor, the graphics adapter and the interplay of the two in accessing the video buffer.

With IBM Personal System/2 , performance improvements have been made compared to the IBM Enhanced Graphics Adapter (EGA). Improvements are achieved by allowing the main microprocessor more time to access the video buffer than was the case with the EGA. This, coupled with increased microprocessor and channel speed, improves overall graphics performance.

COPROCESSOR

A math coprocessor can deliver significant performance improvements for applications that are numerically intensive, i.e., make frequent use of complex functions, such as floating point and trigonometric operations. It does this by expanding the microprocessor's hardware instruction repertoire that would require software subroutines without a coprocessor.

In previous systems coprocessors often operated at speeds that were slower than the speed of the main microprocessor. For example the main microprocessor might operate at 8MHz, while its associated math coprocessor operated at 4MHz. In such cases the full potential of the math coprocessor was not realized.

With IBM Personal System/2, the speed of the coprocessor is consistent with the speed of the main microprocessor. Thus, the Model 30 offers an optional 8087 math coprocessor operating at the same 8MHz speed as its 8086 microprocessor. Correspondingly the Model 80-071 offers an optional 80387 math coprocessor operating at the same 16MHz rate as its 80386 microprocessor.

Figure 11 on page 11 uses the SuperCalc4 Spreadsheet Benchmark to illustrate performance differences with and without the coprocessor.

Model	Without Coprocessor	With Coprocessor
30	2.2	3.4
50	4.8	6.3
60	8.7	11.7
80	10.6	14.6

Figure 11. Coprocessor – SuperCalc4 Performance Comparisons (IBM PC XT 089, No Coprocessor = 1.0)

FIXED DISK CACHING - MODELS 50, 60, & 80

Fixed disk caching is a technique that has been used by larger systems to improve fixed disk performance. A caching device driver is included on the Reference Diskette with Models 50, 60, and 80. It requires user setup by means of an accompanying installation program. The caching program runs in memory below 640Kb.

It works through a set of sector buffers which may be in main memory (below 640Kb) or in extended memory (above 1Mb). On the Models 50, 60 and 80 at least 384Kb of extended memory is standard on the system plannar. The tests were run using a portion of this memory as cache sector buffers.

Whenever a fixed disk sector read is requested, the buffers are searched for that sector. If the sector is found, the data is passed via a memory to memory data transfer without performing a physical fixed disk read, which substantially improves performance. If the sector is not found in the buffer, then the requested sector is physically read along with adjacent sectors. These sectors are stored in the cache buffer. The number of sectors read at the same time is called the page size and can be either 2, 4, or 8. Caching differs from the normal DOS buffers option in that when a single sector read request is executed, multiple sectors are actually read. Most of the time taken in reading a fixed disk consists of waiting for the head to move to the proper cylinder and waiting for the first sector of the data to rotate under the head. Therefore, reading multiple sectors in the same rotation normally does not materially increase the time over reading one sector.

The cache device driver uses a write-through approach. This means that whenever a fixed disk write is requested, the data will be physically written to the disk. This protects against loss of data in the event of a power failure.

The following graphs show the effect of caching using DisplayWrite 4 and Rbase System V. Other programs were tested with results between these two. Performance without a cache is the reference point, with execution time set to equal 1.0. Figure 12 on page 12 illustrates that with a 192Kb cache, the Rbase System V Benchmark executed 4.4 times faster than it did on the same system without a cache. See the application performance section for a description of the tests.

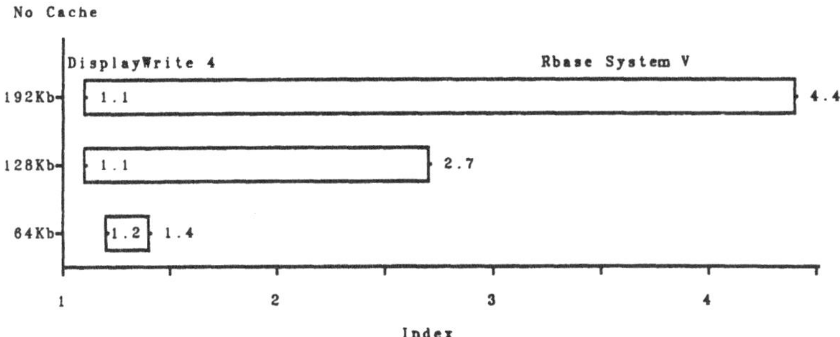

Figure 12. Cache Size Performance Index (Page Size = 4)

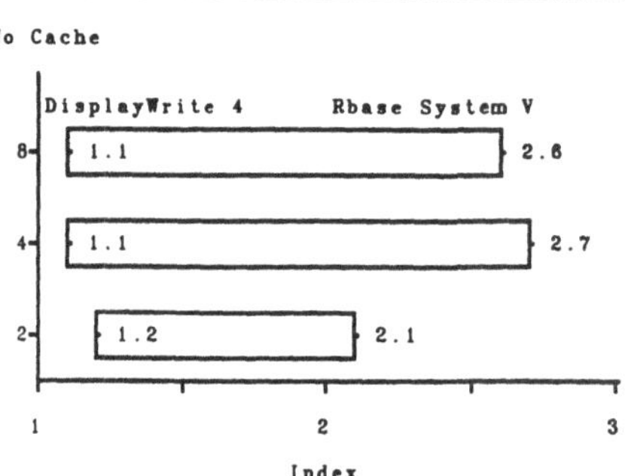

Figure 13. Page Size Performance Index (Cache Size = 128Kb)

Figure 13 on page 13 illustrates that for the selected applications, performance peaked at four sectors per read. Programs which do not do heavy fixed disk I/O or do mainly sequential reads may not show any improvement. Programs, such as database applications, which do frequent random I/O operations, may show a greater improvement. Any increase in size of the cache beyond the file size may not show improvement.

The optimum page size depends on the application. Measurements show a performance increase in going from a page size of two to four. Going from four to eight also showed an increase except in the Rbase System V Test. Individual applications can be fine tuned with the page size, but overall performance will be affected more by the cache size.

The size of the file being accessed also has a definite affect on performance. The benchmark files are relatively small and are not necessarily representative of performance with larger files. Larger files would generally require larger cache sizes for similar effects.

FIXED DISK INTERLEAVE FACTOR

The IBM Personal System/2 offers improved fixed disk performance over previous systems. This is achieved partially through a different fixed disk interleave factor.

Because of differences in the rate at which the fixed disk can read or write data, and the microprocessor/channel can produce or accept it, previous systems did not write sectors on the physical fixed disk track one after the other. Rather, logically sequential fixed disk sectors were written on the physical fixed disk track after skipping two or more (interleaving) physical sectors. This provided more time for the fixed disk adapter/channel or the microprocessor to process a record before the next one was under the read/write head. Thus to read all the sectors on a fixed disk track sequentially, the fixed disk had to rotate from three (interleave factor of three) to six (interleave factor of six) times. With IBM Personal System/2 Models 50, 60 and 80 interleaving has been eliminated and logically sequential sectors are written one after the other on the fixed disk track. Thus all the sectors on a track can be read in a single rotation of the disk. The IBM Personal System/2 Model 30 uses an interleave factor of three. This contrasts to previous models of the PC which had interleave factors of three (AT) to six (XT).

There is a relationship between fixed disk interleaving and fixed disk caching. Some application programs may use the fixed disk rotation time between sectors to process data and be ready to read the next sector prior to the time it appears under the fixed disk read/write head. Such programs are time-dependent and may miss this precise timing, requiring another fixed disk rotation if the interleave factor is reduced -- this will vary depending on fixed disk adapter, channel and microprocessor speed. Fixed disk caching insulates such programs from their time-dependency by reading as many as eight adjacent sectors from the disk. If, for example, the next seven sectors are read, they can be in the buffer and can be transferred with no fixed disk rotational delay. The fixed disk interleave factor determines how many rotations must occur to read a full track of data.

System	Model 30	Model 50	Model 60	Model 80
Fixed Disk Interleave	3:1	1:1	1:1	1:1
Sectors/Track	17	17	17/35	17/35

Figure 14. Table IBM Personal System/2 Fixed Disk Interleave Factors.

System	XT 089	AT 239	XT 286	AT 339
Fixed Disk Interleave	6:1	3:1	3:1	3:1
Sectors/Track	17	17	17	17

Figure 15. Table of Previous System Fixed Disk Interleave Factors.

APPENDIX B: TRADE MARKS

The following lists contain the registered trade marks and trade marks used in this publication.

IBM CORPORATION

Personal System/2	Trade Mark of IBM Corporation
XT	Trade Mark of IBM Corporation
DisplayWrite	Trade Mark of IBM Corporation
Storyboard	Trade Mark of IBM Corporation
Accounting Assistant	Trade Mark of IBM Corporation
AT	Registered Trade Mark of IBM Corporation
IBM PC	Registered Trade Mark of IBM Corporation

OTHER

AutoCAD	Trade Mark of Autodesk, Inc.
dBASE III	Registered Trade Mark of Ashton-Tate
Freelance	Registered Trade Mark of Lotus Development Corp.
Lattice	Registered Trade Mark of Lattice, Inc.
Lotus 1-2-3	Registered Trade Mark of Lotus Development Corp.
Microsoft Word	Registered Trade Mark of Microsoft Corp.
Rbase	Registered Trade Mark of MicroRim Corp.
SuperCalc	Registered Trade Mark of Computer Associates
Turbo Pascal	Registered Trade Mark of Borland International, Inc.

Anhang B Im Inneren des Modells 50

Abbildung B-1 zeigt ein Modell 50 mit geöffneter Abdeckhaube. Die wichtigsten Baugruppen sind hier gut sichtbar. Die drei Micro Channel Erweiterungssteckplätze befinden sich unten links auf dem Foto. Beachten Sie, daß der dritte Steckplatz von unten ein bißchen länger ist als die beiden anderen. Dieser Steckplatz besitzt zusätzlich 20 Pins (Auxiliary Video Connector), die es einer Erweiterungskarte erlauben, die Bildschirmsignale zu übernehmen oder zu modifizieren (siehe Kapitel 1). Die 16 Bit Micro Channel Erweiterungssteckplätze haben 112 Pins (nicht hinzugerechnet die 20 Pins des Auxiliary Video Connectors). Um ausreichenden Platz für diese große Anzahl von Pins zu schaffen, wurde der Abstand der Pins untereinander in den Micro Channel Erweiterungssteckplätzen (0,5 mm) im Vergleich zu den herkömmlichen Steckplätzen (1 mm) im PC oder Personal Computer AT nur halb so groß gewählt.

Die 20 MB Festplatte befindet sich neben der Festplattenadapter-Karte, die einen vierten, ganz speziellen Micro Channel Erweiterungssteckplatz belegt. Dieser spezielle Steckplatz erlaubt die Ansteuerung einer 20 MB Festplatte, ohne daß dafür einer der drei universell einsetzbaren Micro Channel Erweiterungssteckplätze vergeben werden müßte. Die Festplatte wird direkt an die Festplattenadapter-Karte gesteckt, so daß eine flexible Kabelverbindung entfällt. Der vierte Steckplatz ist nur elektrisch, nicht aber mechanisch mit den drei anderen identisch, so daß hier keine Standarderweiterungskarten angeschlossen werden können.

Das einzelne 1,44 MB Diskettenlaufwerk des Modells 50 befindet sich rechts im Bild. Die flexiblen Kabel, die früher zur Verbindung der Diskettenlaufwerke mit dem Diskettenlaufwerk-Contoller verwandt wurden, sind durch eine Verbindungskarte ersetzt worden. Diese Karte fungiert quasi als "hartes Kabel" zwischen dem Diskettenlaufwerk und dem Diskettenlaufwerk-Controller auf der Systemplatine. Das optionale zweite Diskettenlaufwerk kann in dem freien Raum neben dem ersten installiert werden.

Der Sockel für den optionalen Mathematik-Co-Prozessor 80287 befindet sich neben dem 80286 Mikroprozessor. Mit Hilfe des 3 Zoll Lautsprechers kann das Modell 50 Töne erzeugen. Dieser Lautsprecher wird von der Systemplatine oder durch eine Erweiterungskarte gesteuert. Die Batterie, die auf der Lautsprecher-Einheit angebracht ist, versorgt den Uhrzeit/Kalender-Chip mit Strom, wenn das Modell 50 ausgeschaltet ist. Zwei der speziell von IBM für das Personal System/2 entwickelten Chips sind sichtbar: das Video Graphics Array (VGA), das die Bildschirmdarstellung steuert, und der Processor Support Chip (PSC), der dem 80286 zur Seite steht und eine wichtige Rolle in der Micro Channel Architektur spielt.

Das Netzteil ist auf die Verhältnisse in Deutschland und in vielen anderen Ländern eingerichtet. Es versorgt das gesamte Modell 50 mit Strom. Daneben liegt der Ventilator, der permanenten Luft durch das Modell 50 bewegt, um verschiedene, sich leicht erwärmende Bauteile abzukühlen.

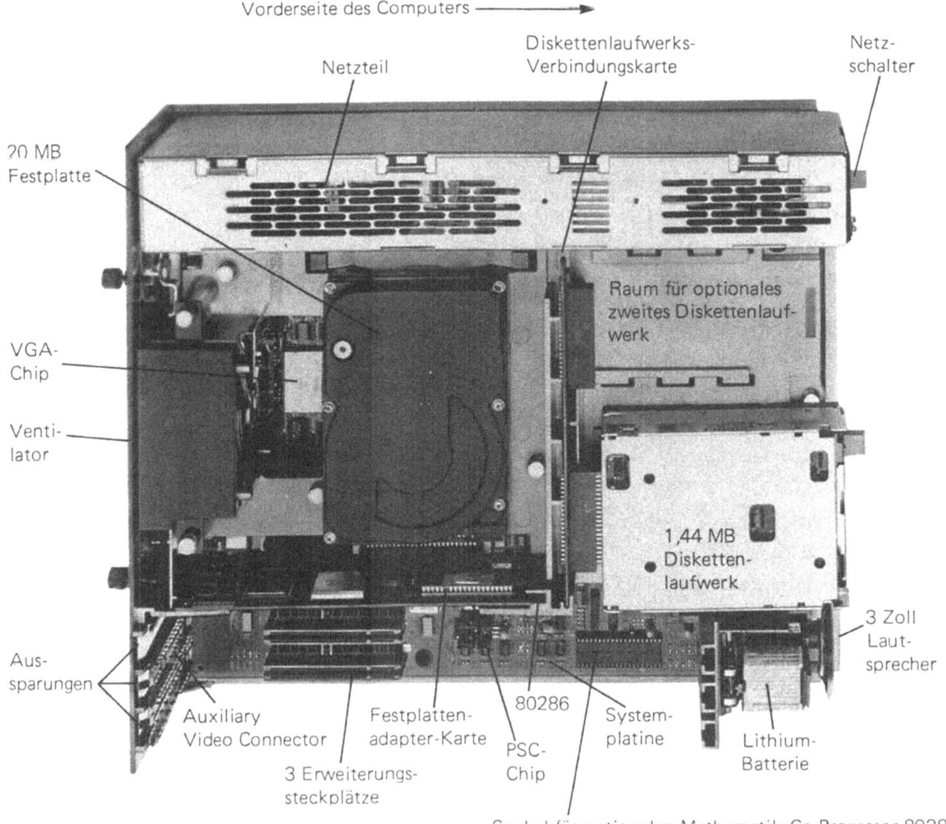

Abb.: B-1 **Personal System/2 Modell 50 mit geöffneter Abdeckhaube.**

Anhang C Weiterführende Literatur

Die folgenden Bücher sind Veröffentlichungen von IBM über das Personal System/2:

Bedienerhandbuch. Jedem Modell 50, 60 und 80 ist ein Bedienerhandbuch beigelegt. Diese Handbücher vermitteln einleitende Informationen über das Personal System/2. Hinweise zum Auspacken und Aufbauen werden ebenfalls gegeben. Der Leser erfährt, wie er sein Gerät einzuschalten und die erforderlichen Installationen vorzunehmen hat. Die Benutzung der Referenzdiskette wird erläutert. Der Anschluß von Peripheriegeräten und erste Maßnahmen beim Auftreten von Schwierigkeiten werden erklärt.

Technisches Handbuch. Die Technischen Handbücher gehen detailliert auf Charakteristika und Spezifikationen der Modelle 50, 60 und 80 ein. Diese Handbücher werden nicht mit den Computern mitgeliefert, sondern müssen gesondert gekauft werden. Die Informationen dieser Handbücher sind interessant für Programmierer und Ingenieure, die Programme, interne oder periphere Erweiterungen für das Personal System/2 entwickeln wollen. Zu jedem Modell ist ein Handbuch erhältlich, das das BIOS, die Programmierung der Schnittstellen etc. behandelt.

Hardware-Service- und Diagnose-Handbuch. Zu jedem Modell des Personal System/2 gibt es ein Hardware-Service- und Diagnose-Handbuch. Diese Handbücher werden nicht mit den Computern mitgeliefert, sondern müssen gesondert gekauft werden. Die Handbücher liefern zusammen mit der Systemdiskette die Informationen, um in den Modellen 50, 60 und 80 aufgetretene Fehler zu diagnostizieren und zu reparieren. Sie sind für entsprechend ausgebildetes Servicepersonal geschrieben und enthalten Ersatzteillisten und Anweisungen, in denen Schritt für Schritt die verschiedenen Fehlerbehandlungsprozeduren erläutert werden.

Anhang D Kompatible Anwendungsprogramme*

Um die Kompatibilität mit der Software sicherzustellen, die für den PC entwickelt wurde, hat IBM Software-Kompatibilität-Tests auf dem Personal System/2 mit verschiedenen Betriebssystemen durchgeführt. In diesem Anhang finden Sie eine Reproduktion des "Compatibility Statement", herausgegeben von IBM an dem Tag, an dem das Personal System/2 vorgestellt wurde. In dieser Kompatibilitätsliste sind alle die (amerikanischen) Programme verzeichnet, die auf dem Personal System/2 reibungslos laufen. Ferner enthält dieser Anhang eine Liste deutscher kompatibler Software, die anhand von Angaben der IBM, Deutschland und verschiedener deutscher Software-Häuser zusammengestellt wurde. Für beide Listen gilt, daß Programme, die nicht aufgeführt sind, nicht zwangsläufig inkompatibel sind; ihre Fehlen bedeutet nur, daß sie nicht Teil des Kompatibilitäts-Tests waren oder daß noch keine entsprechenden Informationen über sie vorlagen.

**Reprinted courtesy of International Business Machines Corp.*

INTRODUCTION

IBM Personal System/2™ and Personal Computer Software Compatibility Guide presents an extensive array of software products compatible with various combinations of IBM Personal System/2 Model 30, IBM Personal System/2 Model 50 and IBM Personal System/2 Model 60 (8560-041), IBM Operating System/2™ Standard Edition and IBM Personal Computer Disk Operating System (DOS) Version 3.30.

This guide is organized in the following sections:

- IBM Software Compatible with IBM Personal System/2 Model 30
- Independent Publishers' Software on IBM Personal System/2 Model 30
- IBM Software Compatible with IBM Personal System/2 Model 50 and Model 60 (8560-041)
- Independent Publishers' Software on IBM Personal System/2 Model 50 and Model 60 (8560-041)
- IBM Software Compatible with IBM PC DOS Version 3.30
- IBM Software Compatible with IBM Local Area Networks
- IBM Software Compatible with PC Local Area Network Program 1.20
- IBM Software Compatible with IBM 3270 Workstation Program
- IBM Operating System/2 Applications
- Independent Publishers' Applications on Operating System/2
- IBM PC DOS Applications on IBM Operating System/2
- Independent Publishers' PC DOS Applications on IBM Operating System/2

Each section lists the software compatible with each of the preceding products, and serves as a quick reference to the software that is supported for these products. The appropriate program version, diskette media on which the product was tested, part numbers and special requirements are also listed for each software product.

IBM SOFTWARE COMPATIBLE WITH IBM PERSONAL SYSTEM/2 MODEL 30

The following IBM licensed software products are compatible with IBM Personal System/2 Model 30 and PC DOS 3.30, and will operate substantially as described in their program documentation.

Numbers that appear in the 3.5-inch diskette and/or 5.25-inch diskette product number columns indicate the diskette media on which the product was tested. The absence of a product number does not necessarily imply that the product is not available on that medium.

Refer to the product documentation for individual software program descriptions for any additional system requirements.

PRODUCT	VERSION	3.5" PART NO.	5.25" PART NO.
COMMUNICATION PRODUCTS			
3270 Workstation Program	1.00	74X9921	
3270 Workstation Program	1.10	75X1088	
3278 Emulation via IBM Personal Computer (5360/5362)[1]	5.1		

PRODUCT	VERSION	3.5" PART NO.	5.25" PART NO.
COMMUNICATION PRODUCTS			
3278 Emulation via IBM Personal Computer (5364)[1]	5.1		
4700 Personal Computer Application Services[2]	1.10		6934406
5364 System Support Program[3,4]	5.1		59X3637
Advanced Program-to-Program Communication for the IBM Personal Computer[5]	1.11	75X1047	
Asynchronous Communications Server Program	1.00		1642003
Distributed Data Management/PC	1.00	59X3653	59X3653
Enhanced 5250 Emulation Program[4]	2.12	74X8402	
Local Area Network Support Program	1.00	83X7873	
Mainframe Communications Assistant	1.05	6024452	
Network Protocol Driver[5]	1.00	6280061	
PC 3270 Emulation Local Area Network Management Program	1.00	83X8873	
PC 3270 Emulation Program[4]	3.00	59X9969	
PC 3270 Emulation Program, Entry Level[4]	1.10	75X1037	
PC 3270 Emulation Program, Entry Level[4]	1.20	75X1085	
PC/Host File Transfer and Terminal Emulator Program	1.00	6476052	
PC Local Area Network Program	1.20	75X1081	
PC Network Analysis Program[6]	1.01		6489762
PC Support/36 (5360/5362)[1,7]	5.1		
PC Support/36 (5364)[1,7]	5.1		
PC Support/36 Expansion Feature (5360/5362)[1]	5.1		
PC Support/36 Expansion Feature (5364)[1]	5.1		
PC Support/36 Workstation Feature (5360/5362)[4,8]	5.1		
PC Support/36 Workstation Feature (5364)[4,8]	5.1		
PC Support/38[9]	8.0		
PC Support/38 Expansion Feature[9]	8.0		
Remote NETBIOS Access Facility	1.00	69X7771	69X7771
Token-Ring Network NETBIOS Program	1.10	6476039	
PROGRAMMER TOOLS AND LANGUAGES			
3270 PC High Level Language Application Program Interface	3.00		59X9959
3270 PC High Level Language Application Program Interface	3.10	75X1087	75X1087
BASIC Compiler[10]	2.00	6280078	
BASIC Compiler/2	1.00	6280179	
BASIC Interpreter	3.30	6280060	
C/2	1.00	6280187	
C Compiler[10]	1.00	6280081	

PRODUCT	VERSION	3.5" PART NO.	5.25" PART NO.
COBOL/2	1.00	6280207	
COBOL Compiler	2.00	6280177	
EZ-PREP (Cross System Product/ Application Generation)	1.00		6317011
EZ-RUN(Cross System Product/ Application Execution)	1.00		6317010
FORTRAN/2	1.00	6280185	
Graphics Development Toolkit [10,11,12,13]	1.20	6280203	
Image Support Facility 2	1.10	6457821	
Interactive System Productivity Facility for the IBM Personal Computer (ISPF/PC II) Version 2 (EZ-VU II Development Facility)	2.00		6317026
Interactive System Productivity Facility for the IBM Personal Computer (ISPF/PC II) Version 2 (EZ-VU II Runtime Facility)	2.00		6317025
Interactive System Productivity Facility/Program Development Facility Editor for the IBM Personal Computer (EZ-VU Editor)	1.00		6466974
Macro Assembler[10]	2.00	6280077	
Macro Assembler/2	1.00	6280181	
Pascal Compiler[10]	2.02	6280166	
Pascal Compiler/2	1.00	6280183	
Professional FORTRAN Compiler[10]	1.30	6280127	
BUSINESS/PRODUCTIVITY APPLICATIONS			
DisplayWrite™ 4	1.00	74X9913	
ImagEdit Licensed Program[12,13]	1.00	6476113	
PC Storyboard	1.20		6316998
Personal Editor II	1.01	6276701	
Personal Services/PC	1.20	6476054	
Personal Services/PC	1.30	6476148	
PROFS PC Support Feature of PROFS (5664-309)[16,17]	2.00		
Storyboard Plus[11,12]	1.00	6024401	
Word Proof II	1.01	6276700	
Assistant Series			
DisplayWrite™ Assistant[14]	1.00	59X9958	
Filing Assistant®	2.00	6024457	
Graphing Assistant	2.00	6024458	
Mainframe Communications Assistant	1.05	6024452	
Planning Assistant	2.00	6024461	
Project Assistant	1.00	6024462	
Reporting Assistant	2.00	6024459	
Writing Assistant	2.00	6024460	

PRODUCT	VERSION	3.5" PART NO.	5.25" PART NO.
BUSINESS/PRODUCTIVITY APPLICATIONS			
Accounting Assistant Series			
Accounts Payable Edition	1.00	6467004	
Accounts Receivable and Billing Edition	1.00	6467005	
General Accounting Edition	1.00	6467003	
Inventory Control and Purchasing Edition	1.00	6467007	
Job Cost Edition	1.00	6467008	
Payroll Edition	1.00	6467006	
Business Adviser			
Accounts Payable Edition	1.20	6476056	
Accounts Receivable Edition	1.20	6476057	
General Accounting Edition	1.20	6476055	
Information Management Edition	1.20	6476069	
Inventory Control Edition	1.20	6476067	
Network Extension Edition[15]	1.20	6476059	
Order Entry Edition	1.20	6476068	
Payroll Edition	1.20	6476058	
Personal Decision Series			
Data Edition	2.00	6476085	
English Access Edition	1.00	6476079	
Network+ Edition	1.00	6476077	
Plans+ Edition	2.00	6476076	
Reports+ Edition	2.00	6476075	
ENGINEERING/SCIENTIFIC APPLICATIONS			
CADwrite[11,18]	1.00	5472415	
Data Acquisition and Control Adapter Support[19]	1.00		6024202
General Purpose Interface Bus (GPIB) Adapter Support[19]	1.00		6024201
OTHER APPLICATIONS			
Doctor's Office Manager II*[20]	1.00		6467035
Infowindow Pilot Authoring System	1.00	6476094	
Infowindow Pilot Presentation System	1.00	6476095	
PC/Colorview	1.10		6410982
PC/VTXACCESS	1.00	6476071	
TopView®[10,11,21]	1.12	6024475	
Video Passage Authoring	1.00	6403822	6403822
Video Passage Presentation	1.00	6403823	6403823
EDUCATION PRODUCTS			
Adventures in Math	1.00		6024112
Bouncy Bee Learns Letters	1.00/1.01	6024511	6024137
Bouncy Bee Learns Words	1.00/1.01	6024510	6024139
Classroom LAN Administration System	1.00		6024159
Comma Cat™	1.00		6024093
Dictionary Dog™	1.00		6024067
Electric Poet®	1.00		6024172
Get Set For Writing To Read[22]	1.00/1.01		6024468

PRODUCT	VERSION	3.5" PART NO.	5.25" PART NO.
Listen to Learn	1.00/1.01	6024506	6024165
Logo	1.00	6024731	6024076
Logo Learner	1.00/1.01	6024515	6024136
Missing Letters	1.00/1.01	6024507	6024104
Monster Math	1.00		6024072
Primary Editor[23]	1.00/1.01		6024294
Teacher's Quiz Designer	1.00/1.01	6024509	6024075
Typing Tutor	1.00		6024013
Writing to Read Program Kit[22]	3.00	6024513	6024447
Basic Skills Series			
Combining Sentences: Level II	1.01	6024689	6024482
Combining Sentences: Level III	1.01	6024690	6024483
Combining Sentences: Level IV	1.01	6024691	6024484
Geometry One: Foundations	1.01	6024707	6024485
Geometry Two: Proofs & Extensions	1.01	6024728	6024486
Math Concepts: Level P	1.01	6024721	6024356
Math Concepts: Level I	1.01	6024722	6024355
Math Concepts: Level II	1.01	6024723	6024357
Math Concepts: Level III	1.01	6024724	6024427
Math Concepts: Level IV	1.01	6024716	6024429
Math Practice: Level I	1.01	6024663	6024353
Math Practice: Level II	1.01	6024664	6024354
Math Practice: Level III	1.01	6024665	6024431
Math Practice: Level IV	1.01	6024666	6024432
Parts of Speech: Level II	1.01	6024679	6024333
Parts of Speech: Level III	1.01	6024680	6024334
Punctuation: Level II	1.01	6024695	6024487
Punctuation: Level III	1.01	6024696	6024488
Punctuation: Level IV	1.01	6024697	6024489
Reading for Information: Level II	1.01	6024683	6024358
Reading for Information: Level III	1.01	6024684	6024359
Reading for Information: Level IV	1.01	6024685	6024360
Reading for Meaning: Level I	1.01	6024671	6024330
Reading for Meaning: Level II	1.01	6024672	6024336
Reading for Meaning: Level III	1.01	6024673	6024337
Reading for Meaning: Level IV	1.01	6024674	6024338
Spelling: Level I	1.01	6024720	6024347
Spelling: Level II	1.01	6024708	6024348
Spelling: Level III	1.01	6024709	6024349
Touch Typing for Beginners	1.01	6024698	6024339
Vocabulary: Level II	1.01	6024701	6024350
Vocabulary: Level III	1.01	6024702	6024351
Vocabulary: Level IV	1.01	6024703	6024352

PRODUCT	VERSION	3.5" PART NO.	5.25" PART NO.
EDUCATION PRODUCTS			
Private Tutor Series			
Basic Number Concepts	1.00		6024297
Capitalization Skills	1.00		6024085
Computers and Communications	1.00		6024069
Language Skills	1.00		6024084
Learning DOS	1.00		6024063
Learning to Program in BASIC	1.00		6024081
Math Computation Skills	1.00		6024305
Preparing for Geometry and Algebra	1.00		6024307
Private Tutor[24]	2.00/2.01	6024508	6024113
Punctuation Skills	1.00		6024083
Reading Comprehension Skills	1.00		6024325
Solving Math Word Problems	1.00		6024308
Spelling Skills	1.00		6024086
Vocabulary Building Skills	1.00		6024326
Word Knowledge Skills	1.00		6024327
Biology Series (1-20)			
Cell Functions: Growth & Mitosis	1.00/1.01	6024635	6024316
Chemicals of Life I: The Structure of Matter	1.00/1.01	6024636	6024317
Chemicals of Life II: Water, Carbohydrates, & Lipids	1.00/1.01	6024647	6024344
Chemicals of Life III: Proteins & Nucleic Acids	1.00/1.01	6024614	6024409
Cytology & Histology: Cells & Tissues	1.00/1.01	6024612	6024407
Human Life Processes I: Cellular Physiology	1.00/1.01	6024649	6024346
Human Life Processes II: Systems Level	1.00/1.01	6024616	6024411
Human Life Processes III: Development & Differentiation	1.00/1.01	6024657	6024414
Leaf: Structure & Physiology	1.00/1.01	6024637	6024318
Light, Plants, and Photosynthesis: Energy in Conversion	1.00/1.01	6024638	6024319
Mendelian Genetics: The Science of Inheritance	1.00/1.01	6024613	6024408
Modern Genetics: Chromosomes & Coding	1.00/1.01	6024648	6024345
Passive Transport: Diffusion and Osmosis	1.00/1.01	6024639	6024320
Pathology: Diseases & Defenses	1.00/1.01	6024646	6024343
Plants: Growth and Specialization	1.00/1.01	6024645	6024321
Pollination & Fertilization: Seeds, Fruits, and Embryos	1.00/1.01	6024633	6024415
Regulation & Homeostatis: Systems in Balance	1.00/1.01	6024615	6024410
Taxonomy: Classification & Organization	1.00/1.01	6024655	6024416
The Environment I: Habitats & Ecosystems	1.00/1.01	6024658	6024412
The Environment II: Cycles & Interactions	1.00/1.01	6024656	6024413

PRODUCT	VERSION	3.5" PART NO.	5.25" PART NO.
Scientific Reasoning Series (1-5)			
Concept Development: Heat & Temperature, & Graphs	1.00	6024632	
Measurement Process: Distance & Area	1.00	6024730	
Ratio Reasoning: Crystals & Speed	1.00	6024631	
Scientific Models: Batteries and Bulbs, & Families	1.00	6024630	
Theory Formation: Reflections & Patterns	1.00	6024729	
Physics Discovery Series (1-8)			
Investigating Acceleration	1.01	6024624	6024403
Investigating Atomic Models	1.00	6024523	6024118
Investigating Conservation of Energy	1.01	6024625	6024406
Investigating Electric Fields	1.01	6024627	6024464
Investigating Gravitational Force	1.01	6024622	6024404
Investigating Models of Light	1.01	6024626	6024465
Investigating Thermal Energy	1.01	6024623	6024405
Investigating Wave Interference	1.01	6024628	6024466
Earth Science Series (1-8)			
Earthquakes	1.00/1.01	6024517	6024322
Glacial Landforms	1.00	6024514	6024117
Ground Water	1.00/1.01	6024516	6024122
Hydrologic Cycle	1.00/1.01	6024518	6024121
Landslides	1.01	6024522	6024324
Moisture in the Atmosphere	1.00/1.01	6024520	6024124
Surface Water	1.00/1.01	6024519	6024123
Volcanoes	1.00/1.01	6024521	6024323

[1]*Product is downloaded from System/36.*

[2]*Requires current level of maintenance to be applied.*

[3]*5364 PC attachment programs support IBM Personal System/2 Model 30 at the availability of Release 5.1 of System/36.*

[4]*Hot-key to MultiColor Graphics Array and Video Graphics Array modes not supported.*

[5]*Compatible with IBM PC Network Adapter II.*

[6]*Compatible with IBM PC Network Adapter.*

[7]*Includes 3.5-inch and 5.25-inch PC compatible installation diskettes in addition to System/36 installation diskette at the availability of Release 5.1 of System/36.*

[8]*Product runs from virtual disk on attached System/36 or can be downloaded from System/36.*

[9]*Product is downloaded from System/38.*

[10]*Compatibility with IBM Personal System/2 Display Adapter has been verified.*

[11]*Supports IBM Personal System/2 Mouse.*

[12]*Supports graphics mode 320X200-256 colors.*

[13]*Supports graphics mode 640X480-2 colors.*

[14]*If DISPLAY.SYS is present on the target diskette or fixed disk, it must be renamed to some other name before the install program is executed. It must later be renamed back to DISPLAY.SYS after the install program completes.*

[15]*Update required for installation; dedicated server required.*

[16]*Product is downloaded from the host.*

[17]*PC 3720 Emulation Program 3.0 is not supported.*

[18]*Requires IBM Personal System/2 Display Adapter; supports 640X480-16 mode.*

[19]*Tested with code written in BASIC only.*

[20]*Can be used as a remote PC on a Local Area Network. Cannot be used as the server or in a single user mode.*

[21]*TopView 1.12 is the required version of TopView for IBM Personal System/2 Model 30.*

[22]*Requires IBM Personal System/2 Speech Adapter.*

[23]*Version 1.00 requires IBM Personal System/2 Speech Adapter.*

[24]*Screen alignment function in Version 2.00 neither required nor supported.*

INDEPENDENT PUBLISHERS' SOFTWARE ON IBM PERSONAL SYSTEM/2 MODEL 30

The following independent software publishers have informed IBM that they have tested the following products on 3.5-inch media on IBM Personal System/2 Model 30 with PC DOS 3.30 and have determined that these programs operate substantially as described in their program documentation.

Products marked with an asterisk (*) will be available in a new release from the independent software publisher. Contact the appropriate independent software publisher directly for more information.

SOFTWARE PUBLISHER	PRODUCT	VERSION
Alpha® Software Corporation	Alpha®/Three	1.0
	DataBase Manager II™ The Integrator	2.02
	Electric Desk™	1.1
Ashton-Tate®	CHART-MASTER™	
	dBase III™ Plus	*
	Framework II™[1]	*
	MultiMate™ Advantage	*
	SIGN-MASTER™	*
BORLAND INTERNATIONAL INC.	Reflex®[1]	*
	Turbo Pascal®[1]	*
Computer Associates International, Inc.	SuperCalc® 4	1.0
	SuperCalc 4[1 2]	*
	SuperProject® Plus™	2.00F
Digital Research®, Inc.	GEM Graph™[1]	*
	GEM Word Chart™[1]	*
	GEM Write™[1]	*
Fifth Generation Systems, Inc.	FASTBACK	5.14
Lifetree Software, Inc.	VOLKSWRITER® 3	1.0
	VOLKSWRITER®DeluxePlus	1.0
Living Videotext, Inc.	Ready!™[3]	*
	ThinkTank™	2.30NP
Lotus™ Development Corporation	1-2-3™[1]	*
	Symphony™[1]	*
Media Cybernetics, Inc.	DR. HALO™ II™[1,2]	*
Micro-Integration Corporation	BIS-3270®	*
MicroPro International Corporation	Easy™ Extra	1.5
	WordStar® 2000 Plus	2.0
	WordStar® Professional	4.0
Microrim®, Inc.	R: BASE® 5000	1.01
	R: BASE® CLOUT®	*
	R: BASE® Extended ReportWriter	*
	R: BASE® System V	1.1
Microsoft®, Corporation	Microsoft® MultiPlan®	*
	Microsoft® Word	*
Software Products International, Inc.	O-P-E-N Access II[1,2]	*

SOFTWARE PUBLISHER	PRODUCT	VERSION
Software Publishing Corporation	Harvard™ Total Project Manager II	*
	pfs: Professional Write	*
	pfs: Professional File/Report	*
	pfs: Professional Plan	*
TCS Software, Inc.	TCS Client Ledger System	3.36
Timberline Systems, Inc. Medallion® Collection	Architect/Engineer I	3.0
	Estimating	2.0
	General Ledger	2.2
	Job Cost	5.1
	Starter Set	2.2
WordPerfect® Corporation	WordPerfect®	4.2
	WordPerfect® Math Plan	3.0
	WordPerfect® Library	1.0
Z-SOFT CORPORATION	PC Paintbrush®+[1,2]	*

[1]*Modified to support graphics mode 640X480-2 colors.*
[2]*Modified to support graphics mode 320X200-256 colors.*
[3]*Requires EGASAVE program from Living Videotext, Inc.*

INDEPENDENT PUBLISHERS' SOFTWARE ON IBM PERSONAL SYSTEM/2 MODEL 30

The following independent software publishers have stated that they intend to make the following products available for IBM Personal System/2 Model 30 on 3.5-inch media. Contact the appropriate independent software publisher directly for more information.

SOFTWARE PUBLISHER	PRODUCT
Autodesk, Inc.	AutoCAD®[1]
BORLAND INTERNATIONAL INC.	SideKick® Turbo Lightning™
Digital Research®, Inc.	GEM Draw™ Plus[1]
Enertronics Research, Inc.	ENERGRAPHICS™[1,2]
Lotus™ Development Corporation	FREELANCE® Plus[1]
Microsoft®, Corporation	Microsoft® Chart[1] Microsoft® Flight Simulator[1,2] Microsoft® Project Microsoft® Windows[1] Microsoft® Word[1]
Novell Incorporated	Advanced NetWare®/286[3] Advanced NetWare®/86 NetWare® Bridge
WordPerfect® Corporation	WordPerfect® Math Plan[1,2] WordPerfect® Library[1,2]

[1] *Modified to support graphics mode 640X480-2 colors.*

[2] *Modified to support graphics mode 320X200-256 colors.*

[3] *The IBM Personal System/2 Model 30 can be a workstation on the network.*

IBM SOFTWARE COMPATIBLE WITH IBM PERSONAL SYSTEM/2 MODEL 50 AND MODEL 60 (8560-041)

The following IBM licensed software products are compatible with IBM Personal System/2 Model 50 and Model 60 (8560-041) and PC DOS 3.30, and will operate substantially as described in their program documentation.

Software on IBM Personal System/2 Model 50 or Model 60 (8560-041) that is designed to run in CGA, EGA or Video Graphics Array modes should not be effected when using IBM Personal System/2 Color Display 8514 attached to an IBM Personal System/2 Display Adapter 8514/A.

Numbers that appear in the 3.5-inch diskette and/or 5.25-inch diskette product number columns indicate the diskette media on which the software was tested. The absence of a product number does not necessarily imply that the product is not available on that medium.

Refer to the product documentation for individual software program descriptions for any additional system requirements.

PRODUCT	VERSION	3.5" PART NO.	5.25" PART NO.
COMMUNICATION PRODUCTS			
3270 Workstation Program	1.00	74X9921	74X9921
3270 Workstation Program	1.10	75X1088	75X1088
3278 Emulation via IBM Personal Computer (5360/5362)[1]	5.1		
3278 Emulation via IBM Personal Computer (5364)[1]	5.1		
Advanced Program-to-Program Communication for the IBM Personal Computer[2]	1.11	75X1047	75X1047
Asynchronous Communications Server Program	1.00		1642003
Distributed Data Management/PC	1.00	59X3653	59X3653
Local Area Network Manager	1.00	83X9100	83X9100
Local Area Network Support Program[3]	1.00	83X7873	83X7873
Mainframe Communications Assistant[4]	1.05	6024452	
PC 3270 Emulation Local Area Network Management Program	1.00	83X8873	83X8873
PC 3270 Emulation Program[4,5]	3.00	59X9969	59X9969
PC 3270 Emulation Program, Entry Level[4,6]	1.20	75X1085	75X1085
PC/Host File Transfer & Emulator Program[7]	1.00	6476052	6476052
PC Local Area Network Program[8]	1.20	75X1081	75X1081
PC Network Protocol Driver	1.00	6280061	6280061
PC Support/36 (5360/5362)[1,9]	5.1		
PC Support/36 (5364)[1,9]	5.1		
PC Support/36 Expansion Feature (5360/5362)[1]	5.1		
PC Support/36 Expansion Feature (5364)[1]	5.1		
PC Support/36 Workstation Feature (5360/5362)[6,10]	5.1		
PC Support/36 Workstation Feature (5364)[6,10]	5.1		
PC Support/38[11]	8.0		
PC Support/38 Expansion Feature[11]	8.0		
Remote NETBIOS Access Facility	1.00	69X7771	69X7771
System 36/38 Work Station Emulation Program for the IBM Personal System/2/A	1.00	69X6286	
Token-Ring Network Bridge Program	1.10	83X7860	83X7860
Token-Ring Network Manager Program	1.10	6476107	6476107

PRODUCT	VERSION	3.5" PART NO.	5.25" PART NO.
PROGRAMMER TOOLS AND LANGUAGES			
3270 PC High Level Language Application Program Interface	3.10	75X1087	75X1087
BASIC Compiler[12]	2.00	6280078	
BASIC Compiler/2	1.00	6280179	
C/2	1.00	6280187	
C Compiler[12]	1.00	6280081	
COBOL/2	1.00	6280207	
COBOL Compiler[13]	2.00	6280177	
EZ-PREP (Cross System Product/ Application Generation)	1.00		6317011
EZ-RUN (Cross System Product/ Application Execution)	1.00		6317010
FORTRAN/2	1.00	6280185	
Graphics Development Toolkit[14]	1.20	6280203	
Image Support Facility 2	1.10	6457821	6457821
Interactive System Productivity Facility for the IBM Personal Computer (ISPF/PC II) Version 2 (EZ-VU II Development Facility)[15]	2.00		6317026
Interactive System Productivity Facility for the IBM Personal Computer (ISPF/PC II) Version 2 (EZ-VU II Runtime Facility)[15]	2.00		6317025
Interactive System Productivity Facility/ Program Development Facility Editor for the IBM Personal Computer (EZ-VU Editor)	1.00		6466974
Macro Assembler[12]	2.00	6280077	
Macro Assembler/2	1.00	6280181	
Pascal Compiler[12]	2.02	6280166	
Pascal Compiler/2	1.00	6280183	
Professional FORTRAN Compiler[12]	1.30	6280127	
BUSINESS/PRODUCTIVITY APPLICATIONS			
DisplayWrite™ 4[4,8,16,17,18]	1.00	74X9913	
ImagEdit Licensed Program[14,19]	1.00	6476113	
Personal Editor II	1.01	6276701	
Personal Services/PC	1.20	6476054	
Personal Services/PC	1.30	6476148	
PROFS PC Support Feature of PROFS (5664-309)[20,21]	2.00		
Storyboard Plus[14,22,23]	1.00	6024401	6024401
Word Proof II	1.01	6276700	

PRODUCT	VERSION	3.5" PART NO.	5.25" PART NO.
Assistant Series			
DisplayWrite™ Assistant[8,18,24]	1.00	59X9958	
Document Retrieval Assistant	1.00		6024306
Drawing Assistant[25]	1.00		6024089
Filing Assistant®	2.00	6024457	6024457
Graphing Assistant[26]	2.00	6024458	6024458
Mainframe Communications Assistant[4]	1.05	6024452	
Planning Assistant	2.00	6024461	6024461
Project Assistant	1.01	6024462	6024462
Reporting Assistant	2.00	6024459	6024459
Writing Assistant	2.00	6024460	6024460
Accounting Assistant Series			
Accounts Payable Edition	1.00	6467004	
Accounts Receivable and Billing Edition	1.00	6467005	
General Accounting Edition	1.00	6467003	
Inventory Control and Purchasing Edition	1.00	6467007	
Job Cost Edition	1.00	6467008	
Payroll Edition	1.00	6467006	
Business Adviser			
Accounts Payable Edition	1.20	6476056	
Accounts Receivable Edition	1.20	6476057	
General Accounting Edition	1.20	6476055	
Information Management Edition	1.20	6476069	
Inventory Control Edition	1.20	6476067	
Network Extension Edition[27]	1.20	6476059	
Order Entry Edition	1.20	6476068	
Payroll Edition	1.20	6476058	
Personal Decision Series			
Data Edition	2.00	6476085	
English Access Edition	1.00	6476079	
Network+ Edition	1.00	6476077	
Plans+ Edition	2.00	6476076	
Reports+ Edition	2.00	6476075	
ENGINEERING/SCIENTIFIC APPLICATIONS			
CADwrite[14,23,28]	1.00	5472415	
Computer Integrated Electrical Design Series (CIEDS)™/Design Capture for PC/AT (5669-191)[29,30]	1.1.1		
OTHER APPLICATIONS			
Doctor's Office Manager II*[31]	1.00		6467035
PC/Colorview	1.10		6410982
TopView®[13,14,32]	1.12	6024475	

PRODUCT	VERSION	3.5" PART NO.	5.25" PART NO.
EDUCATION PRODUCTS			
Bouncy Bee Learns Letters	1.00/1.01	6024511	6024137
Bouncy Bee Learns Words	1.00/1.01	6024510	6024139
Missing Letters	1.00/1.01	6024507	6024104
Primary Editor	1.00/1.01		6024294
Teacher's Quiz Designer	1.00/1.01	6024509	6024075
Basic Skills Series			
Combining Sentences: Level II	1.01	6024689	6024482
Combining Sentences: Level III	1.01	6024690	6024483
Combining Sentences: Level IV	1.01	6024691	6024484
Geometry One: Foundations	1.01	6024707	6024485
Geometry Two: Proofs and Extensions	1.01	6024728	6024486
Math Concepts: Level P	1.01	6024721	6024356
Math Concepts: Level I	1.01	6024722	6024355
Math Concepts: Level II	1.01	6024723	6024357
Math Concepts: Level III	1.01	6024724	6024427
Math Concepts: Level IV	1.01	6024716	6024429
Math Practice: Level I	1.01	6024663	6024353
Math Practice: Level II	1.01	6024664	6024354
Math Practice: Level III	1.01	6024665	6024431
Math Practice: Level IV	1.01	6024666	6024432
Parts of Speech: Level II	1.01	6024679	6024333
Parts of Speech: Level III	1.01	6024680	6024334
Punctuation: Level II	1.01	6024695	6024487
Punctuation: Level III	1.01	6024696	6024488
Punctuation: Level IV	1.01	6024697	6024489
Reading for Information: Level II	1.01	6024683	6024358
Reading for Information: Level III	1.01	6024684	6024359
Reading for Information: Level IV	1.01	6024685	6024360
Reading for Meaning: Level I	1.01	6024671	6024330
Reading for Meaning: Level II	1.01	6024672	6024336
Reading for Meaning: Level III	1.01	6024673	6024337
Reading for Meaning: Level IV	1.01	6024674	6024338
Spelling: Level I	1.01	6024720	6024347
Spelling: Level II	1.01	6024708	6024348
Spelling: Level III	1.01	6024709	6024349
Touch Typing for Beginners	1.01	6024698	6024339
Vocabulary: Level II	1.01	6024701	6024350
Vocabulary: Level III	1.01	6024702	6024351
Vocabulary: Level IV	1.01	6024703	6024352
Biology Series (1-20)			
Cell Functions: Growth and Mitosis	1.00/1.01	6024635	6024316
Chemicals of Life I: The Structure of Matter	1.00/1.01	6024636	6024317
Chemicals of Life II: Water, Carbohydrates, and Lipids	1.00/1.01	6024647	6024344
Chemicals of Life III: Proteins and Nucleic Acids	1.00/1.01	6024614	6024409
Cytology & Histology: Cells and Tissues	1.00/1.01	6024612	6024407
Human Life Processes I: Cellular Physiology	1.00/1.01	6024649	6024346

PRODUCT	VERSION	3.5" PART NO.	5.25" PART NO.
Human Life Processes II: Systems Level	1.00/1.01	6024616	6024411
Human Life Processes III: Development and Differentiation	1.00/1.01	6024657	6024414
Leaf: Structure and Physiology	1.00/1.01	6024637	6024318
Light, Plants, and Photosynthesis: Energy in Conversion	1.00/1.01	6024638	6024319
Mendelian Genetics: The Science of Inheritance	1.00/1.01	6024613	6024408
Modern Genetics: Chromosomes and Coding	1.00/1.01	6024648	6024345
Passive Transport: Diffusion and Osmosis	1.00/1.01	6024639	6024320
Pathology: Diseases and Defenses	1.00/1.01	6024646	6024343
Plants: Growth & Specialization	1.00/1.01	6024645	6024321
Pollination and Fertilization: Seeds, Fruits, and Embryos	1.00/1.01	6024633	6024415
Regulation & Homeostatis: Systems in Balance	1.00/1.01	6024615	6024410
Taxonomy: Classification and Organization	1.00/1.01	6024655	6024416
The Environment I: Habitats and Ecosystems	1.00/1.01	6024658	6024412
The Environment II: Cycles and Interactions	1.00/1.01	6024656	6024413
Earth Science Series (1-8)			
Earthquakes	1.00/1.01	6024517	6024322
Glacial Landforms	1.00	6024514	6024117
Ground Water	1.01	6024516	6024122
Hydrologic Cycle	1.01	6024518	6024121
Landslides	1.00/1.01	6024522	6024324
Moisture in the Atmosphere	1.00	6024520	6024124
Surface Water	1.01	6024519	6024123
Volcanoes	1.00/1.01	6024521	6024323
Physics Discovery Series (1-8)			
Investigating Acceleration[33]	1.00/1.01	6024624	6024403
Investigating Atomic Models[33]	1.00	6024523	6024118
Investigating Conservation of Energy[33]	1.00/1.01	6024625	6024406
Investigating Electric Fields[33]	1.00/1.01	6024627	6024464
Investigating Gravitational Force[33]	1.00/1.01	6024622	6024404
Investigating Models of Light[33]	1.00/1.01	6024626	6024465
Investigating Thermal Energy[33]	1.00/1.01	6024623	6024405
Investigating Wave Interference[33]	1.00/1.01	6024628	6024466
Scientific Reasoning Series (1-5)			
Concept Development: Heat and Temperature, and Graphs	1.00	6024632	
Measurement Process: Distance and Area	1.00	6024730	
Ratio Reasoning: Crystals & Speed	1.00	6024631	
Scientific Models: Batteries and Bulbs, and Families	1.00	6024630	
Theory Formation: Reflections and Patterns	1.00	6024729	

[1]*Product is downloaded from System/36.*

[2]*Coexists with the Redirector configuration of PC Local Area Network Program Version 1.20.*

[3]*Required for IBM Token-Ring Network support.*

[4]*Coexists with PC Local Area Network Program Version 1.20.*

[5]*Compatible with IBM Personal System/2 Multiprotocol Adapter/A for communications up to 19.2K BPS.*

[6]*Hot-key to MultiColor Graphics Array and Video Graphics Array modes not supported.*

[7]*Requires EC 6476152 to support 19.2K BPS.*

[8]*Coexists with PC 3270 Emulation Program Version 3.00.*

[9]*Includes 3.5-inch and 5.25-inch PC compatible installation diskettes in addition to System/36 installation diskette at the availability of Release 5.1 of System/36.*

[10]*Product runs from virtual disk on attached System/36 or can be downloaded from System/36.*

[11]*Product is downloaded from System/38.*

[12]*Coexists with PC 3270 Emulation Program Version 3.00 and/or PC Local Area Network Program Version 1.20.*

[13]*Coexists with PC 3270 Emulation Program Version 3.00 or PC Local Area Network Program Version 1.20 but not both.*

[14]*Supports IBM Personal System/2 Mouse.*

[15]*"NumLock" state does not function correctly.*

[16]*Supports Microsoft® Serial Mouse, PC Mouse, or Visi-On Mouse only.*

[17]*Voice Note function is not supported.*

[18]*Product supports the following programs: PROFS PC Support Feature of PROFS Version 2.00; Personal Services/PC Version 1.20; TopView® Version 1.12.*

[19]*Supports 640X480-2 mode.*

[20]*Product is downloaded from the host.*

[21]*PC 3720 Emulation Program Version 3.00 and PC 3270 Emulation Program, Entry Level Version 1.20 are not supported.*

[22]*Supports 320X200-256 mode.*

[23]*Supports 640X480-16 mode.*

[24]*If DISPLAY.SYS is present on the target diskette or fixed disk, it must be renamed to some other name before the install program is executed. It must later be renamed back to DISPLAY.SYS after the install program completes.*

[25]*Supports IBM Personal System/2 Mouse with its supplied mouse driver when configured under the category "OTHER."*

[26]*Pie charts may not appear round on IBM Personal System/2 Color Displays 8512 and 8513 and IBM Personal System/2 Monochrome Display.*

[27]*Update required for installation; dedicated server required.*

[28]*Supports 1024X768-256 mode on IBM Personal System/2 Color Display 8514 attached to an installed IBM Personal System/2 Display Adapter 8514/A.*

[29]*Specify Feature Code 5855 for 3.5-inch media.*

[30]*Host transfer has not been tested.*

[31]*No message displays when screen output is sent to a file.*

[32]*Version 1.12 is REQUIRED for IBM Personal System/2 Model 50 and Model 60 (8560-041).*

[33]*Supports IBM Personal System/2 Color Display 8514 only if the DOS command "MODE CO80" is issued first.*

INDEPENDENT PUBLISHERS' SOFTWARE ON IBM PERSONAL SYSTEM/2 MODEL 50 AND MODEL 60 (8560-041)

The following independent software publishers have informed IBM that they have tested the following software programs on 3.5-inch media on IBM Personal System/2 Model 50 and Model 60 (8560-041) with PC DOS 3.30 and have determined that these programs operate substantially as described in their program documentation.

Software on IBM Personal System/2 Model 50 or Model 60 (8560-041) that is designed to run in CGA, EGA or Video Graphics Array modes should not be effected when using IBM Personal System/2 Color Display 8514 attached to an IBM Personal System/2 Display Adapter 8514/A.

Products marked with an asterisk (*) will be available in a new release from the independent software publisher. Contact the appropriate independent software publisher directly for more information.

SOFTWARE PUBLISHER	PRODUCT	VERSION
Alpha® Software	Alpha®/Three	1.0
	DataBase Manager II™ The Integrator	2.02
	Electric Desk™	1.1
Ashton-Tate®	CHART-MASTER™[1]	*
	dBase III™ Plus	*
	Framework II™[2]	*
	Multimate™ Advantage	*
	SIGN-MASTER™[1]	*
Autodesk, Inc.	AutoCAD®[1,3]	*
BORLAND INTERNATIONAL INC.	Reflex®[2,3]	*
	SideKick®	*
	Turbo Lightning™	*
	Turbo Pascal®	*
Computer Associates International, Inc.	SuperCalc® 4[1,4]	*
	SuperProject® Plus™	*
Digital Research®, Inc.	GEM Draw™ Plus[1,2,3]	2.0
	GEM Graph™[1,2,3]	*
	GEM Word Chart™[1,2,3]	*
	GEM Write™[1,2,3]	*
Fifth Generation Systems, Inc.	FASTBACK	*
Lattice, Inc.	Lattice™ C Compiler	*
Lifetree Software, Inc.	VOLKSWRITER® 3	1.0
	VOLKSWRITER®DeluxePlus	1.0
Living Videotext, Inc.	Ready!™[5]	*
	ThinkTank™	2.30NP
Lotus™ Development Corporation	1-2-3™[1,2]	*
	Symphony™[1,2]	*
Media Cybernetics, Inc.	DR. HALO™ II™[1,2,3,4]	*
Micro-Integration Corporation	BIS-3270®	*
MicroPro International Corporation	Easy™ Extra	1.5
	Wordstar® Professional	4.0
	Wordstar® 2000 Plus	2.0

SOFTWARE PUBLISHER	PRODUCT	VERSION
Microrim®, Inc.	R: BASE® 5000	1.01
	R: BASE® CLOUT®	*
	R: BASE® Extended ReportWriter	*
	R: BASE® System V	1.1
Microsoft®, Corporation	Microsoft® Multiplan®[3]	*
	Microsoft® Word	*
Software Products International, Inc.	O-P-E-N Access II[2,4]	*
Software Publishing Corporation	Harvard™ Total Project Manager II	*
	pfs: Professional File/Report	*
	pfs: Professional Plan	*
	pfs: Professional Write	*
TCS Software, Inc.	TCS Client Ledger System	3.36
Timberline Systems, Inc. Medallion® Collection	Architect/Engineer I	3.0
	Estimating	2.0
	General Ledger	2.2
	Job Cost	5.1
	Starter Set	2.2
WordPerfect® Corporation	WordPerfect®	4.2
	WordPerfect® Library	1.0
	WordPerfect® Math Plan	3.0
Z-SOFT CORPORATION	PC Paintbrush®+[1,2,3,4]	*

[1]*Modified to support 640X480-16 mode.*

[2]*Modified to support 640X480-2 mode.*

[3]*Supports IBM Personal System/2 Mouse.*

[4]*Modified to support 320X200-256 mode.*

[5]*Requires EGASAVE program from Living Videotext, Inc.*

INDEPENDENT PUBLISHERS' SOFTWARE ON IBM PERSONAL SYSTEM/2 MODEL 50 AND MODEL 60 (8560-041)

The following independent software publishers have stated that they intend to make the following products available for IBM Personal System/2 Model 50 and Model 60 (8560-041) on 3.5-inch media.

Contact the appropriate independent software publisher directly for more information.

SOFTWARE PUBLISHER	PRODUCT
BORLAND INTERNATIONAL INC.	EMS Toolbox[1] Reflex® [1,2,3] SideKick® Plus[1] Turbo Pascal®[2,4,5]
Enertronics Research, Inc.	ENERGRAPHICS™[2,3,4,5,6]
Lotus™ Development Corporation	FREELANCE® Plus[2,3,5]
Microsoft®, Corporation	Microsoft® Access Microsoft® Chart[2,3,5] Microsoft® Flight Simulator[2,3,4,5] Microsoft® Project[3] Microsoft® Windows[2,3,5] Microsoft® Word[2,3,5]
Novell Incorporated	Advanced NetWare®/86 Advanced NetWare®/286 NetWare® Bridge
WordPerfect® Corporation	WordPerfect® Library[2,4,5] WordPerfect® Math Plan[2,5]
Z-SOFT CORPORATION	PC Paintbrush®+[6] Publisher's Paintbrush[1,2,3,4,5,6]

[1] *Supports Lotus™/Intel® /Microsoft® Expanded Memory Specification for IBM Personal System/2 Model 50 and Model 60 equipped with IBM Personal System/2 80286 Memory Expansion Option.*

[2] *Modified to support 640X480-2 mode.*

[3] *Supports IBM Personal System/2 Mouse.*

[4] *Modified to support 320X200-256 mode.*

[5] *Modified to support 640X480-16 mode.*

[6] *Modified to support 1024X768-256 mode on IBM Personal System/2 Color Display 8514 attached to an installed IBM Personal System/2 Display Adapter 8514/A.*

IBM SOFTWARE COMPATIBLE WITH IBM PC DOS VERSION 3.30

The following IBM licensed software products are compatible with IBM PC DOS Version 3.30 and will operate substantially as described in their program documentation.

The software programs listed below are compatible with IBM Personal System/2 Model 30, Model 50 or Model 60 (8560-041) only if they are listed under the compatibility sections for those systems.

Numbers that appear in the 3.5-inch and 5.25-inch columns indicate the diskette media on which the product was tested. The absence of a product number does not necessarily imply that the product is not available on that medium.

Refer to the product documentation for individual software program descriptions for any additional system requirements.

PRODUCT	VERSION	3.5" PART NO.	5.25" PART NO.
COMMUNICATION PRODUCTS			
3270 PC Graphics Control Program[1]	3.20		6243245
3270 PC Graphics Control Program[1]	3.21		6243245
3270 Workstation Program	1.00	74X9921	74X9921
3270 Workstation Program	1.10	75X1088	75X1088
3278 Emulation via IBM Personal Computer (5360/5362)[2]	5.1		
3278 Emulation via IBM Personal Computer (5364)[2]	5.1		
5364 LAN LPP[3]	5.1		
5364 System Support Program[4]	5.0		59X5042
Advanced Program-to-Program Communication for the IBM Personal Computer	1.11	75X1047	75X1047
Asynchronous Communications Server	1.00		1642003
Communications SubSystem (CSS)	1.10		5669-179
Distributed Data Management/PC	1.00	59X3653	59X3653
Enhanced 5250 Emulation Program[4]	2.12	74X8402	74X8402
Local Area Network Manager	1.00	83X9100	83X9100
Local Area Network Printmanager	1.00		6317042
Local Area Network Support Program	1.00	83X7873	83X7873
Mainframe Communications Assistant	1.05	6024452	6024451
PC 3270 Emulation Local Area Network Management Program	1.00	83X8873	83X8873
PC 3270 Emulation Program	3.00	59X9969	59X9969
PC 3270 Emulation Program, Entry Level	1.10	75X1037	75X1037
PC 3270 Emulation Program, Entry Level	1.20	75X1085	75X1085
PC/Host File Transfer & Emulator Program	1.00	6476052	6476052
PC Local Area Network Program	1.20	75X1081	75X1081
PC Network Analysis Program	1.01		6489762
PC Network Protocol Driver	1.00	6280061	6280061
PC Support/36 (5360/5362)[2 5]	5.1		
PC Support/36 (5364)[2 5]	5.1		
PC Support/36 Expansion Feature (5360/5362)	5.1		

PRODUCT	VERSION	3.5" PART NO.	5.25" PART NO.
PC Support/36 Expansion Feature (5364)	5.1		
PC Support/36 Workstation Feature (5360/5362)[4,6]	5.1		
PC Support/36 Workstation Feature (5364)[4,6]	5.1		
PC Support/38[7]	8.0		
PC Support/38 Expansion Feature[7]	8.0		
PC/VM Bond	2.10		6476128
Realtime Control Program DOS Support	1.02	85X2000	67X1250
Realtime Interface Co-Processor C Language Support	1.00	85X1996	85X2003
Realtime Interface Co-Processor Developer's Kit	1.00	85X2001	67X1251
Remote NETBIOS Access Facility	1.00	69X7771	69X7771
ROLM Juniper II (Model 46614)	2.10		
ROLM Juniper II (Model 46614)	2.20		
Token-Ring Network Bridge Program	1.00		6403831
Token-Ring Network Bridge Program	1.10	83X7860	83X7860
Token-Ring Network NETBIOS Program	1.10	6476039	6476039
Token-Ring Network Manager Program	1.10	6476107	6476107
Token-Ring Network/PC Network Interconnect Program	1.00		6467036
VM/PC Program	2.01		6467040
System 36/38 Work Station Emulation Program for the IBM Personal System/2 /A	1.00	69X6286	
PROGRAMMERS TOOLS AND LANGUAGES			
3270 PC High Level Language Application Program Interface	3.00		59X9959
3270 PC High Level Language Application Program Interface	3.10	75X1087	75X1087
BASIC Compiler	2.00	6280078	6024216
BASIC Compiler/2	1.00	6280179	6280179
C/2	1.00	6280187	6280187
C Compiler	1.00	6280081	6280072
COBOL Compiler	1.00		6024011
COBOL Compiler	2.00	6280177	6280177
COBOL/2	1.00	6280207	6280207
EZ-PREP (Cross System Product/ Application Generation)	1.00		6317011
EZ-RUN (Cross System Product/ Application Execution)	1.00		6317010
FORTRAN Compiler	2.00		6024127
FORTRAN/2	1.00	6280185	6280185
Graphics Development Toolkit	1.20	6280203	6280203
Image Support Facility 2	1.10	6457821	6457821
Interactive System Productivity Facility for the IBM Personal Computer (ISPF/PC II) Version 2 (EZ-VU II Development Facility)	2.00		6317026

PRODUCT	VERSION	3.5" PART NO.	5.25" PART NO.
PROGRAMMERS TOOLS AND LANGUAGES			
Interactive System Productivity Facility for the IBM Personal Computer (ISPF/PC II) Version 2 (EZ-VU II Runtime Facility)	2.00		6317025
Interactive System Productivity Facility/Program Development Facility Editor for the IBM Personal Computer (EZ-VU Editor)	1.00		6466974
Macro Assembler	2.00	6280077	6024193
Macro Assembler/2	1.00	6280181	6280181
Pascal Compiler	2.02	6280166	6280166
Pascal Compiler/2	1.00	6280183	6280183
Professional FORTRAN Compiler	1.30	6280127	6280127
TopView® Programmer's ToolKit	1.10		6024454
BUSINESS/PRODUCTIVITY APPLICATIONS			
DisplayWrite™ 4	1.00	74X9913	74X9904
ImagEdit Licensed Program	1.00	6476113	
PC Storyboard	1.20		6316998
Personal Editor	1.00		6024051
Personal Editor II	1.01	6276701	
Personal Services/PC	1.20	6476054	6476054
Personal Services/PC	1.30	6476148	6476148
PROFS PC Support Feature (5664-309)[8]	2.00		
Professional Editor	1.00		6024048
Storyboard Plus	1.00	6024401	6024401
Word Proof II	1.01	6276700	
Assistant Series			
DisplayWrite™ Assistant[9]	1.00	59X9958	59X9958
Document Retrieval Assistant	1.00		6024306
Drawing Assistant	1.00		6024089
Filing Assistant®	2.00	6024457	6024457
Graphing Assistant	2.00	6024458	6024458
Mainframe Communications Assistant	1.05	6024452	6024451
Planning Assistant	2.00	6024461	6024461
Project Assistant	1.00	6024462	6024462
Reporting Assistant	2.00	6024459	6024459
Voice/Phone Assistant	1.10		6280741
Writing Assistant	2.00	6024460	6024460
Accounting Assistant Series			
Accounts Payable Edition	1.00	6467004	6317050
Accounts Receivable and Billing Edition	1.00	6467005	6317051
General Accounting Edition	1.00	6467003	6317049
Inventory Control and Purchasing Edition	1.00	6467007	6317053
Job Cost Edition	1.00	6467008	6317054
Payroll Edition	1.00	6467006	6317052
Business Adviser			
Accounts Payable Edition	1.20	6476056	6466989
Accounts Receivable Edition	1.20	6476057	6466990
General Accounting Edition	1.20	6476055	6466988
Information Management Edition	1.20	6476069	6466995

PRODUCT	VERSION	3.5" PART NO.	5.25" PART NO.
Inventory Control Edition	1.20	6476067	6466993
Network Extension Edition	1.20	6476059	6466992
Order Entry Edition	1.20	6476068	6466994
Payroll Edition	1.20	6476058	6466991
Business Management Series			
Accounts Payable Edition	1.00		6410951
Accounts Receivable Edition	1.00		6410952
General Ledger Edition	1.00		6410950
Inventory Accounting Edition	1.00		6410955
Order Entry and Invoicing Edition	1.00		6410954
Payroll Edition	1.00		6410953
Personal Decision Series			
Data Edition	2.00	6476085	6476060
English Access Edition	1.00	6476079	6476065
Network+ Edition	1.00	6476077	6476063
Plans+ Edition	2.00	6476076	6476062
Reports+ Edition	2.00	6476075	6476061
Voice Products			
Augmented Phone Services	1.00		6280740
Voice-Activated Keyboard Utility	1.00		6280742
Voice Communication Application Program Interface Reference Toolkit	1.10		74X9912
ENGINEERING/SCIENTIFIC APPLICATIONS			
CADwrite	1.00	5472415	6466997
Data Acquisition and Control Adapter Support	1.00		6024202
General Purpose Interface Bus (GPIB) Adapter Support	1.00		6024201
RT PC AT Co-Processor Services	1.10	5669-057	74X9982
RT PC Advanced Interactive Executive Operating System	1.10	5669-061	74X9995
RT PC Advanced Interactive Executive Operating System	2.10	5601-061	79X3850
OTHER APPLICATIONS			
Doctor's Office Manager II*	1.00		6467035
Fixed Disk Organizer	1.00	6024328	6024328
PC/Colorview	1.10		6410982
PC/Videotex	B1.10		6410985
PC/Videotex-Graphic Artists Facility VTXGRAF	1.00		6317012
PC/VTXACCESS	1.00	6476071	6476071
Slidewrite	1.00		6317034
TopView®	1.12	6024475	6024475
Video Passage Authoring	1.00	6403822	6403822
Video Passage Presentation	1.00	6403823	6403823

PRODUCT	VERSION	3.5" PART NO.	5.25" PART NO.
EDUCATION PRODUCTS			
Adventures in Math	1.00		6024112
Bouncy Bee Learns Letters	1.00/1.01	6024511	6024137
Bouncy Bee Learns Words	1.00/1.01	6024510	6024139
Bumble Games™	1.00		6024094
Bumble Plot™	1.00		6024096
Classroom LAN Administration System	1.00		6024159
Comma Cat™[10]	1.00		6024093
Dictionary Dog™[10]	1.00		6024067
Electric Poet®[10]	1.00		6024172
Gertrude's Puzzles™[11]	1.00		6024098
Gertrude's Secrets™[11]	1.00		6024097
Get Set For Writing To Read[12]	1.00/1.01		6024468
Juggles' Butterfly™	1.00		6024095
Listen to Learn[12]	1.00/1.01	6024506	6024165
Logo[12]	1.00	6024731	6024076
Logo Learner[10]	1.00/1.01	6024515	6024136
Missing Letters	1.00/1.01	6024507	6024104
Monster Math	1.00		6024072
Primary Editor	1.00/1.01		6024294
Rocky's Boots™[12]	1.00		6024099
Teacher's Quiz Designer[13]	1.00/1.01	6024509	6024075
Typing Tutor[13,14]	1.00		6024013
Writing to Read Program Kit[15]	3.00	6024513	6024447
Basic Skills Series[15]			
Combining Sentences: Level II	1.00/1.01	6024689	6024482
Combining Sentences: Level III	1.00/1.01	6024690	6024483
Combining Sentences: Level IV	1.00/1.01	6024691	6024484
Geometry One: Foundations	1.00/1.01	6024707	6024485
Geometry Two: Proofs & Extensions	1.00/1.01	6024728	6024486
Math Concepts: Level P	1.00/1.01	6024721	6024356
Math Concepts: Level I	1.00/1.01	6024722	6024355
Math Concepts: Level II	1.00/1.01	6024723	6024357
Math Concepts: Level III	1.00/1.01	6024724	6024427
Math Concepts: Level IV	1.00/1.01	6024716	6024429
Math Practice: Level I	1.00/1.01	6024663	6024353
Math Practice: Level II	1.00/1.01	6024664	6024354
Math Practice: Level III	1.00/1.01	6024665	6024431
Math Practice: Level IV	1.00/1.01	6024666	6024432
Parts of Speech: Level II	1.00/1.01	6024679	6024333
Parts of Speech: Level III	1.00/1.01	6024680	6024334
Punctuation: Level II	1.00/1.01	6024695	6024487
Punctuation: Level III	1.00/1.01	6024696	6024488
Punctuation: Level IV	1.00/1.01	6024697	6024489
Reading for Information: Level II	1.00/1.01	6024683	6024358
Reading for Information: Level III	1.00/1.01	6024684	6024359
Reading for Information: Level IV	1.00/1.01	6024685	6024360
Reading for Meaning: Level I	1.00/1.01	6024671	6024330
Reading for Meaning: Level II	1.00/1.01	6024672	6024336
Reading for Meaning: Level III	1.00/1.01	6024673	6034337
Reading for Meaning: Level IV	1.00/1.01	6024674	6024338
Spelling: Level I	1.00/1.01	6024720	6024347

PRODUCT	VERSION	3.5" PART NO.	5.25" PART NO.
Spelling: Level II	1.00/1.01	6024708	6024348
Spelling: Level III	1.00/1.01	6024709	6024349
Touch Typing for Beginners	1.00/1.01	6024698	6024339
Vocabulary: Level II	1.00/1.01	6024701	6024350
Vocabulary: Level III	1.00/1.01	6024702	6024351
Vocabulary: Level IV	1.00/1.01	6024703	6024352
Private Tutor Series			
Basic Number Concepts	1.00		6024297
Capitalization Skills	1.00		6024085
Computers and Communications[14]	1.00		6024069
Language Skills	1.00		6024084
Learning DOS	1.00		6024063
Learning to Program in BASIC[14]	1.00		6024081
Math Computation Skills	1.00		6024305
Preparing for Geometry and Algebra	1.00		6024307
Private Tutor[16]	2.00/2.01	6024508	6024113
Punctuation Skills	1.00		6024083
Reading Comprehension Skills	1.00		6024325
Solving Math Word Problems	1.00		6024308
Spelling Skills	1.00		6024086
Vocabulary Building Skills	1.00		6024326
Word Knowledge Skills	1.00		6024327
Biology Series (1-20)[10,13]			
Cell Functions: Growth and Mitosis	1.00/1.01	6024635	6024316
Chemicals of Life I: The Structure of Matter	1.00/1.01	6024636	6024317
Chemicals of Life II: Water, Carbohydrates, and Lipids	1.00/1.01	6024647	6024344
Chemicals of Life III: Proteins & Nucleic Acids	1.00/1.01	6024614	6024409
Cytology & Histology: Cells and Tissues	1.00/1.01	6024612	6024407
Human Life Processes I: Cellular Physiology	1.00/1.01	6024649	6024346
Human Life Processes II: Systems Level	1.00/1.01	6024616	6024411
Human Life Processes III: Development & Differentiation	1.00/1.01	6024657	6024414
Leaf: Structure & Physiology	1.00/1.01	6024637	6024318
Light, Plants, and Photosynthesis: Energy in Conversion	1.00/1.01	6024638	6024319
Mendelian Genetics: The Science of Inheritance	1.00/1.01	6024613	6024408
Modern Genetics: Chromosomes and Coding	1.00/1.01	6024648	6024345
Passive Transport: Diffusion and Osmosis	1.00/1.01	6024639	6024320
Pathology: Diseases & Defenses	1.00/1.01	6024646	6024343
Plants: Growth and Specialization	1.00/1.01	6024645	6024321
Pollination & Fertilization: Seeds, Fruits, & Embryos	1.00/1.01	6024633	6024415
Regulation & Homeostatis: Systems in Balance	1.00/1.01	6024615	6024410
Taxonomy: Classification & Organization	1.00/1.01	6024655	6024416
The Environment I: Habitats & Ecosystems	1.00/1.01	6024658	6024412
The Environment II: Cycles & Interactions	1.00/1.01	6024656	6024413

PRODUCT	VERSION	3.5" PART NO.	5.25" PART NO.
EDUCATION PRODUCTS			
Physics Discovery Series (1-8)[13]			
Investigating Acceleration	1.00/1.01	6024624	6024403
Investigating Atomic Models	1.00	6024523	6024118
Investigating Conservation of Energy	1.00/1.01	6024625	6024406
Investigating Electric Fields	1.00/1.01	6024627	6024464
Investigating Gravitational Force	1.00/1.01	6024622	6024404
Investigating Models of Light	1.00/1.01	6024626	6024465
Investigating Thermal Energy	1.00/1.01	6024623	6024405
Investigating Wave Interference	1.00/1.01	6024628	6024466
Earth Science Series (1-8)[10,13]			
Earthquakes	1.00/1.01	6024517	6024322
Glacial Landforms	1.00	6024514	6024117
Ground Water	1.00/1.01	6024516	6024122
Hydrologic Cycle	1.00/1.01	6024518	6024121
Landslides	1.00/1.01	6024522	6024324
Moisture in the Atmosphere	1.00/1.01	6024520	6024124
Surface Water	1.00/1.01	6024519	6024123
Volcanoes	1.00/1.01	6024521	6024323

[1] *A required APAR can be retrieved from the Early Warning System after 05/01/87 by searching with the following keywords: 5669-017 DOS 3.3 R321.*

[2] *Product is downloaded from System/36.*

[3] *Requires a System/36.*

[4] *Hot-key to MultiColor Graphics Array and Video Graphics Array modes not supported.*

[5] *Includes 3.5-inch and 5.25-inch PC compatible installation diskettes in addition to System/36 installation diskette at the availability of Release 5.1 of System/36.*

[6] *Product runs from virtual disk on attached System/36 or can be downloaded from System/36.*

[7] *Product is downloaded from System/38.*

[8] *Product is downloaded from the host.*

[9] *If DISPLAY.SYS is present on the target diskette or fixed disk, it must be renamed to some other name before the install program is executed. It must later be renamed back to DISPLAY.SYS after the install program completes.*

[10] *Version 1.00 requires 192KB of memory with PC DOS 3.30.*

[11] *Cannot be used with PCjr™.*

[12] *Version 1.00 requires 256KB of memory with PC DOS 3.30.*

[13] *Disk Setup procedure in Version 1.00 product is not applicable.*

[14] *Version 1.00 requires 128KB of memory with PC DOS 3.30.*

[15] *These programs cannot be copied from a 5.25-inch diskette to a 3.5-inch diskette when formatted by PC DOS 3.30.*

[16] *Version 2.00 requires 256KB of memory with PC DOS 3.30.*

IBM SOFTWARE COMPATIBLE WITH IBM LOCAL AREA NETWORKS

The following IBM licensed software products are compatible with the IBM Local Area Network Support Program and/or IBM Network Protocol Driver (except as noted) and IBM PC DOS 3.30. These software programs will operate substantially as described in their program documentation.

The software programs listed below are compatible with IBM Personal System/2 Model 30, Model 50 and Model 60 (8560-041) only if they are listed under the compatibility sections for those systems.

Refer to the product documentation for individual software program descriptions for any additional system requirements.

PRODUCT	VERSION	3.5" PART NO.	5.25" PART NO.
PC NETWORK BASEBAND[1]			
Advanced Program-to-Program Communication for the IBM Personal Computer	1.11	75X1047	75X1047
Asynchronous Communications Server	1.00		1642003
PC 3270 Emulation Local Area Network Management Program	1.00	83X8873	83X8873
PC 3270 Emulation Program	3.00	59X9969	59X9969
PC Local Area Network Program	1.20	75X1081	75X1081
Remote NETBIOS Access Facility	1.00		69X7771
PC NETWORK BROADBAND			
3270 Workstation Program[2,3]	1.00	74X9921	74X9921
3270 Workstation Program[2,3]	1.10	75X1088	75X1088
Advanced Program-to-Program Communication for the IBM Personal Computer[2]	1.11	75X1047	75X1047
Asynchronous Communications Server[2,4]	1.00		1642003
Local Area Network Manager[2]	1.00	83X9100	83X9100
PC 3270 Emulation Local Area Network Management Program[2]	1.00	83X8873	83X8873
PC 3270 Emulation Program[2,4,5]	3.00	59X9969	59X9969
PC 3270 Emulation Program, Entry Level[3,5]	1.10	75X1037	75X1037
PC 3270 Emulation Program, Entry Level[2,3,4,5]	1.20	75X1085	75X1085
PC Local Area Network Program[2,4]	1.20	75X1081	75X1081
PC Network Analysis Program[6]	1.00		6489762
Remote NETBIOS Access Facility[2,4]	1.00		69X7771
Token-Ring Network/PC Network Interconnect[7]	1.00		6467036

PRODUCT	VERSION	3.5" PART NO.	5.25" PART NO.
TOKEN-RING NETWORK			
3270 Workstation Program[8,10]	1.00	74X9921	74X9921
3270 Workstation Program[8]	1.10	75X1088	75X1088
3278 Emulation via IBM Personal Computer (5360/5362)[8,11]	5.1		

3278 Emulation via IBM Personal Computer (5364)[8,11]	5.1		
5364 LAN LPP[12]	5.1		
Advanced Program-to-Program Communication for the IBM Personal Computer[8]	1.11	75X1047	75X1047
Asynchronous Communications Server[8]	1.00		1642003
Distributed Data Management/PC[8]	1.00	59X3653	59X3653
Local Area Network Manager[9]	1.00	83X9100	83X9100
PC 3270 Emulation Local Area Network Management Program[8]	1.00	83X8873	83X8873
PC 3270 Emulation Program[8]	3.00	59X9969	59X9969
PC 3270 Emulation Program, Entry Level[10,13]	1.10	75X1037	75X1037
PC 3270 Emulation Program, Entry Level[8,14]	1.20	75X1085	75X1085
PC Local Area Network Program[8]	1.20	75X1081	75X1081
Remote NETBIOS Access Facility[8]	1.00		69X7771
Token-Ring Network Bridge Program[15]	1.10	83X7860	83X7860
Token-Ring Network Manager Program[9]	1.10		6476107
Token-Ring Network/PC Network Interconnect Program[14]	1.00		6467036
PC Support/36 (5360/5362)[8,11,16]	5.1		
PC Support/36 (5364)[8,11,16]	5.1		
PC Support/36 Expansion Feature (5360/5362)[8,11]	5.1		
PC Support/36 Expansion Feature (5364)[8,11]	5.1		
PC Support/36 Workstation Feature (5360/5362)[8,17,18]	5.1		
PC Support/36 Workstation Feature (5364)[8,17,18]	5.1		

[1] *These products are supported on PC Network Baseband Adapter, and Baseband Adapter/A with Local Area Network Support Program.*

[2] *Supported on PC Network Adapter II and Adapter II/A with Local Area Network Support Program.*

[3] *Compatible on PC Network.*

[4] *Supported on PC Network Adapter II and Adapter II/A with PC Network Protocol Driver Program.*

[5] *Supported on PC Network Adapter.*

[6] *Runs on PC Network Adapter only, but can monitor PC Network Adapter II and Adapter II/A in other PC's on the network.*

[7] *Supported on PC Network Adapter II with Local Area Network Support Program on IBM Personal Computer XT™ system or IBM Personal Computer AT® system only.*

[8] *Supported on Token-Ring Network Adapter, Adapter II and Adapter/A with Local Area Network Support Program.*

[9] *Supported on Token-Ring Network Adapter, Adapter II and Adapter/A.*

[10] *Compatible with Token-Ring Network.*

[11] *Product downloaded from System/36.*

[12] *Requires a System/36 and Token-Ring Network Adapter II.*

[13] *Supported on Token-Ring Network Adapter and Adapter II.*

[14] *Supported on Token-Ring Network Adapter and Adapter II with Local Area Network Support Program.*

[15] *Supported on Token-Ring Network Adapter II and Adapter/A.*

[16] *Includes 3.5-inch and 5.25-inch PC compatible installation diskettes in addition to System/36 installation diskette at the availability of Release 5.1 of System/36.*

[17] *Product runs from virtual disk on attached System/36 or can be downloaded.*

[18] *Hot-key to MultiColor Graphics Array and Video Graphics Array modes are not supported.*

IBM SOFTWARE COMPATIBLE WITH PC LOCAL AREA NETWORK PROGRAM 1.20

The following IBM licensed software products are compatible with one or more of the indicated Local Area Network environments with the IBM PC Local Area Network Program 1.20 and IBM PC DOS 3.30, and will operate substantially as described in their program documentation.

The software programs listed below are compatible with IBM Personal System/2 Model 30, Model 50 and Model 60 (8560-041) only if they are listed under the compatibility sections for those systems.

Refer to the product documentation for individual software program descriptions for any additional system requirements.

PRODUCT	VERSION	3.5" PART NO.	5.25" PART NO.
COMMUNICATION PRODUCTS			
3270 Workstation Program[1]	1.00	74X9921	74X9921
Advanced Program-to-Program Communication for the IBM Personal Computer[1,2]	1.11	75X1047	75X1047
Asynchronous Communications Server[3,4]	1.00		1642003
Local Area Network Printmanager[5,6]	1.00		6317042
Mainframe Communications Assistant[1,5,7]	1.05	6024452	6024451
PC 3270 Emulation Program[1,2,3,5,7]	3.00	59X9969	59X9969
PC 3270 Emulation Program, Entry Level[1,5,7]	1.10	75X1037	75X1037
PC 3270 Emulation Program, Entry Level[1,5,7]	1.20	75X1085	75X1085
Remote NETBIOS Access Facility[3,4]	1.00		69X7771
VM/PC Program[3,4]	2.01		6467040
BASIC Compiler[1,5,7]	2.00	6280078	6024216
BASIC Interpreter[1,5,7]	3.30	6280060	6280060
PROGRAMMER TOOLS AND LANGUAGES			
C Compiler[1,5,7]	1.00	6280081	6280072
COBOL Compiler[1,5,7]	1.00		6024011
EZ-PREP (Cross System Product/ Application Generation)[3,4]	1.00		6317011
EZ-RUN (Cross System Product/ Application Execution)[3,4]	1.00		6317010
FORTRAN Compiler[1,5,7]	2.00		6024127
Graphics Development Toolkit[5,7]	1.10		6280076
Graphics Development Toolkit[5,7]	1.20	6280203	6280203
Image Support Facility 2[3]	1.10	6457821	6457821
Interactive System Productivity Facility for the IBM Personal Computer (ISPF/PC) Version 2 (EZ-VU II Development Facility)[3,4]	2.00		6317026

PRODUCT	VERSION	3.5" PART NO.	5.25" PART NO.
PROGRAMMER TOOLS AND LANGUAGES			
Interactive System Productivity Facility for the IBM Personal Computer (ISPF/PC) Version 2 (EZ-VU II Runtime Facility) [3,4]	2.00		6317025
Macro Assembler [1,5,7]	2.00	6280077	6024193
Pascal Compiler [1,5,7]	2.02	6280166	6280166
Professional FORTRAN [1,5,7]	1.30	6280127	6280127
BUSINESS/PRODUCTIVITY APPLICATIONS			
DisplayWrite™ 4 [1,5,7]	1.00		74X9904
DisplayWrite™ Legal Support [1,5,7]	1.00		6024190
DisplayWrite™ Medical Support [1,5,7]	1.00		6024197
Personal Editor [1,5,7]	1.00		6024051
Personal Services/PC [1,2,3,5,7]	1.20	6476054	6476054
Personal Services/PC [1,2,3,5,7]	1.30	6476148	6476148
Professional Editor [1,5,7]	1.00		6024048
TopView® [1,5,7]	1.12	6024475	6024475
Accounting Assistant Series [3,5]			
Accounts Payable Edition	1.00	6467004	6317050
Accounts Receivable and Billing Edition	1.00	6467005	6317051
General Accounting Edition	1.00	6467003	6317049
Inventory Control and Purchasing Edition	1.00	6467007	6317053
Job Cost Edition	1.00	6467008	6317054
Payroll Edition	1.00	6467006	6317052
Assistant Series			
Document Retrieval Assistant [3]	1.00		6024306
Drawing Assistant [3]	1.00		6024089
Filing Assistant™ [3]	2.00	6024457	6024457
Graphing Assistant [3]	2.00	6024458	6024458
Mainframe Communications Assistant [5,7]	1.05	6024452	6024451
Planning Assistant [3]	2.00	6024461	6024461
Project Assistant [3]	1.00	6024462	6024462
Reporting Assistant [3]	2.00	6024459	6024459
Writing Assistant [3]	2.00	6024460	6024460
Business Adviser [3,5,8]			
Accounts Payable Edition	1.20	6476056	6466989
Accounts Receivable Edition	1.20	6476057	6466990
General Accounting Edition	1.20	6476055	6466988
Information Management Edition	1.20	6476069	6466995
Inventory Control Edition	1.20	6476067	6466993
Network Extension Edition	1.20	6476059	6466992
Order Entry Edition	1.20	6476068	6466994
Payroll Edition	1.20	6476058	6466991

PRODUCT	VERSION	3.5" PART NO.	5.25" PART NO.
Personal Decision Series[5]			
Data Edition	2.00	6476085	6476060
English Access Edition	1.00	6476079	6476065
Network+ Edition	1.00	6476077	6476063
Plans+ Edition	2.00	6476076	6476062
Reports+ Edition	2.00	6476075	6476061

[1] *Token-Ring Network Adapter, Adapter II and/or Adapter/A with Local Area Network Support Program.*

[2] *PC Network Adapter II, Adapter II/A, Baseband Adapter, and/or Baseband Adapter/A with Local Area Network Support Program.*

[3] *PC Network Adapter.*

[4] *Token-Ring Network Adapter and/or Adapter II with NETBIOS 1.1.*

[5] *PC Network Adapter II with PC Network Protocol Driver Program.*

[6] *Token-Ring Network Adapter and/or Adapter II with Local Area Network Support Program.*

[7] *PC Network Adapter II/A with PC Network Protocol Driver Program.*

[8] *Update to Network Extension Edition required for installation on the network; a dedicated server with 640K of memory is required.*

IBM SOFTWARE COMPATIBLE WITH IBM 3270 WORKSTATION PROGRAM

The following IBM licensed software products are compatible with the IBM 3270 Workstation Program Version 1.00 when used in a CUT or DFT mode, attached via an IBM 3278/79 Emulation Adapter, and will operate substantially as described in their program documentation.

The software programs listed below are compatible with IBM Personal System/2 Model 30, Model 50 and Model 60 (8560-041) only if they are listed under the compatibility sections for those systems.

Numbers that appear in the 3.5-inch and 5.25-inch columns indicate the diskette media on which the product was tested. The absence of a product number does not necessarily imply that the product is not available in that medium.

Refer to the product documentation for individual software program descriptions for any additional system requirements.

PRODUCT	VERSION	3.5" PART NO.	5.25" PART NO.
COMMUNICATION PRODUCTS			
Local Area Network Support Program	1.00		83X7873
PC Local Area Network Program[1]	1.20		75X1081
PROGRAMMER TOOLS AND LANGUAGES			
3270 PC High Level Language Application Program Interface	3.00		59X9959
Graphics Development Toolkit	1.00		6024196
BUSINESS/PRODUCTIVITY APPLICATIONS			
DisplayWrite™ 4	1.00		74X9904
Personal Editor	1.00		6024051
Personal Editor II	1.00		6276560
Professional Editor	1.00		6024048
ENGINEERING/SCIENTIFIC APPLICATIONS			
Graphical Kernel System	1.00		6024203
Graphics Plotting System	1.00		6024204
Voice Products			
Voice/Phone Assistant	1.01		6280741
Voice Communications Operating Subsystem	1.10		74X9910

[1] *Token-Ring Network Adapter, Adapter II and/or Adapter/A with Local Area Network Support Program.*

IBM OPERATING SYSTEM/2 APPLICATIONS

The following Operating System/2 software programs will aid in developing applications.

Refer to the product documentation for individual software program descriptions for any additional system requirements.

PRODUCT	VERSION	3.5" PART NO.	5.25" PART NO.
BASIC Compiler/2[1]	1.00	6280179	6280179
C/2[1]	1.00	6280187	6280187
COBOL/2[1]	1.00	6280207	6280207
FORTRAN/2[1]	1.00	6280185	6280185
Macro Assembler/2[1]	1.00	6280181	6280181
Operating System/2 Programmer Toolkit	1.00	6280200	6280200
Operating System/2 Graphics Development Toolkit	1.00	6280202	6280202
Pascal Compiler/2[1]	1.00	6280183	6280183

The following Operating System/2 application is for Operating System/2 Standard Edition.

DisplayWrite™ 4 /2	1.00	75X1121	75X1122

[1]Also runs in the PC DOS environment of Operating System/2.

INDEPENDENT PUBLISHERS' APPLICATIONS ON IBM OPERATING SYSTEM/2

The following independent software publishers have stated that they intend to make the following products available for the Operating System/2 Standard Edition Version 1.00 environment.

Contact the appropriate independent software publisher directly for more information.

IBM does not warrant that this work will be performed.

SOFTWARE PUBLISHER	PRODUCT
BORLAND INTERNATIONAL, INC.	Reflex® Turbo Pascal®
Computer Associates International, Inc.	SuperCalc® 4 SuperProject® Plus™ EasyBusiness Systems™
Lattice, Inc.	Lattice™ C Compiler Unicalc® Spreadsheet
Micropro International Corporation	Easy™ Extra WordStar® Professional WordStar® 2000 Plus
Microrim®, Inc.	R: BASE® System V
Software Publishing Corporation	Harvard™ Series pfs: Professional Series
WordPerfect® Corporation	WordPerfect® WordPerfect® Library WordPerfect® Math Plan
Z-SOFT CORPORATION	PC Paintbrush Publisher's Paintbrush

IBM PC DOS APPLICATIONS ON IBM OPERATING SYSTEM/2

It is IBM's intention to test the following licensed IBM PC DOS applications with Operating System/2 Standard Edition Version 1.00 in the PC DOS environment.

Applications that may not run in compatibility mode include time-dependent programs, such as communications and real-time applications, hardware-specific routines such as device drivers and network-dependent applications.

Refer to the product documentation for individual software program descriptions for any additional system requirements.

PRODUCT	VERSION	3.5" PART NO.	5.25" PART NO.
PROGRAMMER TOOLS AND LANGUAGES			
BASIC Compiler	2.00	6280078	6024216
BASIC Interpreter	3.31	6280060	6280060
C Compiler	1.00	6280081	6280072
COBOL Compiler	2.00	6280177	6280177
EZ-PREP (Cross System Application/ Application Generation)	1.00		6317011
EZ-RUN (Cross System Product/ Application Execution)	1.00		6317010
FORTRAN Compiler	2.00		6024127
Graphics Development Toolkit	1.20	6280203	6280203
Interactive System Productivity Facility for the IBM Personal Computer (ISPF/PC II) Version 2 (EZ-VU II Development Facility)	2.00		6317026
Interactive System Productivity Facility for the IBM Personal Computer (ISPF/PC II) Version 2 (EZ-VU II Runtime Facility)	2.00		6317025
Interactive System Productivity Facility/Program Development Facility Editor for the IBM Personal Computer (EZ-VU Editor)	1.00		6466974
Macro Assembler	2.00	6280077	6024193
Pascal Compiler	2.02	6280166	6280166
Professional FORTRAN Compiler	1.30	6280127	6280127
BUSINESS/PRODUCTIVITY APPLICATIONS			
DisplayWrite™ 4	1.00	74X9913	74X9904
Personal Editor II	1.01	6276701	
Storyboard Plus	1.00	6024401	6024401
Word Proof II	1.01	6276700	

PRODUCT	VERSION	3.5" PART NO.	5.25" PART NO.
BUSINESS/PRODUCTIVITY APPLICATIONS			
Assistant Series			
DisplayWrite™ Assistant	1.00	59X9958	59X9958
Document Retrieval Assistant	1.00		6024306
Drawing Assistant	1.00		6024089
Filing Assistant™	2.00	6024457	6024457
Graphing Assistant	2.00	6024458	6024458
Planning Assistant	2.00	6024461	6024461
Project Assistant	1.00	6024462	6024462
Reporting Assistant	2.00	6024459	6024459
Writing Assistant	2.00	6024460	6024460
Accounting Assistant Series			
Accounts Payable Edition	1.00	6467004	6317050
Accounts Receivable & Billing Edition	1.00	6467005	6317051
General Accounting Edition	1.00	6467003	6317049
Inventory Control & Purchasing Edition	1.00	6467007	6317053
Job Cost Edition	1.00	6467008	6317054
Payroll Edition	1.00	6467006	6317052
Business Adviser[1]			
Accounts Payable Edition	1.20	6476056	6466989
Accounts Receivable Edition	1.20	6476057	6466990
General Accounting Edition	1.20	6476055	6466988
Information Management Edition	1.20	6476069	6466995
Inventory Control Edition	1.20	6476067	6466993
Order Entry Edition	1.20	6476068	6466994
Payroll Edition	1.20	6476058	6466991
Personal Decision Series[1]			
Data Edition	2.00	6476085	6476060
English Access Edition	1.00	6476079	6476065
Plans+ Edition	2.00	6476076	6476062
Reports+ Edition	2.00	6476075	6476061
OTHER APPLICATIONS			
Doctor's Office Manager II*[1]	1.00		6467035
TopView®	1.12	6024475	6024475

[1] *The Local Area Network capability contained in these products is not supported in the PC DOS environment of Operating System/2.*

INDEPENDENT PUBLISHERS' PC DOS APPLICATIONS ON IBM OPERATING SYSTEM/2

The following independent software publishers have stated that they intend to test the following PC DOS Applications on the IBM Operating System/2 Standard Edition Version 1.00 in the PC DOS environment.

These products have not been tested and IBM makes no guarantee that the products will work when tested. Applications which may not run in compatibility mode include time-dependent programs, such as communications and real time applications, hardware specific routines such as device drivers, and network-dependent applications.

Contact the appropriate independent software publisher directly for more information.

SOFTWARE PUBLISHER	PRODUCT
Ashton-Tate®	CHART-MASTER™ dBase III™ Plus Framework II™ MultiMate™ Advantage SIGN-MASTER™
BORLAND INTERNATIONAL INC.	Reflex® SideKick® Turbo Lightning™ Turbo Pascal®
Computer Associates International, Inc.	SuperCalc® 4 SuperProject® Plus™ EasyBusiness Systems™
Lattice, Inc.	Lattice™ C Compiler Unicalc® Spreadsheet
Living Videotext, Inc.	Ready!™ ThinkTank™
MicroPro International Corporation	Easy™ Extra WordStar® Professional WordStar® 2000 Plus
Microrim®, Inc.	R: BASE® 5000 R: BASE® CLOUT® R: BASE® Extended ReportWriter R: BASE® System V
Software Publishing Corporation	Harvard™ Series pfs: First Choice pfs: Professional Series
WordPerfect® Corporation	WordPerfect® WordPerfect® Library WordPerfect® Math Plan
Z-SOFT CORPORATION	PC Paintbrush Publisher's Paintbrush

TRADEMARKS

1-2-3 is a trademark of Lotus Development Corporation
Advanced NetWare is a registered trademark of Novell Incorporated.
Alpha is a registered trademark of Alpha Software Corporation.
Ashton-Tate is a registered trademark of Ashton-Tate.
AutoCAD is a registered trademark of Autodesk, Inc.
BIS-3270 is a registered trademark of Micro-Integration Corporation.
Bumble Games is a trademark of The Learning Company.
Bumble Plot is a trademark of The Learning Company.
CHART-MASTER is a trademark of Ashton-Tate.
CIEDS is a trademark of International Business Machines Corporation.
CLOUT is a registered trademark of Microrim, Inc.
Comma Cat is a trademark of Control Color Corporation.
DataBase Manager II is a trademark of Alpha Software Corporation.
dBase III is a trademark of Ashton-Tate.
Dictionary Dog is a trademark of Control Color Corporation.
Digital Research is a registered trademark of Digital Research, Inc.
DisplayWrite is a trademark of International Business Machines Corporation.
Doctor's Office Manager II is by Annson Systems, Travenol Laboratories, Inc. and IBM Corporation.
DR. HALO is a trademark of Media Cybernetics, Inc.
DR. HALO II is a trademark of Media Cybernetics, Inc.
Easy is a trademark of MicroPro International Corporation.
Easybusiness Systems is a trademark of Computer Associates International, Inc.
Electric Desk is a trademark of Alpha Software Corporation.
Electric Poet is a registered trademark of Control Color Corporation.
ENERGRAPHICS is a trademark of Enertronics Research, Inc.
Filing Assistant is a registered trademark of International Business Machines Corporation.
Framework II is a trademark of Ashton-Tate.
FREELANCE is a registered trademark of Lotus Development Corporation
GEM Draw is a trademark of Digital Research, Inc.
GEM Graph is a trademark of Digital Research, Inc.
GEM Word Chart is a trademark of Digital Research, Inc.
GEM Write is a trademark of Digital Research, Inc.
Gertrude's Puzzles is a trademark of The Learning Company.
Gertrude's Secrets is a trademark of The Learning Company.
Harvard is a trademark of Software Publishing Corporation.
IBM and Personal Computer AT are registered trademarks of International Business Machines Corporation.
Intel is a registered trademark of Intel Corporation.
Juggles' Butterfly is a trademark of The Learning Company.
Lattice is a trademark of Lattice, Inc.
Lotus is a trademark of Lotus Development Corporation.
Medallion is a registered trademark of Timberline Systems, Inc.
Microrim is a registered trademark of Microrim, Inc.
Microsoft is a registered trademark of Microsoft, Corporation.
MultiMate is a trademark of Ashton-Tate.
Multiplan is a registered trademark of Microsoft Corporation.
NetWare is a registered trademark of Novell Incorporated.
Operating System/2 is a trademark of International Business Machines Corporation.
PCjr is a trademark of International Business Machines Corporation.
PC Paintbrush is a registered trademark of Z-SOFT CORPORATION.
Personal Computer XT is a trademark of International Business Machines Corporation.

Personal System/2 is a trademark of International Business Machines Corporation.
R: BASE is a registered trademark of Microrim, Inc.
Ready! is a trademark of Living Videotext, Inc.
Reflex is a registered trademark of BORLAND INTERNATIONAL INC.
Rocky's Boots is a trademark of International Business Machines Corporation.
SideKick is a registered trademark of BORLAND INTERNATIONAL INC.
SIGN-MASTER is a trademark of Ashton-Tate.
SuperCalc is a registered trademark of Computer Associates International, Inc.
SuperProject is a registered trademark of Computer Associates International, Inc.
SuperProject Plus is a trademark of Computer Associates International, Inc.
Symphony is a trademark of Lotus Development Corporation.
ThinkTank is a trademark of Living Videotext, Inc.
TopView is a registered trademark of International Business Machines Corporation.
Turbo Lightning is a trademark of BORLAND INTERNATIONAL INC.
Turbo Pascal is a registered trademark of BORLAND INTERNATIONAL INC.
Unicalc is a registered trademark of Lattice, Inc.
VOLKSWRITER is a registered trademark of Lifetree Software, Inc.
WordPerfect is a registered trademark of WordPerfect Corporation.
WordStar is a registered trademark of MicroPro International Corporation.

SOFTWAREÜBERSICHT FÜR DAS PERSONAL SYSTEM/2

Die folgende Zusammenstellung erfaßt alle Programme des deutschen Markts, die auf dem Personal System/2 getestet wurden. Auch hier gilt, daß fehlende Programme nicht unbedingt inkompatibel sind.

Neue IBM-Software für 3,5 Zoll und für 5,25 Zoll

Produkt-Name	Version	Sprache
IBM Writing Assistant	2.0	D
IBM Planning Assistant	2.0	D
IBM Graphing Assistant	2.0	D
IBM Filing Assistant	2.0	D
IBM Reporting Assistant	2.0	D
IBM Mainfr. Comm. Assistant	1.05	UK

Neue IBM-Software für 3,5 Zoll

Produkt-Name	Version	Sprache
IBM Assistant Pack	2.0	D
Finanzbuchhaltung	2.10	D
Finanzbuchhaltung Schulversion	2.10	D
Finanzbuchhaltung Handbuch	2.10	D
Fakturierung und Bestandsführung	2.10	D
Fakturierung und Bestandsführung Schulversion	2.10	D
Fakturierung und Bestandsführung Handbuch	2.10	D
Lohn und Gehalt	2.10	D
Lohn und Gehalt Schulversion	2.10	D
Lohn und Gehalt Handbuch	2.10	D
Zahlungsverkehr	2.00	D
Zahlungsverkehr Lernversion	2.00	D
Einkauf (inkl. Handbuch)	3.00	D
Einkauf für Schule und Ausbild.	3.00	D
Einkauf Handbuch (separat)	3.00	D
Elektro	1.00	D
Elektro für Schule und Ausbildung	1.00	D
fhk-Schreinerei Zeitwirtschaft		D
fhk-Schreinerei Kalkulation		D
fhk-Schreinerei Stücklisten		D
fhk-Schreinerei Abwicklung		D
Ausschreibung/Vergabe von Bauleistungen	1.00	D
Immobilienbüro	2.00	D
Immobilienvermittlung	2.00	D
Hausverwaltung	3.10	D
Hausabrechnung	3.10	D
System für DATEV-Kommunikation		D

IBM-Software für das PS/2 Modell 30 mit DOS 3.3 (auf 3,5 Zoll)

Kommunikation	Version	Anmerkung
3270 PC Control Program	4.00	
Adv. Prog. to Prog. Comm. for PC APPC/PC	1.11	
Enhanced 5250 Emulation Program	2.12	
IBM Local Area Support Program	1.00	
Mainframe Communications Assistant	1.05	
PC 3270 Emulation Entry Level	1.10	
PC 3270 Emulation Program	3.00	
PC Local Area Network	1.20	
PC Network Analysis Program	1.01	1
PC SUPPORT/36 (5364)		
PC Distributed Data Management (PC/DDM)		
Personal Services/PC	1.30	
PROFS PC Support Feature of PROFS	2.00	
Remote NetBios Access Family	1.00	
Token-Ring Network Bridge Program	2.00	
Token-Ring Network Manager	2.00	
Token-Ring Network NetBios	1.10	
Token-Ring Network Network Manager	1.10	
Token-Ring Network / PC Network	1.10	

Programmierhilfen/Sprachen	Version	Anmerkung
Graphics Development Toolkit	1.20	
ISPF/PC II (EZ-VU Development Facility)	2.00	
ISPF/PC II (EZ-VU Runtime Facility)	2.00	
ISPF/PDF II Editor (EZ-VU Editor)	1.00	
ISPF/PDF (EZ-PREP Cross System Product/Applic. Generator)		
ISPF/PDF (EZ-PREP Cross System Product/Applic. Execution)		
BASIC Compiler	2.01	
BASIC Interpreter	3.30	
C Compiler	1.00	
COBOL Compiler	2.00	
Professional FORTRAN Compiler	3.00	
Macro Assembler	2.00	
General Purpose Interface Bus (GPIB) Adapter Support	1.00	1 2
Data Acquisition and Control Adapter Support	1.00	1 2
PASCAL Compiler	2.02	
Professional FORTRAN	1.30	

Andere Anwendungen	Version	Anmerkung
DisplayWrite 4	1.00	
PC Storyboard	1.20	1
Storyboard Plus	1.00	2
Personal Editor II	1.00	
TopView	1.12	

1 nur auf 5,25 Zoll Disketten verfügbar
2 für Grafik modifiziert

IBM-Software für das PS/2 Modelle 50 und 60 mit DOS 3.3 (auf 3,5 Zoll)

Kommunikation	Version	Anmerkung
5250 Emulation - Local	1.00	
Adv. Prog. to Prog. Comm. for PC APPC/PC	1.11	
Mainframe Communications Assistant	1.05	
PC 3270 Emulation Entry Level	1.10	
PC 3270 Emulation Program	3.00	
PC 3270 Emulation Program	3.05	
PC Local Area Network	1.20	
PC NetBios	1.00	
PC Network Analysis Program	1.01	
PC SUPPORT/36 (53644)		
PC SUPPORT/38		
PC/Host File Transfer & Emulator Program	1.00	
PC/VM Bond	1.00	
Personal Computer Monitor	1.00	1
PROFS PC Support Feature of PROFS	2.00	
System/370 to PC Enhanced Conn. Facility	1.00	
IBM CMS Servers		
IBM TSO/E Servers		
Token-Ring Asynchronous Gateway	1.00	
Token-Ring Network Bridge Program	2.00	
Token-Ring Network Manager PC	1.00	
Token-Ring Network/PC Network Interconnect	1.00	

Programmierhilfen/Sprachen	Version	Anmerkung
BASIC Compiler	2.01	
BASIC Compiler	3.00	
C Compiler	1.00	
C Compiler	2.00	
COBOL Compiler	2.00	
EZ-RUN (Cross System Product/Applic. Exec.)	1.00	
EZ-PREP /Cross System Product/Applic. Gener.)	1.00	
ISPF/PC II (EZ-VU Development Facility)	2.00	
ISPF/PC II (EZ-VU Runtime Facility)	2.00	
ISPF/PDF II Editor (EZ-VU Editor)	1.00	1
FORTRAN	1.03	
FORTRAN Compiler	2.00	1
Graphics Development Toolkit	1.20	
Macro Assembler	2.00	
Macro Assembler	3.00	
PASCAL	2.02	
PASCAL Compiler	3.00	
Professional FORTRAN Compiler	1.30	
Professional FORTRAN Compiler	3.0	

Andere Anwendungen	Version	Anmerkung
Storyboard Plus	1.00	2

1 nur auf 5,25 Zoll Disketten verfügbar
2 für Grafik modifiziert

IBM-Software für das Betriebssystem OS/2

Produkt	Version	Anmerkung
BASIC Compiler	3.00	
C Compiler	2.00	SAA
Toolkit	1.00	
Graphics Development Toolkit	2.00	
Macro Assembler	3,00	
PASCAL Compiler	3.00	
Professional FORTRAN	3.00	SAA
COBOL Compiler	2.00	SAA

SAA Diese Programme und die mit diesen Compilern erstellten Programme laufen innerhalb SAA (System-Anwendungs-Architektur)

IBM-Software im PC DOS Mode für OS/2

Programmierhilfen/Sprachen	Version	Anmerkung
Cross System Product/Appl. Exec. EZ-RUN	1.00	
Cross System Product/Appl. Gener. EZ-PREP	1.00	
Graphics Development Toolkit	1.20	
Graphics Development Toolkit	2.00	
ISPF/PC II (EZ-VU II Runtime Facility)		
ISPF/PDF Editor (EZED)		
BASIC Compiler	2.01	
BASIC Compiler	3.00	
BASIC Interpreter	3.30	
C Compiler	1.00	
C Compiler	2.00	
COBOL Compiler	1.00	
COBOL Compiler	2.00	
FORTRAN Compiler	2.00	
Macro Assembler	2.00	
Macro Assembler	3.00	
PASCAL Compiler	2.02	
PASCAL Compiler	3.00	
Professional FORTRAN	1.03	
Professional FORTRAN Compiler	3.00	

Assistant Serie	Version	Anmerkung
Drawing Assistant	1.00	1
Filing Assistant	2.00	
Graphing Assistant	2.00	
Planning Assistant	2.00	
Reporting Assistant	2.00	
Writing Assistant	2.00	

Sonstiges	Version	Anmerkung
TopView	1.12	
Storyboard Plus		

1 nur auf 5,25 Zoll Disketten lieferbar

Software unabhängiger Firmen für das PS/2 mit DOS 3.3 (auf 3,5 Zoll)

Hersteller	Produkt	Sprache
Lotus	Symphony	D
	1-2-3	D
	Freelance Plus	D
Ashton Tate	Framework II	D
	dBASE III Plus	D
	Javelin	D
	Multimate 3.6	D
	Chart-Master	E
	Sign-Master	E
	Diagram-Master	E
Autodesk	AutoCAD 2.6	

Anhang E Kompatible Peripheriegeräte

Um die Kompatibilität der Modelle 50, 60 und 80 mit den verschiedenen Peripheriegeräten gewährleisten zu können, hat IBM einige Kompatibilitätstests durchgeführt. In diesem Anhang werden die zum Personal System/2 kompatiblen Geräte aufgeführt. Fehlende Peripheriegeräte sind nicht notwendigerweise inkompatibel mit den Modellen 50, 60 und 80. Ihr Fehlen bedeutet nur, daß sie nicht in die Tests mit einbezogen waren. Vielmehr kann man davon ausgehen, daß die meisten externen Geräte von Fremdherstellern problemlos anschließbar sind, da es sich bei den parallelen und seriellen Schnittstellen des Personal System/2 um standardisierte Anschlüsse handelt.

Drucker

- 3812 IBM Page Printer
- 3852 IBM Farbstrahldrucker (Color Jetprinter)
- 4201 IBM Graphikdrucker II (Proprinter)
- 4202 IBM Graphikdrucker II (Proprinter/XL)
- 4207 IBM Graphikdrucker X24 (Proprinter X24)
- 4208 IBM Graphikdrucker XL24 (Proprinter XL24)
- 5201 IBM Thermodrucker (Quietwriter)
- 5201 IBM Thermodrucker II (Quietwriter 2 APA)
- 5202 IBM Thermodrucker III (Quietwriter 3)
- 5216 IBM Typenraddrucker (Wheelprinter)
- 4216 IBM Personal Pageprinter

Scanner

- 3117 IBM Scanner (Flachbett)
- 3118 IBM Scanner (Dokumenteneinzug)

Plotter

- 6180 IBM Color Plotter
- 6184 IBM Color Plotter
- 6186 IBM Model 1, 2 Color Plotter
- 7372 IBM Color Plotter
- 7374 IBM Color Plotter
- 7375 IBM Model 1, 2 Color Plotter

Andere Erweiterungen

- 6157 IBM Streaming-Laufwerk
- 4869 IBM 5,25 Zoll externes Diskettenlaufwerk
- 3363 IBM Optische Platteneinheit
- IBM Maus
- IBM 3,5 Zoll Diskettenlaufwerk
- IBM 44 MB Festplatte
- IBM 70 MB Festplatte
- IBM 115 MB Festplatte

Kabel

- Serielles Adapterkabel Nr. 6450217
- Serieller Anschluß Nr. 6450242
- SDLC/BSC Kabel Nr. 1502067
- Druckerkabel Nr. 1525612
- IBM Token-Ring Adapterkabel Nr. 6339098
- PC Network Basisband Adapterkabel Nr. 1501229
- PC Network Basisband Kabel Nr. 1501227

Sachwortverzeichnis

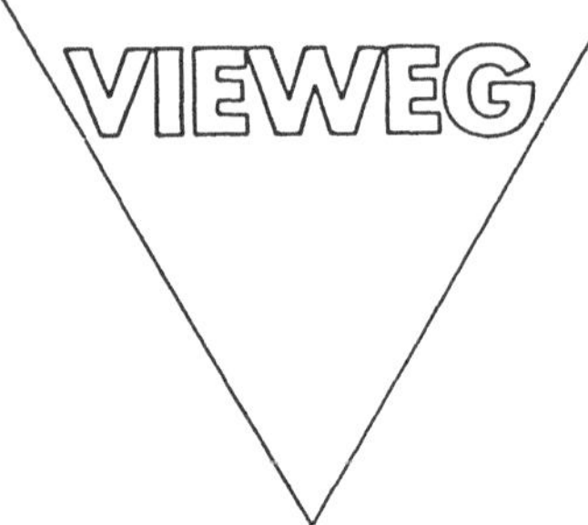

Peter Norton

Programmierhandbuch für den IBM PC

Das vollständige und umfassende Nachschlagewerk für den IBM Personal Computer. (A Programmer's Guide to the IBM PC, dt.) Aus dem Amerik. übers. von Andreas Dripke und Angelika Schätzel. Ein Microsoft Press/Vieweg-Buch. 1986. VIII, 403 S. 18,5 x 23,5 cm. Kart.
Der amerikanische Erfolgsautor Peter Norton hat in Zusammenarbeit mit Microsoft Press ein Buch verfaßt, das für den fortgeschrittenen Anwender und Programmierer die umfassenden Informationen zum Programmieren des IBM PC enthält. In den USA ist das Buch ein weitverbreitetes Standardwerk.
Zum optimalen Einsatz des Buches und zum Anwenden der Programmierbeispiele wird vorausgesetzt, daß der Leser mit den Grundoperationen des Mikrocomputers vertraut ist.
Im Mittelpunkt des Buches steht daher nicht die Systeminformation (dazu gibt es die technischen Handbücher von IBM) und die Beschreibung aller technischen Details oder gar die Auflistung aller Spezifikationen der Computerhardware, sondern es geht um die Darstellung der Konzepte zur erfolgreichen Programmierung der IBM PC-Familie.
Es ermöglicht den Zugang zur Programmierung des IBM PCs auf der Basis einer präzisen und ausführlichen Erläuterung der der Hardware zugrundeliegenden Ideen und Konzepte. Darauf aufbauend werden die technischen Informationen genutzt, um die Systemsoftware zu beschreiben. Der Leser erfährt, wie die vielen Geräteeinheiten funktionieren und wie diese den entsprechenden Programmieranforderungen nach manipuliert werden können. Hierzu führt Norton die wichtigsten Programmiertechniken in allen Details nachvollziehbar und verständlich erläutert aus.
Das umfassende und vollständige Nachschlagewerk ist wichtig für jeden, der den IBM PC optimal und gewinnbringend einsetzen und wirklich beherrschen will. Zugleich dient es als Nachschlage- und Tabellenwerk mit Tips und Tricks für den PC-Professional.

MS-DOS Technical Reference Encyclopedia

Versionen 1.0 – 3.2

Ein Microsoft Press/Vieweg-Buch. Mit einem Vorwort von William H. Gates, Jr. 2., erweiterte und neubearbeitete Auflage 1988. Ca. 1200 S. 22,5 x 28 cm. (Microsoft Reference Library, Bd. 1.) Geb.
Diese zweite, erweiterte und neubearbeitete Auflage des umfassenden englischsprachigen Nachschlagewerkes beschreibt mit allen technischen Details die Versionen 1.0 bis 3.2 des Betriebssystems MS DOS:
- Beschreibung mit Systemroutinen
- Fehlermeldungen
- Beschreibung der Algorithmen, die MS DOS zugrunde liegen
- Hilfsprogramme und vieles mehr.

In Zusammenarbeit mit Bill Gates, dem Entwicklungsteam des DOS von Microsoft und anderen für die Forschung und Entwicklung der Firma Microsoft zuständigen Personen, wurde ein Standardwerk für Informatiker, Systemprogrammierer, DV-Manager und Software-Entwickler zum weltweit meistverkauften Mikrocomputer-Betriebssystem erarbeitet.